高等院校互联网+新形态教材·经管系列(二维码版)

基础会计学
(第3版)(微课版)

王 蕾　陈淑贤　主　编
谢平华　王文华　副主编

清华大学出版社
北京

内 容 简 介

本书以新会计准则为基础，采用理论与实践、实用性与经济性相结合的方式组织内容。全书共分 11 章，具体内容包括总论、复式记账及账户、制造业企业主要经济业务的核算、账户分类、会计凭证、会计账簿、财产清查、财务处理程序、会计报表、会计电算化、财经法规与会计职业道德。

本书配有制作完善的思政案例、微课视频、电子课件与习题答案，既可作为高等院校会计专业、财务管理专业及相关专业的教材，也可作为从事财会及相关工作人员的参考书。

本书封面贴有清华大学出版社防伪标签，无标签者不得销售。
版权所有，侵权必究。举报：010-62782989，beiqinquan@tup.tsinghua.edu.cn。

图书在版编目(CIP)数据

基础会计学：微课版/王蕾，陈淑贤主编. —3 版. —北京：清华大学出版社，2021.8（2024.8重印）
高等院校互联网+新形态教材·经管系列：二维码版
ISBN 978-7-302-58895-5

Ⅰ．①基… Ⅱ．①王… ②陈… Ⅲ．①会计学—高等学校—教材 Ⅳ．①F230

中国版本图书馆 CIP 数据核字(2021)第 159560 号

责任编辑：梁媛媛
装帧设计：李　坤
责任校对：周剑云
责任印制：刘　菲

出版发行：清华大学出版社
网　　址：https://www.tup.com.cn，https://www.wqxuetang.com
地　　址：北京清华大学学研大厦 A 座　　邮　　编：100084
社　总　机：010-83470000　　邮　　购：010-62786544
投稿与读者服务：010-62776969，c-service@tup.tsinghua.edu.cn
质量反馈：010-62772015，zhiliang@tup.tsinghua.edu.cn
课件下载：https://www.tup.com.cn，010-62791865

印 装 者：三河市铭诚印务有限公司
经　　销：全国新华书店
开　　本：185mm×260mm　　印　张：20　　字　数：485 千字
版　　次：2011 年 1 月第 1 版　　2021 年 8 月第 3 版　　印　次：2024 年 8 月第 4 次印刷
定　　价：59.00 元

产品编号：086870-01

前　言

为了适应我国经济发展的需要，优化产业结构，推动经济发展，我国的财税体制一直在进行着相应的变革，企业会计准则、税收法律法规等也在同步进行调整，相关规定和2016年出版的本书第2版已有较大差异。为紧贴时代变化，跟上法律法规和会计准则的调整步伐，编者于2020年完成了《基础会计学(第3版)(微课版)》的修订。

《基础会计学(第3版)(微课版)》以最新修订的会计准则为依据，对第2版内容同2016新会计准则不相符的地方进行了调整，并进一步强化了应用型本科教学特色。本教材是2019年上海高校课程思政领航计划精品改革领航课程配套教材，为适应社会发展增加了思政要素，增补了思政案例及思政要点分析。另外针对知识的重点、难点增加了解说视频二维码，提高了教材的可读性与生动性。具体修改如下：

(1) 按2016准则对营改增以及增值税税率修订的内容进行了校对。

(2) 在各章后增加与章节相关的思政案例及思政要点分析，帮助学生把所学知识与职业道德、职业信用能力提升结合起来。

(3) 每章节的重点或难点增加了二维码视频讲解，帮助学生以更生动的方式深入学习会计知识。

(4) 第十一章财经法规和会计职业道德增加第五节会计职业道德课程思政案例分析，通过具体案例说明会计从业人员具备爱岗敬业、诚实守信、廉洁自律、客观公正、坚持准则、提高技能、参与管理、强化服务等能力的重要性，进一步强调职业道德对会计工作的重要性。

(5) 随着信息技术、网络技术的发展，电子文件大量产生，为适应社会发展，本书增补了电子档案保管的相关内容(见第十章第二节)。

本书由王蕾、陈淑贤主编，谢平华、王文华副主编。本次修订的具体分工如下：王蕾编写第二、第四、第五、第七章，陈淑贤编写第三、第六、第八章，谢平华、王蕾编写第一、第九章，谢平华编写第十、第十一章。

由于编者水平有限，书中难免存在不足之处，恳请广大读者批评指正。

编　者

目 录

第一章 总论 1
第一节 会计概述 2
一、会计的含义与发展 2
二、会计目标 3
三、会计职能 3
四、会计任务 5
第二节 会计假设与会计信息质量要求 5
一、会计假设 5
二、会计信息质量要求 7
第三节 会计要素 8
一、会计要素概述 8
二、反映财务状况的会计要素 8
三、反映经营成果的会计要素 11
第四节 会计核算的程序与方法 14
一、会计核算的程序 14
二、会计核算的方法 15
三、会计循环 17
第五节 会计工作组织和会计职业证书 18
一、会计机构 18
二、会计人员 19
三、会计职业证书 21
本章小结 24
同步测试题 24

第二章 复式记账及账户 30
第一节 会计等式 31
一、会计等式概述 31
二、资产与负债及所有者权益
恒等式 32
第二节 会计科目 34
一、会计科目的概念及设置的意义 34
二、会计科目设置的原则 34

三、会计科目的分类 35
第三节 会计账户 36
一、会计账户的概念 36
二、账户的结构 36
第四节 复式记账的意义 37
一、单式记账法 37
二、复式记账法 38
第五节 借贷记账法 38
一、借贷记账法的账户结构 39
二、借贷记账法的记账规则 41
三、借贷记账法的试算平衡 41
四、借贷记账法的运用 41
本章小结 46
同步测试题 46

第三章 制造业企业主要经济业务的
核算 54
第一节 制造业企业经济业务概述 55
第二节 筹资业务的核算 55
一、资金筹集的来源 55
二、投入资本的核算 56
三、借入资本的核算 57
第三节 生产准备阶段业务的核算 59
一、生产准备阶段的主要经济业务 59
二、固定资产购建业务的核算 59
三、材料采购业务的核算 61
第四节 生产过程业务的核算 67
一、生产过程的主要经济业务 67
二、产品生产成本的核算 67
第五节 销售业务的核算 73
一、销售过程的主要经济业务 73
二、产品销售成本的核算 73

第六节　财务成果的核算 77
　　一、利润概述 77
　　二、利润的具体核算 78
本章小结 83
同步测试题 83

第四章　账户分类 92

第一节　账户分类的意义和种类 93
第二节　账户按经济性质和经济内容
　　　　分类 93
　　一、资产类账户 93
　　二、负债类账户 94
　　三、所有者权益类账户 94
　　四、成本类账户 94
　　五、损益类账户 94
第三节　账户按用途和结构分类 95
　　一、盘存账户 95
　　二、结算账户 96
　　三、资本账户 97
　　四、跨期摊提账户 98
　　五、集合分配账户 98
　　六、调整账户 99
　　七、待处理账户 101
　　八、损益计算账户 102
　　九、对比账户 103
　　十、成本计算账户 103
　　十一、留存收益账户 103
本章小结 105
同步测试题 106

第五章　会计凭证 112

第一节　会计凭证的意义和分类 113
　　一、会计凭证的意义 113
　　二、会计凭证的分类 114
第二节　原始凭证 118
　　一、原始凭证应具备的基本内容 118
　　二、常用的原始凭证 119
　　三、原始凭证的填制 122

　　四、原始凭证的审核 123
第三节　记账凭证 123
　　一、记账凭证的基本内容 123
　　二、记账凭证的填制 125
　　三、记账凭证的审核 126
第四节　会计凭证的传递和保管 126
　　一、会计凭证的传递 126
　　二、会计凭证的保管 127
本章小结 130
同步测试题 130

第六章　会计账簿 138

第一节　会计账簿概述 139
　　一、会计账簿的概念和意义 139
　　二、会计账簿设置的原则 139
　　三、会计账簿的基本内容 140
　　四、会计账簿的种类 140
　　五、会计账簿的形式要求 142
第二节　会计账簿的格式及登记 143
　　一、登记账簿的要求 143
　　二、日记账的登记 143
　　三、总分类账的登记 147
　　四、明细分类账的登记 147
　　五、总分类账和明细分类账的平行
　　　　登记 149
　　六、错账的查找和更正 149
第三节　结账与对账 153
　　一、结账 153
　　二、对账 155
本章小结 156
同步测试题 157

第七章　财产清查 164

第一节　财产清查的意义与种类 165
　　一、财产清查的意义 165
　　二、财产清查的种类 167
第二节　财产清查的方法 168
　　一、财产清查前的准备工作 168

二、实物清查的方法..................168
　　三、货币资金的清查方法..............170
　　四、结算往来款项的清查方法..........172
第三节　财产清查结果的处理..............173
　　一、"待处理财产损溢"账户的
　　　　设置..........................174
　　二、财产清查结果的账务处理
　　　　举例..........................174
本章小结................................178
同步测试题..............................178

第八章　账务处理程序..................183

第一节　账务处理程序的含义和种类........184
　　一、账务处理程序的含义..............184
　　二、组织账务处理程序的要求..........184
　　三、账务处理程序的种类..............184
第二节　记账凭证账务处理程序............185
　　一、记账凭证账务处理程序的
　　　　特点和核算要求..................185
　　二、记账凭证账务处理程序的核算
　　　　步骤和使用范围..................185
　　三、记账凭证账务处理程序实例........186
第三节　汇总记账凭证账务处理程序........201
　　一、汇总记账凭证账务处理的
　　　　特点和核算要求..................201
　　二、汇总记账凭证账务处理程序的
　　　　核算步骤和使用范围..............201
　　三、汇总记账凭证账务处理程序
　　　　实例..........................202
第四节　科目汇总表账务处理程序..........211
　　一、科目汇总表账务处理程序的
　　　　特点和核算要求..................211
　　二、科目汇总表账务处理程序的
　　　　核算步骤和使用范围..............211
　　三、科目汇总表账务处理程序
　　　　实例..........................212
第五节　其他账务处理程序................215

　　一、多栏式日记账账务处理程序........215
　　二、日记总账账务处理程序............216
本章小结................................218
同步测试题..............................218

第九章　会计报表......................226

第一节　会计报表的作用、种类和编制
　　　　要求............................227
　　一、会计报表的作用..................227
　　二、会计报表的种类..................228
　　三、会计报表的编制要求..............229
第二节　资产负债表......................230
　　一、资产负债表的概念和作用..........230
　　二、资产负债表的结构和项目
　　　　排列............................230
　　三、资产负债表的编制................232
第三节　利润表..........................236
　　一、利润表的概念和作用..............236
　　二、利润表的结构和内容..............236
　　三、利润表的编制....................237
第四节　现金流量表......................239
　　一、现金流量表的意义和作用..........239
　　二、现金流量表的编制基础............239
　　三、现金流量表的内容及结构..........240
　　四、现金流量表的编制................243
本章小结................................246
同步测试题..............................246

第十章　会计电算化....................252

第一节　会计电算化概述..................253
　　一、会计电算化的相关概念............253
　　二、会计电算化信息系统的特征........254
　　三、会计电算化信息系统的构成........254
　　四、会计电算化信息系统与手工
　　　　会计信息系统的比较..............255
第二节　会计电算化的基本要求............257
　　一、会计核算软件的基本要求..........257
　　二、会计电算化岗位的基本要求........258

三、计算机替代手工记账的基本
　　　　要求 259
　　四、会计电算化档案管理的内容、
　　　　基本要求和保管方法 259
第三节　会计电算化的基本流程 260
　　一、编制记账凭证 260
　　二、审核记账凭证 260
　　三、记账 260
　　四、结账和编制会计报表 261
第四节　会计电算化账务处理模块
　　　　内容 261
　　一、系统初始化模块 261
　　二、固定资产管理模块 262
　　三、工资管理模块 264
　　四、应收管理模块 264
　　五、应付管理模块 265
　　六、报表管理模块 266
本章小结 267
同步测试题 268

第十一章　财经法规与会计职业道德 272
第一节　会计法律制度概述 273
第二节　会计法律制度的主要内容 273
　　一、支付结算法律制度 273
　　二、税收法律制度 276
　　三、财政法律制度 279
第三节　会计职业道德概述 283
　　一、会计职业道德的含义 283
　　二、会计职业道德的特征 284
　　三、会计职业道德的功能 284
第四节　会计职业道德规范的主要内容 ... 285

　　一、爱岗敬业 285
　　二、诚实守信 285
　　三、廉洁自律 285
　　四、客观公正 285
　　五、坚持准则 286
　　六、提高技能 286
　　七、参与管理 286
　　八、强化服务 286
第五节　会计职业道德课程思政案例
　　　　分析 287
　　一、思政案例——
　　　　体现"爱岗敬业" 287
　　二、思政教学案例——
　　　　体现"诚实守信" 288
　　三、课程思政教学案例——
　　　　体现"廉洁自律" 289
　　四、思政教学案例——
　　　　体现客观公正 289
　　五、思政教学案例——
　　　　体现"坚持准则" 290
　　六、思政教学案例——
　　　　体现"提高技能" 291
　　七、思政教学案例——
　　　　体现"参与管理" 293
　　八、思政教学案例——
　　　　体现"强化服务" 294
本章小结 294
同步测试题 295

附录 301

参考文献 311

第一章 总论

> 教学目的与要求

- 掌握会计的定义，认识会计作为一种经济信息系统所服务的对象，提供的信息内容以及提供信息的方法等。
- 了解会计的基本职能，理解会计核算和会计监督的关系。
- 理解会计的目标、会计假设及会计信息质量要求。
- 掌握会计要素的基本内容，初步理解和掌握会计要素之间的关系，了解会计要素和会计核算的基本方法。

> 教学重点与难点

教学重点：会计专业的学科特点、会计职业的能力要求、会计基本理论知识。
教学难点：会计的概念、会计假设、会计信息质量要求、会计要素。

> 引导案例

你能够用400元(人民币)或不足400元成功地创办一个企业吗？

不管你是否相信，你的确能。金海是上海一所著名美术学院的学生，和其他大学生一样，她也常常为了补贴日常不得不去挣一些零用钱。现在，她正为购买一台具有特别设计功能的计算机而烦恼。尽管她目前仅有400元，但她还是决定从2014年12月开始创办一个美术培训部。她支出120元在一家餐厅请朋友小聚，帮她出出主意，又根据她曾经在一家美术培训班服务兼讲课的经验，首先向她的一个师姐借款4 000元，以作为租房等费用。她购置了讲课所必备的一些书籍、静物，并支出一部分钱用于装修画室。她将美术培训部取名为"周围"。金海支出100元印制了500份广告传单，用100元购置了信封、邮票等。8天后她已有17名学员，规定每人每月学费1 800元，并且找到了一位较具能力的同学作合伙人。她与合伙人分别为"周围"的发展担当着不同的角色(合伙人兼"周围"的会计和讲课教师)并获取一定的报酬。截至2015年1月末，她们已招收了50名学员，除了归还师姐的借款本金和利息计 5 000 元、抵销各项必需的费用外，各获得讲课、服务等净收入 30 000 元和 22 000 元。她们用这笔钱又继续租房，扩大了画室面积，为了扩大学员招收的数量，她们甚至聘请了非常有经验的教授、留学归国学者免费作了两次讲座，为"周围"下一步的发展奠定了非常好的基础。

4 个月下来，她们的"周围"平均每月可招收学员 39 名，获取收入计 24 000 元。她们还以每小时 200 元的讲课报酬雇用了 4 位同学做兼职教师。至此，她们核算了一下，除去房租等各项费用共获利 67 800 元。这笔钱足够她们各自购买一台非常可心的计算机并且还有一笔不小的节余。但更重要的是，她们通过 4 个月来的锻炼，掌握了许多营销的技巧，也懂得了应该怎样与人合作和交流，学到了不少有关财务上的知识，获得了比财富更为宝贵的工作经验。

思考与讨论：
(1) 会计在这里扮演了什么样的角色？
(2) 你从中是不是了解了有关会计方面的许多术语，如投资、借款、费用、收入、盈余、投资人投资以及独资企业、合伙企业和公司等？

第一节 会 计 概 述

扫一扫，观看"会计发展简史"视频讲解

一、会计的含义与发展

会计是经济管理的一个重要组成部分。任何社会都离不开物质资料的生产，而在物质资料的生产过程中人们都十分关心生产中的耗费和生产成果，希望用尽可能少的劳动耗费创造出尽可能多的物质资料。为此，就必须对生产活动加强管理，即对生产耗费和生产成果进行记录、计算、对比、分析，借以掌握、控制生产活动的过程和结果。正因为管理要求对生产活动进行观察、计量、记录、汇总和分析，于是就产生了会计。

会计是社会生产的产物，是伴随着生产和经济的发展而发展的。在人类社会初期，生产力水平很低，人们对生产的消耗与成果的计算通过头脑记忆或采用"结绳记事""刻木记事"的方式，在生产的同时做一些简单的收支符号便可以了。后来，由于生产过程日益复杂，剩余产品逐渐增多，单凭头脑记忆和做一些简单记录已不能满足管理和反映生产活动的要求。随着人们对经济管理的要求越来越高，作为经济管理活动的会计工作必须从生产的职能中分离出来，成为独立的职能工作。据史书记载，早在周代就设有专门的官吏，掌管朝廷的财务赋税，进行"日成、月要、岁会"的工作，零星算之为计，总合算之为会，这是中国会计含义的起源。

随着商品经济的发展和货币的出现，货币开始成为衡量和计算一切商品的价值尺度，会计也就开始以货币为统一计量尺度，全面、系统、综合地记录、控制与分析各项财产物资在经济活动中的耗费和成果。同时，人们有了总结反映耗费和成果的价值指标，如资金、成本、利润等。这就使会计管理的内容和运用方法得到了充实和发展。

在简单商品生产条件下，由于自给自足的自然经济占统治地位，生产规模不大，生产过程尚不复杂，只是对财务收支进行记录和计算，会计的内容和方法比较简单。在商品经济发达的生产条件下，就需要进一步利用会计来管理经济生产，了解生产经营情况，计算生产活动中的劳动耗费及其成果,控制和管理生产过程。为了适应这种需要,逐步建立了复式记账方法和一套比较完整的核算体系。

现代科学技术迅猛发展,生产过程高度社会化,企业规模越来越大,所有权和经营权日益分离,国际、国内市场竞争激烈,为了在这样的竞争环境中求得生存和发展,企业必须十分重视经济预测和决策工作,加强对生产经营的规划和控制,于是对会计提出了更高的要求,即不仅要向外部提供财务报告,而且还要利用会计加强成本管理和预算管理,参与企业的经济预测和决策。这样,专门为企业内部管理服务的管理会计体系就建立起来了,并从传统的会计中分离出来,成为与财务会计并列的独立学科。

随着管理会计的出现,许多现代数学方法,如运筹学、概率论、模拟学、线性规划以及电子计算机技术都应用到会计中来,在编制预算、控制、决策和计算机记录等方面发挥了巨大作用,大大丰富了会计学的内容,这标志着会计进入了一个崭新的阶段。

综上所述,会计是随着生产的发展和经济管理的需要而产生与发展的,是经济管理的重要组成部分。会计是以货币作为主要计量单位,运用一系列专门的方法,对经济活动进行全面、系统、综合的反映和监督,并在此基础上对经济活动进行分析、预测和控制的一种管理活动。

二、会计目标

会计目标是指会计所要达到的目的。随着企业组织制度的发展变化,为适应股份公司这一主要企业组织形式的发展需要,会计业已突破仅为单个企业业主服务的界限,会计核算和会计信息服务对象的范围逐步扩大到企业外部投资者、债权人以及社会公众。

中国会计主体的目标是与社会主义市场经济体制相适应的。中国的会计目标仍然是对会计主体的经济活动进行核算,提供反映会计主体经济活动的信息,具体表现为以下三点。

(1) 会计要为国家宏观经济管理和调控提供会计信息。企业经济是国民经济的一个重要组成部分,企业经济的繁荣,直接影响着国民经济的稳定和发展。虽然会计不能提供宏观经济管理所需要的全部信息,但是会计信息是宏观经济管理的基础之一。

(2) 会计要为企业内部经营管理提供会计信息。企业内部经营管理的好坏,直接影响企业的经济效益,影响企业在市场上的竞争力,甚至可以影响企业的前途和命运。会计是企业内部的重要信息系统,提供准确、可靠的信息,有助于决策者进行合理的决策,有助于强化内部管理。

(3) 会计要为企业外部各有关方面了解其财务状况和经营成果提供会计信息。在市场经济条件下,企业处于错综复杂的经济关系之中,其生产经营活动与政府、投资者、债权人、职工和社会公众等方面存在着密切联系。由于这些企业的外部利益关系不直接参与企业的生产经营活动,因此其对企业会计信息的要求只能通过企业对外提供的会计报表来得到满足。

三、会计职能

会计职能是指会计在经济管理中所具有的功能。会计的基本职能可以概括为反映(核算)和监督。

(一)会计的反映职能

会计的反映职能是指反映经济活动情况,为经济管理和投资决策提供有用的信息。

1. 会计反映的特点

(1) 会计主要以货币为计量单位,反映各单位的经济活动状况。会计在反映经济活动时,主要使用货币度量,其他度量指标和文字说明只是其附带部分。这是因为货币是商品交换的一般等价物,具有价值尺度的功能。会计只有借助于货币度量,才能把各种性质相同或不同的经济业务加以综合,求得资产、负债、收入、费用和利润等价值量的综合指标,以总括反映各单位错综复杂的经济活动的过程和结果。

(2) 会计反映已经发生的经济活动状况,具有可验证性。会计提供的信息是面向过去的,即是各单位过去的一个时期内发生的经济活动状况,而且会计提供的信息必须符合规范,即必须按照会计准则、制度来反映。因此,会计提供的信息具有可核性,即具有可重复验证的特征。

(3) 会计反映具有完整性、连续性和系统性。所谓完整性,是指全面地反映各个单位的经济业务,不能有任何遗漏。所谓连续性,是指对经济业务的记录是连续的,按发生的先后顺序,逐日、逐笔,不能间断。所谓系统性,是指用科学的核算方法,对会计信息进行加工处理,以保证提供的会计信息资料能够成为一个有序的整体。

2. 会计反映的内容

根据《中华人民共和国会计法》的规定,会计反映即会计核算的内容有以下几个方面。
(1) 款项和有价证券的收付。
(2) 财物的收发、增减和使用。
(3) 债权债务的发生和结算。
(4) 资本、基金的增减。
(5) 收入、支出、费用、成本的计算。
(6) 财务成果的计算和处理。
(7) 需要办理会计手续、进行会计核算的其他事项。

(二)会计的监督职能

会计的监督职能是指利用各种价值指标,通过控制、分析、考评等具体方法,促使一个单位的经济活动按照规定的要求运行,以达到预期的目的。

1. 会计监督的特点

(1) 会计监督贯穿于整个经济活动过程中。会计监督包括事前监督、事中监督和事后监督。事前监督是指在经济活动开始前进行的监督,即审查未来的经济活动是否符合有关部门法令、制度、规定和计划,在经济上是否可行。事中监督是指对正在发生的经济活动过程及取得的核算资料进行审查,并以此纠正经济活动进行过程中的偏差或失误,促进经济活动按规定的要求正常运行。事后监督是指对已经发生的经济活动以及相应的核算资料进行审查、分析,并在此基础上总结经验,揭露矛盾,促进与改善管理。

(2) 会计监督主要是通过价值指标来进行的。由于各个单位的经济活动都同时伴随着价值运动，表现为价值量的增减变化，因此会计监督通过价值指标可以全面、及时、有效地控制各个单位的经济活动。

2. 会计监督的内容

根据《中华人民共和国会计法》的规定，会计监督的内容包括以下4个方面。
(1) 监督会计资料是否真实、可靠。
(2) 监督经济业务的合法性、合理性。
(3) 监督企业财产是否安全、完整。
(4) 监督财经法律和财经法规的执行。

近年来，由于经济的发展和管理理论的完善，关于会计职能的观点有所扩展，除了反映和监督职能以外，会计还有参与经营决策的职能，即会计要利用提供的信息资料，对各种可行性方案，从经济效益出发，做出最佳选择和决断。有的观点还将此职能进一步细分为预测、决策、控制和分析等职能，其实这些职能可包括在会计监督的职能范围之内。因此，会计的基本职能是反映(核算)与监督，是被普遍接受的观点。

四、会计任务

会计任务是在经济管理中发挥会计的职能作用所要达到的目的和要求。会计的基本任务可以概括为以下5个方面。
(1) 真实、准确、完整地记录各项经济业务。
(2) 维护国家的财政制度与财务制度。
(3) 保护社会主义公共财产。
(4) 分析、考核计划与预算的执行情况。
(5) 预测经济前景，参与经济决策，提高总体经济效益。

《中华人民共和国会计法》第二十二条对会计机构、会计人员的主要职责作了明确规定：①进行会计核算；②实行会计监督；③撰写办理会计事务的具体办法；④参与拟订经济计划、业务计划，考核分析预算、财务计划的执行情况；⑤办理其他会计事务。这是对会计基本任务的法律规范。

第二节　会计假设与会计信息质量要求

一、会计假设

会计假设是会计核算的基本前提，是指对会计资料的收集、整理和报告等所做的合乎逻辑的推理。通常，会计假设包括以下几个方面。

(一)会计主体

在组织会计核算之前，首先应明确会计为之服务的特定单位，也就是会计主体。凡具有经济业务，又实行独立核算的独立实体，都可成为一个特定的会计主体。一个会计主体实际上是一个经济责任中心。划分会计主体就是规定会计活动的空间范围，实际上就是限定会计对象的范围。会计主体与法律主体不是同一个概念。一般来说，法律主体必然是会计主体，但会计主体不一定是法律主体。会计主体可以是一个具有法律资格的企业，也可以是由若干家企业通过控股关系组织起来的集团公司，还可以是企业下属的二级核算单位。会计主体假设，可以正确反映企业所有财产和对外应付的债务，准确地计算其在经营中所取得的收益和遭受的损失，从而为决策提供有用的信息。

(二)持续经营

持续经营是指把企业看作永久存在的实体，其业务经营可以无限期地持续下去。会计主体假设为会计的活动作了空间的规定，而持续经营假设则为会计的正常活动作了时间上的规定。持续经营是财务会计某些原则和会计程序得以顺利建立的前提条件，如企业的财产计价、费用的分配和收益的确定等，均是以持续经营假设为基础的。

(三)会计分期

会计分期是指将企业连续不断的生产经营活动人为地划分为若干个相等的时间阶段。其目的是定期地反映企业的财务状况和经营成果。

《中华人民共和国会计法》规定，会计年度为公历1月1日至12月31日，年度下再分季度和月度。

会计期间只是一种假设，企业的经营活动实际上并未因会计期间终了而停止。因此，为了正确地计算会计期间的经营成果，需要对跨会计期间的经济业务采用合理的会计处理方法，如折旧、摊销及配比等。此外，在一个会计期间内，各项资产和负债的变动与现金的收支是不完全一致的，于是就产生了权责发生制。

(四)货币计量

货币计量即要求对所有会计核算对象采用同一种货币作为统一的尺度予以计量，并把企业的经营活动和财务状况的数据转化为按统一货币单位反映的会计信息。货币单位是会计的基本计量单位。其他计量单位，如物理单位、劳动时间单位等都是辅助单位。在我国是以人民币作为记账本位币，有外币收支业务的企业，应当折算为人民币编制会计报表。

上述会计假设具有相互依存、相互补充的关系。会计主体确认了会计核算的空间范围，持续经营与会计分期确立了会计核算的时间长度，货币计量则是会计核算的必要手段。没有会计主体，就不会有持续经营；没有持续经营，就不会有会计分期；没有货币计量，就不会有现代会计。

(五)权责发生制

权责发生制是企业会计确认、计量和报告的基础。权责发生制是指收入和费用的确认应当以收入和费用的实际发生及影响作为确认计量的标准。即凡是当期已经实现的收入和已经发生或应当负担的费用，不论款项是否收付，都应当作为当期的收入和费用处理；凡是不属于当期的收入和费用，即使款项已经在当期收付，都不应作为当期的收入和费用处理。权责发生制原则主要是从

扫一扫，观看"会计确认计量报告基础"视频讲解

时间上规定会计确认的基础，其核心是根据权责关系的实际发生和影响期间来确认收入和费用。以权责发生制为基础进行会计确认、计量和报告，能够更加准确地反映特定会计期间真实的财务状况及经营成果。

收付实现制是与权责发生制相对应的一种会计基础，它是以收到或支付的货币资金作为确认收入和费用的依据。目前，我国行政事业单位会计采用收付实现制。

二、会计信息质量要求

会计信息质量要求包括会计确认、计量和报告中的八项原则，其具体内容如下。

(一)可靠性原则

可靠性原则是指企业应当以实际发生的交易或者事项为依据进行会计确认、计量和报告，如实反映符合确认和计量要求的各项会计要素及其他相关信息，确保会计信息真实可靠、内容完整。

(二)相关性原则

相关性原则是指企业提供的会计信息应当与财务会计报告使用者的经济决策需要相关，有助于财务会计报告使用者对企业过去、现在或未来的情况做出评价或者预测。

(三)可理解性原则

可理解性原则是指企业提供的会计信息应当清晰明了，便于财务会计报告使用者理解和使用。

(四)可比性原则

可比性原则(包含一致性原则)是指企业提供的会计信息应当具有可比性。

同一企业不同时期发生的相同或者相似的交易或者事项，应当采用一致的会计政策，不得随意变更。确需变更的，应当在附注中说明。

不同企业发生的相同或者相似的交易或者事项，应当采用规定的会计政策，确保会计信息口径一致、相互可比。

(五)实质重于形式原则

实质重于形式原则是指企业应当按照交易或者事项的经济实质进行会计确认、计量和报告，不应仅以交易或者事项的法律形式为依据。

例如，对融资租入固定资产的确认与计量。从形式上看，该项固定资产的所有权归属出租方，企业仅拥有使用权，因此不能将其作为企业的固定资产进行核算。但是，由于融资租入固定资产的租赁期限较长，企业实际控制了该项固定资产，因此为正确地反映企业资产和负债的状况，对于融资租入固定资产，一方面应作为企业自有的固定资产加以核算，另一方面也应作为企业的一项长期负债加以反映。

(六)重要性原则

重要性原则是指企业提供的会计信息应当反映与企业财务状况、经营成果和现金流量等有关的所有重要交易或者事项。

(七)谨慎性原则

谨慎性原则是指企业对交易或者事项进行会计确认、计量和报告应当保持谨慎，不应高估资产或者收益，也不应低估负债或者费用。

谨慎性又称稳健性，当一项经济业务有多种处理方法可供选择时，应选择不导致夸大资产、虚增利润的方法。在进行会计核算时，应当合理预计可能发生的损失和费用，而不应预计可能发生的收入和过高估计资产的价值。

谨慎性的要求体现于会计核算的全过程。例如，对应收账款计提"坏账准备"，对存货项目计提"跌价损失"，对固定资产计提"资产减值准备"等。

(八)及时性原则

及时性原则是指企业对于已经发生的交易或者事项，应当及时进行会计确认、计量和报告，不得提前或者延后。

第三节 会 计 要 素

一、会计要素概述

会计对象是会计要反映和监督的内容，即会计所要反映和监督的客体，具体就是社会再生产过程中的资金运动。对会计所要反映的经济活动内容的基本分类项目称为会计要素，它是会计确认和计量的依据，也是确定财务报表结构和内容的基础。会计要素是对会计对象的基本分类，是会计对象的具体化，是反映会计主体的财务状况和经营成果的基本单位。

我国《企业会计准则》明确列示了资产、负债、所有者权益、收入、费用和利润六个会计要素。这六个会计要素可划分为两大类，即反映财务状况的会计要素和反映经营成果的会计要素。前者包括资产、负债和所有者权益；而后者包括收入、费用和利润。

二、反映财务状况的会计要素

财务状况是指企业某时间点的资产和权益情况。反映财务状况的会计要素包括资产、负债和所有者权益三项。

(一)资产

1. 资产的定义

资产是指由企业过去的交易或者事项形成的、由企业拥有或者控制的、预期会给企业带来经济利益的资源。

2. 资产的确认

当同时满足以下条件时，可以确认为资产。

(1) 与该资源有关的经济利益很可能流入企业。

(2) 该资源的成本或者价值能够可靠地计量。

3. 资产的特征

资产的基本特征主要包括以下 3 个方面。

(1) 资产预期会给企业带来经济利益。
(2) 资产是由企业拥有或者控制的资源。
(3) 资产是由企业过去的交易或者事项形成的。

4. 资产的分类

资产按其流动性不同，分为流动资产和非流动资产。

流动资产是指可在一年或超过一年的一个营业周期内变现或耗用的资产。它主要包括货币资金、交易性金融资产、应收票据、应收账款、预付账款、应收利息、应收股利、其他应收款、存货等。

非流动资产是指流动资产以外的资产，也称长期资产。它主要包括长期股权投资、固定资产、无形资产和长期待摊费用等。

长期股权投资是指投资期限超过一年，并通过投资取得被投资单位股权的投资。投资企业成为被投资企业的股东，按所持有股份的比例享有权益并承担有限责任。

固定资产是指同时具有以下特征的有形资产：①为生产商品、提供劳务、出租或经营管理而持有的；②使用寿命超过一个会计年度。

无形资产是指由企业拥有或者控制的没有实物形态的可辨认的非货币性资产。例如，专利权、非专利技术、商标权、著作权、土地使用权、特许权等都属于无形资产。

长期待摊费用是指企业已发生应当由本期和以后各期负担的、分摊期限在一年以上的各项支出和费用。

资产的分类如图 1-1 所示。

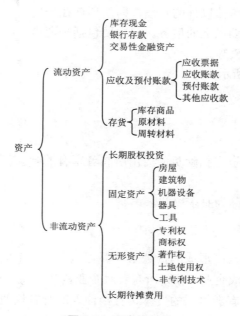

图 1-1 资产的分类

(二)负债

1. 负债的定义

负债是指企业过去的交易或者事项形成的预期会导致经济利益流出企业的现时义务。现时义务是指企业在现行条件下已承担的义务。未来发生的交易或者事项形成的义务不属于现时义务,不应当确认为负债。

2. 负债的确认

当同时满足以下条件时,可确认为负债。
(1) 与该义务有关的经济利益很可能流出企业。
(2) 未来流出的经济利益的金额能够可靠地计量。

3. 负债的特征

负债具有以下 3 个特征。
(1) 负债是企业承担的现时义务。
(2) 负债的清偿预期会导致经济利益流出企业。
(3) 负债是由企业过去的交易或者事项形成的。

4. 负债的分类

负债按其偿还期限的长短,分为流动负债和非流动负债。

流动负债是指偿还期在一年或长于一年的一个营业周期内的营业债务。它主要包括短期借款、应付票据、应付账款、预收款项、应付职工薪酬、应交税费、应付利息、应付股利、其他应付款等。

非流动负债是指流动负债以外的负债,即偿还期在一年或长于一年的一个营业周期以上的债务。它主要包括长期借款、应付债券、长期应付款等。

负债的分类如图 1-2 所示。

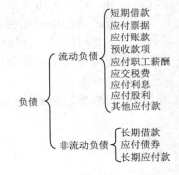

图 1-2　负债的分类

(三)所有者权益

1. 所有者权益的定义

所有者权益是指企业资产扣除负债后由所有者享有的剩余权益,是所有者在企业资产中所享有的经济利益。

公司的所有者权益又称为股东权益。

2. 所有者权益的来源

对任何企业而言,其资产形成的资金来源都有两个:一是债权人;二是所有者。债权人对企业资产的要求权形成企业负债,所有者对企业资产的要求权形成企业的所有者权益。所有者权益的来源包括所有者投入的资本、直接计入所有者权益的利得和损失、留存收益等。

利得是指由企业非日常活动所形成的、会导致所有者权益增加的、与所有者投入资本无关的经济利益的流入。损失是指由企业非日常活动所发生的、会导致所有者权益减少的、与向所有者分配利润无关的经济利益的流出。损失是企业除了费用和分配给所有者之外的一些边缘性或偶发性支出。一般来说，利得和损失与收入和费用不同，它们之间不存在配比关系。按照我国会计制度的规定，利得和损失分为直接计入所有者权益的利得和损失与计入当期损益的利得和损失。直接计入所有者权益的利得和损失主要有可供出售的金融资产公允价值变动部分等。直接计入当期损益的利得有处置非流动资产利得、接受捐赠利得等。

3. 所有者权益的确认

由于所有者权益体现的是所有者在企业中的剩余权益，因此所有者权益的确认主要依赖于其他会计要素，尤其是资产和负债的确认；所有者权益金额的确定也主要取决于资产和负债的计量。

4. 所有者权益的特征

所有者权益具有以下 3 个特征。
(1) 除非发生减资、清算或分派现金股利，否则企业不需要偿还所有者权益。
(2) 企业清算时，只有在清偿所有负债后，所有者权益才返还给所有者。
(3) 所有者凭借所有者权益能够参与企业利润的分配。

5. 所有者权益的分类

所有者权益包括实收资本(或股本)、资本公积、盈余公积和未分配利润。其中，实收资本是投资者投入企业的法定资本额。资本公积包括企业收到投资者出资超过其在注册资本或股本中所占份额的部分，以及直接计入所有者权益的利得和损失等。盈余公积和未分配利润合称为留存收益。

所有者权益的分类如图 1-3 所示。

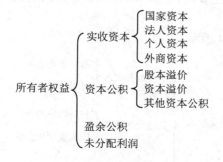

图 1-3　所有者权益的分类

三、反映经营成果的会计要素

经营成果是指企业在一定时期内从事生产经营活动所取得的最终成果。反映经营成果的会计要素包括收入、费用和利润三项。

(一)收入

1. 收入的定义

收入是指企业在日常活动中形成的、会导致所有者权益增加的、与所有者投入资本无关的经济利益的总流入。

2. 收入的确认

收入在确认时除了应当符合收入的定义之外,还应当满足严格的确认条件。收入的确认至少应当同时满足以下 3 个条件。

(1) 与收入相关的经济利益应当很可能流入企业。
(2) 经济利益流入企业的结果会导致企业资产的增加或者负债的减少。
(3) 经济利益的流入额能够可靠地计量。

3. 收入的特征

收入的特征主要有以下 3 个。

(1) 收入应当是企业在日常活动中形成的。
(2) 收入应当会导致经济利益的流入,而该流入不包括所有者投入的资本。
(3) 收入应当最终会导致所有者权益的增加。

4. 收入的分类

企业的收入有狭义和广义之分。狭义收入是指由企业销售商品、提供劳务及让渡资产使用权等日常活动形成的经济利益流入。其主要包括主营业务收入、其他业务收入、投资收益和公允价值变动收益等。其中主营业务收入和其他业务收入合称营业收入。而广义收入还包括由企业非日常活动产生的非经常性经济利益流入,即营业外收入。广义收入是把经营活动和非经营活动产生的经济利益流入都看作收入。

主营业务收入是由企业主要经营活动所带来的收入,如商品销售收入、提供劳务收入。

其他业务收入是由企业主要经营活动以外的业务带来的收入,如材料物资销售收入、固定资产租金收入等。

狭义收入的分类如图 1-4 所示。

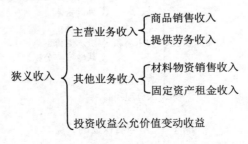

图 1-4 狭义收入的分类

(二)费用

1. 费用的定义

费用是指企业在日常活动中发生的、会导致所有者权益减少的、与向所有者分配利润无关的经济利益的总流出。费用应当从发生期的相关收入中得到补偿。

2. 费用的确认

费用的确认除了应当符合费用的定义之外，还应当满足严格的确认条件。费用的确认至少应当同时满足以下3个条件。

(1) 与费用相关的经济利益应当很可能流出企业。
(2) 经济利益流出企业的结果会导致资产的减少或者负债的增加。
(3) 经济利益的流出额能够可靠地计量。

3. 费用的特征

费用的特征主要有以下3个。

(1) 费用应当是企业在日常活动中发生的。
(2) 费用应当会导致经济利益的流出，而该流出不包括向所有者分配的利润。
(3) 费用应当最终会导致所有者权益的减少。

4. 费用的分类

费用也有狭义和广义之分。狭义费用是指企业为取得营业收入等日常活动中形成的经济利益流出，主要包括主营业务成本、其他业务成本、税金及附加、期间费用、资产减值损失、公允价值变动损失和所得税费用等。广义费用还包括企业非日常活动产生的非经济利益流出，即营业外支出。广义的费用把所有的经营活动和非经营活动支出作为费用。

其中营业成本是指企业为生产商品和提供劳务等发生的直接人工、直接材料、商品进价和其他直接费用，直接计入生产经营成本。营业成本按照其所销售商品或提供劳务在企业日常活动中所处的地位，可分为主营业务成本和其他业务成本。

而期间费用是指企业行政管理部门为组织和管理生产经营活动而发生的管理费用和财务费用，为销售商品而发生的销售费用，应当作为当期经营费用，直接计入当期损益。

费用的分类如图1-5所示。

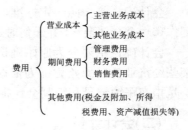

图1-5 费用的分类

(三)利润

1. 利润的定义

利润是指企业在一定会计期间的经营成果。

2. 利润的来源

利润包括收入减去费用后的净额、直接计入当期利润的利得和损失等。其中，收入减去费用后的净额反映的是企业日常活动的业绩。直接计入当期利润的利得和损失反映的是企业非日常活动的业绩。

3. 利润的确认

利润反映的是收入减去费用、利得减去损失后的净额，因此利润的确认主要依赖于收入和费用以及利得和损失的确认，其金额的确定也主要取决于收入、费用、利得、损失金额的计量。

4. 利润的特征

利润表示企业最终的经营成果，由收入与费用的差额等确定，与收入和费用要素密切相关。

5. 利润的种类

利润包括收入减去费用后的净额、直接计入当期利润的利得和损失等。利润有营业利润、利润总额和净利润。营业利润是营业收入减去营业成本、营业税费、期间费用(包括销售费用、管理费用和财务费用)、资产减值损失，加上公允价值变动净收益、投资净收益后的金额。利润总额是指营业利润加上营业外收入，减去营业外支出后的金额。净利润是指利润总额减去所得税费用后的金额。

利润的分类如图1-6所示。

图1-6 利润的三个层次

第四节　会计核算的程序与方法

一、会计核算的程序

会计核算的程序主要包括会计确认、会计计量、会计记录和会计报告。

(一)会计确认

会计确认是按照一定标准，辨认哪些经济业务或会计事项应属于会计核算的范围，应列作哪一个会计要素，并于何时进行记录和报告的过程。会计确认包括确认标准和确认时间。

会计确认主要分为原始确认和再次确认。原始确认是指编制会计凭证时的确认，即对某些经济业务以原始凭证为依据，确认为某一个会计要素后，才能编制会计凭证。再次确认是指在账簿记录和编制会计报表时的确认。

(二)会计计量

会计计量就是对具体的会计核算内容进行量化的过程。在会计核算过程中，对各项财产物资都需以某种尺度为标准确定它的量。

企业将符合确认条件的会计要素登记入账并列报于会计报表及其附注(又称财务报表)时，应当按照规定的会计计量属性进行计量，确定其金额。会计计量属性主要包括以下几点。

(1) 历史成本。在历史成本计量下，资产按照购置时支付的现金或者现金等价物的金额，或者按照购置资产时所付出的对价的公允价值计量。负债按照因承担现时义务而实际收到的款项或者资产的金额，或者承担现时义务的合同金额，或者按照日常活动中为偿还负债预期需要支付的现金或者现金等价物的金额计量。历史成本是会计的基本计量属性。

(2) 重置成本。在重置成本计量下，资产按照现在购买相同或者相似资产所需支付的现金或者现金等价物的金额计量。负债按照现在偿付该项债务所需支付的现金或者现金等价物的金额计量。

(3) 可变现净值。在可变现净值计量下，资产按照其正常对外销售所能收到的现金或者现金等价物的金额扣减该资产至完工时估计将要发生的成本、估计的销售费用以及相关税费后的金额计量。

(4) 现值。在现值计量下，资产按照预计从其持续使用和最终处置中所产生的未来净现金流入量的折现金额计量。负债按照预计期限内需要偿还的未来净现金流出量的折现金额计量。

(5) 公允价值。在公允价值计量下，资产和负债按照在公平交易中，熟悉情况的交易双方自愿进行资产交换或者债务清偿的金额计量。

(三) 会计记录

会计记录是指将会计确认与计量的经济业务，按照复式记账的要求登记在预先设置的会计账簿的过程。会计记录是对经济业务进行分类、汇总和加工的过程，只有经过这一程序，经济业务才能被进一步加工处理成会计信息。

(四) 会计报告

会计报告是指以账簿为依据，采用表格和文字的形式，将会计核算形成的会计信息传递给会计信息的使用者。通过会计确认、计量和记录，可以将经济活动登记在会计账簿上，但由于这些信息比较分散，还必须对其进一步加工处理，进行浓缩，提高其质量，使之形成一系列反映企业财务状况和经营成果的财务指标体系，才有利于信息使用者的使用。

会计确认、会计计量、会计记录与会计报告是相互联系、相互影响的。会计确认与计量是会计记录的基础，只有经过确认与计量的经济业务，才能登记在会计账簿上。但是，会计记录是会计核算中不可缺少的重要环节，没有会计记录，会计确认与计量就失去了存在的意义。会计报告是对会计账簿所记录数据的再加工过程，这一过程实际上是会计的再次确认，即确认哪些数据可以列入会计报表以及应如何列入会计报表。

二、会计核算的方法

(一) 设置账户

设置账户是对会计对象的具体内容进行分类和监督的一种专门方法。由于各单位经济活动的内容都是复杂多样的，要对其进行系统的核算和经常性的监督，就必须按照经济业务的内容和管理要求分别设置账户，进行分类登记，以便为经营管理提供所需要的各种信息和指标。

(二)复式记账

复式记账是通过两个或两个以上相互对应的账户,双重地、平衡地记录每一项经济业务的一种专门方法。采用复式记账法,要对每一笔经济业务分别在有关的两个或两个以上账户中进行登记,以全面地、相互联系地反映企业经济活动情况。

(三)填制和审核凭证

会计凭证是记录经济业务、明确经济责任、作为记账依据的书面证明。填制和审核凭证能为会计记录提供完整、真实的原始资料。

(四)登记账簿

登记账簿是将审核无误的记账凭证资料,在账簿中的有关账户上进行连续、完整的记录和核算的一种专门方法。登记账簿时,既要按照账户的内容对经济业务分别进行反映,又要按时间先后对经济业务进行序时的反映,以便将分散的会计核算资料进行系统的反映,为经营管理和编制会计报表提供系统、完整的数据资料。

(五)成本计算

成本计算是按成本对象归集各个经济过程中发生的费用,从而确定各成本计算对象的总成本和单位成本的一种专门方法。在企业中,为考核经营过程中各阶段的费用支出,寻求节约支出和降低成本的途径,需要将各阶段发生的费用、支出按照一定的对象加以归集。采用成本计算这一方法,可以全面反映和监督经营过程中各项费用支出的情况。这对于挖掘降低成本的潜力、用最少的劳动耗费取得最大的经济效益,具有非常大的意义。

(六)财产清查

财产清查是指通过盘点实物、核对账目,查明各项财产物资和资金实有数额的一种专门方法。由于种种原因,往往会出现账实不符的情况,为如实反映财产物资的真实情况,做到账实相符,保证会计核算资料的真实性,就必须进行财产清查。通过财产清查,还可发现物资管理中的问题,从而采取措施,改善财产物资管理,挖掘财产物资潜力。

(七)编制会计报表

编制会计报表是以书面报告的形式定期地、总括地反映各单位经济活动情况和结果的一种专门方法。会计报表主要是以账簿记录为依据,经过加工整理而产生的一套完整的指标体系。它用来系统地总结企业的财务状况、现金流量和经营成果,以便为会计报表使用者决策提供有用的信息。

上述会计核算的 7 种专门方法是相互联系、密切配合的,它们有机地构成了一个完整的方法体系。对于日常发生的经济业务,要以合法的会计凭证为依据,按照规定的账户进行分类,并应用复式记账方法在有关账簿中进行登记。对于生产经营过程中发生的费用,应当进行成本计算。对于账簿记录,要通过财产清查进行核实,在保证账实相符的基础上,根据账簿记录定期编制会计报表。

三、会计循环

为将会计主体经济活动的结果通过会计报表的方式提供给会计信息的使用者，会计工作者必须经过记录、分类、汇总、编制报表、传递信息等一系列的工作程序。这种在每一会计期间周而复始进行的程序，在会计上称为会计工作的循环，简称会计循环。会计循环的基本步骤如下。

(一)初次确认

以能否用货币计量为标准分析发生的经济业务，并将能够用货币计量的经济业务纳入会计处理系统，确定经济业务的发生对会计要素的具体影响。

(二)入账

通过审核原始凭证分析具体的经济业务、编制会计分录、填制记账凭证或登记日记账，将能用货币表现的经济业务记录到会计信息的载体上。

(三)过账

根据已编制的记账凭证或日记账将各项经济业务登记到分类账簿中，以便分类反映各会计要素。

(四)结账

将各种收入账户和费用账户转到有关账户中，结清收入和费用账户，以便结出本期的经营成果。

(五)编制调整前的试算平衡表

根据账簿中记载的余额、发生额等编制试算平衡表，以检查账簿记录的正确性。

(六)编制期末调整分录并过账

依据权责发生制原则对分类账户的有关记录进行调整，以便正确计算当期损益；对未入账的经济业务编制调整分录，以使各账户反映最新情况。

(七)编制调整后的试算平衡表

由于编制了期末调整分录并过账，因此需要再次编制调整后的试算平衡表，以再次检验账簿记录的正确性。

(八)编制正式的财务报告

根据调整后的试算平衡表编制资产负债表和利润表。

第五节 会计工作组织和会计职业证书

一、会计机构

会计机构是直接从事和组织领导会计工作的职能部门。建立和健全会计机构是加强会计工作、保证会计工作顺利进行的重要条件。

(一)单位会计机构组织

各企业、事业、机关和其他单位要正确组织会计工作,就必须单独设置会计机构。规模小、会计业务不多的单位,可不设专门的会计机构,但也应根据工作需要配备专职会计人员,办理会计业务。不具备条件的单位,可委托经批准设立的会计咨询、服务机构代理记账。

企业会计工作的组织形式一般分为集中核算和非集中核算。

集中核算是指在实行独立核算的单位里,其记账工作主要集中在会计部门进行。会计部门以外的其他部门和车间,只对该部门或车间发生的经济业务填制原始凭证或原始凭证汇总表,并定期送交会计部门。原始凭证或原始凭证汇总表由会计部门审核,然后据以填制记账凭证,登记总分类账和明细分类账,编制会计报表。

非集中核算是指其他部门和车间在会计部门的指导下,分别登记与其业务有关的明细分类账,而会计部门则登记总分类账和一部分明细分类账,编制会计报表,并进行其他会计工作。

一个单位实行集中核算还是非集中核算主要取决于经营管理的需要,但是无论采取哪一种工作组织形式,各单位对外的现金收支、银行存款上的往来、应收和应付款项的结算,都应由会计部门集中办理。

(二)会计师事务所

为了适应改革开放的需要,充分发挥会计在国民经济建设中的作用,1993年国务院颁布了《中华人民共和国注册会计师法》,实行注册会计师制度,并由注册会计师组成会计师事务所。

会计师事务所是国家批准的依法独立承办注册会计师业务的单位,实行自收自支、独立核算、依法纳税。成立会计师事务所,应按照规定报省级财政厅(局)审查批准,并由财政部和省级财政厅(局)负责对其进行业务监督。

会计师事务所由注册会计师组成,并设主任会计师一人,副主任会计师若干人,负责领导会计师事务所的工作。此外,根据工作需要,会计师事务所可以配备必要的业务助理人员和其他工作人员。

注册会计师办理业务,必须由会计师事务所统一接受委托,其业务范围主要包括查账验证业务和会计咨询业务两个方面。国家机关、企业、事业单位和个人,均可委托注册会计师办理这两方面的业务。

二、会计人员

在企业、事业、机关和其他单位中工作的会计人员按照岗位级别可以分为高级会计人员和普通会计人员。高级会计人员包括总会计师、财务总监等,而普通会计人员是指各单位根据会计业务的需要设置的会计工作岗位。

(一)高级会计人员

1.总会计师

1990年,国务院颁发的《总会计师条例》规定,大、中型单位要建立总会计师经济责任制。企业的总会计师在厂长(经理)的领导下全面负责企业的会计工作,并协助厂长(经理)组织领导企业建立和健全经济核算责任制度,监督、检查生产经营的各个环节,增长经济效益。

总会计师的基本职责是:①直接领导企业会计机构;②参与生产、物资供应、产品销售、技术措施、基本建设等计划和主要经济合同的审查,检查计划、经济合同的执行情况,考核生产经营成果;③组织有关部门编制财务计划、落实完成计划的措施,对执行存在的问题提出改进措施;④组织群众性的经济核算工作,建立各级经济活动分析制度,挖掘增产节约潜力;⑤监督本单位执行国家的各项方针政策和财经政策、法令、制度,遵守财经纪律。

总会计师的工作权限:①参加企业重要的生产、经营管理和有关会议;②签署企业的财务计划、信贷计划和会计报表;③会签企业的生产、技术措施、基本建设等计划和重要的经济合同;④对不符合国家财经方针、政策,不讲求经济效益,不执行计划、经济合同和违反财经纪律的事项有权制止,如制止无效,应报告厂长(经理)或上级机关及财政部门处理。

2.财务总监

"财务总监"一词的用法和含义在我国还不统一,许多人直接将"财务总监"称为CFO (Chief Financial Officer)。目前我国对"财务总监"尚无明确权威的解释,理论界也没有统一的认识。企业的财务总监是履行所有者财务职能的。从理论上说,任何企业都可设置财务总监,财务总监一般是由企业的所有者或所有者代表来决定的,财务总监实质上是所有者委托的监督代表。

财务总监的主要权责应当包括:①审核公司的重要财务报表和报告,与公司总经理共同对财务报表和报告的质量负责;②参与审定公司的财务管理规定及其他经济管理制度,监督检查集团子公司财务运作和资金收支情况;③与公司总经理联合审批规定限额范围内的企业经营性、融资性、投资性、固定资产购建支出和汇往境外资金及担保贷款事项;④参与审定公司重大财务决策,包括审定集团公司财务预、决算方案,审定集团公司重大经营性、投资性、融资性的计划和合同以及资产重组和债务重组方案,参与拟订公司的利润分配方案和弥补亏损方案;⑤对董事会批准的公司重大经营计划、方案的执行情况进行监督;⑥依法检查公司财务会计活动及相关业务活动的合法性、真实性和有效性,及时发现和制止违反国家财经法律法规的行为和可能造成出资者重大损失的经营行为，并向董事会报告；⑦组织公司各项审计工作，包括对集团公司及各子公司的内部审计和年度报表审计工作；⑧依法审定集团公司及子公司财务、会计、审计机构负责人的任免、晋升、调动、奖惩事项。

(二)普通会计人员

普通会计人员可分为会计机构负责人或会计主管人员、出纳、财产物资核算、工资核算、成本费用核算、财务成果核算、资金核算、往来结算、总账报表、稽核、档案管理人员等。会计工作岗位可以一人一岗、一人多岗或者一岗多人，但出纳人员不得兼管稽核、会计档案保管和收入、费用、债权债务账目的登记工作。会计人员的工作岗位应当有计划地进行轮换。

为充分发挥会计的职能，完成会计工作任务，各企业、事业和机关等单位的会计机构，都必须根据实际需要配备一定数量的取得会计从业资格证书的会计人员。为充分发挥会计人员的积极性，使他们更好地完成会计工作任务，《中华人民共和国会计法》对会计人员的职责和权限作了明确规定。

1.会计人员的职责

会计人员的职责主要有以下3个方面。

(1) 做好会计基础工作，如实反映情况。会计人员要如实反映经济活动情况和经营成果(或预算执行结果)，做到手续完备、内容真实、数据准确、账目清楚、日清月结，及时编制会计报表并按期上报。此外，还必须妥善保管会计凭证、账簿和报表等档案资料。

(2) 贯彻执行和维护国家财经方针、政策和纪律。会计人员必须按照国家的有关规定，认真编制并严格执行财务会计计划和预算，遵守各项收入制度，遵守费用的开支范围和开支标准，合理使用资金和银行贷款，做好结算工作，保证及时、足额地完成上缴税金的任务，贯彻执行和维护国家财经方针、政策和纪律。

(3) 参与经营管理，讲求经济效益。会计人员要按照经济核算原则分解各项指标，归口落实管理责任；要深入车间、部门，了解生产经营或预算执行的实际情况，挖掘增产节约、增收节支的潜力；要考核资金的使用效果，揭露经营管理中的问题，运用各种会计手段对本单位的经济效益进行预测，并参与经营决策。

2.会计人员的权限

根据《中华人民共和国会计法》的规定，国家赋予会计人员的工作权限主要有以下3个方面。

(1) 有权要求本单位有关部门、人员认真执行国家批准的计划、预算，遵守国家的财经纪律和财务会计制度。如有违犯，会计人员有权拒绝付款、报销或执行，并向本单位领导人报告。对于弄虚作假、营私舞弊、欺骗上级等违法乱纪行为，会计人员必须坚决拒绝执行，并向本单位领导人或上级机关、财政部门报告。

(2) 有权参与本单位编制计划、制定定额、签订经济合同等工作，并参与有关生产经营管理的会议。有权提出财务开支和经济效益方面的问题和意见。

(3) 有权监督、检查本单位有关部门的财务开支、资金使用和财产保管、收发、计量、检验等情况。

三、会计职业证书

从业的财会人员应该对其职业生涯做好规划，财会岗位需取得一定资格或证书才可以担任。会计职业证书可以分为会计职称系列和会计执业资格系列。

1. 会计职称系列证书

会计职称系列证书一般是在企业、事业、机关和其他单位工作的会计人员在单位评薪和评级时使用。在我国，会计职称包括助理会计师、中级会计师和高级会计师三个级别，其对应的职称资格考试为初级会计职称考试、中级会计职称考试和高级会计职称考试。三类会计职称考试对学历和工作年限等有一定要求。

(1) 初级会计职称考试：须具备国家教育部门认可的高中(含高中、中专、职高和技校)及以上学历。

(2) 中级会计职称考试：须具备大学专科学历，从事会计工作满 5 年；具备大学本科学历，从事会计工作满 4 年；具备第二学士学位或研究生毕业，从事会计工作满 2 年；具备硕士学位，从事会计工作满 1 年；具备博士学位；通过全国统一考试，取得经济、统计、审计专业技术中级资格。

(3) 高级会计职称考试(考评结合)：须具备大学专科学历，取得会计师职称后，从事与会计师职责相关工作满 10 年；具备硕士学位或第二学士学位、研究生毕业、大学本科学历或学士学位，取得会计师职称后，从事与会计师职责相关工作满 5 年；具备博士学位，取得会计师职称后，从事与会计师职责相关工作满 2 年。

2. 会计执业资格系列证书

执业资格系列证书一般是指在会计师事务所、审计师事务所、投资银行等单位工作需具备的资格证书。一般来说，会计执业资格系列证书考试的难度要比会计职称系列证书考试的难度大，考试涉及范围要广。

(1) 注册会计师(Certified Public Accountant，CPA)：注册会计师考试是中国的一项执业资格考试，报考须具有高等专科以上学校毕业学历，或者具有会计或者相关专业中级以上技术职称。考试划分为专业阶段考试和综合阶段考试。考生在通过专业阶段考试的全部科目后，才能参加综合阶段考试。

(2) 特许公认会计师公会(Association of Chartered Certified Accountants，ACCA)是全球规模的专业会计师组织，ACCA 考试是一个系统性的学习体系，培养学员成为一个具备高端财务技能和职业操守的综合性人才。须通过 13 门课程的考核，ACCA 资格被称为"国际财会界的通行证"。

(3) 特许管理会计师公会(Chartered Institute of Management Accountants，CIMA)是全球最大的国际性管理会计师组织，是世界上极具权威性的高端财务职业资格认证，CIMA 认证分为基础阶段、运营阶段、管理阶段、战略阶段和职业能力阶段，要求学员在具备扎实财务的背景基础上增强商业管理和战略决策能力。

【思政案例】

爱岗敬业，会计人员的职业榜样

中国十大会计名家 https://kaoshi.china.com/wangxiao/szacc/news/133594.htm。

1. 中国第一位会计师谢霖(1885—1969)

在日本早稻田大学毕业获商学士学位，回国后任中国银行总司账，随即在银行进行会计改革，率先在中国使用国际通行的借贷记账法。1918 年 6 月，他上书北洋政府建议制定会计师制度，后获委托草拟章程；同年 9 月，北洋政府农商部颁布《会计师暂行章程》，谢霖随即获颁第一号会计师证书。

2. 被美国人称为"中国会计之父"的潘序伦(1893—1985)

美国哥伦比亚大学商学士，1927 年回上海开设潘序伦会计师事务所，次年改名为立信会计师事务所，并分设会计专科学校、会计补习学校、会计编译所、会计图书用品，在全国各地形成庞大的会计企业集团，培养了大量会计精英。自 20 世纪 80 年代初立信复办至今，其影响深远。

3. 替上海交易所设计会计制度的徐永祚(1891—1959)

中国银行天津分行练习生出身，后回母校神州大学银行科任教，并担任《银行周报》总编辑。1919 年上海证券交易所成立前，特聘徐拟订业务规程、会计制度和培训会计，后开设徐永祚会计师事务所，创办《会计杂志》、出版《改良中式会计》，其所创收付记账法，在商业会计中沿用至 20 世纪 90 年代。

4. 现代政府会计制度的设计者雍家源(1898—1975)

早年留学美国芝加哥，担任忠实信托银行实习员，后回国任审计院协审。1930 年国民政府财政部成立会计委员会，被委任为主任委员，主张改革政府会计制度，与他人合作设计《中央各机关及所属统一会计制度》，著有《中国政府会计论》，是影响很大的预算会计理论。

5. 敢于挑战洋会计师的奚玉书(1902—1982)

上海复旦大学商学院会计专科毕业，后任会计教师并开设会计师事务所，在经营会计师事务所期间，努力维护民族利益，敢于挺身与外国同行"拗手瓜"，创办《公信会计月刊》达九年之久。

6. 最早介绍西方现代会计理论的赵锡禹(1901—1970)

曾在哈佛大学、纽约大学、芝加哥大学留学，研究世界会计发展。20 世纪 50 年代，先后在中央财经金融学院和中国人民大学任教，1961 年开设《资本主义会计专题讲座》。他被称为最早介绍西方现代会计理论的学者。

7. 移植苏联国营会计方法的余肇池(1892—1968)

苏联会计理论和会计方法在 20 世纪 50～60 年代的中国企业会计工作中起主导作用。他在 20 世纪 50 年代初，任财政部会计制度规章审议委员会委员，在移植苏联国营企业会计中起很大作用，编有《国营企业会计》一书，影响全国，并成为企业会计蓝本。

8. 首位主管全国会计事务官员安绍芸(1900—1976)

清华学堂毕业、留学美国威斯康辛大学，回国任会计教授，并开设会计事务所，1949 年任财政部会计制度处处长，1951 年改称会计制度局(现称会计司)，他续任局长，主持设计一系列的会计制度,为当今会计事业打下基础。

9. 自学成才的会计专家顾准(1915—1974)

小学毕业后,曾就读中华联业学校商科,十三岁入立信会计师事务所当练习生,在潘序伦直接指导下工作。他从学徒做起,边做边学,十九岁写出第一本著作《银行会计》,1950年曾任上海市财政局局长兼税务局局长,后调北京从事会计研究工作,陆续出版《会计原理》等著作。

10. 为中国会计准则贡献毕生精力的杨纪琬(1917—1999)

毕业于上海商学院,1949年调财政部工作,1957年任会计司副司长,1980年任司长、1985年改任顾问,是中国注册会计师协会首任会长,1993年任财政部会计准则中方专家咨询组组长。中国官方发表的《杨纪琬同志生平》称他为"新中国会计界公认的一代名师",为中国会计制度和会计准则的建设,会计理论、会计教育和注册会计师事业的发展,贡献毕生精力,做出了巨大而杰出的贡献。

美国历史上的杰出会计师 https://bbs.pinggu.org/jg/zhucehuijishi_zhucehuijishiziyuan_536441_1.html。

1. 罗伯特·蒙哥马利

罗伯特·蒙哥马利(1872—1953)于1898年同其他三位会计师在宾夕法尼亚州的费城合伙设立了一家会计师事务所,即后来永道公司(Coopers & Lybrand)的前身。1896年纽约州率先颁布注册会计师(CPA)法,宾夕法尼亚州也紧随其后,于1899年成为第二个颁布CPA法的州,蒙哥马利获得了CPA资格。他还于1900年获得律师资格,从而以双重执业资格向客户同时提供会计和法律服务。一般认为,蒙哥马利对美国会计职业的杰出贡献可概括为两方面:第一,他对AICPA早期的健康发展发挥了中流砥柱作用;第二,他是审计理论和税收理论的奠基者之一。

蒙哥马利对美国会计职业的贡献还集中表现在其对职业自律的倡导和捍卫。

20世纪初,AICPA起草和发表了"资产负债表的编制方法"(Approved Methods for the Preparation of Balance Sheet Statements)。这也是世界上第一份由会计职业团体颁布的财务报告准则。

2. 乔治·梅

乔治·梅(1875—1961)生于英国,于1897年加入英格兰和威尔士特许会计师协会,并在伦敦加盟普华(Price Waterhouse)会计师事务所。1917—1918年,梅担任AICPA副主席。

乔治·梅是20世纪上半叶最著名的会计理论家之一,对30年代美国会计执业水准的提高发挥了不可替代的作用。梅主张AICPA同纽约证交所联手,以规范和改进公司财务报告。

1934年,AICPA发表了《公司账户之审计》(Audits of Corporate Accounts),第一次提出了上市公司必须遵循的6项会计原则,这正是AICPA同证交所沟通与合作的结晶。1934年,美国证券交易委员会(SEC)成立。从时间上看,正是《公司账户之审计》的发表大大增加了AICPA坚持职业自律的筹码。

人物评价:

总结古今中外的著名会计师,他们不仅具有渊博的学识和一流的理论水平,而且能够对会计职业的发展趋势做到高瞻远瞩,更重要的是,他们都在职业自律方面有着清晰的要求。在我们的会计人员职业道德中，客观公正地要求会计人员在开展会计工作时，要端正态度，依法办事，实事求是，以客观事实为依据，如实地记录和反映实际经济业务事项，会计核算要准确，记录要可靠，凭证要合法。要做到公平公正，不偏不倚，保持应有的独立性，以维护会计主体和社会公众的利益。

本章小结

通过本章的学习，便于学生理解会计的职能和特点；掌握会计的含义、会计职能和会计目标；了解会计核算的基本前提、会计要素的内容；充分理解会计信息的质量要求；了解会计核算方法的组成内容和相互联系；理解做好会计工作对于加强经济管理的作用，为后续章节的学习做好理论铺垫。

同步测试题

一、单项选择题

1. 会计在经济管理中所具有的基本职能是(　　)。
   A. 记账和算账　　　　　　　　B. 记账和报账
   C. 算账和查账　　　　　　　　D. 反映和监督
2. 会计的主要计量单位是(　　)。
   A. 劳动计量　　B. 实物计量　　C. 工时计量　　D. 货币计量
3. 财务会计的某些原则和会计程序得以顺利建立的条件是(　　)。
   A. 会计主体假设　　　　　　　B. 持续经营假设
   C. 会计分期假设　　　　　　　D. 货币计量假设
4. 解决同一会计主体在不同会计期间的同一指标纵向可比问题的原则是(　　)。
   A. 一致性　　B. 一贯性　　C. 相关性　　D. 可比性
5. 按现行制度规定，企业在确认计量各会计期间收入与费用时应遵循的原则是(　　)。
   A. 重要性原则　　　　　　　　B. 历史成本原则
   C. 权责发生制原则　　　　　　D. 划分收益性支出和资本性支出原则
6. 反映企业经营成果的会计要素是(　　)。
   A. 资产　　B. 收入　　C. 负债　　D. 所有者权益
7. 在会计方法体系中，最基础的方法是(　　)。
   A. 会计核算　　B. 会计检查　　C. 会计分析　　D. 会计控制
8. 会计核算应该遵循(　　)的要求，合理地预计各项资产可能发生的损失。
   A. 相关性　　B. 可比性　　C. 重要性　　D. 谨慎性
9. 收入是指企业在(　　)中形成的、会导致所有者权益增加、与所有者投入资本无关的经济利益的总流入。

A. 销售活动　　　　B. 日常活动　　　　C. 劳务活动　　　　D. 业务活动

10. 根据可靠性原则的要求，会计核算应当以(　　)的经济业务为依据，如实反映财务状况、经营成果和现金流量。

　　A. 实际发生　　　B. 以前发生　　　C. 已经发生　　　D. 未来发生

11. 所有者权益是指企业资产扣除负债后由所有者享有的(　　)。

　　A. 所有者权益　　B. 股东权益　　　C. 权益　　　　　D. 剩余权益

12. 收入、费用的确认和计量是依据(　　)这一基本假设的。

　　A. 会计主体　　　B. 持续经营　　　C. 会计期间　　　D. 货币计量

13. (　　)是指资产按照购置时支付的现金和现金等价物的金额计量。

　　A. 历史成本　　　B. 重置成本　　　C. 可变现净值　　D. 完全成本

14. 可以在一年或超过一年的一个营业周期内变现或者耗用的资产称为(　　)。

　　A. 流动资产　　　　　　　　　　　B. 固定资产
　　C. 无形资产　　　　　　　　　　　D. 其他长期资产

15. 企业会计确认、计量和报告的基础是(　　)。

　　A. 收付实现制　　B. 权责发生制　　C. 定期盘存制　　D. 永续盘存制

16. 按应收账款的一定比例计提坏账准备是贯彻(　　)原则的要求。

　　A. 历史成本　　　B. 客观性　　　　C. 谨慎性　　　　D. 重要性

17. (　　)假设确定了会计核算的对象和空间范围。

　　A. 会计主体　　　B. 货币计量　　　C. 持续经营　　　D. 会计分期

18. 企业拥有或者控制的没有实物形态的可辨认的非货币性资产称为(　　)。

　　A. 无形资产　　　　　　　　　　　B. 流动资产
　　C. 固定资产　　　　　　　　　　　D. 其他长期资产

19. 企业在对会计要素进行计量时，一般应采用(　　)进行计量。

　　A. 现值　　　　　B. 历史成本　　　C. 可变现净值　　D. 重置成本

20. 导致会计分期假设的基本前提是(　　)。

　　A. 会计分期　　　B. 会计主体　　　C. 持续经营　　　D. 货币计量

21. 某厂 2020 年 3 月销售 A 产品一批，货款为 10 000 元，4 月才能收回；销售 B 产品一批，货款为 45 000 元，已收讫；收回 2 月赊销给大达公司的 A 产品 15 000 元。按照权责发生制核算，该厂 2020 年 3 月的收入应为(　　)元。

　　A. 60 000　　　　B. 45 000　　　　C. 55 000　　　　D. 70 000

22. 下列项目中，不属于企业收入的是(　　)。

　　A. 销售商品所得收入　　　　　　　B. 提供劳务所得收入
　　C. 为第三方客户代收的款项　　　　D. 让渡资产使用权所得收入

23. 2020 年 8 月 15 日某企业采用赊销方式销售产品 80 000 元，同年 11 月 20 日收到货款存入银行。按权责发生制核算时，该项收入应属于(　　)。

　　A. 2020 年 8 月　　B. 2020 年 9 月　　C. 2020 年 10 月　　D. 2020 年 11 月

二、多项选择题

1. 会计反映职能的特点是(　　)。

A. 具有完整性、连续性和系统性　　B. 具有可验证性
C. 反映已经发生的经济活动状况　　D. 主要以货币计量

2. 会计主体可以是(　　)。
A. 进行独立核算的经营活动单位
B. 由几个企业通过控股关系组成的企业集团
C. 具有法人资格的企业
D. 非法人资格的企业

3. 下列各项中，属于会计核算方法的是(　　)。
A. 复式记账　　B. 会计检查　　C. 登记账簿　　D. 编制报表

4. 按权责发生制的要求，下列收入和费用应归属本期的是(　　)。
A. 对方暂欠的本期销售收入　　B. 尚未付款的本月借款利息
C. 收到对方前期暂欠的销货款　　D. 本月预付供应商下月购料款

5. 会计核算的基本前提条件是(　　)。
A. 会计主体　　B. 持续经营　　C. 会计分期　　D. 货币计量

6. 流动负债是指将在一年或一个营业周期内偿还的债务，包括(　　)。
A. 短期借款　　B. 长期应付款　　C. 应付票据　　D. 应付账款

7. 关于会计假设，下列说法中正确的有(　　)。
A. 会计主体确认了会计核算的空间范围
B. 持续经营与会计分期确立了会计核算的时间长度
C. 货币计量是会计核算的必要手段
D. 没有会计主体，就不会有持续经营

8. 会计期间划分为(　　)。
A. 月度　　B. 季度　　C. 半年度　　D. 年度

9. 下列各项中，属于会计计量属性的是(　　)。
A. 现值　　B. 历史成本　　C. 可变现净值　　D. 重置成本

10. 会计循环经历的基本步骤是(　　)。
A. 入账　　B. 过账　　C. 结账　　D. 财产清查

11. 企业所有者权益的来源有(　　)。
A. 所有者投入的资本
B. 直接计入所有者权益的利得和损失
C. 留存收益
D. 直接计入当期损益的利得和损失

12. 资产类会计要素的特征是(　　)资源。
A. 企业拥有或控制的　　B. 由过去的交易或者事项形成的
C. 预期能给企业带来经济利益的　　D. 预期在未来发生的交易或者事项的

13. 反映会计主体经营成果的会计要素是(　　)。
A. 资产　　B. 负债　　C. 费用　　D. 收入

14. 反映会计主体财务状况的会计要素是(　　)。
A. 资产　　B. 负债　　C. 收入　　D. 费用

15. 同时具有(　　)特征的有形资产应确认为固定资产。

A. 为生产商品、提供劳务、出租或经营管理而持有的
B. 使用寿命超过一个会计年度的有形资产
C. 没有实物形态的
D. 使用寿命在一个会计年度以内的无形资产

16. 下列各项中，可以作为一个会计主体进行核算的是(　　)。
   A. 股份公司　　　　　　　　B. 独资企业
   C. 合伙企业　　　　　　　　D. 企业的销售部门
17. 下列各项中，属于中国会计核算一般原则的有(　　)。
   A. 可靠性　　　　　　　　　B. 实质重于形式
   C. 持续经营　　　　　　　　D. 重要性
   E. 权责发生制
18. 企业的收入具体表现为一定期间(　　)。
   A. 库存现金的流入　　　　　B. 银行存款的流入
   C. 企业其他资产的增加　　　D. 企业负债的增加
   E. 企业负债的减少
19. 企业的费用具体表现为一定期间(　　)。
   A. 库存现金的流出　　　　　B. 企业其他资产的减少
   C. 企业负债的增加　　　　　D. 银行存款的流出
   E. 企业负债的减少
20. 在我国会计职称包括(　　)。
   A. 助理会计师　　　　　　　B. 中级会计师
   C. 高级会计师　　　　　　　D. 注册会计师
   E. 注册税务师

三、判断题

1. 会计是经济管理的重要组成部分，是随着生产的发展和经济管理的需要而产生与发展的。　　　　　　　　　　　　　　　　　　　　　　　　　　　(　　)
2. 权责发生制是企业会计确认、计量和报告的基础。　　　　　　　　(　　)
3. 我国《会计法》规定，会计核算以人民币为记账本位币。　　　　　(　　)
4. 历史成本是会计基本计量属性。　　　　　　　　　　　　　　　　(　　)
5. 企业进行会计核算时，应遵循客观原则的要求，不得多计资产和收益，不得少计负债或费用，要预计可能发生的费用和损失。　　　　　　　　　　　　　(　　)
6. 会计主体就是法人主体。　　　　　　　　　　　　　　　　　　　(　　)
7. 会计主体确认了会计核算的对象和空间范围。　　　　　　　　　　(　　)
8. 会计期间是在持续经营假设的基础上人为划分的会计期间。　　　　(　　)
9. 企业会计确认、计量和报告应该以持续经营为前提。　　　　　　　(　　)
10. 实质重于形式的要求是指企业应当按照交易或者事项的经济实质进行会计的确认、计量和报告，不应仅以交易或者事项的法律形式为依据。　　　　　　　　(　　)
11. 现行的一切会计准则和会计方法都是建立在会计主体等四项基本假设之上的。(　　)
12. 直接计入所有者权益的利得和损失，也可以计入当期损益。　　　(　　)
13. 利润金额等于收入减去费用加上直接计入当期利润的利得减去直接计入当期利润

的损失。( )
14. 资产是指预期会给企业带来经济利益的经济资源。不能给企业带来未来经济利益的资源不能确认为资产。( )
15. 权责发生制以款项的实际收付作为标准，不考虑收入和费用的归属期，因此会计期末不需要进行账项调整。( )
16. 所有者权益是指企业资产扣除负债后由所有者享有的剩余权益。( )
17. 收入只有在经济利益很可能流入，从而导致企业资产增加或负债减少，而且经济利益的流入额能够可靠地计量时才能加以确认。( )
18. 费用是指企业在日常活动中发生的、会导致企业所有者权益减少的、与向所有者分配利润无关的经济利益的总流出。( )
19. 企业预期在未来发生的交易或者事项能够形成资产。( )
20. 会计期末，企业按照应收账款的一定比例计提坏账准备，体现了谨慎性的原则。( )
21. 可比性原则是指企业会计处理方法前后各期应当一致，不能更改。( )
22. 与所有者权益相比，债权人无权参与企业的生产经营、管理和收益分配，而所有者权益则相反。( )
23. 会计人员对于弄虚作假、营私舞弊、欺骗上级等违法乱纪的做法，应拒绝执行，并向本单位领导或上级机关、财政部门报告。( )
24. 预收账款和预付账款均属于负债。( )

四、名词解释

1. 会计
2. 会计核算
3. 会计职能
4. 会计假设
5. 会计主体
6. 持续经营
7. 会计分期
8. 货币计量
9. 权责发生制
10. 会计要素
11. 收入
12. 费用
13. 资产
14. 所有者权益
15. 利润
16. 负债

五、思考题

1. 什么是会计？
2. 为什么说会计是随着生产和经济的发展而产生与发展的？
3. 什么是会计的基本职能？会计的基本职能有哪些？
4. 什么是会计目标？
5. 会计假设有哪几项？它们之间有什么关系？
6. 会计信息质量要求包括哪几项？各自的作用是什么？
7. 什么是会计要素？具体包括哪些？
8. 会计六大要素的内容、特征分别是什么？
9. 反映财务状况的会计要素有哪几项？
10. 反映经营成果的会计要素有哪几项？

11. 会计核算的方法有哪些？
12. 会计核算的基本前提是什么？
13. 会计确认、计量、记录、报告的基础是什么？
14. 什么是会计循环？会计循环各步骤的主要内容是什么？
15. 会计人员有哪些职责和权限？
16. 会计师职业证书有哪些？

六、业务题

业务 1-1

【资料】SD 公司 2020 年 7 月发生下列经济业务。

(1) 销售产品 5 000 元，货款已存入银行。
(2) 销售产品 10 000 元，货款尚未收到。
(3) 收到 6 月应收的销货款 8 000 元。
(4) 收到购货单位预付货款 4 000 元，8 月交货。
(5) 该月应付水电费 400 元，8 月支付。

【要求】分别按照权责发生制和收付实现制计算该企业的收入和费用，将表 1-1 填写完整。

表 1-1 收入和费用的计算

业务号	权责发生制		收付实现制	
	收 入	费 用	收 入	费 用
1				
2				
3				
4				
5				

业务 1-2

【资料】SD 公司 2020 年 12 月发生下列经济业务。

(1) 销售产品 70 000 元，其中 30 000 元已收到并存入银行，40 000 元尚未收到。
(2) 收到现金 800 元，系 11 月提供的劳务收入。
(3) 用现金支付该月的水电费 900 元。
(4) 该月应计劳务收入 1 900 元，尚未收到款项。
(5) 用银行存款支付 11 月借款利息 500 元。
(6) 预收销售货款 26 000 元，已通过银行收妥入账。
(7) 11 月预收货款的产品 12 月发出，该产品售价为 18 000 元。

【要求】

(1) 按收付实现制原则计算 12 月的收入、费用。
(2) 按权责发生制原则计算 12 月的收入、费用。

第二章 复式记账及账户

> 教学目的与要求

- 熟悉会计恒等式中各个会计要素之间的关系及经济业务发生后对会计等式中各要素的影响。
- 了解会计要素划分的方法以及设置会计科目和账户的意义,掌握会计账户的设置,并理解会计科目与账户的区别与联系。
- 掌握会计账户设置的必要性、账户的基本结构、复式记账原理以及借贷记账法的规则和应用。

> 教学重点与难点

教学重点:会计恒等式的含义、会计科目的内容和级次、会计账户的基本结构以及复式记账的原理。

教学难点:会计要素具体项目的辨认和会计恒等式的具体运用,会计科目和账户的联系与区别,以及借贷记账法的规则及运用。

> 引导案例

【案例一】盛翔毕业于某财经大学会计系,毕业后被聘任为启明公司的会计员。在他去公司上班的第一天。会计科的同事们忙得不可开交,他一问才知道,大家正在忙于月末结账。盛翔对会计科长说:"我能做些什么?"会计科长看他急于投入工作,想检验一下他的工作能力,就问:"试算平衡表的编制方法在学校学过了吧?""学过。"小盛很自然地回答。

"那好吧,趁大家忙着月末结账的时候,你先编一下我们公司这个月的试算平衡表吧。"科长帮他找到了公司所有的总账账簿,不到一个小时,一张"总分类账户发生额及余额试算平衡表"就完整地编制出来了。看到表格上那相互平衡的三组数字,小盛激动的心情难以言表。兴冲冲地向科长交差。

"呀，昨天车间领材料的单据还没记到账上去呢，这也是这个月的业务啊！"会计员李媚说道。还没等小盛缓过神来，会计员小张手里又拿着一些会计凭证凑了过来，对科长说："这笔账我核对过了，应当记入'原材料'和'生产成本'的是 10 000 元，而不是 9 000 元。已经入账的那部分数字还得改一下。"

"试算平衡表不是已经平衡了吗？怎么还有错账呢？"小盛不解地问。

科长看他满脸疑惑的神情，耐心地开导说："试算平衡表也不是万能的，比如，在账户中把某些业务漏记了，借贷金额记账方向彼此颠倒了，还有记账方向正确但记错了账户，借贷方向不同的两个账户的金额同时记多了或记少了，这些都不会影响试算表的平衡。"

小盛边听边点头，心想："这些内容老师在'基础会计'课中也讲过。以后在实践中还得好好琢磨呀！"

经过一番调整，一张真实反映本月试算平衡的表又在小盛的手里编制完成了。

思考与讨论：

(1) 试算平衡表平衡了是否账簿就一定没有问题了？为什么？

(2) 哪些情况的错账在试算平衡表中难以发现？

【**案例二**】民耀制造有限公司拥有机床 200 台，价值 3 500 万元；大卡车 20 辆，价值 380 万元；车间及办公用房屋 6 万平方米，价值 340 万元；银行存款账户上有存款 200 万元；仓库中有价值为 60 万元的钢材；完工产品有 30 万元。该公司的股东对公司投入现金 340 万元，从银行借入长期借款 800 万元，欠供应商的材料款 160 万元。

思考与讨论：

(1) 大致指出该公司在资金流转三个环节上的资金。哪些是该公司资金占用的物质形态？其总金额是多少？哪些是该公司的资金来源渠道？其总金额是多少？

(2) 从上述资金的占用形态和来源渠道说明资金这两方面的关系？

(3) 怎样选择记账会计科目？这些经济业务发生后应如何记账？

第一节 会 计 等 式

一、会计等式概述

会计等式是表明各会计要素之间基本关系的恒等式。会计等式有两种表现形式：①资产=负债+所有者权益；②收入-费用=利润。

(一)资产=负债+所有者权益

"资产=负债+所有者权益"是基本的会计等式，是反映企业财务状况的静态会计等式。如前所述，资产是指企业过去的交易或者事项形成的、由企业拥有或者控制的、预期会给企业带来经济利益的资源，是企业从事经济活动的物质基础。企业的资产是由投资者或债权人提供的，因此他们对企业的资产有要求权，会计上称这种要求权为权益。企业有一定的资产，就有相应的权益，两者必然相等，即

资产=权益

扫一扫，观看"静态会计等式"视频讲解

权益可以分成两类：属于投资者的权益，称为所有者权益(也称产权)，是对企业全部资产减去负债后的净资产的所有权；属于债权人的权益，称为负债，是债权人要求企业定期偿付本息的权益。所以，上式可改写为

$$资产=负债+所有者权益$$

资产与权益的恒等关系，表明了债权人和投资者对企业资产要求权的基本情况，表明企业所拥有的全部资产都是由债权人和投资者提供的。这一会计恒等式是会计复式记账的理论基础和编制资产负债表的依据。

(二)收入-费用=利润

"收入-费用=利润"可称为第二会计等式，是反映企业经营成果的动态会计等式。该等式表明企业在一定时期内的经营成果与相应期间的收入和费用的关系，是企业在一定时期内所获得的收入扣除所发生的各项费用，即表现为利润。这一会计恒等式是编制利润表的依据。此外，由于利润会影响所有者权益及资产增加或减少，因此会计等式又可扩展为

$$资产=负债+所有者权益+利润(收入-费用)$$

二、资产与负债及所有者权益恒等式

一个企业的所有资产和权益(负债及所有者权益)经常随着它在经营中所进行的各种经济活动而不断发生变化，但不论它们怎样变化，都不会破坏上述会计等式原理。也就是说，不论企业的经济活动使资产和权益发生怎样的变化，在一定时期内所有的资产总额必定等于其所有的权益总额。举例说明如下。

【例】假定 SD 公司 2020 年 1 月 1 日的财务状况如表 2-1 所示。

表 2-1　SD 公司 2020 年 1 月 1 日的财务状况　　　　　　　　　　　单位：元

资　产	金　额	负债及所有者权益	金　额
库存现金	3 000	短期借款	100 000
银行存款	200 000	应付账款	50 000
应收账款	10 000	实收资本	300 000
原材料	7 000	资本公积	50 000
库存商品	10 000		
固定资产	270 000		
总　计	500 000	总　计	500 000

该企业发生以下 4 项经济业务。

(1) 向某单位购买价值为 5 000 元的原材料，款项尚未支付。这项经济业务发生后，使资产方增加 5 000 元的原材料，同时又使权益方的应付账款增加 5 000 元，结果等式两边同时等额增加，等式仍保持平衡关系。

(2) 用银行存款归还短期借款 50 000 元。这项经济业务发生后，使资产方的银行存款减少 50 000 元，同时使权益方的短期借款减少 50 000 元，结果等式两边同时等额减少，等式仍保持平衡关系。

(3) 用银行存款购买不需要安装的价值为 80 000 元的固定资产。这项经济业务发生后，使资产方的银行存款减少 80 000 元，同时使资产方增加价值为 80 000 元的固定资产，结果等式左边等额一增一减，等式仍保持平衡关系。

(4) 经上级批准，将资本公积 30 000 元转作资本。这项经济业务发生后，使权益方的资本公积减少 30 000 元，同时使权益方的实收资本增加 30 000 元，结果使等式右边等额一增一减，等式仍保持平衡关系。

上述 4 项经济业务所引起的资产和权益的变化情况如表 2-2 所示。

表 2-2　SD 公司资产权益变动情况表　　　　　　　　　　　　　单位：元

资　产	增减前金额	增减金额	增减后金额	负债及所有者权益	增减前金额	增减金额	增减后金额
库存现金	3 000		3 000	短期借款	100 000	(2)-50 000	50 000
银行存款	200 000	(2)-50 000 (3)-80 000	70 000	应付账款	50 000	(1)+5 000	55 000
应收账款	10 000		10 000	实收资本	300 000	(4)+30 000	330 000
原材料	7 000	(1)+5 000	12 000	资本公积	50 000	(4)-30 000	20 000
库存商品	10 000		10 000				
固定资产	270 000	(3)+80 000	350 000				
总　　计	500 000	-45 000	455 000	总　　计	500 000	-45 000	455 000

一个企业的经济业务虽然千变万化、多种多样，但均可以归纳为以下 4 种类型。

(1) 经济业务发生，资产与权益项目同时增加相等的金额，如上例(1)。
(2) 经济业务发生，资产与权益项目同时减少相等的金额，如上例(2)。
(3) 经济业务发生，资产项目之间此增彼减相同金额，如上例(3)。
(4) 经济业务发生，权益项目之间此增彼减相同金额，如上例(4)。

以上经济业务类型如图 2-1 所示。

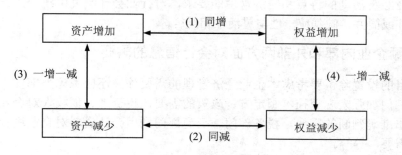

图 2-1　经济业务类型

4 种类型的经济业务所引起的资产和权益(负债及所有者权益)的变化，进一步证明了资产和负债及所有者权益之间的平衡关系，这种平衡关系是会计工作中设置账户、进行复式记账和编制资产负债表的理论依据。因此，正确理解和掌握这种平衡关系，具有十分重要的意义。

第二节 会计科目

一、会计科目的概念及设置的意义

为了全面、系统地反映和监督企业的各项经济业务,以及由此而引起的会计要素的增减变动情况,需要设置会计科目。会计科目是设置账户、处理账务所必须遵守的规范和依据,是正确进行会计核算的一个重要条件。

会计科目是对会计要素进行分类核算的项目。例如,为了反映和监督各项资产的增减变动,设置了"库存现金""银行存款""应收账款""库存商品""原材料""固定资产"等科目;为了反映和监督负债及所有者权益的增减变动,设置了"短期借款""应付账款""实收资本""盈余公积"等科目;为了反映和监督收入、费用的增减变动,设置了"主营业务收入""主营业务成本""管理费用"等科目。每个会计科目只能反映一个经济内容,不能相互混淆。

二、会计科目设置的原则

确定会计科目是进行会计核算的起点,会计科目的设置是否合理,对于系统地提供会计信息,提高会计工作效率,以及有条不紊地组织会计工作都有很大影响。因此,在确定会计科目时必须充分考虑各方面对会计信息的需求和会计工作的客观规律。一般认为,设置会计科目应遵循以下3项原则。

(一)结合会计对象的特点,全面反映会计对象的内容

会计科目作为对会计对象具体内容进行分类核算的项目,其设置应保证全面、系统地反映会计对象的内容,不能有任何遗漏;同时,会计科目的设置必须反映会计对象的特点。因此,不同行业应根据会计对象的特点设置相应的会计科目。即使同行业的不同企业,也可根据本企业经济活动的特点和经济管理的要求,对行业会计制度中统一规定的会计科目作必要的增补或简并,做到统一性与灵活性相结合。

(二)兼顾企业内部和外部两方面对会计信息的需要

会计科目的设置除了要考虑本企业经济管理的需要外,还应考虑外部使用者的各种需求,如政府部门加强宏观调控、制定方针政策的需要,投资者、债权人对企业经营成果和财务状况做出准确判断的需要,税务部门、工商部门利用会计资料对企业进行纳税监督和工商监督的需要,等等。

(三)简明扼要,相对稳定

每个会计科目应当明确反映一定的经济内容,对其特定的核算内容必须严格、明确地界定,各科目之间不能互相混淆。会计科目还应按国家规定的会计制度统一编号,以便编制会计凭证、登记账簿、查阅账目、实行会计电算化等。此外,为了对不同时期的会计核算资料进行对比和分析,不能经常变动会计科目,以保证不同时期会计资料的可比性。

三、会计科目的分类

(一)按反映的具体经济内容分类

会计科目按其反映的具体经济内容的不同,可分为资产类、负债类、所有者权益类、成本类和损益类,主要会计科目如表 2-3 所示。

表 2-3　会计科目一览表

类　别	内　　容
资产类	库存现金、银行存款、其他货币资金、交易性金融资产、应收票据、应收账款、预付账款、应收股利、应收利息、其他应收款、坏账准备、材料采购、在途物资、原材料、材料成本差异、库存商品、发出商品、周转材料、存货跌价准备、持有至到期投资、持有至到期投资减值准备、可供出售金融资产、长期股权投资、长期投资减值准备、投资性房地产、长期应收款、未实现融资收益、固定资产、累计折旧、固定资产减值准备、在建工程、固定资产清理、无形资产、累计摊销、无形资产减值准备、商誉、长期待摊费用、递延所得税资产、待处理财产损溢
负债类	短期借款、交易性金融负债、应付票据、应付账款、预收账款、应付职工薪酬、应交税费、应付股利、应付利息、其他应付款、预计负债、递延收益、长期借款、应付债券、长期应付款、未确认融资费用
所有者权益类	实收资本、资本公积、盈余公积、本年利润、利润分配
成本类	生产成本、制造费用、劳务成本、研发支出
损益类	主营业务收入、其他业务收入、公允价值变动损益、投资收益、营业外收入、主营业务成本、其他业务成本、税金及附加、销售费用、管理费用、财务费用、资产减值损失、营业外支出、所得税费用、以前年度损益调整

(二)按隶属关系分类

会计科目按隶属关系的不同,可分为总分类科目和明细分类科目。总分类科目是对会计对象的不同经济内容作总括分类,是反映核算指标总括情况的科目。明细分类科目是对总分类科目所含经济内容作进一步分类,反映核算指标详细、具体情况的科目。当总分类科目下设明细分类科目太多,不便于管理和操作时,可在总分类科目与明细分类科目之间增设二级科目,如表 2-4 所示。

表 2-4　总分类科目、二级科目与明细分类科目

总分类科目(一级科目)	二级科目	明细分类科目
库存商品	甲类商品	A 商品
		B 商品
	乙类商品	C 商品
		D 商品

第三节 会计账户

一、会计账户的概念

各企业单位在日常经营活动过程中，持续发生着各种各样的经济业务。企业为了分类、系统、连续地记录其在日常经营过程中发生的各种经济业务，以及由此引起的资产、权益、费用和收入的增减变动情况和结果，必须在账簿中开设账户。

会计账户是根据会计科目设置的，主要是分类反映和监督各项经济业务的发生情况和由此引起的各个会计要素增减变化和结果。

会计科目与会计账户之间既有区别又有联系。其区别表现为：会计科目是对会计核算对象分类的项目名称，只表明应该反映的一定经济内容，本身没有结构；而会计账户却有相应的结构，能够登记经济业务引起的各个会计要素增减变化及其变化结果。其联系表现为：会计账户是按照规定的会计科目在账簿中开设的户头，会计科目的名称就是账户的名称，会计科目的性质、内容和分类决定了账户的名称、性质、内容和分类。

二、账户的结构

要正确运用账户，不仅要了解账户的核算内容，还必须掌握账户的基本结构。账户的结构是指账户的组成部分以及在账户内如何反映有关经济内容的增减变化及结余情况。在教科书中，为了便于说明，常把账户的结构简化为T型账户，如图2-2所示。

图2-2　T型账户结构

账户的结构要点主要有以下3项。

(1) 账户分左、右两方。各项经济业务发生以后，会引起资产、权益、费用成本以及收入成果发生变动，但是，从数量上看，不外乎增加和减少两种情况。因此，用来分类记录经济业务的账户，在结构上分两个基本部分，即左方和右方，分别记录资产、权益、费用成本和收入成果的增加和减少的数额。

(2) 账户左、右两方的名称是记账符号。账户的左、右两方各称什么，要根据记账方法来确定。例如，在借贷记账法下，左方称借方，右方称贷方。

(3) 账户在哪一方记增加，哪一方记减少，取决于所采用的记账方法和各账户所记录的经济内容。

在实际工作中，账户的格式不像T型账户那么简单，而且多种多样，又栏次较多。但是，不论账户格式多么复杂，都是根据账户的基本结构设计的。在借贷记账法下，实际账户格式一般如表 2-5 所示。

表 2-5 账户格式(账户名称)(会计科目)   第 页

日 期	凭证号数	摘 要	借方金额	贷方金额	借或贷	余 额

这种账户格式是手工记账时经常采用的格式。在采用计算机记账的情况下,尽管会计数据是存储在采用电子计算机记账的情况下,账户的格式不明显,但仍然要按照表 2-5 所示的格式提供核算资料。

账户的两方金额栏,一方记录增加额,另一方记录减少额,增减相抵后的差额称账户余额。因此,在账户中记录的金额可分为期初余额、本期增加额、本期减少额和期末余额。

本期发生额是指在一定时期(如月份、季度或年度)内账户所登记的增加或减少金额的合计。在没有期初余额的情况下,本期增加发生额与本期减少发生额相抵后的差额是本期的期末余额,也就是在一定时期的期末结出的账户余额。本期的期末余额转入下期,就是下期的期初余额。以上 4 项金额的关系,可用下式表示。

期末余额=期初余额+本期增加发生额-本期减少发生额

每个账户的本期增加额和本期减少额都应分别记入账户的两方金额栏内。如果在左方登记增加额,则右方登记减少额,余额一定在左方;相反,如果右方登记增加额,则左方登记减少额,余额一定在右方。上述期初余额、本期增加额、本期减少额、本期发生额及期末余额等在账户中的登记如图 2-3 所示。

(左方)	(账户名称)		(右方)	(左方)	(账户名称)		(右方)
期初余额	×××					期初余额	×××
本期增加额	×××	本期减少额	×××	本期减少额	×××	本期增加额	×××
本期增加额	×××	本期减少额	×××	本期减少额	×××	本期增加额	×××
本期发生额	×××	本期发生额	×××	本期发生额	×××	本期发生额	×××
期末余额	×××					期末余额	×××

图 2-3 账户结构

第四节 复式记账的意义

在会计核算工作中,为了能反映和监督会计对象,除了要设置会计科目并按会计科目设置账户外,还必须采用一定的记账方法将经济业务在有关的账户中进行登记。记账方法是根据一定的记账原理,按照一定的记账规则,在账户中登记经济业务的一种专门方法。

记账方法按其登记经济业务方式的不同,可分为单式记账法和复式记账法两种。

一、单式记账法

单式记账法是对有关经济业务只在账户上进行单方面登记而不反映其来龙去脉的一种记账方法。这种记账方法的主要特征是:一般只登记现金、银行存款的收、付业务和各项人欠、欠人往来款项。例如,用现金购买材

扫一扫,观看
"会计记账方法的
演变过程"视频讲解

料时，在账户上只登记"库存现金"的减少，不登记"原材料"的增加；购买材料而货款尚未支付时，只登记欠款的增加，不登记材料的增加；即使对材料进行记录，也与现金减少或欠款增加的记录没有联系。因此，在所有账户之间没有数字上的平衡关系。采用单式记账法，虽然手续比较简单，但不能全面、系统地反映各个会计要素的增减变化情况，也不能对全部账户记录的正确与否进行全面检查，因此单式记账法是一种不够严密的记账方法。随着社会经济的发展，需要运用会计反映和监督的经济活动越来越复杂，单式记账法已明显不能适应社会经济发展的需要了。

二、复式记账法

(一)复式记账法的概念

复式记账法是指对发生的每项经济业务都要以相等的金额，在相互联系的两个或两个以上账户中同时进行登记的一种记账方法。例如，将现金 500 元存入银行。这项经济业务的发生，一方面使企业的库存现金减少了 500 元，另一方面使企业的银行存款增加了 500 元。根据复式记账方法，对这项经济业务进行登记时，一方面要在"库存现金"账户上登记减少 500 元，另一方面要在"银行存款"账户上登记增加 500 元。

(二)复式记账法的理论依据

复式记账法是以会计等式"资产=负债+所有者权益"为理论基础的。

在本章第一节中已经说明，各单位的经济业务尽管频繁、复杂、多种多样，但都不会破坏"资产=负债+所有者权益"的会计平衡关系。为了把资产和权益全面、系统地加以反映，对于任何一笔经济业务所引起的资产和权益有关项目的增减变动情况，都必须用相等的金额在两个或两个以上的账户中相互联系地进行登记，这样才能使资产总额和权益总额保持平衡。

(三)复式记账法的意义

(1) 采用复式记账法，由于对发生的每一项经济业务都必须在两个或两个以上账户相互联系地同时进行登记，因此可以了解每一项经济业务的来龙去脉。

(2) 在复式记账法下，设置的账户构成了一个完整的账户体系，使各个账户之间存在着密切的联系。因此，把全部的经济业务登记入账之后，可以通过账户记录，系统并完整地反映经济活动的过程和结果。

(3) 在复式记账法下，由于对每一项经济业务都以相等的金额进行分类登记入账，因而对记录的结果，可以通过试算平衡，检查账户记录是否正确。

由此可见，复式记账法同单式记账法相比，有两个明显的特点：一是对每项经济业务，都必须在两个或两个以上账户中相互联系地进行分类登记；二是对记录的结果可以进行试算平衡。因此，复式记账法是一种比较科学的记账方法。

第五节　借贷记账法

借贷记账法是以"借""贷"作为记账符号，反映各个会计要素的增减变动情况的一种复式记账方法。

一、借贷记账法的账户结构

扫一扫，观看"借贷记账法的账户结构"视频讲解

借贷记账法中的"借""贷"原是为适应借贷资本的需要而产生的一对矛盾的概念，表示"人欠"和"欠人"。但是，随着经济的不断发展，"借""贷"很快就失去了本来的含义，成为一对纯粹的记账符号，用以标明记账的方向。人们习惯把账户的左方叫作"借方"，把右方叫作"贷方"，可以用简化的账户格式表示，如图2-4所示。

借方	账户名称(会计科目)	贷方

图2-4 简化的账户格式

(一)资产类账户的结构

在借贷记账法下，资产类账户的借方登记它们的增加数，贷方登记它们的减少数，如果期末有余额，必定为借方余额，表示期末资产的实有数额。

资产类账户的基本结构如图2-5所示。

图2-5 资产类账户的基本结构

资产类账户的"本期借方发生额"为一定会计期间借方金额(增加)的合计数；"本期贷方发生额"为一定会计期间贷方金额(减少)的合计数；期末余额可以根据下式计算。

期末余额(借方)=期初余额+本期借方发生额-本期贷方发生额

(二)权益(负债、所有者权益)类账户的结构

由于权益类与资产类项目相反，列在会计等式的右方，因此借贷记账法规定资产类和权益类账户按照相反的方向予以记录，这样才能反映它们之间的平衡(相等)关系。既然资产类账户借方登记增加额，贷方登记减少额，那么与此相反，权益类账户的增加额记贷方，减少额记借方，如果期末有余额，必然在贷方，表明期末权益的实有数额。

权益类账户的基本结构如图2-6所示。

借方		贷方	
		期初余额	×××
本期减少额	×××	本期增加额	×××
	×××		×××
	×××		
本期发生额	×××	本期发生额	×××
		期末余额	×××

图 2-6　权益类账户的基本结构

权益类账户的期末余额可以根据下式计算。

期末余额(贷方)=期初余额+本期贷方发生额-本期借方发生额

(三)成本费用类账户的结构

由于成本费用是企业生产经营过程中资产耗费的转化形态,因此成本费用类账户的结构与资产类账户的结构基本相同。

该类账户借方记增加,贷方记减少(或转销),期末转销后一般无余额。在期末如有尚未完工的在产品,会有期末借方余额表示在产品成本,其期末余额的计算公式与资产类相同。成本费用类账户的基本结构如图 2-7 所示。

借方		贷方	
期初余额	×××		
本期增加额	×××	本期减少额(或转销、转出)	×××
	×××		×××
本期发生额	×××	本期发生额	×××
期末余额	×××(或平)		

图 2-7　成本费用类账户的基本结构

(四)收入类账户的结构

由于收入增加会导致所有者权益增加,因此收入类账户的结构与权益类账户的结构基本相同。

该类账户借方登记减少(或转销),贷方登记增加,由于本期实现的收入要于期末全部转出,以便与相配比的成本费用相抵来确定当期的利润或亏损,因此收入类账户在期末转销后无余额。收入类账户的基本结构如图 2-8 所示。

借方		贷方	
		期初余额	×××
本期减少额	×××	本期增加额	×××
	×××		×××
	×××		
本期发生额	×××	本期发生额	×××
		期末通常无余额	

图 2-8　收入类账户的基本结构

利润类账户的结构与权益类账户的结构基本相同。

二、借贷记账法的记账规则

扫一扫,观看
"借贷记账法的记
账规则"视频讲解

借贷记账法以"有借必有贷,借贷必相等"作为记账规则。

这个规则是由资产总额等于权益总额的会计平衡关系与经济业务的发生引起的各项会计要素增减变动的 4 种类型所决定的。对每项经济业务都要以相等的金额同时记入一个账户的借方和另一个(或几个)账户的贷方,或者一个(或几个)账户的借方和另一个账户的贷方。记入借方的金额与记入贷方的金额必须相等。

三、借贷记账法的试算平衡

所谓试算平衡,就是会计核算中检验账户记录是否正确的一种方法。在借贷记账法下,由于资产类账户的余额在借方,权益类账户的余额在贷方,因此根据会计恒等式可以推出下面的平衡公式。

所有总分类账户的借方期初(期末)余额合计=所有总分类账户的贷方期初(期末)余额合计

另外,根据"有借必有贷,借贷必相等"的借贷记账法的记账规则,可推出下面的平衡公式。

所有账户借方发生额合计=所有账户贷方发生额合计

四、借贷记账法的运用

(一)账户对应关系及对应账户

采用复式记账法时,对每一笔经济业务必须在两个或两个以上的账户中相互联系地记录,这样两个或两个以上的账户之间就存在着一种相互依存的关系,即账户对应关系。这种由一笔经济业务引起的几个具有相互依存关系的账户,称为对应账户。通过分析账户对应关系,一方面有助于会计信息使用者了解经济业务的内容,另一方面还可以检查经济业务的发生是否符合有关政策、法规。

(二)会计分录

扫一扫,观看
"会计分录的书写
规则"视频讲解

为了保证账户对应关系准确无误,并便于检查账户分录,在把经济业务记入账户之前,应先按账户的对应关系编制会计分录,然后再根据会计分录记入有关账户。所谓会计分录,就是指在经济业务发生后,用来确定账户名称、记账方向和金额的记录。记账符号、账户名称、记账金额构成会计分录的三要素。

现根据例 2-1 中 SD 公司所发生的 4 项业务进行相应的会计处理。

(1) 向某单位购买价值为 5 000 元的原材料,款项尚未支付。

这项经济业务发生后,使资产方增加 5 000 元的原材料,同时又使权益方的应付账款增加 5 000 元。这项业务涉及"原材料"和"应付账款"两个不同性质的账户。由于资产类账户增加记借方，减少记贷方；权益类账户增加记贷方，减少记借方。因此，该项业务应记入"原材料"账户的借方、"应付账款"账户的贷方。记录的金额相等，记录的方向相反，一个记借方，一个记贷方，结果等式两边同时等额增加，等式仍保持平衡关系。具体应编制以下会计分录。

借：原材料　　　　　　　　　　　　　5 000
　　贷：应付账款　　　　　　　　　　　　5 000

(2) 用银行存款归还短期借款 50 000 元。

这项经济业务发生后，使资产方的银行存款减少 50 000 元，同时又使权益方的短期借款减少 50 000 元。这项业务涉及"短期借款"和"银行存款"两个不同性质的账户，因此该项业务应记入"短期借款"账户的借方、"银行存款"账户的贷方。记录的金额相等，记录的方向相反，一个记借方、一个记贷方，结果等式两边同时等额减少，等式仍保持平衡关系。具体应编制以下会计分录。

借：短期借款　　　　　　　　　　　　50 000
　　贷：银行存款　　　　　　　　　　　　50 000

(3) 用银行存款购买不需要安装的固定资产 80 000 元。

这项经济业务发生后，使资产方的银行存款减少 80 000 元，同时又使资产方的固定资产增加 80 000 元。这项业务涉及"银行存款"和"固定资产"两个资产类账户，因此该项业务应记入"固定资产"账户的借方、"银行存款"账户的贷方。记录的金额相等，记录的方向相反，一个记借方、一个记贷方，结果等式左边等额一增一减，等式仍保持平衡关系。具体应编制以下会计分录。

借：固定资产　　　　　　　　　　　　80 000
　　贷：银行存款　　　　　　　　　　　　80 000

(4) 经批准，将资本公积 30 000 元转作实收资本。

这项经济业务发生后，使权益方的资本公积减少 30 000 元，同时又使权益方的实收资本增加 30 000 元。这项业务涉及"资本公积"和"实收资本"两个权益类账户，因此该项业务应记入"资本公积"账户的借方、"实收资本"账户的贷方。记录的金额相等，记录的方向相反，一个记借方、一个记贷方，结果等式右边等额一增一减，等式仍保持平衡关系。具体应编制以下会计分录。

借：资本公积　　　　　　　　　　　　30 000
　　贷：实收资本　　　　　　　　　　　　30 000

以上所编制的会计分录都是由一个账户的借方对应于一个账户的贷方，这种会计分录称为简单会计分录。除了简单会计分录以外，还有复合会计分录，即一个账户的借方与多个账户的贷方相对应，或多个账户的借方与一个账户的贷方相对应。例如，SD 公司发生以下业务。

(5) 获得货币资金 200 000 元，其中 50 000 元为短期借款，150 000 元为其他单位投资。

这项经济业务发生后，使资产方的银行存款增加 200 000 元，同时又使权益方的实收资本增加 150 000 元，短期借款增加 50 000 元。这项业务涉及一个资产类账户"银行存款"和两个权益类账户"实收资本"与"短期借款"。该项业务应记入"银行存款"账户的借方、

"实收资本"和"短期借款"账户的贷方。借方和贷方记录的金额总计相等,记录的方向相反,一个记借方、两个记贷方,结果等式两边等额增加,等式仍保持平衡关系。具体应编制以下会计分录。

  借:银行存款   200 000
    贷:实收资本   150 000
      短期借款   50 000

(6) 以银行存款 120 000 元,偿还应付账款 50 000 元,短期借款 70 000 元。

  这项经济业务发生后,使负债方的应付账款减少 50 000 元,短期借款减少 70 000 元,同时又使资产方的银行存款减少 120 000 元。这项业务涉及两个权益类账户"应付账款"与"短期借款"和一个资产类账户"银行存款"。该项业务应记入"应付账款"和"短期借款"账户的借方、"银行存款"账户的贷方。借方和贷方记录的金额总计相等,记录的方向相反,两个记借方、一个记贷方,结果等式两边等额减少,等式仍保持平衡关系。具体应编制以下会计分录。

  借:应付账款   50 000
    短期借款   70 000
    贷:银行存款   120 000

  会计分录是登记账簿的依据,其正确与否,将直接影响账户记录的正确性和会计信息的质量。记账方向、会计账户或金额错误都会影响会计信息的质量。

(三)登账及编制试算平衡表

  会计业务的会计分录全部编制完成后,应将所编制会计分录的内容分门别类地登记到各有关账户。现以 SD 公司为例,根据以上 6 笔会计分录登记入账,并进行月末结账,其登记结果如图 2-9 所示。

  经济业务登记入账完毕之后,应检验账户登记的正确性,编制试算平衡表,如表 2-6 所示。

  在编制试算平衡表时,请注意以下 4 点。

(1) 必须保证所有账户的发生额和余额均已填入试算平衡表。

(2) 如果试算平衡表发生额栏或余额栏的借方与贷方不相等,肯定账户记录有错误,应认真查找,直到实现平衡为止。

(3) 在实际工作中,应先用铅笔结出各账户的本期发生额和期末余额,据以编制试算平衡表,验证无误后,再正式结账。

(4) 即使试算平衡表实现了有关三栏的平衡关系,也不能保证账户记录就完全正确,因为有些错误并不影响试算平衡表有关三栏的平衡关系。例如:①某笔经济业务重记或漏记,将使借、贷双方的发生额等额增加或减少,借贷仍然平衡;②某笔经济业务在账户的记录中,颠倒了记账方向、用错了会计科目,试算结果仍然平衡;③借方或贷方发生额中,偶然发生某笔业务多记而另一笔业务等额少记(相互抵消),借贷仍然平衡。因此,试算平衡方法不是绝对的,还应通过其他方法来发现错误。

借方	库存现金	贷方
期初余额 3 000		
期末余额 3 000		

借方	库存商品	贷方
期初余额 10 000		
期末余额 10 000		

借方	短期借款	贷方
(2) 50 000	期初余额	100 000
(6) 70 000	(5)	50 000
本期发生额 120 000	本期发生额	50 000
	期末余额	30 000

借方	应付账款	贷方
(6) 50 000	期末余额	50 000
	(1)	5 000
本期发生额 50 000	本期发生额	5 000
	期末余额	5 000

借方	原材料	贷方
期初余额 7 000		
(1) 5 000		
本期发生额 5 000		
期末余额 12 000		

借方	应收账款	贷方
期初余额 10 000		
期末余额 10 000		

借方	固定资产	贷方
期初余额 270 000		
(3) 80 000		
本期发生额 80 000		
期末余额 350 000		

借方	资本公积	贷方
(4) 30 000	期初余额	50 000
本期发生额 30 000	本期发生额	0
	期末余额	20 000

借方	实收资本	贷方
	期初余额	300 000
	(4)	30 000
	(5)	150 000
	本期发生额	180 000
	期末余额	480 000

借方	银行存款	贷方
期初余额 200 000	(2)	50 000
(5) 200 000	(3)	80 000
	(6)	120 000
本期发生额 200 000	本期发生额	250 000
期末余额 150 000		

图 2-9 SD 公司全部账户

表 2-6 SD 公司 2020 年 1 月 31 日试算平衡表 单位：元

账户名称	期初余额		本期发生额		期末余额	
	借方	贷方	借方	贷方	借方	贷方
库存现金	3 000				3 000	
银行存款	200 000		200 000	250 000	150 000	
应收账款	10 000				10 000	
原材料	7 000		5 000		12 000	
库存商品	10 000				10 000	
固定资产	270 000		80 000		350 000	

续表

账户名称	期初余额		本期发生额		期末余额	
	借方	贷方	借方	贷方	借方	贷方
短期借款		100 000	120 000	50 000		30 000
应付账款		50 000	50 000	5 000		5 000
实收资本		300 000		180 000		480 000
资本公积		50 000	30 000			20 000
合　计	500 000	500 000	485 000	485 000	535 000	535 000

【思政案例】

诚实守信是遵守会计职业道德的基本要求

案例简介

美国"安然"事件与"安达信"解体——世界各国对于会计信息质量的重视和财会人员职业道德的重要性。

美国安然公司，曾在2000年总收入高达1010亿美元，名列《财富》杂志"美国500强第七名"，掌控着美国20%的电能和天然气交易的公司在一宗涉及20多亿美元虚假利润的财务丑闻被曝光以后，在2001年冬申请破产。安然公司营运业务覆盖全球40个国家和地区，共有雇员2.1万人，资产额高达620亿美元，连续四年获得美国最具创新精神的公司称号。2001年10月16日，安然公司公布第三季度的财务状况，宣布公司亏损总计达到6.18亿美元，安然公司从此瓦解。

2001年11月22日，一家华尔街网站发表文章进一步披露出安然与另外两个关联企业之间复杂的交易。突然通过这两个基金举债34亿美元，但是这些债务从未在安然季报和年报中披露。也就是在这一天，美国证券交易委员会盯上了安然，要求安然公司主动提交某些交易的细节内容，并于10月31日开始对安然公司进行正式调查。至此，安然事件终于爆发。

2001年11月8日，在政府监管部门、媒体和市场的强大压力下，安然向美国证监会递交文件承认存在财务舞弊。从1997年到2001年，共虚报利润5.86亿美元，并且未将巨额债务入账。随后，媒体和公众将讨伐的目光对准给安然公司提供审计和咨询服务的安达信公司。人们纷纷指责其没有尽到应有的职责，并对其独立性表示怀疑。享誉全球的"五大"会计师事务所之一的安达信会计公司因审计过失和妨碍司法被迫解体。

安达信会计师事务所在全球专业服务业处于领导地位。凭借自身在企业咨询、审计、税务和企业融资等领域全面深入的专业技术、经验和知识，向客户提供一体化的解决方案，并在一些国家和地区提供法律咨询服务。安达信在全世界84个国家拥有85 000多名员工。多年来，安达信公司经常被世界主要媒体及出版物评为"最适合工作的公司"，并在有关客户满意度的独立调查中持续名列榜首。作为国际五大会计师事务所之一，2002年安达信会计师事务所因安然事件倒闭。倒闭后五大变为四大，分别是普华永道、毕马威、安永、德勤。

安然事件连同美国"9·11"事件、世界通信公司会计造假案和安达信解体，被美国证监会前主席哈维·皮特称为美国金融证券市场遭遇的"四大危机"，可见安然事件对美国经济的影响之大。安然的财务危机严重影响了美国乃至全球股市。

思政要点：

安然事件产生的原因有很多，内部腐败、追逐利益，其中财务欺诈是主要手段。

作为负责对安然公司进行审计的安达信事务所应负责任如下：

(1) 安达信出具了严重失实的审计报告和内部控制评价报告。

(2) 安达信在已觉察安然公司会计问题的情况下，未采取必要的纠正措施。

(3) 销毁审计工作底稿，妨碍司法调查。安达信不仅为安然公司提供审计鉴证服务，而且提供收入不菲的咨询业务。安然公司是安达信的第二大客户，因担心失去某一重要客户，而使其失去审计的公正性。安然公司的许多高层管理人员为安达信的前雇员，他们之间的密切关系至少有损安达信形式上的独立性。

作为会计人员失去了诚信、客观、公正性。作为审计人员失去了独立性与客观性。

本章小结

本章重点阐述了会计等式中各个会计要素之间的关系、会计等式的经济含义，以及经济业务发生后对会计等式中各个会计要素的影响。通过借贷记账法的初步介绍，围绕借贷记账法的基本特点，让学生学会用借贷记账法进行简单业务的账务处理，从而掌握会计分录的编制，理解账户对应关系和对应账户等基本概念和内容；明确会计科目的作用，以及科目内容和科目级次；了解会计科目与账户的关系；理解为什么要设置会计科目和账户；了解设置会计科目与账户对会计核算的重要意义；了解账户的基本结构。

同步测试题

一、单项选择题

1. 账户是按规定的(　　)在账簿中对各项经济业务进行分类、系统、连续记录的形式。
   A. 会计要素　　B. 会计科目　　C. 会计凭证　　D. 会计对象

2. 会计科目是(　　)的名称。
   A. 会计要素　　B. 会计报表　　C. 会计对象　　D. 账户

3. 会计恒等式反映了(　　)之间的基本数量关系，是设置会计科目、复式记账和编制会计报表的理论依据。
   A. 会计要素　　B. 会计报表　　C. 会计对象　　D. 会计科目

4. 下列各项中，(　　)账户是所有者权益类账户。
   A. 原材料　　B. 生产成本　　C. 产成品　　D. 本年利润

5. (　　)是对会计要素的具体分类，是会计核算的具体项目。
   A. 会计科目　　B. 会计要素　　C. 会计对象　　D. 账户

6. 下列各项中，属于资产类账户的是(　　)。
   A. 营业收入　　B. 应付账款　　C. 应收账款　　D. 财务费用

7. 下列( )笔经济业务同时引起资产总额和负债总额的增加。
   A. 用银行存款购置固定资产　　B. 接受投资者投入的库存现金
   C. 用银行存款偿还短期借款　　D. 向银行借款存入银行存款账户
8. 下列业务中,资产与所有者权益同时增加的是( )。
   A. 用银行存款购买原材料　　B. 将盈余公积转增资本
   C. 接受投资者投入的专利权　　D. 向银行借款存入银行存款账户
9. 下列引起资产内部有增有减的经济业务是( )。
   A. 用银行存款购置原材料　　B. 用银行存款偿还短期借款
   C. 赊销商品　　D. 用资本公积转增实收资本
10. 能引起资产总额和负债总额同时减少的经济业务是( )。
    A. 用银行存款购买设备　　B. 接受投资者投入的设备
    C. 赊购原材料　　D. 用库存现金偿还欠款
11. 企业发生的经济业务仅涉及资产要素时,会引起该要素中的某些项目发生( )变动。
    A. 不增不减　　B. 有增有减　　C. 同增　　D. 同减
12. 无论企业的经济业务引起资产和权益发生怎样的变化,企业在任何时日的资产总额一定等于( )。
    A. 权益总额　　B. 资金总额　　C. 负债总额　　D. 资本总额
13. 若某公司年初的全部负债为 25 000 元,年末为 19 000 元,资产总额年末比年初增加 11 000 元,则该年度所有者权益增加( )元。
    A. 17 000　　B. 6 000　　C. 11 000　　D. 25 000
14. 某企业月初总资产为 300 万元,当月发生两笔经济业务:①购买固定资产 20 万元,价款未付;②用银行存款归还短期借款 30 万元。月末企业的权益总额为( )万元。
    A. 290　　B. 350　　C. 250　　D. 310
15. 下列账户中,属于明细分类账户的是( )。
    A. 钢材　　B. 原材料　　C. 库存现金　　D. 应付账款
16. 下列反映投入资本的会计账户是( )。
    A. 实收资本　　B. 本年利润　　C. 盈余公积　　D. 利润分配
17. 根据账户的基本结构,账户哪一方记增加,哪一方记减少取决于( )。
    A. 账户的结构　　B. 账户的名称
    C. 会计人员的判断　　D. 账户所反映的经济内容的性质
18. 某企业的所有者权益是其总资产的 1/5,债权人权益为 20 000 元,则所有者权益是( )元。
    A. 5 000　　B. 25 000　　C. 4 000　　D. 10 000
19. 每个账户中各项金额的关系可以表示为( )。
    A. 当期期末余额=当期期初余额
    B. 左方发生额的合计数=右方发生额的合计数
    C. 期初余额=期末余额-本期减少额+本期增加额
    D. 本期增加数=期末余额+本期减少额-期初余额

20. 资产类会计账户按照资产的( )分为流动资产的会计账户和非流动资产的会计账户。
   A. 流动性　　　　B. 重要性　　　　C. 一贯性　　　　D. 一致性
21. "库存商品"账户的期初余额为 1 000 元,本期借方发生额为 7 000 元,本期贷方发生额为 6 500 元,则该账户的期末余额为( )元。
   A. 1 500　　　　B. 500　　　　C. 8 000　　　　D. 7 500
22. "应收账款"账户的期初余额为 5 500 元,本期借方发生额为 1 500 元,本期贷方发生额为 6 000 元,则该账户的期末余额为( )。
   A. 借方余额 1 000 元　　　　B. 贷方余额 1 000 元
   C. 贷方余额 10 000 元　　　　D. 借方余额 2 000 元
23. "应付账款"账户期初贷方余额为 5 000 元,本期借方发生额为 3 000 元,本期贷方发生额为 2 000 元,则该账户期末余额应是( )。
   A. 借方余额 6 000 元　　　　B. 贷方余额 6 000 元
   C. 借方余额 4 000 元　　　　D. 贷方余额 4 000 元
24. 下列错误中,能够通过试算平衡查找的有( )。
   A. 重记经济业务　　　　B. 漏记经济业务
   C. 借贷方向相反　　　　D. 借贷金额不等
25. 采购员预借差旅费,所引起的会计要素的变化是( )。
   A. 资产和负债同时增加
   B. 资产和负债同时减少
   C. 资产中一个项目减少,一个项目增加
   D. 负债中一个项目减少,一个项目增加

二、多项选择题

1. 下列经济业务中,会影响资产总金额变动的是( )。
   A. 购进货物价款 12 000 元未付　　B. 收到应收款 36 000 元存入银行
   C. 以银行存款支付应付款 10 000 元　　D. 以银行存款对外投资 100 000 元
2. 会计科目是( )。
   A. 对会计要素进行分类核算的项目　　B. 设置账户、进行账务处理的依据
   C. 会计报表的名称　　D. 账户的名称
3. 账户按提供指标的详细程度分为( )。
   A. 成本费用类账户　　B. 损益类账户
   C. 总分类账户　　D. 明细分类账户
4. 会计科目按经济内容分为( )。
   A. 资产类　　B. 负债类　　C. 所有者权益类　　D. 损益类
5. 下列经济业务中,属于资产和权益同时减少的有( )。
   A. 购买材料,材料已入库,货款未付
   B. 从银行提取库存现金
   C. 用银行存款归还前欠货款
   D. 以库存现金支付职工工资

6. 在借贷记账法下，借方记录的内容是（   ）。
   A. 资产的增加   B. 资产的减少
   C. 权益的增加   D. 成本费用的增加
7. 对于损益类账户，下列说法中正确的有（   ）。
   A. 借方登记收入的增加   B. 借方登记费用的增加
   C. 期末没有余额   D. 如果余额在借方，表示费用的增加
8. 企业的所有者权益类账户包括（   ）。
   A. 实收资本   B. 资本公积   C. 盈余公积   D. 未分配利润
9. 企业长期负债类账户包括（   ）。
   A. 长期借款   B. 应付债券   C. 长期应付款   D. 应付账款
10. 属于流动资产性质的账户有（   ）。
    A. 库存现金   B. 应收账款   C. 原材料   D. 应收票据
11. 属于流动负债性质的账户有（   ）。
    A. 短期借款   B. 应付账款   C. 应交税费   D. 应付债券
12. 能同时引起资产和负债发生增减变动的经济业务有（   ）。
    A. 以银行存款缴纳税费   B. 向银行借款存入银行存款账户
    C. 将库存现金存入银行   D. 将盈余公积转增实收资本
13. 只涉及会计等式一边增减变动的经济业务是（   ）。
    A. 以银行存款购置设备   B. 用盈余公积转增实收资本
    C. 购进材料，款未付   D. 接受库存现金投资
14. 在借贷记账法下，账户的贷方一般登记（   ）。
    A. 资产的增加和负债的减少   B. 收入的增加和费用的减少
    C. 资产的减少和负债的增加   D. 所有者权益的增加
15. 反映成本类账户的有（   ）。
    A. 生产成本   B. 制造费用   C. 营业成本   D. 销售费用
16. 下列经济业务中，需要编制复合会计分录的是（   ）。
    A. 购进材料10 000元，以银行存款支付8 000元，余款未付
    B. 以银行存款购置设备
    C. 职工报销差旅费1 200元，原预借1 000元，退还职工200元
    D. 销售商品25 000元，收到库存现金5 000元，余款尚未收到
17. 在借贷记账法下，会计期末应进行（   ）方面的试算平衡。
    A. 全部账户的借方余额合计数与贷方余额合计数
    B. 全部账户的期初余额合计数与期末余额合计数
    C. 全部账户的借方发生额合计数与贷方发生额合计数
    D. 每项经济业务的借方金额与贷方金额
18. 收回职工交回的差旅费库存现金300元，涉及的会计账户有（   ）。
    A. 其他应收款   B. 库存现金   C. 应付账款   D. 管理费用
19. 以下各项中，通过试算平衡无法发现的错误是（   ）。
    A. 借贷方向正确，但金额少写   B. 漏记或重记某项经济业务

C. 借贷记账方向彼此颠倒　　　　　D. 借贷方向正确，但记错账户
20. 下列经济业务中，不影响所有者权益总额的是(　　)。
    A. 以银行存款支付保险费用　　　B. 将资本公积转增实收资本
    C. 向银行借款偿还应付账款　　　D. 将盈余公积转增资本
21. 借贷记账法的基本内容包括(　　)。
    A. 记账符号　　B. 账户结构　　C. 记账规则　　D. 账户名称
22. 会计等式可以用(　　)公式表示。
    A. 资产=权益　　　　　　　　　B. 资产=债权人权益+所有者权益
    C. 资产=负债+权益　　　　　　　D. 资产=负债+所有者权益
    E. 资产=负债+所有者权益+(收入-费用)
23. 在借贷记账法下，期末结账后，一般有余额的是(　　)。
    A. 资产类账户　　　　　　　　　B. 负债类账户
    C. 收入类账户　　　　　　　　　D. 费用类账户
    E. 所有者权益类账户

三、判断题

1. 权益就是企业所有者对企业资产的要求权。　　　　　　　　　　　　　　(　　)
2. "资产=负债+权益"这一会计等式是会计工作中进行复式记账的理论依据。(　　)
3. 任何会计事项的发生都不会影响会计等式两边的金额。　　　　　　　　　(　　)
4. 会计科目可以连续、系统地记录和反映某项经济内容的增减变化情况和最终结果。
   (　　)
5. 会计账户的基本结构分为两部分——左方和右方，其中左方登记增加额，右方登记减少额。(　　)
6. 在设置会计科目时，应该符合国家统一的会计制度的规定。　　　　　　　(　　)
7. 会计科目和账户都是对会计对象具体内容的科学分类，两者口径一致，性质相同。
   (　　)
8. 总分类账户、二级账户和明细分类账户共同对某类会计要素的有关项目进行详细程度不同的分类核算，它们之间的关系是后者控制前者，前者从属于后者。(　　)
9. 任何一个明细分类账户都对应着一个所属总分类账户，任何一个总分类账户也同样对应着相应的明细分类账户。(　　)
10. 会计核算中所有的总分类账户都要设置明细分类账户。　　　　　　　　(　　)
11. 会计分录是标明某项经济业务应借、应贷账户的名称及金额的一种记录。(　　)
12. 目前，在世界各国普遍采用的记账方法是收付记账法。　　　　　　　　(　　)
13. 简单会计分录是一个借方和一个贷方的会计分录。　　　　　　　　　　(　　)
14. 复合会计分录是涉及两个以上账户的会计分录。　　　　　　　　　　　(　　)
15. 费用类账户和资产类账户都是借方记增加，贷方记减少，这两类账户的结构完全一致。(　　)
16. 通常，各类账户的期末余额和记录增加额的一方在同一方向。　　　　　(　　)
17. 资产和权益是相互联系、相互依存的，从数量上来看，有一定的资产，就必然有对

应这些资产的权益。（   ）

18. 资产、负债和所有者权益的平衡关系反映了企业资金运动的静态，如果考虑收入、费用等动态要素，则资产与权益总额的平衡关系必然遭到破坏。（   ）
19. 所有者权益类账户期末均有余额。（   ）
20. 复合会计分录是由简单会计分录组成的。（   ）
21. 借贷记账法要求，如果在一个账户中记借方，则在另外一个或几个账户中必然记贷方。（   ）
22. 在借贷记账法下，收入和费用类账户期末一般无余额。（   ）
23. 成本类账户和费用类账户的结构是相同的，即借方登记增加数，贷方登记减少数，期末余额为零。（   ）
24. 任何一个会计分录，都必须同时具备应记账户、记账方向和记账金额三项基本内容。（   ）

四、名词解释

1. 会计等式
2. 会计科目
3. 会计账户
4. 复式记账
5. 会计分录
6. 对应账户
7. 账户对应关系
8. 账户结构
9. 账户余额
10. 本期发生额
11. 借贷记账法
12. 试算平衡
13. 记账方法
14. 总分类科目
15. 明细分类科目

五、思考题

1. 会计等式有哪两种表达方式？
2. 简述会计等式的含义及其存在的意义。
3. 简述会计恒等式的基本原理。
4. 经济业务发生后，是否会破坏会计等式的平衡关系？为什么？
5. 经济业务发生后，会计要素的增减变化有哪几种类型？
6. 会计科目和会计账户的区别和联系分别是什么？
7. 简述账户的基本结构和基本内容。
8. 简述总分类科目和明细分类科目的联系与区别。
9. 设置会计科目应遵循什么原则？
10. 会计科目应该如何分类？
11. 会计科目分类的意义是什么？
12. 什么是复式记账法？
13. 复式记账法有什么优点？
14. 什么是借贷记账法？
15. 借贷记账法有什么特点？
16. 什么是试算平衡？

17. 在借贷记账法下，如何进行试算平衡？
18. 期初余额、本期借方发生额、本期贷方发生额和期末余额之间的关系如何？
19. 如何理解借贷记账法下"借"和"贷"两字的含义？
20. 试算平衡是否可以检查出账户记录中的所有错误？为什么？

六、业务题

业务 2-1

【资料】SD 公司 2020 年 3 月 31 日资产、负债及所有者权益情况如表 2-7 所示。

表 2-7　SD 公司资产、负债及所有者权益情况　　　　　　　　单位：元

(1) 库存现金	1 000
(2) 存在银行的款项	150 000
(3) 应收大丰公司货款	5 000
(4) 应收光明公司货款	10 000
(5) 库存生产用原材料	50 000
(6) 库存燃料	10 000
(7) 未完工产品	35 000
(8) 库存完工产品	80 000
(9) 房屋	170 000
(10) 机器设备	150 000
(11) 运输车辆	80 000
(12) 银行借入长期借款	100 000
(13) 应付兴华工厂货款	5 000
(14) 未缴的税金	6 000
(15) 国家投入资本	480 000
(16) 盈余形成的公积金	150 000

【要求】确定以上各项所属的会计科目，并将相同科目的金额加总，采用本章表 2-1 的格式编制 2020 年 4 月 1 日的财务状况表。

业务 2-2

【资料】某企业 2020 年 4 月发生以下经济业务。

(1) 投资人用一台价值 50 000 元的新机器作为对企业的投资。
(2) 以银行存款 50 000 元偿还银行长期借款。
(3) 收回大丰公司所欠货款 5 000 元，存入银行。
(4) 从银行提取库存现金 3 000 元。
(5) 从兴华工厂购入一批 6 000 元的材料，货款用银行存款支付。
(6) 向银行借入短期借款 100 000 元，其中 5 000 元用以支付前欠兴华工厂的货款。
(7) 用库存现金 1 000 元暂付职工差旅费。
(8) 将库存现金 1 000 元存入银行。

【要求】分析经济业务的发生会引起哪些会计要素发生增减变动？涉及哪些会计科目？并将增减变动的结果采用本章表 2-2 的格式进行列示。

业务 2-3

【资料】业务 2-2 中第(1)至第(8)项经济业务。

【要求】用借贷记账法编制会计分录。

业务 2-4

【资料】业务 2-1 所编表中数据资料和业务 2-3 编制的会计分录。

【要求】

(1) 根据业务 2-1 所编表中数据开设总分类账户，并登记期初余额。

(2) 根据业务 2-3 的会计分录登记有关总分类账户，并计算出各总分类账户的本期发生额和期末余额。

(3) 根据本章表 2-6 的格式编制试算平衡表。

第三章 制造业企业主要经济业务的核算

> **教学目的与要求**

- 了解制造业企业的主要经济业务及生产经营过程。
- 掌握制造业企业主要生产过程的账务处理方法,并能熟练运用借贷记账方法。
- 掌握供应过程、生产过程、销售过程三大过程核算的账户设置。

> **教学重点与难点**

教学重点:供应过程、生产过程、销售过程三大过程核算的账户设置及会计处理。

教学难点:产品生产过程的成本计算和分配,产品销售过程的成本确定和结转,财务成果的结转和分配。

> **引导案例**

【案例一 投资办企业的风险】 小张和小李是大学同班同学,毕业后两人一同创办了一家网络信息科技公司,主要通过网络平台做"驴友"信息交流。在初始投资的 30 万元中,小张出资 20 万元,小李出资 10 万元,都是从各自父母那里借到的款项。日常运作由小张负责,小李主要协助小张进行方案策划等工作,公司运营一年后因为决策失误陷入困境,盘点净资产只剩下 16 万元,小李想脱离公司,希望小张能退回自己投资的 10 万元钱。

思考与讨论:
请问小张的要求合理吗?

【案例二 "我偷税漏税?"】 小林大学毕业后自主创业,开了一家汽车用品店,初始投资 30 万元,因为起步阶段店铺业务较少,为了节约开支,小林决定不请会计,自己记账。2020 年店铺刚开张时,只有银行存款 30 万元,是店铺的注册资本。2020 年,小林支付了各种办公杂费 36 000 元,购置了桌椅、柜面和计算机等设备共花费 80 000 元,支付店铺租金 12 000 元,支付工资 24 000 元,汽车用品进货花费 100 000 元,这一年,小林销售汽车用品收入为 252 000 元。小林核算自己的收支,发现收入正好抵充了全部的支出,店铺现在的银行存款余额还是 30 万元。小林觉得自己没有赚到钱，所以没有缴纳所得税，但在年后的税务检查中，税务机关认为小林的店铺账目混乱，有偷税嫌疑。

思考与讨论：

请问你如何看待这件事？小林该缴税吗？

第一节　制造业企业经济业务概述

扫一扫，观看"制造业企业经济业务的流程"视频讲解

制造业企业基本的经营活动是生产和销售活动。为了组织生产经营活动，首先必须通过一定的渠道筹集相应的资本以满足生产经营的需要，并将其筹集的资本投放于具体的项目，如购买机器设备、建造厂房等，为生产经营活动创造必要的条件。制造业企业的经营过程由供应过程、生产过程和销售过程组成。

供应过程的主要经济业务是购建固定资产和采购材料，为生产建立储备，以供生产之需。因而，在供应过程中，货币资金变换其存在形态，转化为机器设备等固定资产材料存货等，为生产产品做好各项准备。

生产过程中的主要经济业务是制造产品，这一过程既是产品的制造过程，又是物化劳动和活劳动的耗费过程。随着材料经加工变为在产品，进而继续加工为产成品，生产过程中耗费的人力发生了工资费用，耗费的材料产生了材料费用，耗用厂房、机器设备等发生了折旧费用。这些费用既形成了企业的生产费用，也构成了产品成本。在这一过程中，企业的材料存货等资产又相继转化为在产品存货和产成品存货。

销售过程的主要经济业务是出售产品，收回货款。在这一过程中，企业的资产又从产成品形态转化为货币形态。从价值量的变化来考察，随着销售发出产品，企业耗费的产成品表现为产品销售成本，这一资金耗费最终带来了企业资金的收回，即收入的取得。同时，企业根据有关规定缴纳各项税费，并对实现的利润或发生的亏损进行分配或弥补。

随着制造业企业生产经营活动不间断地进行，企业的资产也在不断地转换其存在的形态，依次通过供、产、销三个过程，周而复始地运转。

第二节　筹资业务的核算

一、资金筹集的来源

资产是企业生存和发展的前提，是企业经营活动的物质基础。对任何一个企业而言，其资产的资金来源主要有两条渠道：一是企业所有者投入及增值的部分，形成企业的永久性资本，称之为所有者权益；二是向债权人借入的资金，这部分资金具有明确的还本付息期限，通常称之为负债。企业在日常经营过程中，受到商业信用、结算付款方式等因素的影响，也会形成一些债务，如欠付其他企业的购货款，这些款项也形成了企业一项短暂的债务资本来源。

投入资本时可以采用货币形式直接投入资金，也可以采用非货币形式，如投入材料、设备等实物资产或者专利技术、知识产权等无形资产。

二、投入资本的核算

(一)投入资本的概念

投入资本是指投资者实际投入企业经营活动中的各种财产物资。投入资本按其投资人的性质不同,可以分为国家投入资本、法人投入资本、个人投入资本和外商投入资本等。

(二)投入资本的具体核算

企业从投资者处筹集到的资金是所有者权益的重要组成部分。被投资企业收到投资者投入的货币资金投资,应按照实际收到的货币资金数额入账;收到的实物等其他形式的投资,应按照投资合同或者双方确认的价值入账。投资者投入金额中属于注册资本份额内的部分应作为实收资本入账,而超过其在注册资本中所占份额的部分,则应作为资本溢价,计入资本公积。

1. 投入资本账户设置

1)"实收资本"账户

企业实际收到投资者投入的资本,应确认为注册资本的部分通过"实收资本"账户来反映。该账户属于所有者权益类账户,贷方登记所有者投入的资本额。由于所有者的投资是一种永久资本,因此借方一般没有发生额。如果企业按法律程序抽回投资,需要通过借方反映。期末余额在贷方,表示期末所有者投资的实有数额。该账户应按投资者设置明细账,进行明细分类核算。

2)"资本公积"账户

资本公积是指投资者或者他人投入到企业,所有权归属于投资者,并且投入金额中超过法定资本部分的资本。因此,从本质上来说,资本公积也属于投入资本。在经营过程中,资本公积主要来源于股票发行的溢价收入、接受的赠与、资产增值、因合并而接受其他公司资产净额等,其中股票发行溢价是上市公司最常见、最主要的资本公积来源。"资本公积"账户贷方登记增加数,借方登记减少数,期末余额出现在贷方,为资本公积的期末实有数额。资本公积的主要用途在于转增资本。

2. 投入资本的业务举例

【例3-1】 2020年1月,SD公司成立,收到投资者投入的货币资金100 000元,存入银行;设备4台,每台价值50 000元;专利权一项,价值80 000元。

因为设备属固定资产,专利权属无形资产,所以这项经济业务,一方面使企业的银行存款、固定资产、无形资产等资产增加了,另一方面使投资者投入的资本也增加了。具体应编制如下会计分录。

借:银行存款　　　　　　　　　　　　100 000
　　固定资产　　　　　　　　　　　　200 000
　　无形资产　　　　　　　　　　　　 80 000
　　贷:实收资本　　　　　　　　　　　　　　380 000

【例3-2】 2020年1月,SD公司接受PD公司的货币资金投资200 000元,根据投资协议，PD 公司占 SD 公司的资本总额为 180 000 元，其余的作为资本公积处理。

因为所有者的投入资本超过了协议约定的注册资本，所以应将协议约定的注册资本额度确认为"实收资本"的增加，而将超过部分确认为"资本公积"的增加。SD 公司在收到货币资金投资时，应编制如下会计分录。

借：银行存款　　　　　　　　　　　　　　　200 000
　　贷：实收资本——PD 公司　　　　　　　　180 000
　　　　资本公积　　　　　　　　　　　　　　20 000

三、借入资本的核算

(一)借入资本的种类

借入资本按偿还期限的长短可分为短期借款和长期借款。短期借款是指企业在生产经营过程中，由于生产周转的临时需要，向银行或其他金融机构借入的、偿还期限在一年或超过一年的一个营业周期以内的各种借款。在资产负债表上，短期借款属流动负债，一般是为了满足临时需求而借入的。长期借款是指企业向银行或其他金融机构借入的、偿还期限在一年或超过一年的一个营业周期以上的各种借款，属于非流动负债，一般用于固定资产的购建、改建和扩建等。在经营过程中，企业还可以通过赊购货物、推迟付款等方式，间接借入资本。

(二)借入资本的具体核算

1. 借入资本的账户设置

1) "短期借款"账户

短期借款是企业为满足其生产经营对资金的临时需要而向银行、其他金融机构、其他单位或个人借入的偿还期限在一年以下的各种借款。短期借款可根据借款凭据上的金额来确认和计量。"短期借款"账户为负债类账户，其贷方登记取得的借款，即短期借款本金的增加；借方登记归还的短期借款，即短期借款本金的减少；期末余额在贷方，表示企业尚未归还的短期借款。

2) "长期借款"账户

"长期借款"账户核算企业从银行或其他金融机构取得的长期借款的增减变动及其结余数额。作为负债类账户，贷方登记长期借款的增加数，借方登记长期借款的减少数，期末余额在贷方。企业举借长期债务并非为购买生产材料、发放工资等生产周转的临时需要，而是为扩展企业的经营规模，购置大型机器设备、房地产、增建或改建厂房等。长期借款一般数额较大，它的利息费用是企业的一项长期的固定支出，企业还本付息的负担较重，而举借长期借款时，在申请手续、借款费用、使用渠道、还款要求等方面，都比短期借款严格得多。因此，企业应慎重选择长期借款筹资方式，合理确定举债规模，加强长期借款的管理与核算。

"短期借款"和"长期借款"账户都应按借款的种类设置明细账，进行明细分类核算。

3) "财务费用"账户

企业无论使用投入资本还是借入资本,都需要支付一定的使用费。其中,投入资本的使用费是以利润分配形式支付的;而借入资本的使用费则是以利息费用方式支付的。在会计核算中,企业应按银行的贷款利率计算利息费用,并当作财务费用加以确认。"财务费用"账户核算企业为筹集资金所发生的相关费用情况,包括借款利息支出(减存款利息收入)和相关的手续费等。随着学习的不断深入,"财务费用"账户的核算范围还将扩展到现金折扣、汇兑损益等方面。"财务费用"账户为损益类账户,其借方登记增加数,即财务费用的发生;贷方登记应冲减财务费用的利息收入、汇兑损益以及期末转入"本年利润"账户的财务费用净额。经过结转后,该账户期末没有余额。该账户应按照费用项目设置明细账,进行明细分类核算。

4) "应付利息"账户

"应付利息"账户核算企业因借入资金而发生的利息的应付、偿还以及余额情况。作为负债类账户,其贷方登记企业应付而未付的利息增加数额;借方登记企业因偿付而减少的应付未付利息数额;期末余额在贷方,表示企业尚未偿还的应付未付利息数额。

2. 借入资本的业务举例

【例3-3】 SD公司向银行借入期限为3个月的生产周转借款100 000元,利率为6%,款项存入银行,根据借款合同的约定,该笔借款的利息到期一次性支付。

扫一扫,观看"短期借款账务处理"视频讲解

向银行借款业务可导致资产和负债同时增加,其中,所增加的资产是银行存款,所增加的负债因期限仅有3个月,故记入"短期借款"账户。具体应编制如下会计分录。

  借:银行存款   100 000
    贷:短期借款   100 000

短期借款到期偿还时,应作相反的会计分录。

【例3-4】 承接例3-3,SD公司于月末计提应该由本月负担的借款利息500元。

现实中企业借款的利息不一定按月支付,还可采用按季支付、按年支付或到期一次还本付息等形式,但根据权责发生制的原则,企业需计提确认当月应负担的利息支出,并反映为当期费用的增加,使用"财务费用"科目记录。具体应编制如下会计分录。

  借:财务费用   500
    贷:应付利息   500

下月末,借款尚未到期,企业应编制相同的会计分录,反映当期应负担的利息支出。

【例3-5】 承接例3-3,短期借款到期,SD公司支付借款本息合计101 500元。

在约定的利息支付日,企业以银行存款支付已计提的利息支出时,具体应编制如下会计分录。

  借:短期借款   100 000
    应付利息   1 000
    财务费用   500
    贷:银行存款   101 500

【例3-6】SD公司向银行借入期限为5年的长期借款200万元,用于购买生产所需的设备,款项已存入银行。

因为这项贷款期限超过一年,应属长期借款的增加,所以应编制如下会计分录。

借:银行存款　　　　　　　　　　　　2 000 000
　　贷:长期借款　　　　　　　　　　　　2 000 000

对于长期借款的利息支出,如果符合资本化条件,则应计入在建项目的资产成本。除此以外,其他利息支出应计入当期损益,通过"财务费用"账户进行核算。

第三节　生产准备阶段业务的核算

一、生产准备阶段的主要经济业务

为了进行产品生产,企业需要做好很多方面的准备工作,如招募工人,建造生产厂房,购买用于生产的设备以及生产产品所需的材料等。从会计核算的角度来说,生产准备阶段主要包括两方面:一是生产条件的准备,主要是购建厂房、建筑物和机器设备等,属于固定资产购建业务的核算;二是劳动对象的准备,主要是购买各种材料用于生产产品,属于材料采购业务的核算。

二、固定资产购建业务的核算

(一)固定资产购建业务概述

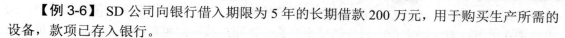

扫一扫,观看"固定资产的入账价值"视频讲解

固定资产通常是指企业使用期限超过一年的房屋、建筑物、机器、机械、运输工具以及其他与生产、经营活动有关的设备、器具、工具等。

《企业会计准则第4号——固定资产》对固定资产的定义是同时具有下列特征的有形资产:一是为生产商品、提供劳务、出租或经营管理而持有的;二是使用寿命超过一个会计年度的。

作为资产项目,固定资产必须遵循实际成本计价原则并按其实际成本入账。固定资产的实际成本也称原始价值(简称原价),是指为取得某项固定资产并使其达到预计可使用状态所发生的一切合理、必要的支出。

因为房屋建筑账务处理相对比较复杂,在基础会计学中,此块账务处理暂时不涉及。对于增值税一般纳税人,固定资产购置成本包括买价、进口关税、运杂费、场地整理费、包装费、安装费、专业人员服务费和试运行期间的调试费等,但不包括已经支付的按照规定允许抵扣的增值税。

(二)固定资产购建业务的具体核算

1. 固定资产购建业务的账户设置

1)"固定资产"账户

"固定资产"账户用来核算企业拥有或控制的固定资产原价的增减变动以及结余情况。

该账户是资产类账户，借方登记固定资产原价的增加，贷方登记固定资产原价的减少，期末余额在借方，表示固定资产原价的结余金额。该账户按照固定资产的类别设置二级明细账，并设有固定资产卡片来进行明细分类核算。

2) "在建工程"账户

企业购建的固定资产，有的需要建造、安装、调试后才能投入使用。对于不需要建造或安装的固定资产，可以直接按照其实际取得成本确认为固定资产；而对于需要建造或安装的固定资产，因在建造、安装的过程中会陆续发生相关费用，其实际成本只有待安装完毕并交付使用后方可计量，因此在其建造或安装阶段，尚不能被确认为固定资产，而使用"在建工程"账户进行核算。

"在建工程"账户用于核算固定资产基建、安装、技术改造和大修理等工程发生的全部支出。它同样属于资产类账户，借方登记工程支出的增加，贷方登记结转完工工程的成本，期末余额在借方，表示尚未完工的在建工程成本。

3) "应交税费——应交增值税(进项税额)"账户

增值税是对商品生产、流通、劳务服务中多个环节的新增价值或商品的附加值征收的一种流转税。增值税实行价外税，也就是由消费者负担，有增值才征税，没有增值不征税。但是，在实际生活当中，商品新增价值或附加值在生产和流通过程中很难准确计算。因此，我国采用国际上普遍采用的税款抵扣办法，即根据销售商品或劳务的销售额，按规定的税率计算出"销项税额"，然后扣除取得该商品或劳务时所支付的增值税款，也就是"进项税额"，其差额就是增值部分应缴的税额。

现实中增值税的计算与缴纳可按照增值税的具体项目设置明细科目，在"应交税费——应交增值税"二级明细账户里，设置多个三级明细科目。其中"应交税费——应交增值税(进项税额)"反映作为增值税一般纳税人的企业在外购物品(材料、设备、电力等)时支付的、符合增值税法规定的可以从销项税额中抵扣的增值税额，记录在该账户的借方。

2. 固定资产购建业务举例

【例3-7】2020年3月，SD公司购入不需要安装的设备一台，取得的增值税专用发票上标明的买价为100 000元，增值税为13 000元，包装运杂费等为2 000元，全部款项已通过银行存款支付。

不需要安装调试的设备可以直接确认为固定资产，企业取得固定资产意味着资产的增加，因此应借记"固定资产"，所确认的价格应该为取得设备所发生的全部合理支出，但不包括允许抵扣的增值税。由于全部款项已经支付，因此应同时确认企业存放在银行的款项的减少。具体应编制如下会计分录。

借：固定资产　　　　　　　　　　　　　　　　102 000
　　应交税费——应交增值税(进项税额)　　　 13 000
　　贷：银行存款　　　　　　　　　　　　　　　　115 000

【例3-8】2020年3月，SD公司另购入一台需要安装的设备，取得的增值税专用发票上标明的买价为80 000元，增值税为10 400元，包装运杂费等为800元，全部款项已通过银行存款支付。

需要安装调试的设备不能直接使用，因此在取得该项设备时不能直接确认为固定资产，而应确认为未完工的工程，借记"在建工程"的增加，所确认的价格仍旧是为取得设备所发生的全部合理支出，但不包括允许抵扣的增值税。具体应编制如下会计分录。

借：在建工程 80 800
　　应交税费——应交增值税(进项税额) 10 400
　　贷：银行存款 91 200

【例 3-9】 承接例 3-8，上述购入的设备在安装过程中，支付专业人员安装费 1 600 元，企业开具转账支票支付，另耗用甲材料 500 元。

安装费的支付和材料的领用均是为了使该设备达到可使用状态而作的必要支出，因此在记录企业的货币资金和材料减少的同时，必须将这些支出反映为在建工程价值的增加。具体应编制如下会计分录。

借：在建工程 2 100
　　贷：银行存款 1 600
　　　　原材料 500

【例 3-10】 承接例 3-9，设备安装完毕，经过验收，正式交付使用。

设备交付使用，表明其达到可使用状态，应将其及时确认为固定资产，并反映在建工程的完工，可确认的固定资产成本应当是 82 900(80 800+2 100)元，编制如下会计分录。

借：固定资产 82 900
　　贷：在建工程 82 900

"在建工程"明细账户在该设备完工结转以后，余额为零。

三、材料采购业务的核算

(一)材料采购业务概述

在供应过程中，企业一方面要根据供应计划和合同的规定，及时采购材料物资，验收入库，保证生产的需要；另一方面也要与供应单位进行货款和各种采购费用的结算。制造业企业的材料供应工作，不仅要保证生产的顺利进行，而且要节约采购费用，降低采购成本，提高采购资金的使用效率。因此，在生产准备阶段的核算中，还必须计算材料的采购成本。

1. 材料采购成本的内容

材料采购成本是指采购材料企业需支付材料的买价和因采购材料而发生的采购费用，如材料运费、保险费、装卸费、运输途中的合理损耗、入库前的整理挑选费用和支付的各种税金，但不包括已经允许抵扣的增值税。这些采购费用应按照采购材料的品种或类别进行归集和分配，并形成采购材料的总成本和单位成本。

2. 材料采购成本的计算

在归集因企业采购材料而发生的各种费用时，应注意区分直接计入费用与间接计入费用。直接计入费用是指能够确定该费用是为采购某种材料而发生的费用，应直接确认为该材料的采购成本，如材料的买价、为采购该材料而发生的运杂费等。间接计入费用是指不能直接辨认某项费用的发生是为采购某种材料而发生的费用。为计算材料采购成本，应将这部分间接计入费用在其受益的各种材料之间进行分配，以确定各材料应负担的采购费用。

因此,材料采购成本的计算公式如下所述。

某种材料的采购成本=该材料的买价+该材料应负担的采购费用

对于共同发生的采购费用,应采用简便、合理的方法分配给各受益对象,所采用的分配标准应能够表明各种材料对该采购费用的合理分担关系,通常采用重量、体积、件数、价值等作为分配标准。通过计算分配率,据以计算每种材料应分配的采购费用。其分配方法如下所述。

$$采购费用分配率=\frac{实际发生的采购费用}{各种材料分配标准之和(总重量、总体积、总价等)}$$

某材料应分配的采购费用=该材料的分配标准×采购费用分配率

【例 3-11】 现以 SD 公司 2020 年 12 月的有关资料为例,说明材料采购成本的计算方法。

(1) 购入如表 3-1 所示的材料,用银行存款支付价款 11 000 元和发票上标明的增值税额 1 430 元。

表 3-1 SD 公司购入材料明细

品　种	体积/立方米	重量/千克	买价/元
甲材料	100	1 000	3 000
乙材料	200	4 000	8 000

(2) 以银行存款支付甲、乙材料的运杂费 2 700 元,按材料的重量和体积乘积的比例分配该项采购费用。

根据上述资料,即可编制材料采购费用分配表,如表 3-2 所示。

表 3-2 材料采购费用分配表

材料品种	分配标准 (重量与体积之积)	分配率	运杂费 分配额/元
甲材料	100 000	0.003	300
乙材料	800 000	0.003	2 400
合　计	900 000		2 700

通过材料采购费用分配表的编制,即可求得各种材料的采购成本。甲、乙两种材料的采购成本如表 3-3 所示。

表 3-3 材料采购成本计算表　　　　　　　　　　　　　　　　　　　　　　单位:元

材料品种	买　价	运杂费	总成本	单位成本
甲材料	3 000	300	3 300	3.3
乙材料	8 000	2 400	10 400	2.6
合　计	11 000	2 700	13 700	

需要注意的是,在实务工作中,为了简化会计核算,对于某些原本应计入材料采购成本的采购费用,如采购人员的差旅费、市内零星运杂费以及某些专设采购机构经费等,不

计入材料采购成本，而计入"管理费用"等期间费用科目。

(二)材料采购业务的具体核算

1. 材料采购业务核算的账户设置

材料采购业务应设置"在途物资"/"材料采购""原材料""应付账款""应付票据"等账户进行核算。

1) "在途物资"/"材料采购"账户

"在途物资"/"材料采购"账户是资产类账户，采用实际成本法的企业使用"在途物资"账户，而采用计划成本法的企业使用"材料采购"账户。本书仅介绍"在途物资"账户的使用，"材料采购"及计划成本法的使用将在后续课程中详述。

当企业的经营规模较小、原材料品种不多且收发不频繁时，企业可采用实际成本法核算材料采购业务，使用"在途物资"账户。该账户用来核算企业购入各种材料的买价和采购费用，据以计算材料采购成本。其借方登记购入材料的买价和采购费用；贷方登记已验收入库材料的实际成本(转入"原材料"账户)，余额通常在借方，反映尚未验收入库的材料的实际成本，即在途材料的实际成本。为了确定每一种材料的采购成本，应按所采购材料的种类设置二级账户，再按材料品种设置明细账户。当然，企业如果有固定的采购人员，且每个采购人员所采购的材料种类也基本固定。为便于控制所采购材料的成本，考核采购人员(常设采购机构)的业绩，也可按采购人员设置二级账户，再按所采购材料种类设置明细账户。

2) "原材料"账户

"原材料"账户是资产类账户，用于核算企业各种库存材料的收入、发出、结存情况。其借方反映已验收入库材料的成本(如果是外购，则为采购成本；如果是自制，则为自制成本)；贷方反映库存材料发出的成本；余额在借方，表示期末库存材料的成本。该账户应按每一种材料的品种、规格分别设置二级账户和明细账户，以便核算每一种材料的收入、发出、结存情况。

3) "应交税费——应交增值税(进项税额)"账户

在材料的购入环节，增值税一般纳税人企业支付的符合增值税法规定的增值税额允许从销项税额中进行抵扣，因此可以将购入材料时实际缴纳的增值税记入"应交税费——应交增值税"账户的借方，即列示为"应交税费——应交增值税(进项税额)"。

4) "应付账款"账户

"应付账款"账户是负债类账户，用于核算企业因采购材料物资和接受劳务服务而应付给供应单位的款项。其贷方登记应付而未付款项的数额，借方登记实际归还的数额，余额一般在贷方，表示尚未归还供应单位的数额。若出现借方余额，则表示企业多付或预付的货款。在资产负债表上，应转入"预付账款"项目。

5) "应付票据"账户

"应付票据"账户是负债类账户，用于核算企业对外发生债务时所开出的承兑商业汇票，包括银行承兑汇票和商业承兑汇票。该账户的贷方登记企业开出或以承兑汇票抵付货款的金额，借方登记已偿还的到期汇票，余额是企业开出但尚未到期的商业汇票余额。企业应设置"应付票据备查簿"，详细登记每一应付票据的种类、号数、到期日、金额等详细资料,以便加强对票据的管理,及时清付到期票据,保证企业在市场中的信用度。

各账户之间的关系如图3-1所示。

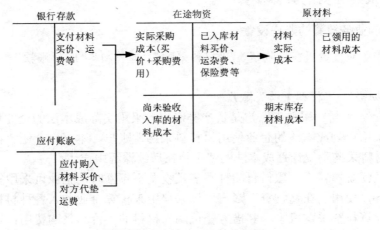

图3-1 各账户之间的关系

2. 材料采购主要经济业务的核算举例

【例3-12】 假定SD公司2020年12月有如下经济业务。

(1) 12月2日,购入甲材料4 000千克,每千克80元,共计买价320 000元,运杂费8 000元。支付增值税41 600元(增值税率为13%)。货款、运杂费与税金当即以银行存款支付。

材料的成本包含买价和采购费用,但不包含准予抵扣的增值税,因此企业支付的增值税可以单独列示。在企业取得增值税专用发票的前提下,应编制如下会计分录。

  借:在途物资——甲材料   328 000
    应交税费——应交增值税(进项税额)   41 600
    贷:银行存款   369 600

(2) 12月3日,上项材料点验无误,质量合格,收入仓库。材料验收后,库存材料增加,应记入"原材料"账户借方,同时要将该项材料的采购成本予以结转,即记入"在途物资"账户的贷方。该项经济业务发生后,应编制如下会计分录。

  借:原材料——甲材料   328 000
    贷:在途物资——甲材料   328 000

(3) 12月5日,向胜祥公司购入乙材料1 000千克,每千克50元,共计买价50 000元,运杂费1 000元,应付增值税6 500元。货款、税金与运杂费尚未支付。

企业购入材料,虽然货款尚未支付,但采购成本已经发生,也必须记入"在途物资"账户的借方,尚未支付的货款是企业对供应单位的债务,应记入"应付账款"账户的贷方。该项经济业务发生后,应编制如下会计分录。

  借:在途物资——乙材料   51 000
    应交税费——应交增值税(进项税额)   6 500
    贷:应付账款——胜祥公司   57 500

(4) 12月6日,第(3)项乙材料验收入库。

该项经济业务与前述第(2)项经济业务相同,应编制如下会计分录。

借：原材料——乙材料　　　　　　　　　　　　　51 000
　　　　贷：在途物资——乙材料　　　　　　　　　　　　　　51 000

(5) 12月10日，以银行存款偿还胜祥公司货款、税金和代垫运杂费57 500元。该项经济业务发生后，应编制如下会计分录。

　　借：应付账款——胜祥公司　　　　　　　　　　57 500
　　　　贷：银行存款　　　　　　　　　　　　　　　　　　57 500

(6) 12月26日，向希德公司购入下列材料：甲材料1 000千克，每千克80元，共计买价80 000元；乙材料400千克，每千克50元，共计买价20 000元。两种材料的运杂费共计1 400元(按重量比例在甲、乙材料之间进行分配)。货款和运杂费共计101 400元，应付增值税13 000元，先从银行存款中支付88 400。

运杂费分配率=1 400÷(1 000+400)=1(元/千克)
甲材料应分配运杂费=1 000×1 = 1 000(元)
乙材料应分配运杂费=400×1=400(元)

因此，甲材料的采购成本为81 000元(买价80 000元+运杂费分摊1 000元)，乙材料的采购成本为20 400元(买价20 000元+运杂费分摊400元)。

具体应编制如下会计分录。

　　借：在途物资——甲材料　　　　　　　　　　　81 000
　　　　　　　　——乙材料　　　　　　　　　　　20 400
　　　　应交税费——应交增值税(进项税额)　　　　13 000
　　　　贷：银行存款　　　　　　　　　　　　　　　　　　88 400
　　　　　　应付账款——希德公司　　　　　　　　　　　　26 000

(7) 12月27日，第(6)项材料点验无误，质量合格，收入仓库。该项经济业务发生后，应编制如下会计分录。

　　借：原材料——甲材料　　　　　　　　　　　　81 000
　　　　　　——乙材料　　　　　　　　　　　　　20 400
　　　　贷：在途物资——甲材料　　　　　　　　　　　　　81 000
　　　　　　　　——乙材料　　　　　　　　　　　　　　　20 400

(8) 12月27日，公司采购专员金海因公出差，暂借差旅费3 000元，当即付以现金。

职工暂借的差旅费，以后应当正式报销，如有多余应当归还。在报销以前，这种暂借款是企业对职工的一种应收款，但这种应收款并不是因销售产品而发生的应收账款。为了反映应收账款以外的其他各种应收或暂付款项，可以设置一个"其他应收款"账户。"其他应收款"属于资产类账户，增加数应记入借方，减少数应记入贷方，其余额表示尚未收回或报销的其他应收款。该项经济业务发生后，应编制如下会计分录。

　　借：其他应收款——金海　　　　　　　　　　　3 000
　　　　贷：库存现金　　　　　　　　　　　　　　　　　　3 000

(9) 12月29日，采购专员金海前来结算12月27日暂借的款项。报销差旅费2 800元，交回现金200元。

员工的差旅费用通常被确认为企业的管理费用，因此该项经济业务发生后，应视为管理费用的增加，编制如下会计分录。

　　借：管理费用　　　　　　　　　　　　　　　　　　　　2 800
　　　　库存现金　　　　　　　　　　　　　　　　　　　　　200
　　　　贷：其他应收款——金海　　　　　　　　　　　　　　　　3 000

上述经济业务除了在各总分类账户中登记以外，还应当在"在途物资""原材料""应付账款"账户所属的明细账户中进行平行登记，如图3-2所示。

"在途物资"明细分类账

甲材料		乙材料	
(1) 328 000	(2) 328 000	(3) 51 000	(4) 51 000
(6) 81 000	(7) 81 000	(6) 20 400	(7) 20 400

"原材料"明细分类账

甲材料		乙材料	
期初余额 ×××		期初余额 ×××	
(2) 328 000		(4) 51 000	
(7) 81 000		(7) 20 400	

"应付账款"明细分类账

南江公司		方正公司	
	期初余额 ×××		期初余额 ×××
(5) 59 500	(3) 59 500		(6) 30 000

图3-2　各明细分类账

在实际工作中，各种材料的采购成本都是通过多栏式的在途物资明细账来归集的。在途物资明细账的借方按照采购成本的组成内容登记购入材料的实际成本，贷方登记验收入库的材料成本，余额一般在借方，表示尚未验收入库的材料采购成本。现举例列示多栏式在途物资明细账，如表3-4和表3-5所示。

表3-4　甲材料在途物资明细账

材料名称或类别：甲材料　　　　　　　　　　　　　　　　　　　　　　　　　　单位：元

2020年		凭证号数	摘　　要	借　方			贷　方
月	日			买　价	运杂费	合　计	
12	2		购入4 000千克，单价80元	320 000		320 000	
	2		外地运杂费		8 000	8 000	
	3	(略)	结转实际采购成本				328 000
	26		购入1 000千克，单价80元	80 000		80 000	
	26		分配外地运杂费		1 000	1 000	
	27		结转实际采购成本				81 000
	31		本月发生额	400 000	9 000	409 000	409 000

表 3-5　乙材料在途物资明细账

材料名称或类别：乙材料　　　　　　　　　　　　　　　　　　　　　　　　　　　　　单位：元

2020年		凭证号数	摘　要	借　方			贷　方
月	日			买　价	运杂费	合　计	
12	5	(略)	购入1 000千克，单价50元	50 000		50 000	
	5		外地运杂费		1 000	1 000	
	6		结转实际采购成本				51 000
	26		购入400千克，单价50元	20 000		20 000	
	26		分配外地运杂费		400	400	
	27		结转实际采购成本				20 400
	31		本月发生额	70 000	1 400	71 400	71 400

第四节　生产过程业务的核算

一、生产过程的主要经济业务

生产过程是制造业企业经营过程中的中心环节。在生产过程中，企业劳动者借助机器、设备等，将原材料加工成满足设计要求的产品。综观企业供、产、销等全过程的经济业务，从会计核算的角度来看，生产阶段所发生的经济业务数量最多，也最为复杂。其中，各项生产费用的发生、归集与分配，以及完工产品的入库，是生产阶段的主要业务。通过生产业务的核算，会计应能实现以下的反映和监督功能。

(1) 提供有关材料、工资、制造费用等成本的组成信息。
(2) 提供有关提取折旧的信息，并考核其计算的合法性和正确性。
(3) 确定产品的实际单位成本，并与计划单位成本对比，分析单位成本的升降变化及其原因。
(4) 提供产品完工入库的信息，借以考核产品计划的完成情况。
(5) 提供有关在产品的变化信息，以分析企业生产的均衡性。

二、产品生产成本的核算

(一)产品生产成本概述

1. 产品生产成本的内容

扫一扫，观看"生产成本的内涵"视频讲解

在生产过程中，企业要耗费原材料、燃料、动力以生产产品；同时，使用厂房设备生产产品要发生厂房、机器设备的折旧；要支付职工的工资，还要发生其他各项生产费用，这些费用对象化后，即构成产品生产成本。产品的生产成本由直接材料、直接人工、制造费用构成。凡直接用于产品生产的原材料称为直接材料。直接从事产品生产的工人工资称为直接人工。其他各种为生产产品而发生的间接费用称为制造费用。

2. 产品生产成本的计算

产品生产成本的计算是一项非常复杂而细致的工作，其具体的计算程序和计算方法是成本会计应阐述的重点，这里仅仅说明其最基本、最一般的原理，其目的还是侧重于进一步说明生产阶段核算中账户的设置、登记以及这些账户在产品生产成本计算中的应用。

简单地说，产品生产成本的计算就是将生产过程中发生的上述各项生产费用，按照产品的品种或类别，分别归集、计算其生产总成本和单位成本。

生产过程中发生的生产费用，凡是能区分属于何种产品的，应当在费用发生时直接计入该种产品的成本，如直接用于产品生产的材料、直接从事产品生产的工人工资等；凡是因生产多种产品而共同发生的生产费用，如机器设备的折旧费、水电费、机物料消耗等，应当在发生时根据其发生地点或部门，先记入"制造费用"账户进行归集。月终时，再按照适当的分配标准(如按生产工人工时、生产工人工资比例等)进行分配，然后将分配数额计入各种产品成本。其计算公式如下所述。

制造费用分配率=制造费用总额÷分配标准总额

某产品应分配的制造费用=该种产品的分配标准数×制造费用分配率

【例 3-13】 以 SD 公司 2020 年 12 月的有关资料为例，说明产品生产成本的一般计算方法。该公司 2020 年 12 月生产 A 产品和 B 产品所发生的各项费用如表 3-6 所示。

表 3-6　SD 公司产品费用资料表

产品名称	完工产品数量/件	直接材料/元	直接人工/元	制造费用/元	合计/元
A 产品	1 000	160 000	80 000		
B 产品	—	50 000	20 000		
合　计		210 000	100 000	20 000	330 000

从表 3-6 中可以看出，材料费用和工资费用都是专为生产某一种产品而直接发生的，应当分别计入 A 产品和 B 产品的生产成本。制造费用是两种产品共同耗用的，不能直接区分两种产品各发生多少。因此，要按一定的标准进行分配后，再据以分别计入各产品的生产成本。现假定以两种产品的生产工人工资比例作为分配标准，则具体分配计算公式如下所述。

制造费用分配率=20 000÷(80 000+20 000)=0.2

A 产品应负担的制造费用=80 000×0.2=16 000(元)

B 产品应负担的制造费用=20 000×0.2=4 000(元)

制造费用的分配，一般是通过编制费用分配表来完成的，其格式如表 3-7 所示。

表 3-7　SD 公司制造费用分配表

2020 年 12 月　　　　　　　　　　　　　　　　　单位：元

产品名称	分配标准：生产工人工资	制造费用	
		分配率	分配金额
A 产品	80 000	0.2	16 000
B 产品	20 000	0.2	4 000
合　计	100 000		20 000

根据表 3-7 中的计算即可将 A、B 两种产品应分配的制造费用，记入生产成本有关产品的明细账中，假设 A 产品本月投产且已全部完工，即可根据 A 产品的明细账编制成本计算

表，计算其总成本和单位成本，如表 3-8 所示。

表 3-8 A 产品生产成本计算表

2020 年 12 月　　　　　　　　　　　　　　　　　　　　　　　　　　　　单位：元

项 目	A 产品	
	总成本(1 000 件)	单位成本
直接材料	160 000	160
直接人工	80 000	80
制造费用	16 000	16
合 计	256 000	256

(二)产品生产成本的具体核算

1. 产品生产阶段核算设置的主要账户

产品生产阶段的核算主要应设置"生产成本""制造费用""库存商品""应付职工薪酬""累计折旧""管理费用"等账户。

1)"生产成本"账户

"生产成本"账户是成本类账户，用来归集产品生产过程中所发生的、应计入产品成本的直接材料、直接人工和制造费用，并据以确定产品的实际生产成本。其借方登记当期发生的、应计入产品成本的生产费用，贷方登记期末结转的完工产品的实际生产成本，余额在借方，表示月末尚未完工产品的生产成本。由于企业产品成本核算最终要具体到每一种产品，因此该账户的明细核算按所生产的产品种类进行。如果产品生产需要经过多个生产环节或多个车间，则"生产成本"账户明细账需要先按生产环节或车间，再按具体产品种类进行设置。

2)"制造费用"账户

"制造费用"账户也是成本类账户，用于归集和分配企业在车间范围内为生产产品和提供劳务而发生的、应计入产品成本的各项间接费用。它包括制造部门管理人员的工资及福利费、机器设备等生产用固定资产折旧费及修理费、水电费等不能直接计入产品生产成本的费用。其借方登记月内发生的各种制造费用，贷方登记月末按一定标准分配结转给各种产品负担的制造费用，即转入"生产成本"账户的金额，月末一般无余额。本账户应按不同车间设置明细账，并按照费用项目设置专栏，进行明细分类核算。

3)"库存商品"账户

"库存商品"账户是资产类账户，用来反映已经生产完成并已验收入库的可以出售的产成品的实际生产成本。其借方登记入库商品的实际生产成本，贷方登记已经销售或已经发出的商品的实际生产成本，余额在借方，反映库存商品的实际生产成本。

4)"应付职工薪酬"账户

"应付职工薪酬"账户是负债类账户，用于核算企业根据有关规定应付给职工的各项薪酬，包括工资、福利费、奖金、津贴和各种社会保险等。其贷方登记企业应付职工薪酬总额，借方登记企业实际支付的工资额，余额在贷方，表示月末应付而未付的工资。如果出现借方余额，表明企业实际多支付了工资给职工，在资产负债表上应转作资产类账户。

5) "累计折旧"账户

即使固定资产在使用期内始终保持其原有的实物形态不变(如果使用、维护得当,其生产效率也不会下降),而它的价值也将逐渐损耗。根据固定资产的这一特点,不仅要设置"固定资产"账户,反映固定资产的原始价值,同时还要设置"累计折旧"账户,用以反映固定资产价值的耗损。该账户贷方登记固定资产因使用损耗而转移到产品中的价值(折旧增加额),借方登记报废或变卖固定资产时累计已计提的折旧额,余额在贷方,表示期末累计已计提的折旧额。在资产负债表上,该账户应作为固定资产的抵减账户。

6) "管理费用"账户

"管理费用"账户属于损益类账户,用于核算企业行政管理部门为组织和管理生产经营活动所发生的各项费用。管理费用包括行政管理部门人员的工资及其他薪酬、办公费、咨询费、折旧费、工会经费、职工教育经费、业务招待费、房产税、印花税、土地使用税以及排污费等。其借方登记某一会计期间内发生的各项管理费用,贷方登记期末转入"本年利润"账户借方的数目,期末结转后没有余额。"管理费用"账户通常按照费用项目设置明细账,进行明细分类核算。

各账户间的关系如图3-3所示。

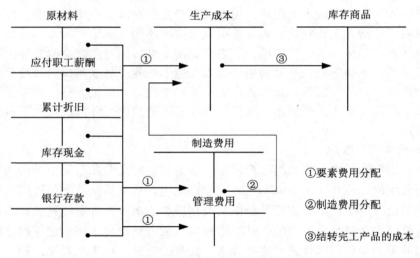

图 3-3　各账户间的关系

2. 产品生产主要经济业务的核算举例

【例 3-14】　假定前述 SD 公司 2020 年 12 月发生如下经济业务。

(1)　12 月 6 日,为生产 A 产品领用甲材料 2 000 千克,每千克 80 元;为生产 B 产品领用乙材料 1 000 千克,每千克 50 元。

为生产产品而耗用的材料属于直接材料,应当记入"生产成本"账户。该项经济业务发生后,应编制如下会计分录。

借:生产成本——A 产品　　　　　　　　　　　　160 000
　　　　　　——B 产品　　　　　　　　　　　　 50 000
　　贷:原材料——甲材料　　　　　　　　　　　160 000
　　　　　　——乙材料　　　　　　　　　　　　 50 000

(2) 12月10日,以现金支付生产车间文具用品费400元,增值税52元。
车间支付的文具用品费属于制造费用,应先在"制造费用"账户中归集。该项经济业务发生后,应编制如下会计分录。

借:制造费用　　　　　　　　　　　　　　　　400
　　应交税费——应交增值税(进项税额)　　　　52
　　贷:库存现金　　　　　　　　　　　　　　　　452

(3) 12月15日,从银行提取现金125 000元,以备发放职工工资。
该项经济业务发生后,应编制如下会计分录。

借:库存现金　　　　　　　　　　　　　　　　125 000
　　贷:银行存款　　　　　　　　　　　　　　　　125 000

(4) 12月15日,以现金发放上月应发职工工资125 000元。
该项经济业务发生后,应编制如下会计分录。

借:应付职工薪酬　　　　　　　　　　　　　　125 000
　　贷:库存现金　　　　　　　　　　　　　　　　125 000

随着越来越多的企业采用委托银行代发工资的形式,企业应付给职工的工资不再以现金的形式发放到职工手中,而是直接划入职工的银行卡账户中,因此第(3)笔业务和第(4)笔业务也可以合并为如下一笔会计分录。

借:应付职工薪酬　　　　　　　　　　　　　　125 000
　　贷:银行存款　　　　　　　　　　　　　　　　125 000

(5) 12月31日,根据当月的考勤记录和产量记录等,结算本月应付的职工工资,如表3-9所示。

表3-9　职工工资

工资类别	金额/元
制造A产品生产工人工资	80 000
制造B产品生产工人工资	20 000
车间管理人员工资	8 400
厂部管理人员工资	15 670
合　　计	124 070

企业支付给职工的工资,应当按照职工所从事的工作分别计入生产费用或其他有关费用、支出账户,并通过不同的费用、支出账户进行核算。

其中,直接从事产品生产的职工工资属于直接人工,应记入"生产成本"账户;车间管理人员的工资应记入"制造费用"账户;厂部管理人员的工资应记入"管理费用"账户。该项经济业务发生后,应编制如下会计分录。

借:生产成本——A产品　　　　　　　　　　　80 000
　　　　　　——B产品　　　　　　　　　　　20 000
　　制造费用　　　　　　　　　　　　　　　　8 400
　　管理费用　　　　　　　　　　　　　　　　15 670
　　贷:应付职工薪酬　　　　　　　　　　　　　124 070

(6) 12月31日,按照规定提取该月固定资产折旧,属于生产车间部门的为11 200元,企业管理部门的为 1 200 元。

固定资产折旧应按照固定资产的使用部门记入不同的账户。管理部门使用的固定资产折旧记入"管理费用"账户。由于生产车间所使用的机器设备等往往不只是生产某一种产品，因此各生产车间使用的固定资产折旧不应直接记入"生产成本"账户，而应先记入"制造费用"账户，再随着制造费用的分配转入生产成本账户。

该项经济业务发生后，应编制如下会计分录。

借：制造费用　　　　　　　　　　　　　　　　11 200
　　管理费用　　　　　　　　　　　　　　　　 1 200
　　贷：累计折旧　　　　　　　　　　　　　　　　　12 400

(7) 12 月 31 日，将本月发生的制造费用 20 000 元记入产品成本账户。其中，A 产品负担 16 000 元；B 产品负担 4 000 元。

扫一扫，观看"制造费用账务处理"视频讲解

企业为了生产产品而发生的各种生产费用，最后都应记入产品成本账户，并转入"生产成本"账户。制造费用是产品成本的组成部分，因此在月终时应当加以结转。该项经济业务发生后，应编制如下会计分录。

借：生产成本——A 产品　　　　　　　　　　　16 000
　　　　　　——B 产品　　　　　　　　　　　 4 000
　　贷：制造费用　　　　　　　　　　　　　　　　20 000

(8) 12 月 31 日，结转本月完工入库产成品的实际成本。A 产品 1 000 件，本月全部完工，并验收入库，实际成本为 256 000 元；B 产品尚未完工。

企业制造完工入库的产成品，应当按照其实际生产成本，从"生产成本"账户的贷方转入"库存商品"账户的借方。对于正在生产的在产品，因为尚未成为产成品，故而不能转入"库存商品"账户，其已经发生的生产费用，仍应保留在"生产成本"账户中，成为"生产成本"账户的期末余额。该项经济业务发生后，应编制如下会计分录。

借：库存商品——A 产品　　　　　　　　　　　256 000
　　贷：生产成本——A 产品　　　　　　　　　　　　256 000

上述经济业务除了在总分类账户中登记以外，还应在有关明细分类账户中平行登记。"生产成本"明细账的基本格式如表 3-10 和表 3-11 所示。

表 3-10　A 产品生产成本明细账

产品名称：A 产品　　　　　　　　　　　　　　　　　　　　　　　　　　产量：1 000 件

2020 年		凭证号数	摘　要	借　方				贷方	余　额
月	日			直接材料	直接人工	制造费用	合　计		
12	6	(略)	生产用料	160 000			160 000		160 000
	31		生产工人工资		80 000		80 000		240 000
	31		分配制造费用			16 000	16 000		256 000
	31		结转完工产品成本 (1 000 件)					256 000	—
12	31		本月发生额及月末余额	160 000	80 000	16 000	256 000	256 000	—

表 3-11　B 产品生产成本明细账

产品名称：B 产品　　　　　　　　　　　　　　　　　　　　　　　　产量：1 000 件

2020 年		凭证号数	摘　　要	借　方				贷　方	余　额
月	日			直接材料	直接人工	制造费用	合　计		
12	6	(略)	生产用料	50 000			50 000		50 000
	31		生产工人工资		20 000		20 000		70 000
	31		分配制造费用			4 000	4 000		74 000
12	31		本月发生额及月末余额	50 000	20 000	40 000	74 000		74 000

第五节　销售业务的核算

一、销售过程的主要经济业务

企业生产出符合要求、可对外销售的产品后，就要进入销售环节。销售环节的主要业务围绕着产品销售发生。例如，产品由仓库发出销售；支付产品包装、运输和广告等销售费用；销售货款的结算；销售税金的计算；等等。在销售阶段，企业按照售价向购买单位出售产品，并通过货款结算取得销售收入，收回货币资金。同时，企业在销售阶段，为了售出产品，也必然要发生包装、运输、广告等销售费用。按照税法的规定，企业还需因销售并获取利润的行为向国家缴纳相应的税金。当企业的销售收入超过销售成本、销售费用和销售税金的差额时，就是销售产品的销售利润；反之，就是销售亏损。

二、产品销售成本的核算

(一)产品销售成本的计算

产品销售成本是指企业销售产成品、自制半成品的成本，也即所销售的产品在生产阶段发生的费用。产品销售成本的计算公式如下所述。

某期应结转的产品销售成本=该期产品销售数量×单位产品生产成本

公式中，销售数量来自销售订单记录，而单位产品生产成本则要通过先进先出法、加权平均法、个别计价法等方法计算得出。由于用于生产产品的生产原料、燃料、人工等都会因环境变化而进行价格调整，因此产品的生产成本也不是始终不变的，同一种产品，各月或各批的生产成本都不会相同。这里仅就使用比较普遍的一种方法加以说明。这种方法称为加权平均法，其计算程序可用公式表示如下。

$$单位产品销售成本=\frac{期初结存产成品总成本+本期生产产成品总成本}{期初结存产成品数量+本期生产产成品数量}$$

本期销售产品成本=本期销售产品数量×单位产品销售成本

【例 3-15】　假定 SD 公司本月销售 A 产品 700 件、B 产品 350 件，A、B 两种产品的有关成本资料如下所述。

A 产品期初结存 600 件，总成本 157 200 元；本期生产 300 件，总成本 76 800 元。

B 产品期初结存 250 件，总成本 51 750 元；本期生产 350 件，总成本 68 250 元。

这两种产品本期销售成本计算如下。

A 产品单位销售成本=(157 200+76 800)÷(600+300) =260(元)

A 产品本期销售成本=700×260=182 000(元)

B 产品单位销售成本= (51 750+68 250) ÷(250+350) =200(元)

B 产品本期销售成本=350×200=70 000(元)

产品在销售阶段发生的销售费用一般不作为销售成本，因此不在各产品之间进行分配，而直接在"销售费用"账户中确认，冲减产品销售利润。

(二)产品销售成本的具体核算

1. 产品销售阶段核算设置的主要账户

产品销售阶段主要应设置"主营业务收入""主营业务成本""销售费用"和"营业税金及附加"等损益类账户，以及"应收账款""应收票据"等资产类账户。

1) "主营业务收入"账户

"主营业务收入"账户用于核算企业产品(包括产成品、自制半成品等)销售所取得的收入。其贷方登记已实现销售的主营业务收入，借方登记期末转入"本年利润"账户的数额，结转后无余额。该账户应按已销售产品类别设置明细分类账，以反映每种产品的销售收入。

如果企业在正常经营活动中出现多种形式的收入，特别是出现在产品销售以外的其他销售或其他业务收入，如材料销售、资产出租、无形资产转让等劳务收入。根据"充分披露"原则，可单独设置"其他业务收入"账户进行核算。如果企业其他业务收入较多，还应设置与产品销售成本类似的"其他业务成本"账户，这时"其他业务收入"账户的结构与"产品销售收入"账户相似；如果企业这类业务相对较少，可不专门设置"其他业务成本"账户，而直接将这一活动的成本记入其他业务收入账户的借方，收支相抵后的差额，就是其他业务利润(或亏损)，期末转入"本年利润"账户。

2) "主营业务成本"账户

"主营业务成本"账户用于核算企业已售产品(包括产成品、自制半成品等)的生产成本。其借方登记已售产品的实际生产成本，贷方登记期末转入"本年利润"账户的数额，结转后无余额。该账户也应按产品类别设置明细分类账，以核算每种已售产品的销售成本。

3) "应交税费——应交增值税(销项税额)"账户

"应交税费——应交增值税(销项税额)"账户用于核算增值税一般纳税人因销售而向购货方收取的增值税销项税额。其贷方登记因销售业务而向对方收取的增值税额，若有销货退回，则使用红字记在该账户的贷方，用于冲减该账户数额。

4) "销售费用"账户

"销售费用"账户用于核算企业在产品销售过程中所支付的包装费、运输费、广告费、展览费及专设销售机构费用。其借方登记当期发生的各种销售费用，贷方登记期末转入"本年利润"账户的数额，结转后无余额。

5) "税金及附加"账户

"税金及附加"账户用于核算应由已售产品负担的除增值税以外的各项价内税，包括消费税、城市维护建设税和教育费附加等在销售环节缴纳的税费。其借方登记按规定的税率计算应负担的销售税金及附加，贷方登记期末转入"本年利润"账户的数额，结转后无余额。该账户也应按产品类别设置明细账。

6) "应收账款"账户

现代市场经济是一种信用经济，企业在产品销售过程中，从促销等各方面考虑，会允许购买方推迟付款。

"应收账款"账户用于反映企业因出售产品而形成的应收而未收的款项。其借方登记应向购货单位收取的账款，贷方登记已收回的账款，余额一般在借方，表示期末尚未收回的账款。如果出现贷方余额，则表示预收的货款，在资产负债表上应作为流动负债列入"预收账款"项目。该账户应按购货单位设置明细账。

7) "应收票据"账户

"应收票据"账户用于核算企业采用商业汇票(商业承兑汇票或银行承兑汇票)结算方式销售商品等而与购货单位发生的结算债券的增减变动以及结余情况。该账户为资产类账户，借方登记企业收到的承兑方签字的商业汇票，贷方登记票据到期收回购货单位货款金额或票据到期对方无力支付而注销票据的金额，期末余额在借方，表示尚未到期的应收票据款项。

2. 产品销售过程主要经济业务的核算举例

【例3-16】 假定SD公司2020年12月有如下经济业务。

(1) 12月8日，售给民耀公司B产品200件，每件售价300元，货款60 000元及应收取的增值税7 800元尚未收到。

企业销售商品应收或已收到的款项通常都包括售价(不含税)和增值税两部分，若企业的售价为含税价格，则需要将该含税售价换算成不含税的价格和增值税两部分，假设企业开具的是价税分列的增值税专用发票，则该项经济业务发生后，应编制如下会计分录。

借：应收账款——民耀公司　　　　　　　　　　67 800
　　贷：主营业务收入——B产品　　　　　　　　　　　　60 000
　　　　应交税费——应交增值税(销项税额)　　　　　　 7 800

(2) 12月9日，以银行存款支付广告费4 550元。

企业支出广告费主要是为了推销自己的产品，此项费用应记入"销售费用"账户。该项经济业务发生后，应编制如下会计分录。

借：销售费用　　　　　　　　　　　　　　　　4 550
　　贷：银行存款　　　　　　　　　　　　　　　　　　　4 550

(3) 12月15日，收到民耀公司还来的前欠货款67 800元，当即存入银行。该项经济业务发生后，应编制如下会计分录。

借：银行存款　　　　　　　　　　　　　　　　67 800
　　贷：应收账款——民耀公司　　　　　　　　　　　　67 800

(4) 12月20日，向华联公司出售A产品500件，每件售价500元，共计250 000元，应收取增值税32 500元，当即收到货款及税金并存入银行。该项经济业务发生后，应编制如下会计分录。

借：银行存款　　　　　　　　　　　　　　　　　　　282 500
　　贷：主营业务收入——A 产品　　　　　　　　　　　250 000
　　　　应交税费——应交增值税(销项税额)　　　　　 32 500

(5) 12 月 30 日，售给新谊公司 A 产品 200 件，每件售价 500 元，B 产品 150 件，每件售价 300 元，共计货款 145 000 元，增值税 18 850 元，当即收到货款及税金 118 850 元存入银行，其余 45 000 元尚未收到。该项经济业务发生后，应编制如下会计分录。

借：银行存款　　　　　　　　　　　　　　　　　　　118 850
　　应收账款——新谊公司　　　　　　　　　　　　　 45 000
　　贷：主营业务收入——A 产品　　　　　　　　　　 100 000
　　　　　　　　　　——B 产品　　　　　　　　　　　45 000
　　　　应交税费——应交增值税(销项税额)　　　　　 18 850

(6) 12 月 31 日，结转本月售出产品的生产成本。A 产品售出 700 件，每件生产成本 260 元，共计 182 000 元；B 产品售出 350 件，每件生产成本 200 元，共计 70 000 元。本月出售两种产品的生产成本共 350 000 元。具体应编制如下会计分录。

借：主营业务成本——A 产品　　　　　　　　　　　　182 000
　　　　　　　　——B 产品　　　　　　　　　　　　　70 000
　　贷：库存商品——A 产品　　　　　　　　　　　　　182 000
　　　　　　　　——B 产品　　　　　　　　　　　　　70 000

(7) 12 月 31 日，计算本月应缴纳增值税 41 650 元。

本月应纳增值税通常是销项税额减去进项税额后的差额，因此为计算本月应纳增值税，需要通过汇总"应交税费——应交增值税"的各项明细账户的借贷金额计算得出，而由于增值税有 15 日的申报期，企业在月底计算应纳增值税时，通常尚未进行实际缴纳，因此应将已计算而未缴纳的增值税额转入"应交税费——未交增值税"账户，假设 SD 公司计算出的本月应缴增值税为 41 650 元，则应编制如下会计分录。

借：应交税费——应交增值税(转出未交增值税)　　　41 650
　　贷：应交税费——未交增值税　　　　　　　　　　41 650

待下月银行划款如期缴纳时，再编制如下会计分录。

借：应交税费——未交增值税　　　　　　　　　　　　41 650
　　贷：银行存款　　　　　　　　　　　　　　　　　　41 650

若当月增值税当月直接缴纳，则不需要通过"应交税费——未交增值税"账户核算，可直接编制如下会计分录。

借：应交税费——应交增值税(已交税金)　　　　　　　41 650
　　贷：银行存款　　　　　　　　　　　　　　　　　　41 650

(8) 12 月 31 日，按照本月应纳增值税税额的 7%和 3%计算并结转本月应交城市维护建设税和应交教育费附加。

应交城市维护建设税=41 650×7%=2 915.5(元)

应交教育费附加=41 650×3%=1 249.5(元)

借：税金及附加　　　　　　　　　　　　　　　　　　4 165
　　贷：应交税费——应交城市维护建设税　　　　　　2 915.5
　　　　　　　　——应交教育费附加　　　　　　　　1 249.5

以上经济业务除了进行总分类核算以外，还必须相应地在"主营业务收入""主营业务成本"账户所属的明细账中进行平行登记。

第六节　财务成果的核算

一、利润概述

扫一扫，观看"利润的概念和利润计算"视频讲解

(一)利润的概念

利润是企业在一定会计期间的经营成果，是收入与费用相配比后的净盈利额(或净亏损额)。它是企业在一定时期内全部经营活动反映在财务上的最终成果，是企业生产经营活动的经济效益和资金使用效率的一种综合反映，是反映企业生产经营经济效益的综合指标，也是进行财务预测、投资决策等的重要手段。

(二)利润的计算与分配

1. 利润的计算

企业的利润(或亏损)总额是营业利润、营业外收支净额扣除所得税费用后的净额。其中，营业利润是企业利润的主要来源。它是指企业在销售商品、提供劳务等日常活动中所产生的利润，包括反映主营业务的主营业务收入和主营业务成本，反映副营业务、材料销售等行为的其他业务收入和其他业务成本，反映投资活动的投资收益，反映公允价值变动情况的公允价值变动损益等，扣除管理费用、销售费用、财务费用等期间费用之后形成的余额。营业外收支净额是指与企业生产经营无直接关系的收入和支出，如没收逾期未退包装物押金、无法偿还的应付账款、固定资产盘亏损失、自然灾害造成的非正常损失等。以上利润总额的构成内容可以用计算公式表示如下：

营业利润=营业收入-营业成本-税金及附加-销售费用-管理费用-
　　　　　财务费用-资产减值损失±公允价值变动损益±投资收益

其中：

营业收入=主营业务收入+其他业务收入
营业成本=主营业务成本+其他业务成本
利润总额=营业利润+营业外收入-营业外支出
净利润=利润总额-所得税费用
所得税费用=利润总额×所得税税率(通常为25%)

2. 利润的分配

企业实现的净利润应当按照公司法的有关规定，在弥补了以前年度的亏损后，再在企业和投资者之间进行分配，分配的主要内容和顺序应当依据规定进行，具体如下所述。

1) 提取法定盈余公积

法定盈余公积是按照公司法或者企业财务通则的规定，一般按照本年税后利润的10%提取，当提取累计额超过注册资本50%以上时，可以不再提取。法定盈余公积主要用于弥补亏

损或者转增资本。

2) 提取任意盈余公积

任意盈余公积一般由股东大会或者类似权力机构决定是否提取以及提取的比例。

3) 向投资者分配利润

企业计提盈余公积后的净利润，加上年初未分配利润，形成当年可供分配的利润，可以由企业按照利润分配方案分配给投资者。

二、利润的具体核算

(一)利润实现阶段的具体核算

1. 利润实现阶段核算的主要账户设置

在利润实现的过程中，其核算除销售阶段涉及的账户外，还应设置"营业外收入""营业外支出""本年利润""所得税费用""利润分配"等账户。

1) "营业外收入"账户

"营业外收入"账户是损益类账户，用于核算企业取得的、与生产经营没有直接关系的各项利得，如接受捐赠利得等。其贷方登记取得的营业外收入，借方登记转入"本年利润"账户的数额，期末结转后无余额。该账户应按收入项目设置明细账。

2) "营业外支出"账户

"营业外支出"账户是损益类账户，用于核算企业付出的、与生产经营没有直接关系的各项支出，如对外捐赠支出、固定资产报废损失、自然灾害损失等。其借方登记已发生的营业外支出，贷方登记转入"本年利润"账户的数额，期末结转后无余额。该账户应按支出项目设置明细账。

3) "本年利润"账户

"本年利润"账户是一个过渡性账户，用于核算会计年度内累计实现的利润(或亏损)总额。"本年利润"账户是所有者权益类账户，其贷方登记期末从收入类账户转入的利润增加项目的金额，如产品销售收入、投资收益等；借方登记期末从成本、费用类账户转入的利润减少项目的金额。期末若借方金额大于贷方金额，表明当年为亏损，应从贷方转入"利润分配"账户借方；反之，期末若贷方金额大于借方金额，表明当年实现利润，应通过借方结转至"利润分配"账户贷方，结转后，本账户应无余额。

4) "所得税费用"账户

"所得税费用"账户是损益类账户，用于核算企业按规定计算的应上缴国家的所得税额。其借方登记当期应缴纳的所得税额，贷方登记期末转入"本年利润"账户的金额，期末结转后应无余额。所得税作为一项费用支出，应该从企业利润总额中扣除。企业所得税通常按年计算、按季预缴，年终汇算清缴，多退少补。由于会计制度和所得税法在利润的确定方面不完全一致，因此所得税按年计算的基本公式如下所述。

全年应缴所得税税额=全年应纳税所得额×适用税率

其中：

全年应纳税所得额=全年利润总额±税收调整项目金额

5) "利润分配"账户

"利润分配"账户是所有者权益类账户。年度终了,企业将本年实现的税后净利润转入本账户时,应贷记本账户;如为亏损总额,则借记本账户;企业按国家规定提留盈余公积、向股东分发股利、提留部分盈余用作扩大再生产等都应通过借方核算。该账户如最终余额在贷方,表明企业尚余部分利润未分配;如余额在借方,表明企业处于亏损状态。为详细反映每项利润的分配情况,该账户一般按所分配项目开设明细账,其中"利润分配——未分配利润"账户用于核算企业本年度实现的净利润和已分配利润,并确定历年积存的未分配利润情况。

各账户之间的关系如图3-4所示。

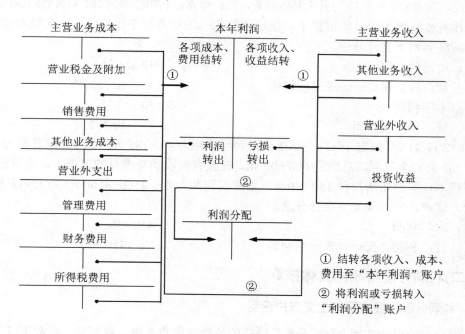

图 3-4　各账户间的关系

2. 利润实现阶段的核算举例

【例3-17】　承接例3-16,仍以SD公司2020年12月发生的经济业务为例。

(1) 12月31日,以银行存款支付捐赠山区希望小学经费1 000元。捐赠希望小学经费属营业外支出。该项经济业务发生后,应编制如下会计分录。

借:营业外支出　　　　　　　　　　　　1 000
　　贷:银行存款　　　　　　　　　　　　　　　1 000

(2) 12月31日,将本月已发生的销售收入455 000元、销售成本252 000元、税金及附加4 165元、销售费用4 550元、管理费用16 870元、财务费用15 000元、营业外支出1 000元转入"本年利润"账户,则应编制如下会计分录。

借:主营业务收入　　　　　　　　　　　455 000
　　贷:本年利润　　　　　　　　　　　　　　　455 000

借：本年利润	293 585	
贷：主营业务成本		252 000
营业税金及附加		4 165
销售费用		4 550
管理费用		16 870
财务费用		15 000
营业外支出		1 000

(3) 计算本月应缴所得税业务。

企业向国家缴纳的所得税，是按照利润总额来计算并缴纳的，它是国家参与企业利润分配的一种形式。假定 SD 公司 12 月并无其他业务，则计算本月利润总额为 161 415(455 000-293 585)元。在没有税收调整项目的前提下，按规定的 25%的所得税率计算应缴所得税为 40 353.75元，则应编制如下会计分录。

借：所得税费用	40 353.75
贷：应交税费——应交所得税	40 353.75
借：本年利润	40 353.75
贷：所得税费用	40 353.75

(4) 12 月 31 日，假定 1～11 月 SD 公司利润总额为 439 185 元，12 月利润总额为 161 415元，则 SD 公司全年利润总额为 600 600 元。在没有税收调整项目的前提下，按规定的 25%的所得税率计算应缴所得税 150 150 元，则税后利润为 450 450(600 600-150 150)元转入"利润分配"账户，应编制如下会计分录。

借：本年利润	450 450
贷：利润分配——未分配利润	450 450

(二)利润分配阶段的具体核算

1. 利润分配阶段核算的主要账户设置

利润分配阶段除使用"利润分配"账户的各明细账户来进行核算外，通常还可使用"盈余公积""应付利润"或"应付股利"账户。

1) "盈余公积"账户

"盈余公积"账户是所有者权益类账户，用于核算企业从净利润中提取的盈余公积增减变动和结存情况。其贷方登记从税后利润中提取的盈余公积增加数，借方登记进行转增资本、弥补亏损等行为的盈余公积减少数，期末余额在贷方，表示盈余公积的期末结存数。"盈余公积"账户可设置法定盈余公积和任意盈余公积明细账。

2) "应付利润"或"应付股利"账户

"应付利润"或"应付股利"账户是负债类账户，用于登记企业按照规定分配的利润(或股利)及其支付数额。其贷方登记按照分配方案和决议应付给投资方的利润(或股利)金额，借方登记实际支付的利润(或股利)金额，期末余额在贷方，表示企业尚未支付给投资者的利润(或股利)。

2. 利润分配阶段的核算举例

【例 3-18】 承接例 3-17，仍以 SD 公司 2020 年 12 月发生的经济业务为例。

(1) SD 公司按照税后利润的 10% 计提法定盈余公积。

税后利润=600 600-150 150=450 450(元)

应提取的法定盈余公积=450 450×10%=45 045(元)

具体应编制如下会计分录。

借：利润分配——提取法定盈余公积　　　　　　　　45 045
　　贷：盈余公积——法定盈余公积　　　　　　　　　　　　45 045

(2) 经董事会商讨决定，向投资者分配利润 100 000 元。该项经济业务发生后，应编制如下会计分录。

借：利润分配——应付利润　　　　　　　　　　　　100 000
　　贷：应付利润　　　　　　　　　　　　　　　　　　　　100 000

未来通过银行转账的方式向投资者支付利润时，应再编制如下会计分录。

借：应付利润　　　　　　　　　　　　　　　　　　100 000
　　贷：银行存款　　　　　　　　　　　　　　　　　　　　100 000

(3) 年末结转本年已分配的利润。

为了计算年末的未分配利润，将提取的法定盈余公积 45 045 元和向投资者分配的 100 000 元分别从"利润分配——提取法定盈余公积"和"利润分配——应付利润"账户的贷方转出，以反映到"利润分配——未分配利润"账户中，则编制如下会计分录。

借：利润分配——未分配利润　　　　　　　　　　　145 045
　　贷：利润分配——提取法定盈余公积　　　　　　　　　　45 045
　　　　　　——应付利润　　　　　　　　　　　　　　　100 000

假定 SD 公司以前年度累积的未分配利润为 1 250 000 元，加上本年的未分配利润 305 405(450 450-145 045)元，则 SD 公司当年的未分配利润为 1 555 405 元。

【思政案例】

诚实守信是会计人员的基本职业道德

世界上第一例上市公司审计案例——英国"南海股份公司"审计案例

案例简介

在 18 世纪初，随着大英帝国殖民主义的扩张，海外贸易有了很大的发展。英国政府发行中奖债券，并用发行债券所募集到的资金，于 1719 年创立了南海股份公司。该公司以发展南大西洋贸易为目的，获得了将非洲黑奴卖给西班牙、美洲的 30 年垄断权，其中公司最大的特权是可以自由地从事海外贸易活动。南海公司虽然经过近 10 年的惨淡经营，其业绩依然平平。1719 年，英国政府允许中奖债券总额的 70%，即约 1000 万英镑，可与南海公司股票进行转换。该年底，公司的董事们开始对外散布各种所谓的好消息，即南海公司在年底将有大量利润可实现，并煞有其事地预计，在 1720 年的圣诞节，公司可能要按面值的 60% 支付股利。这一消息一经宣布，加上公众对股价上扬的预期，促进了债券转换，进而带动了股价上升。1719 年年中，南海公司股价为 114 英镑，到了 1720 年 3 月，股价飙升至 300 英镑以上。而自 1720 年 4 月起，南海公司的股票更是节节攀高，到了 1720 年 7 月，股票价格已高达1050英镑。

此时，南海公司老板布伦特又想出了新主意：以数倍于面额的价格，发行可分期付款的新股。同时，南海公司将获取的现金，转贷给购买股票的公众。这样，随着南海股价的扶摇直上，一场投机浪潮席卷全国。由此，170多家新成立的股份公司股票以及原有的公司股票，都成了投机对象，股价暴涨51倍，从事各种职业的人，包括军人和家庭妇女都卷入了这场旋涡。美国经济学家加尔布雷斯在其《大恐慌》一书中这样描绘当时人们购买股票的情形："政治家忘记了政治，律师放弃了买卖，医生丢弃了病人，店主关闭了铺子，教父离开了圣坛，甚至连高贵的夫人也忘了高傲和虚荣。"

1720年6月，为了制止各类"泡沫公司"的膨胀，英国国会通过了《泡沫公司取缔法》。自此，许多公司被解散；公众开始清醒过来，对一些公司的怀疑逐渐扩展到南海公司身上。从7月开始，外国投资者首先抛出南海公司股票，撤回资金。随着投机热潮的冷却，南海公司股价一落千丈，从1720年8月25日到9月28日，南海公司的股票价格从900英镑下跌到190英镑，到12月最终仅为124英镑。当年年底，政府对南海公司资产进行清理，发现其实际资本已所剩无几。那些高价买进南海股票的投资者遭受了巨大损失，政府逮捕了布伦特等人，另有一些董事自杀。"南海泡沫"事件使许多地主、商人失去了资产。此后较长一段时间，民众对参股新兴股份公司闻之色变，对股票交易心存疑虑。

(资料来源：https:///www.sohu.com/a/283113396-100133175，有删减)

思政要点：

(1) "南海泡沫"事件的背后是利益驱动下的会计造假，1720年9月，英国议会组织了一个由13人参加的特别委员会，对"南海泡沫"事件进行秘密查证。在调查过程中，特别委员会发现该公司的会计记录严重失实，明显存在蓄意篡改数据的舞弊行为，于是特邀了一位名叫查尔斯·斯奈尔(Charles Snell)的资深会计师，对南海公司的分公司"索布里奇商社"的会计账目进行检查。这一行为也促成了历史上第一个上市公司审计案例。查尔斯·斯奈尔作为伦敦市彻斯特·莱思学校的习字和会计教师，商业审计实践经验丰富，理论基础扎实，在伦敦地区享有盛誉。查尔斯·斯奈尔通过对南海公司账目的查询、审核，于1721年提交了一份名为《伦敦市彻斯特·莱思学校的书法大师兼会计师对索布里奇商社的会计账簿进行检查的意见》的调查报告。在该份报告中，查尔斯指出了公司存在舞弊行为、会计记录严重不实等问题。但没有对公司为何编制这种虚假的会计记录表明自己的看法。

(2) 会计信息是人们在经济活动过程中运用会计理论和方法，通过会计实践获得反映会计主体价值运动状况的经济信息。会计信息失真是困扰会计界多年的老问题。会计信息，尤其是真实的会计信息对于企业本身，甚至于整个国民经济都有着不可估量的作用。会计信息的严重失真可能对国家经济秩序构成严重威胁。这起发生在几百年前的上市公司造假案，直指会计记录造假和蓄意篡改数据。也就是说，上市公司造假案几乎无一例外地都和会计人员有着密不可分的关联。在会计人员的职业道德要求中，就有"诚实守信"一条，要求会计人员谨慎，信誉至上，不为利益所诱惑，不伪造账目，不弄虚作假，如实反映单位经济业务事项。

本章小结

企业经济业务的发生源于企业的生产经营活动。一般来说，就工业企业而言，其生产经营活动是由供应过程、生产过程和销售过程构成的，具体主要有以下 5 个方面的业务，即资金的筹集和设备的购置业务、材料物资采购业务、产品生产业务、产品销售业务、其他业务(如其他业务收支、营业外收支)。本章重点介绍筹资阶段、供应阶段、生产阶段、销售阶段和利润分配结算的核算应设置的账户及其应用，使学生能够熟练掌握借贷记账方法，以及掌握企业的主要生产过程的账务处理方法；了解制造业企业经营过程中各阶段资金的运动情况，以及制造业企业经营过程中各阶段经济活动和会计核算的主要内容；掌握分析各项经济活动并正确编制会计分录的方法，正确理解、掌握和使用账户；掌握共同费用、间接费用的归集与分配方法；正确计算材料采购成本和完工产品生产成本。

同步测试题

一、单项选择题

1. 职工出差预借差旅费时，应借记(　　)账户。
　　A. "管理费用"　　B. "库存现金"　　C. "其他应收款"　　D. "银行存款"
2. 与"制造费用"账户不可能发生对应关系的账户是(　　)。
　　A. "管理费用"　　B. "生产成本"　　C. "应付职工薪酬"　　D. "银行存款"
3. 已经完成全部生产过程并已经验收入库，可供对外销售的产品即为(　　)。
　　A. 库存商品　　B. 已销产品　　C. 销售成本　　D. 生产成本
4. 丙企业销售商品一批，增值税专用发票上注明的价款为 60 万元，适用的增值税税率为 13%，为购买方代垫运杂费 2 万元，款项尚未收到。该企业应确认的应收账款为(　　)万元。
　　A. 60　　　　　B. 62　　　　　C. 67.8　　　　　D. 69.8
5. 当企业收回代客户垫付的运费时，应贷记(　　)账户。
　　A. "库存现金"　　　　　　　　B. "其他应收款"
　　C. "应收账款"　　　　　　　　D. "银行存款"
6. 下列各项中，属于企业产品成本核算内容的是(　　)。
　　A. 用现金支付销售人员的工资
　　B. 用银行存款支付短期借款利息
　　C. 用现金支付行政管理部门的办公费
　　D. 生产车间厂房的自然磨损
7. "财务费用"账户期末应(　　)。
　　A. 有借方余额　　　　　　　　B. 有贷方余额

C. 同时有借方和贷方余额　　　　　　　D. 没有余额

8. 下列费用中，不构成产品成本的是(　　)。
   A. 直接人工费　　B. 直接材料费　　C. 制造费用　　D. 期间费用
9. "本年利润"账户内的贷方余额表示(　　)。
   A. 盈利额　　B. 利润分配额　　C. 未分配利润　　D. 亏损额
10. 年末结转后，"利润分配"账户的贷方余额表示(　　)。
    A. 实现的利润总额　　　　　　　　B. 未分配利润
    C. 净利润额　　　　　　　　　　　D. 利润分配总额
11. 净利润是企业利润总额扣除(　　)后的余额。
    A. 所得税　　B. 盈余公积　　C. 公益金　　D. 股利
12. "利润分配"账户是(　　)。
    A. 资产类账户　　　　　　　　　　B. 负债类账户
    C. 费用类账户　　　　　　　　　　D. 所有者权益类账户
13. 下列可以直接记入"生产成本"账户的费用是(　　)。
    A. 厂长的工资　　　　　　　　　　B. 车间工人的工资
    C. 车间主任的工资　　　　　　　　D. 销售人员的工资
14. 某企业购进甲材料 200 吨，每吨 85 元；购进乙材料 100 吨，每吨 50 元。购进两种材料共支付运费 420 元，运费按重量比例分配，则甲材料的采购成本是(　　)元。
    A. 17 280　　B. 17 000　　C. 5 000　　D. 5 140
15. 接受外单位投入的设备，设备原价 89 000 元，九成新，记入"实收资本"账户的金额应是(　　)元。
    A. 8 900　　B. 71 200　　C. 89 000　　D. 80 100
16. 某企业期初的资产总额为 1 000 万元，本期发生如下经济业务：用现金购置设备 8 万元，接受投资 10 万元存入银行，以现金发放现金股利 50 万元，盈余公积转增实收资本 20 万元。则该企业的期末资产总额为(　　)万元。
    A. 960　　B. 1 018　　C. 1 068　　D. 1 088
17. 下列项目中，不属于产品直接生产费用的是(　　)。
    A. 为生产产品耗用的原材料　　　　B. 车间设备的维修费
    C. 支付给生产工人的工资　　　　　D. 为生产工人计提的福利费
18. 不应该计入产品成本的费用是(　　)。
    A. 制造费用　　　　　　　　　　　B. 直接材料费用
    C. 直接人工费用　　　　　　　　　D. 管理费用
19. 下列账户期末结账后，可能有余额的是(　　)。
    A. 生产成本　　B. 财务费用　　C. 制造费用　　D. 销售费用
20. 下列账户中，同"主营业务收入"账户发生对应关系的账户是(　　)。
    A. "主营业务成本"　　　　　　　　B. "本年利润"
    C. "税金及附加"　　　　　　　　　D. "销售费用"
21. 从外地采购的材料验收入库后，应记入(　　)账户的借方。
    A. "原材料"　　B. "制造费用"　　C. "销售费用"　　D. "管理费用"
22. 销售一批产品，货款尚未收回，应记入(　　)账户的贷方。

A. "主营业务收入" B. "应收账款"
C. "主营业务成本" D. "库存商品"
23. 制造费用的分配结果应体现( )的分配原则。
A. 受益大的产品多分摊 B. 受益小的产品多分摊
C. 平均分摊 D. 随意分摊
24. 产品生产成本的计算应在( )中进行。
A. "生产成本"总分类账户 B. "生产成本"明细分类账户
C. "库存商品"总分类账户 D. "库存商品"明细分类账户
25. 编制短期借款利息核算的会计分录不涉及的账户是( )。
A. "短期借款"账户 B. "应付利息"账户
C. "银行存款"账户 D. "财务费用"账户

二、多项选择题

1. 企业投资者对企业进行投资，可以采用的资产是( )。
A. 货币资金 B. 固定资产
C. 无形资产 D. 有价证券
E. 原材料
2. 关于资金筹集业务，下列说法中正确的是( )。
A. 企业筹集资金的渠道，一是企业的所有者，二是企业的债权人
B. 从企业的所有者处筹集的资金形成企业的所有者权益
C. 从企业的债权人处筹集的资金形成企业的负债
D. 企业除了可以向银行借款筹集资金以外，还可以发行有价证券筹资
3. 运杂费的分配标准有( )。
A. 材料的数量 B. 材料的重量
C. 材料的体积 D. 材料的买价金额
E. 材料的采购成本
4. 下列有关"在途物资"账户中，说法正确的是( )。
A. 计算材料采购成本的账户 B. 资产类账户
C. 借方是采购成本的归集 D. 贷方是入库材料实际成本的结转
5. 外购材料的采购成本应包含( )。
A. 材料的买价 B. 运杂费
C. 途中的合理损耗 D. 采购机构的费用
6. 制造业企业原材料供应过程中涉及的账户有( )。
A. "应付账款" B. "在途物资"
C. "原材料" D. "银行存款"
E. "应交税费——应交增值税"
7. 下列各项中，应记入"制造费用"账户的有( )。
A. 生产车间领用的原材料 B. 车间机器的维修费用
C. 车间工人的工资 D. 行政管理部门的水电费
8. 期末结转损益类账户，可能贷记( )账户。

A. "主营业务收入" B. "主营业务成本"
C. "销售费用" D. "本年利润"

9. "税金及附加"账户借方登记的内容有(　　)。
   A. 增值税 B. 所得税
   C. 消费税 D. 资源税
   E. 城市维护建设税

10. 下列各项费用中,属于期间费用的是(　　)。
    A. 管理费用 B. 销售费用
    C. 财务费用 D. 直接工资
    E. 直接材料

11. 下列账户中,应将本期发生额转入"本年利润"账户的是(　　)。
    A. "主营业务收入" B. "主营业务成本"
    C. "财务费用" D. "销售费用"
    E. "管理费用"

12. "生产成本"账户的借方登记(　　)。
    A. 直接材料 B. 直接人工
    C. 制造费用 D. 管理人员的工资
    E. 采购材料的运杂费

13. 为了正确计算产品的生产成本,一般应设置(　　)账户。
    A. "生产成本" B. "制造费用"
    C. "主营业务成本" D. "管理费用"
    E. "财务费用"

14. 企业在接受存货投资时,与存货相关账户产生对应关系的是(　　)账户。
    A. "实收资本" B. "资本公积"
    C. "应交税费" D. "盈余公积"

15. 下列引起资产和所有者权益同时增加的经济业务有(　　)。
    A. 收到国家投资存入银行 B. 提取盈余公积
    C. 将资本公积转增资本金 D. 收到外商投入的设备一台

16. 企业外购存货的成本一般可包括运杂费、装卸费和(　　)。
    A. 买价 B. 保险费 C. 进口关税 D. 增值税

17. 下列各项费用中,应通过"管理费用"账户核算的是(　　)。
    A. 利息费 B. 诉讼费 C. 研究费用 D. 招待费

18. 下列各项税费中,记入"税金及附加"账户的有(　　)。
    A. 增值税 B. 消费税
    C. 教育费附加 D. 城市维护建设税

19. 企业在销售产品或提供劳务时,可能贷记的账户包括(　　)。
    A. "主营业务收入"账户
    B. "应交税费——应交增值税(销项税额)"账户
    C. "主营业务成本"账户
    D. "营业外收入"账户

20. 下列项目中，属于营业外收入核算内容的是（　　）。
    A. 罚没收入
    B. 接收现金捐赠
    C. 出售固定资产取得的净收益
    D. 无法支付的应付账款
21. 计算分配制造费用的标准可以采用（　　）。
    A. 机时比例　　　　　　　　　B. 工时比例
    C. 生产工人工资比例　　　　　D. 用电比例
22. 构成产品生产成本的费用有（　　）。
    A. 直接材料费用　　　　　　　B. 直接人工费用
    C. 制造费用　　　　　　　　　D. 管理费用
23. 利润分配的途径有（　　）。
    A. 提取法定盈余公积　　　　　B. 提取法定公益金
    C. 分配股利　　　　　　　　　D. 提取资本公积金
24. 生产费用按其计入产品成本的方式不同，可分为（　　）。
    A. 直接费用　　B. 间接费用　　C. 销售费用　　D. 财务费用

三、判断题

1. 发生本单位职工因公借款时，会计分录应为借记"其他应收款"账户，贷记"库存现金"账户。（　　）
2. 企业的筹集资金业务包括接受外单位或个人的捐赠资产。（　　）
3. "管理费用"账户的借方发生额，应于期末采用一定的方法计入产品成本。（　　）
4. 外购材料的单位采购成本就是供货单位发票上的单价。（　　）
5. 制造费用是指企业各生产车间等生产单位为组织和管理生产而发生的各项间接费用。（　　）
6. 企业职工的薪酬应直接计入产品的成本。（　　）
7. 最基本的成本项目有三项，即直接材料、直接人工和制造费用。（　　）
8. 企业购入原材料的采购成本中包括增值税进项税额。（　　）
9. "管理费用"是用来核算生产和非生产管理部门发生的工资、福利费、折旧费等的账户。（　　）
10. 按照基本生产车间管理工人工资比例计提的社会保险费，应借记"管理费用"账户。（　　）
11. 企业销售一批产品实现收入，应贷记"库存商品"账户。（　　）
12. "在途物资"账户用以核算企业库存的各种材料。（　　）
13. "短期借款"账户属于负债类账户，贷方登记企业借入本金及利息调整，借方登记归还的借款本金，期末贷方余额反映企业尚未偿还的借款。（　　）
14. 生产车间领用原材料投入产品生产的会计分录为借记"制造费用"账户，贷记"原材料"账户。（　　）
15. 车间主任的工资、奖金和津贴等应记入"生产成本"账户的借方。（　　）
16. 企业为销售 A 产品支付广告费 2 000 元，应记入"管理费用"账户。（　　）
17. 外单位捐赠现金 50 000 元，应记入"实收资本"账户的贷方。（　　）

18. 企业收到银行存款利息，应记入"财务费用"账户的贷方。　　　　　　　　（　）
19. 企业的制造费用应该按照一定的标准分配计入生产成本。　　　　　　　　（　）
20. 财务成果的汇总是通过设置"本年利润"账户来核算的。　　　　　　　　（　）
21. 结转所得税费用的分录为借记"所得税费用"账户，贷记"本年利润"账户。
　　　　　　　　　　　　　　　　　　　　　　　　　　　　　　　　　　（　）
22. 企业实现的利润，按规定依法缴纳所得税之后，一般按下列顺序进行分配：弥补以前年度的亏损，向投资者分配利润，提取公积金和公益金。　　　　　　　　　（　）
23. 发生营业外支出时，在相对应的会计期间，应当减少企业当期的营业利润。（　）

四、名词解释

1. 材料采购成本　　　　　　　　　　2. 产品生产成本
3. 投入资本　　　　　　　　　　　　4. 短期借款
5. 长期借款　　　　　　　　　　　　6. 制造费用
7. 库存商品　　　　　　　　　　　　8. 累计折旧
9. 成本项目　　　　　　　　　　　　10. 产品销售成本
11. 主营业务成本　　　　　　　　　　12. 主营业务收入
13. 应收账款　　　　　　　　　　　　14. 管理费用
15. 销售费用　　　　　　　　　　　　16. 财务费用
17. 期间费用　　　　　　　　　　　　18. 税金及附加
19. 本年利润　　　　　　　　　　　　20. 利润分配

五、思考题

1. 制造业企业经营活动的特点是什么？由哪几个环节构成？
2. 制造业企业各经营环节的核算内容是什么？
3. 简述企业资金筹集的渠道。
4. 为什么要将材料进行分类？
5. 材料按不同的用途可以分为哪几类？
6. 对于材料采购业务的核算应设置哪些账户？
7. 材料采购业务中账户的结构和用途是怎样的？
8. 共同发生的采购费用如何在各种材料之间进行分配？
9. 简述材料采购成本的构成以及如何计算材料的采购成本。
10. 生产成本和生产费用是什么关系？
11. 什么是直接费用和间接费用？
12. 为什么要区分直接费用和间接费用？如何区分？
13. 在产品的生产业务的核算中应设置哪些账户？
14. 产品生产业务核算账户的结构如何？有什么用途？
15. 通过企业生产业务核算，会计能实现哪些反映功能和监督功能？
16. 简述产品生产成本的构成和计算。
17. 在产品的销售业务中应设置哪些账户？
18. 产品销售业务核算账户的结构如何？

19. 什么是期间费用？包括哪几种？
20. 期间费用如何核算？

六、业务题

业务 3-1

【资料】达华公司为增值税一般纳税人，2020 年 6 月发生下列经济业务。

(1) 公司收到投资人投入机器设备一台价值 50 000 元，根据投资协议 40 000 元计入实收资本，其他计入资本公积。

(2) 公司购买不需要安装的机器设备一台买价 30 000 元，增值税税率 13%，货款和税金以银行转账方式支付。

(3) 向南风公司购入乙材料 500 千克，共计买价 5 000 元，增值税额 650 元，款未付。

(4) 采购员陈宜暂借差旅费 2 000 元，以现金付讫。

(5) 从利民公司购入甲材料 1 000 千克，共计买价 50 000 元，增值税额 6 500 元，以银行存款付讫。

(6) 上项甲、乙两种材料验收入库，结转其采购成本。

(7) 向中信公司购入丙材料 50 千克，货款 250 元，增值税额 32.50 元，以银行存款支付。材料当即验收入库。

(8) 以银行存款偿还前欠南风公司货款 5 650 元。

(9) 采购员陈宜出差回来报销前预借的差旅费(预借 2 000 元)，实际报销差旅费 2 200 元，以现金补付差额。

【要求】根据上述经济业务，编制会计分录。

业务 3-2

【资料】

(1) 先锋公司 2020 年 10 月从外地永安公司购入如表 3-12 所示的材料。

表 3-12　先锋公司购入材料明细

品　种	数量/千克	单价/(元/千克)	买价/元
甲材料	4 000	29.5	118 000
乙材料	1 000	9.00	9 000

(2) 为购买上述材料，共支付的运杂费如下所示。

　　水、陆运输费　　2 500 元
　　装卸、搬运费　　500 元

【要求】

(1) 以材料重量为标准，分配材料采购的采购费用。

(2) 编制材料采购成本计算表。

业务 3-3

【资料】明英公司 2021 年 3 月发生下列经济业务。

(1) 公司用银行存款购买办公用品 1 350 元，其中管理部门用 1 000 元，车间用 350 元。

(2) 仓库发出材料共 40 000 元，其中用于甲产品 20 000 元，用于乙产品 15 000 元，车间一般耗用 3 000 元，企业管理部门耗用 2 000 元。

(3) 公司从银行提取现金 28 000 元，备发工资。

(4) 公司以 28 000 元现金发放上月工资。

(5) 计提本月固定资产折旧 400 元，其中车间 300 元，企业管理部门 100 元。

(6) 公司以银行存款 800 元，支付本月车间水费。

(7) 分配并结转本月应付工资 26 000 元，其中生产甲产品的工人工资 8 000 元，生产乙产品的工人工资 12 000 元，车间管理人员工资 2 000 元，企业管理人员工资 4 000 元。

(8) 公司以银行存款 5 000 元支付电费，其中生产甲产品的动力电为 2 000 元，生产乙产品的动力电为 1 500 元，车间照明用电 1 000 元，企业管理部门照明用电 500 元。

(9) 按甲、乙两种产品的生产工人工资总额比例分配本月发生的制造费用。

(10) 本月生产甲产品 200 件、乙产品 100 件，两种产品期初均无在产品，期末均全部完工，结转甲、乙产品的生产成本。

【要求】根据上述经济业务，编制会计分录。

业务 3-4

【资料】新利公司为增值税一般纳税人，2020 年 6 月发生下列经济业务。

(1) 向金华公司出售 A 产品 100 件，货款 80 000 元及增值税 10 400 元，尚未收到。

(2) 以银行存款 1 200 元支付本月产品广告费。

(3) 收到金华公司还来货款 80 000 元，存入银行。

(4) 向南山公司出售 B 产品 100 件，货款 60 000 元及增值税 7 800 元，当即收到，存入银行。

(5) 以银行存款支付销售产品发生的包装费和运杂费，合计 800 元。

(6) 结转本月出售产品的生产成本。其中，A 产品 52 000 元，B 产品 32 500 元。

(7) 以银行存款缴纳上月应缴未缴增值税 14 000 元。

(8) 将本月主营业务收入、主营业务成本、销售费用分别转入"本年利润"账户。

(9) 收到大发公司支付的罚款 2 000 元，作为营业外收入存入银行。

(10) 按规定计算并结转本月应交所得税为 22 000 元。

(11) 将本月所得税费用、营业外收入分别转入"本年利润"账户。

【要求】根据上述经济业务，编制有关会计分录。

业务 3-5

【资料】

(1) 永光公司为增值税一般纳税人，2020 年 11 月 1 日总分类账户的余额如表 3-13 所示。

表 3-13　永光公司 2020 年 11 月 1 日总分类账户余额

项　目	金额/元	项　目	金额/元
库存现金	700	累计折旧	200 000
银行存款	40 000	短期借款	40 000
原　材　料	127 300	实收资本	1 000 000
固定资产	1 455 600	盈余公积	73 600
库存商品	60 000	本年利润	370 000

(2) 该公司 2020 年 11 月发生下列经济业务。

① 2日，向星光公司采购甲材料4吨，每吨1 000元；乙材料6吨，每吨1 500元，增值税税率13%，银行存款支付所有款项。

② 5日，上项中向星光公司采购的甲、乙材料已到达本公司并验收入库，按其实际采购成本转账。

③ 11日，向新华公司购入乙材料2吨，每吨1 500元，增值税税率13%，货款和税金尚未支付。该材料已验收入库，按其实际采购成本入账。

④ 13日，以银行存款归还新华公司货款3 000元。

⑤ 14日，从银行提取现金12 000元，备发工资。

⑥ 15日，以现金发放上月职工工资12 000元。

⑦ 20日，向光明公司出售A产品200件，每件售价800元，增值税税率13%，货款及税金存入银行。

⑧ 27日，以银行存款支付A产品广告费4 000元。

⑨ 30日，本月应发放的职工工资11 100元，其用途如下。

A产品生产工人工资	5 550元
B产品生产工人工资	3 330元
车间管理人员工资	1 110元
厂部管理人员工资	1 110元

⑩ 30日，本月应提固定资产折旧如下。

生产车间固定资产折旧	3 000元
企业管理部门固定资产折旧	1 000元

⑪ 30日，汇总本月材料发出情况如下(甲材料30 000元、乙材料14 300元)。

A产品生产领用	28 450元
B产品生产领用	13 670元
车间一般耗用	1 590元
企业管理部门耗用	590元
合　计	44 300元

⑫ 30日，按本月A、B产品的生产工时比例分配结转制造费用，A、B产品本月生产工时数分别为8 000和4 000。

⑬ 30日，投产的A产品100件，已全部完工并验收入库，结转完工产品的生产成本；B产品尚未完工。

⑭ 30日，结转已售A产品的生产成本(假定A产品每月单位生产成本保持不变)。

⑮ 30日，以银行存款缴纳本月应交增值税16 000元。

⑯ 30日，按规定结转本月实现利润应缴的所得税33 000元。

⑰ 将本月主营业务收入、主营业务成本、销售费用、管理费用、所得税费用转入"本年利润"账户。

【要求】

(1) 根据资料1，开设有关总分类账户，登记期初余额。

(2) 根据资料2，编制有关会计分录，并据以登记总账。

(3) 计算各总分类账户的本期发生额及期末余额，并编制试算平衡表。

第四章 账户分类

教学目的与要求

- 了解账户分类方法。
- 熟悉账户按用途和结构分类的具体内容。
- 掌握账户按经济内容分类的具体内容。

教学重点与难点

教学重点：账户按经济性质和经济内容分类、账户按用途和结构分类以及账户的设置。

教学难点：账户按经济性质和经济内容分类。

引导案例

刘老师在讲课时讲到，会计有实账户，如"原材料"，它的期末余额表示材料占有的资金额，"银行存款"账户的期末余额表示银行存款的期末实存额；会计还有一种虚账户，一般期末没有余额。武刚同学恍然大悟，认为实账户都有实际经济意义，虚账户都没有实际经济意义。

思考与讨论：

你认为武刚同学的看法是否正确？

提示： 武刚同学的看法不正确，并不是实账户都有实际经济意义，虚账户都没有实际经济意义。实账户和虚账户只是从是否有期末余额这个角度划分的，与是否具有经济意义无关。通常，将期末有余额的账户称为实账户，实账户的期末余额代表企业的资产、负债或所有者权益。将期末无余额的账户称为虚账户，虚账户的发生额反映企业的损益情况。可见，实账户和虚账户都是对企业某类经济业务的核算，都具有经济意义。

扫一扫，观看"账户分类简介"视频讲解

第一节 账户分类的意义和种类

账户是核算经济业务增减变化情况及其结果的一种手段和方式。企业经济活动的多样性和复杂性导致反映经济活动变化及其结果的账户也是多样的。就某一具体账户而言，它只记录和反映企业经济活动的某一方面，如把各种账户结合在一起，即可构成一个完整的账户体系，就能充分、完整地记录和反映企业经济活动的全貌。

企业各种账户之间既有特性又有共性，为此有必要对账户的设置和运用进一步加以讨论。账户的分类就是研究账户体系中各账户之间的相互联系及其共性，以寻求规律，加深对账户的理解，更好地运用这个手段，对企业经济活动进行全面记录和反映，并使企业能够尽快适应根据国家统一规定而制定的会计科目随各个时期经济管理的不同要求而产生的变动。

账户可按不同的标准从不同的角度进行分类，但账户最基本的分类只有两种：一是账户按经济性质和经济内容分类；二是账户按用途和结构分类。

第二节 账户按经济性质和经济内容分类

账户按经济性质和经济内容分类是账户最基本、最主要的一种分类方法。它对于企业外部报表使用者和内部管理者了解企业的资产、负债、所有者权益的增减变动，以及企业的偿债、获利能力等具有重要作用。

账户按经济性质和经济内容分类即是按企业的资金运动状态分类。资金在静态状态下表现为资产、负债及所有者权益；资金在动态状态下表现为收入、费用和利润，以上即通常所说的会计六要素。因此，有时也可将账户按经济性质和经济内容分类视为账户按会计要素分类。但需要说明的是，账户按经济性质和经济内容分类与账户按会计要素分类并不完全一致，其区别表现在：①账户按经济内容分类所指的"经济内容"是以制造业企业的经济活动为典型代表的，而在制造业企业资金运动的过程中，"生产成本"是一种特殊的资产形态，反映生产资金的运动状况，因此在账户按经济性质和经济内容分类时，应把"生产成本"账户作为独立的一类。②在账户按经济性质和经济内容分类时，对于利润这一会计要素，因为从所有权来说利润属于企业的所有者，所以不应作为单独的一类账户，而应并入所有者权益；对于收入和费用这两个会计要素，因为均属于计算损益的要素，所以可合并为损益类账户。因此，账户按经济性质和经济内容分类可分为资产类账户、负债类账户、所有者权益类账户、成本类账户和损益类账户五大类。

一、资产类账户

资产类账户是反映企业资产增减变动及其实有数额的账户。根据资产流动性的强弱，资产类账户又可分为反映流动资产的账户和反映非流动资产的账户两类。根据流动资产的具体内容，流动资产类账户又可分为反映货币资金的账户(如"库存现金""银行存款"等账户),反映结算资产的账户(如"应收账款""应收票据""其他应收款"等账户),反映存货资产的账户(如"原材料""低值易耗品""库存商品"等账户)等。按照非流动资产的具体内容,非流动资产类账户又可分为反映固定资产的账户(如"固定资产""累计折旧"等账户),反映无形资产的账户(如"无形资产"账户),反映长期投资的账户(如"持有至到期投资""长期股权投资"等账户)。

二、负债类账户

负债类账户是反映企业负债增减变动及其实有数额的账户。按照负债偿还期的长短,负债可分为流动负债和长期负债。凡偿还期在一年或一个营业周期以内的负债称为流动负债。凡偿还期超过一年或一个营业周期的负债称为长期负债。相应地,负债类账户也分为反映流动负债的账户和反映长期负债的账户两类。反映流动负债的账户包括"短期借款""应付账款""应付票据""应付职工薪酬""应交税费""应付利润"以及"其他应付款"等账户,反映长期负债的账户包括"长期借款""应付债券""长期应付款"等账户。

三、所有者权益类账户

所有者权益类账户是反映企业所有者权益增减变动及其实有数额的账户。根据所有者权益的形成特征,所有者权益账户又可分为反映所有者原始投资的账户(如"实收资本""资本公积"等账户),反映收益积累的账户(如"盈余公积"账户)以及反映利润形成、分配及未分配利润的账户(如"本年利润""利润分配"等账户)。

四、成本类账户

成本类账户是反映企业在生产经营过程中所发生的各种对象耗费情况及成本计算的账户。按照成本发生的环节及经济内容,成本类账户又可分为反映材料采购的账户和反映产品生产成本的账户两类。反映材料采购的账户包括"材料采购"等账户,反映产品生产成本的账户包括"生产成本""制造费用"等账户。

五、损益类账户

损益类账户是反映企业损益增减变动情况的账户。按照损益形成的内容以及与生产经营的关系,损益类账户又可分为营业损益类账户和营业外损益类账户两类。营业损益类账户包括反映营业收益的账户(如"主营业务收入"账户),反映营业费用的账户(如"主营业务成本""主营业务税金及附加""销售费用""管理费用""财务费用""所得税费用"等账户)。反映营业外损益的账户,按其经济性质的不同,又可分为反映营业外收入的账户(如"营业外收入"账户)和反映营业外支出的账户(如"营业外支出"账户)等。

账户按经济性质和经济内容的分类如表4-1所示。

账户按经济性质和经济内容的分类,是以制造业企业的典型经济业务为代表的,因此账户的分类结果及账户名称都带有制造业行业的特征。其他行业的企业在设置和运用账户时,可根据自身行业的特点适当调整,如商品流通企业无须设置"生产成本"类账户。另外，不同的企业形式，在设置和运用账户时也可适当调整，如非股份制企业以"实收资本"反映原始投资的所有者权益，而股份制企业则以"股本"来反映。

另外，如果短期投资期限超过一年或一个营业周期，则应归属于长期负债类账户；相反，如果长期负债期限到了最后一年，则应归属于流动负债类账户。

表4-1　账户按经济性质和经济内容分类表

会计账户				
按经济性质和经济内容分类	资产类	按流动性	流动资产	库存现金、银行存款、原材料、应收账款、库存商品
			非流动资产	长期股权投资、持有至到期投资、固定资产、无形资产、长期待摊费用
	负债类	按偿还期限	流动负债	短期借款、应付账款、应付职工薪酬、应交税费
			长期负债	长期借款、应付债券、长期应付款
	所有者权益类	按形成和性质	资本类	实收资本或股本、资本公积
			留存收益	盈余公积、本年利润、利润分配
	成本类	按内容和性质	制造成本	生产成本、制造费用
			劳务成本	劳务成本
	损益类	按内容	收入	主营业务收入、其他业务收入、投资收益、营业外收入
			费用	主营业务成本、其他业务成本、营业外支出、管理费用、财务费用、销售费用、所得税费用

第三节　账户按用途和结构分类

账户按经济性质和经济内容分类，对于企业建立完整的账户体系和明确各类账户核算的具体经济性质和经济内容具有重要意义。但是，这种分类方法并没有解决通过账户记录提供哪些数据及信息，即账户的用途问题；也没有解决如何使用，即账户的结构问题。因此，为了进一步认识和熟练使用各类账户，有必要在账户按经济性质和经济内容分类的基础上，再对账户按用途和结构进行分类。

账户的用途也即设置账户的目的，是指账户的作用以及能提供哪些会计指标。账户的结构是指发生经济业务时，如何取得各项会计数据和信息以及在账户中如何登记，即借方登记什么，贷方登记什么，余额在借方还是在贷方，表示什么含义。账户按用途和结构分类，可分为盘存账户、结算账户、资本账户、跨期摊提账户、集合分配账户、调整账户、待处理账户、损益计算账户、对比账户、成本计算账户和留存收益账户11类。

一、盘存账户

盘存账户是用来核算实物资产和货币资产增减变动及结存情况的账户，如"固定资产""原材料""低值易耗品""库存商品""库存现金""银行存款"等账户。盘存账户的共同用途是可以提供与实物资产、货币资产实际数额相互核对的期末余额数据，并通过财产清查验证账实是否相符。盘存账户的共同结构是借方登记实物资产与货币资产的增加数，贷方登记减少数，余额在借方，反映实际结存数。其结构如图4-1所示。

借方	盘存账户	贷方
期初余额：期初结存的实物资产与货币资产		发生额：本期实物资产与货币资产减少数额
发生额：本期实物资产与货币资产增加数额		
期末余额：实物资产与货币资产期末结存数额		

图 4-1　盘存账户的结构

二、结算账户

结算账户是用来核算企业与其他单位、个人及国家之间发生的应收、应付款项的账户。其用途是核算应收、应付款项的增减变动，促使企业及时催收应收款项和及时支付应付款项，明确企业期末债权债务数额。由于应收、应付款项的性质不同，即分属于债权和债务，因此结算账户又可分为资产结算类账户、负债结算类账户以及资产负债类结算账户。

(一)资产结算类账户

资产结算类账户是用来核算企业各种应收款项的增减变动及其期末实有数额的账户。其用途是专门反映企业在往来结算中的各种债权。其基本结构是，借方登记各种应收款项的增加数额，贷方登记各种应收款项的减少数额，余额在借方，表示应收款项的实有数额，如图4-2所示。

借方	资产结算类账户	贷方
期初余额：期初应收账款实有数额		
发生额：本期应收账款增加数额		发生额：本期应收账款减少数额
期末余额：期末应收账款实有数额		

图 4-2　资产结算类账户的结构

常用的资产结算类账户有"应收账款""其他应收款""应收票据"等账户。

(二)负债结算类账户

负债结算类账户是用来核算企业应付款项的增减变动及其实有数额的账户。其用途是专门反映企业在往来结算业务中的各种债务。其基本结构是，借方登记各种应付款项的减少数额，贷方登记各种应付款项的增加数额，余额在贷方，表示应付款项的实有数额，如图4-3所示。

借方	负债结算类账户	贷方
		期初余额：期初应付款项实有数额
发生额：本期应付款项减少数额		发生额：本期应付款项增加数额
		期末余额：期末应付款项实有数额

图 4-3　负债结算类账户的结构

常用的负债结算类账户有"应付账款""应付票据""其他应付款""短期借款""应付职工薪酬""应交税费""应付利润"等账户。

(三)资产负债类结算账户

资产负债类结算账户是用来核算企业与其他单位或个人之间所发生的往来结算款项的账户。在企业的经营活动中,与企业发生结算业务的单位,有时是企业的债权人,有时是企业的债务人。例如,企业与某单位有销售产品业务,当本企业向购货单位预收货款时,购货单位是企业的债权人;但当购货企业购货后款项未付时,购货单位则是企业的债务人。

对企业来说,购货单位的债权即是本企业的债务,购货单位的债务即是本企业的债权。为集中反映企业同某一单位或个人债权债务关系及其结算情况,可在一个账户中同时反映应收和应付款项的增减变动及其结余情况,这就是资产负债类结算账户。其用途是同时反映企业在往来结算业务中的债权、债务结算情况。其基本结构是,借方登记债权增加数额和债务减少数额,贷方登记债务增加数额和债权减少数额,余额在借方表示企业债权大于债务的净额数,余额在贷方则表示企业债务大于债权的净额数,如图4-4所示。

借方	资产负债类结算账户	贷方
期初余额:期初应收款项大于应付款项的差额		期初余额:期初应付款项大于应收款项的差额
发生额:本期应收款项的增加数额		发生额:本期应付款项的增加数额
本期应付款项的减少数额		本期应收款项的减少数额
期末余额:期末应收款项大于应付款项的差额		期末余额:期末应付款项大于应收款项的差额

图 4-4　资产负债类结算账户的结构

由于资产负债类结算账户的总账账户内不能同时有两个余额,只能是借方余额或是贷方余额,而且借贷余额只表示债权与债务的差额,因此要了解某个具体往来对象的结算情况,必须根据明细账户进行分析。如果明细账余额在借方,表示企业的债权;如果明细账余额在贷方,则表示企业的负债。

根据现行会计制度规定,在企业不单独设置"预收账款"账户时,可用"应收账款"账户同时反映销售产品或提供劳务的应收款项和预收款项,这时"应收账款"账户便是资产负债类结算账户。预收款项时,记入该账户的贷方,按合同发出产品时,记入该账户的借方;先发货后收款,在发出产品时,记入该账户的借方,收到货款时,记入该账户的贷方;期末余额一般应根据该账户的各个明细账户,分别确定预收账款或应收账款的实有数额。在不单独设置"预付账款"账户的企业,"应付账款"账户可同时核算企业购进物料的应付款项和预付款项,这时"应付款项"也是一个资产负债类结算账户。

三、资本账户

资本账户是企业用来核算取得资本及资本公积的增减变动及其实有数额的账户。其基本结构是,贷方登记企业取得投资者投入资本及资本公积的增加数额,借方登记投资者投入资本及资本公积的减少数额,余额在贷方表示投资者投入资本及资本公积的实有数额,如图4-5所示。

借方	资本账户	贷方
	期初余额：期初所有者投入资本及资本公积的实有数额	
发生额：本期所有者投入资本及资本公积的减少数额	发生额：本期所有者投入资本及资本公积的增加数额	
	期末余额：期末所有者投入资本及资本公积的实有数额	

图 4-5　资本账户的结构

资本账户通常包括"实收资本""资本公积"等账户。

四、跨期摊提账户

跨期摊提账户是用来核算先一次性支付并应由超过一个会计年度的会计期间共同负担的费用的发生、分期摊销及摊余情况的账户。企业在生产经营过程中发生的受益期限超过一年的费用，按照权责发生制原则的要求，必须严格划分费用的归属期并合理地分摊到几个会计年度，以正确计算各个会计期间的损益。跨期摊提账户有"长期待摊费用"账户等。该类账户借方登记费用的实际发生数额或支付数额，贷方登记应由某个会计期间负担的费用摊提数额，期末为借方余额，反映已支付尚未摊提的待摊费用。跨期摊提账户的结构如图 4-6 所示。

借方	跨期摊提账户	贷方
期初余额：以前各期已经支付但尚未摊销的费用		
发生额：本期费用的实际支付额		发生额：本期费用的摊销额
期末余额：期末已经支付但尚未摊销的费用		

图 4-6　跨期摊提账户的结构

五、集合分配账户

集合分配账户是用来归集和分配企业生产经营过程中某个阶段所发生的各种费用的账户。在企业生产经营过程中，经常会发生一些不能直接明确对象的间接费用，这些费用在发生时不能直接计入某个产品成本计算对象，而应由各个产品成本计算对象共同负担。那么，集合分配账户的用途就是先把这些间接费用归集在一起，然后再按一定的标准分配计入各个成本计算对象，以便准确计算各个产品的生产成本。集合分配账户的基本结构是，借方登记各种需要集合分配的费用发生额，贷方登记按收益对象进行分配的费用分配额。由于各项集合分配费用在期末要全部分配到各个收益对象，因此集合分配账户一般没有余额。其结构如图 4-7 所示。

借方	集合分配账户	贷方
发生额：归集各种费用的发生额		发生额：分配到各受益对象的费用数额

图 4-7　集合分配账户的结构

集合分配账户主要是"制造费用"账户。在需要分别确定各种产品销售利润的前提下，"销售费用"账户也是一个以销售产品为对象的集合分配账户。

六、调整账户

调整账户是为调整其他相关账户的数字而设置的账户。这里被调整的其他相关账户称为被调整账户。在会计核算中，由于经营管理或其他方面的需要，有时对一些会计要素的具体项目，既需要保持原有数据，又要反映原有数据的变动，即需要有两种数字从不同的方面进行反映，为此，反映原始数据的账户为被调整账户，对原始数据进行调整的账户为调整账户。将调整账户和被调整账户的有关数据相加或相减，即可得到调整后的实际数额。

调整账户按调整的方式不同，又可分为备抵账户、附加账户和备抵附加账户三类。

(一)备抵账户

备抵账户是用来抵减被调整账户数字，以求得被调整账户实际数额的账户，又称为抵减账户。其调整方式如下。

被调整账户实际余额=被调整账户余额-备抵账户余额

备抵账户的余额一定是与被调整账户的余额方向相反的。如果被调整账户余额在借方，备抵账户余额一定在贷方；相反，如果被调整账户余额在贷方，则备抵账户余额一定在借方。按照被调整账户的性质，备抵账户又可分为资产备抵账户和权益备抵账户。

1. 资产备抵账户

资产备抵账户是用来抵减某一资产账户(被调整账户)的余额，以求得该资产账户实际余额的账户。资产备抵账户的余额在贷方，被调整账户的余额在借方。属于资产备抵账户的有"累计折旧"账户和"坏账准备"账户。"累计折旧"账户是"固定资产"账户的一个备抵账户。"固定资产"账户登记固定资产的原始价值，而"累计折旧"账户登记固定资产因计提折旧而减少的价值，即累计折旧数额。"固定资产"账户的借方余额减去"累计折旧"账户的贷方余额的差额，就是固定资产的账面净值，即实有数额。通过"固定资产"账户和"累计折旧"账户所提供的数字，可以分析和了解固定资产的新旧程度。"坏账准备"账户是"应收账款"账户的一个备抵账户。"应收账款"的期末余额表示应收但未收回款项的数额，"坏账准备"账户余额表示可能发生的坏账数额，将"应收账款"账户借方余额减去"坏账准备"账户贷方余额后的差额，称为应收账款净额。

资产备抵账户的结构是贷方登记某项资产抵减数的增加数额，借方登记某项资产抵减数的减少数额，余额在贷方，表示某项资产的累计抵减数额。

被调整账户与资产备抵账户的结构关系如图 4-8 所示。

借方	被调整账户	贷方
	期末余额：期末某项资产的原始数额	

借方	资产备抵账户	贷方
		期初余额：期初累计抵减数额
发生额：本期抵减数的减少数额		发生额：本期抵减数的增加数额
		期末余额：期末累计抵减数额

图 4-8　被调整账户与资产备抵账户的结构关系

2. 权益备抵账户

权益备抵账户是用来抵减某一权益账户(被调整账户)的余额，以求得该权益账户的实际余额的账户。权益备抵账户的余额在借方，被调整账户的余额则在贷方。"利润分配"账户就是"本年利润"账户的一个权益备抵账户。"本年利润"账户的期末贷方余额表示年终结算前累计已实现的利润数额，"利润分配"账户的期末借方余额，表示企业期末已分配的利润数额。"本年利润"账户的贷方余额减去"利润分配"账户的借方余额后的差额，称为企业期末尚未分配的利润数额。

权益备抵账户的结构是，借方登记某项权益抵减数的增加数额，贷方登记某项资产抵减数的减少数额，余额在借方，表示某项权益的累计抵减数额。

被调整账户与权益备抵账户的结构关系如图 4-9 所示。

借方	被调整账户	贷方
		期末余额：期末某项权益的原始数额

借方	权益备抵账户	贷方
期初余额：期初累计抵减数额		
发生额：本期抵减数的增加数额		发生额：本期抵减数的减少数额
期末余额：期末累计的抵减数额		

图 4-9　被调整账户与权益备抵账户的结构关系

(二)附加账户

附加账户是用来增加被调整账户余额，以求得被调整账户实际余额的账户，其调整方式如下。

被调整账户余额+附加账户余额=被调整账户实际余额

附加账户的余额总是与被调整账户的余额方向一致，即被调整账户的余额在借方，则附加账户的余额也一定在借方；反之，如果被调整账户的余额在贷方，则附加账户的余额也一定在贷方。例如，"应付债券——利息调整"账户就是"应付债券——面值"账户的一个附加账户。"应付债券——面值"账户的期末余额，表示企业发行债券的面值总额，"应付债券——利息调整"账户的期末余额，表示企业发行债券的实际价格高于其面值的溢价数额，将"应付债券——面值"账户的期末贷方余额加上"应付债券——利息调整"账户的期末贷方余额之和，称为企业期末应付债券的实际数额。

被调整账户与附加账户的结构关系如图 4-10 所示。

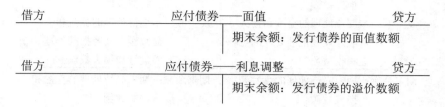

图 4-10　被调整账户与附加账户的结构关系

(三)备抵附加账户

备抵附加账户是既可以用来抵减，又可以用来增加被调整账户的账面余额，以求得被调整账户的实际余额的账户。这种账户兼有抵减和增加两种作用。其调整方式为当备抵附加账户的余额与被调整账户的余额在相同方向时，其调整方式与附加账户相同；当备抵附加账户的余额与被调整账户的余额方向相反时，其调整方式与备抵账户相同。例如，"材料成本差异"账户就是"原材料"账户的一个备抵附加账户。在原材料按计划成本核算时，"原材料"账户的期末余额表示期末原材料的计划成本数额，"材料成本差异"账户的期末余额表示期末原材料计划成本与其实际采购成本的差额。当"材料成本差异"账户为借方余额时，表示实际采购成本大于计划成本的超支数，"原材料"账户借方余额加上"材料成本差异"账户的借方余额为原材料的实际成本，此时"材料成本差异"账户为附加账户；当"材料成本差异"账户的余额在贷方时，表示实际成本小于计划成本的节约数，"原材料"账户借方余额减去"材料成本差异"账户的贷方余额为原材料的实际成本，此时"材料成本差异"账户为抵减账户。被调整账户与备抵附加账户的结构关系如图 4-11 所示。

图 4-11　被调整账户与备抵附加账户的结构关系

七、待处理账户

待处理账户是用来核算尚未查明原因或尚未制定处理方案的盘盈、盘亏资产以及有争议结算款项的账户。设置待处理账户的原因是盘盈、盘亏资产或有争议的结算款项，必须在查明原因经批准后，才能根据处理意见来进行会计确认，并做正式的会计处理。因此，待处理账户具有暂记的特性。其基本结构为，借方登记待处理的盘亏、损失数额以及经批准处理的盘盈、收益数额。贷方登记待处理的盘盈、收益数额以及经批准处理的盘亏、损失数额。余额若在借方，表示尚待处理的盘亏和损失数额；余额若在贷方，表示尚待处理的盘盈和收益数额，如图 4-12 所示。

借方	待处理账户	贷方
期初余额：期初尚待处理的盘亏和损失数额		期初余额：期初尚待处理的盘盈和收益数额
发生额：本期待处理的盘亏和损失数额，及经批准处理的盘盈和收益数额		发生额：本期待处理的盘盈和收益数额，及经批准处理的盘亏和损失数额
期末余额：期末尚待处理的盘亏和损失数额		期末余额：期末尚待处理的盘盈和收益数额

图 4-12　待处理账户的结构

属于待处理账户的是"待处理财产损溢"账户。

八、损益计算账户

损益计算账户是用来核算企业本期经营活动过程中发生的各种能直接影响本期利润的有关收益、费用和损失的账户。其用途是按照权责发生制的要求将本期收入和费用进行配比，以便正确计算本期利润(或亏损)。损益计算账户按其反映的经济内容对利润的影响性质不同，又可分为收益账户和费用、损失账户两类。

(一)收益账户

收益账户是用来反映与监督能使本期利润增加的各项本期收入的账户，包括"主营业务收入"账户和"营业外收入"账户等。其基本结构是，贷方登记本期各项收入的增加数额，借方登记本期各项增加的收入结转至"本年利润"账户的数额，期末无余额，如图 4-13 所示。

借方	收益账户	贷方
发生额：本期收入转出数额		发生额：本期收入增加数额

图 4-13　收益账户的结构

(二)费用、损失账户

费用、损失账户是用来反映与监督能使本期利润减少的各项费用、损失的账户，包括"主营业务成本""税金及附加""管理费用""财务费用""销售费用""营业外支出""资产减值损失""所得税费用"等账户。费用、损失账户的结构是，借方登记本期的各项费用、损失的增加数额，贷方登记本期各项增加的费用、损失结转至"本年利润"账户的数额，结转后，期末无余额，如图 4-14 所示。

借方	费用、损失账户	贷方
发生额：本期费用、损失增加数额		发生额：本期费用、损失结转数额

图 4-14　费用、损失账户的结构

九、对比账户

对比账户是采用两种不同的计价标准进行核算对比，以确定企业一定时期内某项经营成果的账户。这类账户的基本结构是，借方登记一定时期内发生的费用及损失，贷方登记一定时期内发生的收益。贷方大于借方的差额，表示净收益，从本账户的借方转出；借方大于贷方的差额，表示净损失，从本账户的贷方转出；结转后，期末无余额。对比账户的结构如图4-15所示。

借方	对比账户	贷方
发生额：本期费用、损失发生数额(转入额) 结转净收益		发生额：本期收入发生数额(转入额) 结转净损失

图 4-15　对比账户的结构

属于对比账户的有"本年利润"账户和"固定资产清理"账户。当原材料按计划成本核算时，"材料采购"账户也属于对比账户。

十、成本计算账户

成本计算账户是用来收集生产经营过程中某一阶段所发生的全部费用，并确定各个成本计算对象实际成本的账户。其用途是能够提供某阶段或某个时期已完成和未完成的某项经营活动的成本信息。成本计算账户包括"生产成本""材料采购"和"在建工程"等账户。成本计算账户的借方登记经营过程中某阶段所发生的应计入成本的全部费用(包括直接计入成本计算对象的直接费用)，贷方登记转出某个阶段已结束的成本计算对象的实际成本数额，期末如有借方余额，则表示某个阶段的成本计算对象的实际成本。其结构如图4-16所示。

借方	成本计算账户	贷方
期初余额：期初尚未完成某个经营阶段成本计算对象的实际成本数额		
发生数额：归集经营过程中某个阶段所发生的全部对象费用数额		发生数额：结转已结束该阶段的成本计算对象的实际成本数额
期末余额：尚未结束该阶段的成本计算对象的实际成本数额		

图 4-16　成本计算账户的结构

十一、留存收益账户

留存收益账户是用来核算企业经营活动形成的所有者权益，即经营净收益的积累账户。其基本结构是，贷方登记权益的增加数额，借方登记权益的减少数额(或转出数额)，余额一般在贷方，表示权益的结余数额，如图4-17所示。

借方	留存收益账户		贷方
发生额：本期减少数额	期初余额：期初结存的留存收益数额		
	发生额：本期增加数额		
	期末余额：期末结存的留存收益数额		

图 4-17 留存收益账户的结构

属于留存收益账户的主要有"盈余公积"账户和"利润分配——未分配利润"账户等。
综上所述，账户按用途和结构进行的分类如图 4-18 所示。

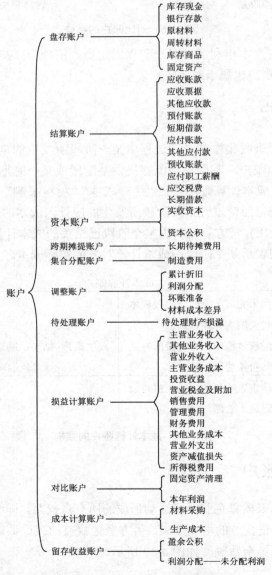

图 4-18 账户按用途和结构分类

【思政案例】

坚守准则，提高会计人员依法理财的能力

某公司是一家大型国有企业。2002年12月，公司总经理针对公司效益下滑、面临亏损的情况，电话请示正在外地出差的董事长。董事长指示把财务会计报告做得漂亮一些，总经理把这项工作交给公司总会计师，要求按董事长意见办。总会计师按公司领导意图，对当年度的财务会计报告进行了技术处理，虚拟了若干笔无交易的销售收入，从而使公司报表由亏变盈。经诚信会计师事务所审计后，公司财务会计报告对外报出。2003年4月，在《会计法》执行情况检查中，当地财政部门发现该公司存在重大会计作假行为，依据《会计法》及相关法律、法规、制度，拟对该公司董事长、总经理、总会计师等相关人员进行行政处罚，并分别下达了行政处罚告知书。公司相关人员接到行政处罚告知书后，均要求举行听证会。在听证会上，有关当事人作了如下陈述。

公司董事长称："我前一段时间出差在外，对公司情况不太了解，虽然在财务会计报告上签名并盖章，但只是履行会计手续，我不能负任何责任。具体情况可由公司总经理予以说明。"

公司总经理称："我是搞技术出身的，主要抓公司的生产经营，对会计我是门外汉，我虽在财务会计报告上签名并盖章，那也只是履行程序而已。以前也是这样做的，我不应承担责任。有关财务会计报告情况应由公司总会计师解释。"

公司总会计师称："公司对外报出的财务会计报告是经过诚信会计师事务所审计的，他们出具了无保留意见的审计报告。诚信会计师事务所应对本公司财务会计报告的真实性、完整性负责，承担由此带来的一切责任。"

(资料来源：https://wenku.baidu.com/view/66fe5873e109581b6bd97f19227916888586b902.html，有修改。)

思政要点：

此案中，总会计师面对董事长等人的授意，并没有坚持准则，而是听从安排，从事会计造假，事后推卸责任。按照《会计法》的规定，单位负责人应对本单位财务会计报告的真实性、完整性负责，该公司董事长、总经理及总会计师都应为编造假账承担相应的法律责任。

学习账户分类的基本知识，从理论上加深对账户的全面认识，了解账户体系的设置和运用，有助于正确设置账户进行会计核算。在企业的实际运营中，除了主观、蓄意的会计造假行为以外，由于对基本知识的认识和掌握不足，也可能会引发会计信息失真问题，过硬的业务水平和丰富的实践经验对财务数据的公正客观具有非常重要的作用。

本章小结

账户按经济性质和经济内容分类，可分为五大类，即资产类账户、负债类账户、所有者权益类账户、成本类账户和损益类账户。账户的用途是指账户的作用，即设置、运用账户的目的和账户记录所能提供的信息。账户的结构是指账户能够登记增加、减少和结余这

三个部分以及各自所能反映的经济内容。账户按用途和结构分类,可分为盘存账户、结算账户、资本账户、跨期摊提账户、集合分配账户、调整账户、待处理账户、损益计算账户、对比账户、成本计算账户和留存收益账户 11 类。通过本章的学习,要求理解和掌握设置不同类型账户的目的及其应用。

同步测试题

一、单项选择题

1. 账户分类的基础是按( )分类。
   A. 用途   B. 结构   C. 形式   D. 经济内容
2. "固定资产"账户是"累计折旧"账户的( )。
   A. 被调整账户   B. 附加调整账户
   C. 备抵调整账户   D. 备抵附加调整账户
3. 被调整账户余额的方向与备抵调整账户余额的方向( )。
   A. 相同   B. 相反   C. 一致   D. 无关
4. 按用途和结构分类,"库存现金"和"银行存款"账户属于( )账户。
   A. 货币资金   B. 费用   C. 资产   D. 盘存
5. 按反映的经济内容分类,"制造费用"属于( )账户。
   A. 资产类   B. 负债类   C. 成本类   D. 损益类
6. "累计折旧"账户按其经济内容分类,属于( )账户。
   A. 资产类   B. 负债类   C. 费用类   D. 备抵调整
7. "制造费用"账户按其用途和结构分类,属于( )账户。
   A. 成本计算   B. 集合分配   C. 负债   D. 成本费用
8. 下列各项中,属于集合分配账户的是( )。
   A."本年利润"   B."生产成本"   C."制造费用"   D."销售费用"
9. 调整账户与被调整账户的余额方向相反时,该调整账户是( )账户。
   A. 备抵   B. 备抵附加   C. 附加   D. 盘存
10. 按会计要素分类,"本年利润"账户属于( )账户。
    A. 资产类   B. 负债类   C. 所有者权益类 D. 对比类
11. "固定资产"账户借方余额为 100 000 元,"累计折旧"账户贷方余额为 6 000 元,固定资产净值为( )元。
    A. 100 000   B. 94 000   C. 100 200   D. 6 000
12. 按用途和结构分类,"坏账准备"账户属于( )账户。
    A. 集合分配   B. 结算   C. 调整   D. 跨期摊提
13. 按用途和结构分类,"生产成本"账户属于( )账户。
    A. 成本计算   B. 集合分配   C. 调整   D. 结算
14. 下列各项中,属于债权结算账户的是( )。
    A. 预付账款   B. 预收账款   C. 应付股利   D. 应付账款

15. 下列各项中,属于对比类账户的是( )。
    A. 生产成本　　B. 利润分配　　C. 制造费用　　D. 本年利润
16. 下列各项中,属于资产类账户的是( )。
    A. 预付账款　　B. 预收账款　　C. 利润分配　　D. 制造费用
17. 下列账户中,( )不是企业的负债类账户。
    A. 预付账款
    B. 应付账款
    C. 其他应付款
    D. 递延所得税负债
18. 甲企业采用计划成本进行材料的核算,月初结存材料的计划成本为 80 万元,成本差异为超支 20 万元,当月购入材料一批,实际成本为 110 万元,计划成本为 120 万元。当月的材料成本差异( )。
    A. 超支 15 万元　B. 超支 10 万元　C. 节约 10 万元　D. 节约 15 万元
19. 按( )分类,会计账户一般可分为五大类,即资产类、负债类、所有者权益类、成本类和损益类。
    A. 核算对象　　B. 会计要素　　C. 经济内容　　D. 用途和结构
20. 下列账户中,属于负债类账户的是( )。
    A. 累计折旧
    B. 预付账款
    C. 未确认融资费用
    D. 所得税费用
21. 反映( )的账户主要有"盈余公积"和"未分配利润"账户。
    A. 利润分配　　B. 留存收益　　C. 利润实现　　D. 投入资本
22. 集合分配账户"制造费用"同时属于( )。
    A. 基本账户　　B. 调整账户　　C. 资本账户　　D. 损益计算账户

二、多项选择题

1. 为了更好地( ),需要对账户进行科学的分类。
    A. 了解各个账户的特征
    B. 了解各组账户的共性
    C. 明了账户之间的关系
    D. 掌握各类账户的使用方法
2. 账户可以按( )等的不同标志进行分类,以便从不同的角度分析账户的体系结构。
    A. 会计要素
    B. 用途和结构
    C. 资产和权益
    D. 统御与被统御关系
3. 以下各项中,属于资产类账户的有( )。
    A. "预收账款"账户
    B. "银行存款"账户
    C. "累计折旧"账户
    D. "固定资产清理"账户
4. 以下账户中,属于成本类账户的有( )。
    A. "生产成本"账户
    B. "主营业务成本"账户
    C. "制造费用"账户
    D. "研发支出"账户
5. 所有者权益类账户主要包括( )。
    A. "本年利润"账户
    B. "利润分配"账户
    C. "资本公积"账户
    D. "未分配利润"账户
6. 会计账户按经济性质和经济内容分类,可分为( )等。
    A. 资产、负债和所有者权益
    B. 收入和费用

  C. 收入、费用和利润   D. 成本和损益
7. 反映投资者投入资本的账户主要有(　　)。
  A."实收资本"账户   B."未分配利润"账户
  C."资本公积"账户   D."盈余公积"账户
8. 以下账户中,属于负债类账户的有(　　)。
  A."预付账款"账户   B."预收账款"账户
  C."其他应付款"账户   D."应交税费"账户
9. 根据调整方式的不同,调整账户可以分为(　　)。
  A. 备抵调整账户   B. 附加调整账户
  C. 备抵附加调整账户   D. 结算账户
10. 以下账户中,属于资产备抵调整账户的有(　　)。
  A."存货跌价准备"账户   B."累计折旧"账户
  C."利润分配"账户   D."材料成本差异"账户
11. 以下说法中,正确的是(　　)。
  A. 调整账户与被调整账户反映的经济内容相同
  B. 调整账户不能离开被调整账户而存在
  C. 调整账户与被调整账户的余额在不同方向时相减,在相同方向时相加
  D. 调整账户与被调整账户的用途结构相同
12. "制造费用"账户属于(　　)账户。
  A. 资产类   B. 共同类   C. 集合分配   D. 成本类
13. 对于负债类账户,以下说法中正确的是(　　)。
  A. 借方登记增加额,贷方登记减少额
  B. 借方登记减少额,贷方登记增加额
  C. 期末贷方余额表示期末负债余额
  D. 借方本期发生额一定大于贷方本期发生额
  E. 贷方本期发生额一定大于借方本期发生额
14. 下列各项中,属于债务结算账户的是(　　)账户。
  A."应付账款"   B."应付股利"   C."预收账款"   D."应收账款"
15. 下列各项中,属于备抵账户的是(　　)账户。
  A."坏账准备"   B."本年利润"   C."累计折旧"   D."利润分配"
16. 账户按用途和结构分类,属于盘存类账户的是(　　)账户。
  A."库存现金"   B."银行存款"   C."原材料"   D."产成品"
17. 账户按会计要素分类,属于成本类账户的是(　　)账户。
  A."生产成本"   B."制造费用"   C."管理费用"   D."材料采购"

三、判断题

1. 按用途和结构分类,"累计折旧"账户应属于附加调整账户。　　　　　　(　　)
2. "实收资本"账户和"盈余公积"账户按经济性质和经济内容划分都属于所有者权益账户。　　　　　　(　　)

3. "累计折旧"账户是"固定资产"账户的备抵账户,其性质相同,账户结构也相同。（ ）

4. 所有盘存类账户通过设置明细分类账,都可以提供实物和价值两种指标。（ ）

5. 为了满足管理上对某种特殊指标的需要,对某些会计要素的内容增减变化和结余情况,需要用两个不同的账户来反映,即被调整账户和调整账户。（ ）

6. 盘存类账户是任何企业单位都必须设置的基本账户。（ ）

7. 备抵账户是用来抵减被调整账户余额的,因此它与其被调整账户的账户结构相反,余额方向相反。（ ）

8. 企业各月月末在都有在产品的前提下,"生产成本"账户就其结构和用途划分,既是成本计算类账户,又是盘存类账户。（ ）

9. 盘存账户的余额总是在贷方。（ ）

10. 属于所有者权益的所有账户,它们的用途和结构都是相同的。（ ）

11. "制造费用"账户是成本计算类账户。（ ）

12. 备抵附加账户调整账户余额所在的方向与被调整账户余额的方向不一致时,是备抵调整账户。当余额所在的方向与被调整账户余额方向一致时,是附加调整账户。即备抵附加调整账户是同时可以起备抵和附加作用的账户。（ ）

13. 当备抵附加账户的余额与其被调整账户的余额方向相同时,即为附加账户。（ ）

14. 盘存类账户的期末余额都在贷方。（ ）

15. "利润分配"账户是"本年利润"账户的调整账户。（ ）

16. 管理费用和待摊费用属于损益类费用。（ ）

17. 附加账户与其被调整账户的性质相同,结构相同,余额方向相同。如果被调整账户的余额在借方(或贷方),则附加账户的余额也必定在借方(或贷方)。（ ）

四、名词解释

1. 账户
2. 资产类账户
3. 负债类账户
4. 所有者权益类账户
5. 成本类账户
6. 损益类账户
7. 盘存账户
8. 结算账户
9. 资产结算类账户
10. 负债结算类账户
11. 资产负债结算类账户
12. 成本计算账户
13. 调整账户
14. 备抵账户
15. 附加账户
16. 备抵附加账户
17. 资本账户
18. 损益计算账户
19. 留存收益账户
20. 对比账户

五、思考题

1. 账户分类的作用是什么？
2. 账户怎样按经济性质和经济内容分类？可分为几类？
3. 账户按经济性质和经济内容分类的意义是什么？
4. 账户怎样按用途和结构分类？

5. 账户为什么要按用途和结构分类？可分为几类？
6. 账户按用途和结构分类的意义是什么？
7. 结算账户可以分为几类？每一类账户的用途和结构如何？
8. 盘存账户的用途和结构有何特点？
9. 对比账户的用途是什么？
10. 调整账户可分为几类？它们与被调整账户有什么关系？
11. 简述调整账户的结构和用途。
12. 为什么要设置集合分配账户？
13. 集合分配账户和成本计算账户各有什么特点？设置的目的是什么？
14. 为什么要设置待处理账户？

六、业务题

业务 4-1

【资料】账户名称为"应收账款""应付账款""短期借款""制造费用""银行存款""应付票据""本年利润""实收资本""财务费用""管理费用""库存现金""生产成本""累计折旧""盈余公积""库存商品""利润分配——未分配利润""应交税费""固定资产""主营业务收入""主营业务成本""其他业务成本"。

【要求】将以上账户名称填入表 4-2 中的相应栏目内。

表 4-2　账户名称表

账户分类	资产类账户	负债类账户	所有者权益类账户	成本类账户	损益类账户
盘存账户					
结算账户					
资本账户					
留存收益账户					
调整账户					
集合分配账户					
成本计算账户					
损益计算账户					
对比账户					

业务 4-2

【资料】金海工厂 2020 年 11 月月末有关会计核算资料汇总列示如下。

(1) 各项财产物资(包括货币资金)的期末余额。

① 库存原料及主要材料 75 000 元。

② 库存辅助材料 5 000 元。

③ 库存燃料 3 000 元。

④ 库存完工产品 4 500 元。

⑤ 生产车间尚未完工产品 1 500 元。

⑥ 厂房和机器设备等原始价值 150 000 元，厂房和机器设备等累计折旧 35 000 元。

⑦ 银行存款 27 700 元。
⑧ 库存现金 300 元。
(2) 所有者权益的期末余额。
① 实收资本 205 000 元。
② 盈余公积 4 000 元。
(3) 结算往来款项的期末余额。
① 工商银行短期借款 13 000 元。
② 欠供应单位货款 7 100 元。
③ 应收购买单位货款 2 000 元。
(4) 跨期摊提账户的期末余额。
① 已预付尚未分摊的费用 1 200 元。
② 已预提尚未支付的费用 1 100 元。
(5) 财务成果的期末余额。
① 累计实现利润 40 000 元。
② 累计已分配利润 35 000 元。

【要求】指出以上资料的账户名称，并说明其是按经济性质和经济内容还是按结构和用途分类的，并进行试算平衡。

说明：业务用纸格式如表 4-3 所示。

表 4-3　业务用纸格式

账户名称	按经济性质和经济内容分类	按结构和用途分类	期末余额试算平衡	
			借　方	贷　方
合　计				

第五章　会计凭证

> 教学目的与要求

- 了解会计凭证的作用和种类,以及会计凭证的传递和保管。
- 熟悉原始凭证的填制与审核。
- 掌握记账凭证的填制与审核。

> 教学重点与难点

教学重点:原始凭证的填制与审核,记账凭证的填制与审核。
教学难点:原始凭证的审核和记账凭证的填制。

> 引导案例

【案例一】 2020年下半年开始,某公司向供货商先后采购了两万余元液化气,双方履行顺利未见纠纷。2021年3月2日,该公司突然收到法院传票。原来,供货商一纸诉状将其告上了法庭,要求支付货款两万余元。审理中,被告承认供货事实,但称已经支付了该笔货款,并提供原告给其开具的发票为证。原告却提出发票上加盖的财务章不是该公司的,并拿来了财务章当庭对照。这时,被告才发现发票上的财务专用章的供货商名称"上海市某某液化气站"比原告名称"上海市某某石油液化气站"少了"石油"两个字。

浦东区法院认为:根据法律规定,当事人对自己提出的主张有责任提供证据,否则要承担举证不能的不利后果。此案被告既然主张支付了货款,就应提供有效证据,现发票所盖印章名称与供货商名称不附,即无法认定系原告开出,而被告又无其他证据证实该发票的真实性,因此该案因证据不足,对被告的抗辩不予采信。最后,法院判决该公司向供货商支付了全部货款。

承办法官提示,在公司财务管理制度中,发票是作为付款的唯一有效凭证,因此公司的财务人员在支付货款时,对发票的任何项目都应仔细审查,如果取得了伪造或无效发票,经济损失就不可避免了。

(资料来源: https://www.doc88.com/p-67516714805930.html?r=1, 有修改.)

思考与讨论: 分析原始凭证的填制应注意哪些问题？

【案例二】 企业的现金应由专职的出纳员保管。现金的收支应由出纳员根据收付款凭证办理，业务办理完毕后再由出纳员在有关的凭证上签字盖章。这是现金收支业务的正常账务处理程序。

但在大连某实业公司，这个正常的账务处理程序却被打乱了。企业的现金由会计人员保管。现金的收支也由会计人员办理。更为可笑的是该企业的记账凭证由出纳员张某先盖好印章放在会计人员那里，给会计人员作弊提供了可乘之机。该实业公司会计(兼出纳)邵某就是利用这种既管钱，又管账的"方便"条件，尤其是借用盖好章的记账凭证，编造虚假支出，贪污公款1.4万余元。

(资料来源: https://www.doc88.com/p-67516714805930.html?r=1, 有修改.)

思考与讨论:
(1) 该企业的会计凭证处理是否妥当？应该如何处理？
(2) 企业这种会计处理程序违反了什么原则？应该如何处理？

提示:
《现金管理暂行制度》规定，应严格执行账款分管制度，出纳员不得登记会计记录，非现金出纳员一律不得经手现金。

第一节 会计凭证的意义和分类

一、会计凭证的意义

会计凭证是记录经济业务，明确经济责任和据以登记账簿的书面证明。例如，购销商品时开具的发票，收料时开具的收料单，由会计人员编制据以登记账簿的收款、付款、转账凭单等都是会计凭证。

任何单位每发生一项经济业务，如货币资金的收支、财产物资的进出、各种债权债务的结算等，经办业务的有关人员必须按照规定的程序和要求，认真填制会计凭证，记录经济业务发生或完成的日期及经济业务的内容，并在会计凭证上签名盖章，有的凭证还需要加盖公章，以对会计凭证的真实性和正确性负责。一切会计凭证都必须经过有关人员的严格审核。只有经过审核无误的会计凭证，才能作为登记账簿的依据。认真填制和复核会计凭证是做好账务处理工作的前提。这对于保证账簿记录的真实性、可靠性，为经营管理提供真实、合法的会计资料具有重要的意义。其意义主要可归纳为以下4个方面。

(一)填制和审核会计凭证，能使经济管理工作有条不紊地进行

一项经济业务从开始到完成，往往需要涉及企业内外的很多部门，而通过会计凭证的填制及科学地传递，能使各部门的分工协作合理协调。例如，若干联次发票的填制和流转,

是购销双方各部门得以有条不紊工作的重要保证。

(二)填制和审核会计凭证，有利于保证会计信息的真实性

会计凭证记载着经济业务发生的内容及数据，为会计核算提供数据，并且保证账簿记录的正确性。会计机构只有取得经审核无误的原始凭证才能据以填制记账凭证，然后根据审核无误的记账凭证登记账簿。这个过程在一定程度上保证了账簿记录的真实性、合法性，减少了账簿记录的差错率。

(三)填制和审核会计凭证，便于有效发挥会计的监督作用

会计凭证在填制及传递过程中，有关经办人员都要在会计凭证上签名或盖章，以明确每一环节的责任及责任人。一旦发生问题，便于检查和分清有关人员的责任。同时，由于每份会计凭证须经过多人之手，因此起到了内部牵制的作用，在一定程度上防止了违法乱纪行为的发生。

(四)填制和审核会计凭证，为事后审计提供原始依据，为会计机构审核经济业务提供条件

我国《会计档案管理办法》规定，会计凭证必须妥善保存15年。这些会计凭证为经济案件的事后审计提供了有力的法律依据，也为会计机构审核经济业务提供了便利条件。会计机构取得了会计凭证，就能了解到经济业务发生的时间和内容。通过对其审核，就可检查出经济业务是否合理、合法、合规，以发挥会计的监督作用，抵制违法乱纪行为，严肃财经纪律，以保证公有财产的安全及合理使用。

二、会计凭证的分类

会计凭证按其填制程序和用途的不同，可分为原始凭证和记账凭证两大类。

扫一扫，观看"会计凭证分类"视频讲解

(一)原始凭证

原始凭证是在经济业务发生时取得或填制的。它是用来记载经济业务实际执行情况，明确经济责任，并具有法律效力的会计凭证，也是记账的原始依据。

原始凭证按其取得来源的不同，又可分为外来原始凭证和自制原始凭证两种。

1. 外来原始凭证

外来原始凭证是指本单位在同其他单位发生经济业务时，从外单位取得或认可的原始凭证，如购进商品的发票、银行盖章的结算凭证等。一般而言，对在经济生活中经常发生的经济业务所需要的原始凭证，应由当地的税务和财政部门统一印制，并加盖"税务监制专用章"和"财政监制专用章"。例如，外购材料时从供货方所取得的"增值税专用发票"、对外支付有关款项时所取得的收据等。

【例5-1】SD公司于2020年6月27日向希德公司购入 ϕ15mm 钢材100T，单价2 000元，款项已通过银行转账。希德公司开出的增值税专用发票如图5-1所示。增值税专用发票

一般一式 4 联,第一联为存根联,第二联为发票联,第三联为抵扣联,第四联为记账联。其中,第一、四联留存于销货单位用于记账和计税依据,第二、三联交购货方用于纳税抵扣和记账依据。增值税专用发票一般有机制和手工填写两种。金额在百万元以下的适用于手工填写,百万元以上的应开具全国统一的计算机防伪发票。

2. 自制原始凭证

自制原始凭证是指本单位有关经办人员在执行或完成某项经济业务时所填制的原始凭证,如销货发票、收料单等。

自制原始凭证按使用次数的不同,又可分为一次凭证、累计凭证、汇总原始凭证和记账编制凭证。

(1) 一次凭证。一次凭证是指经济业务发生后一次填写完毕的原始凭证。大部分自制凭证都是一次凭证,如收料单、借款单、差旅费报销单、领料单、销货发票等。

SH 市增值税专用发票

6500133140

No.00223333

开票日期:2020 年 6 月 27 日

购买方	名　　称	SD 公司			密码区				第二联
	纳税人识别号	13933333333							
	地　址、电　话	SH 市胜象路 96 号　5787711				(略)			发票联
	开户行及账号	SH 市工商银行曹路支行　254-05396443							
货物或应税劳务、服务名称		规格型号	单位	数量	单价		金　额	税率	税　额
钢材		φ15mm	吨	100	2 000.00		200 000.00	13%	26 000.00
合　计							¥200 000.00		¥26 000.00
价税合计(大写)		⊗ 贰拾贰万陆仟元整					(小写)¥226 000.00		
销售方	名　　称	希德公司			备注				购买方记账凭证
	纳税人识别号	13022222222				希德公司			
	地　址、电　话	SH 市 JH 路 29 号　3588866				发票专用章			
	开户行及账号	SH 市商业银行　267-03012345							

图 5-1　SH 市增值税专用发票

【例 5-2】2020 年 3 月 16 日,SD 公司采购人员金海到北京办理采购事宜,预借差旅费 6 000 元,以现金付讫。该笔业务借款人应填制借款单,作为现金的支出凭证。其格式和填制方法如图 5-2 所示。

借　款　单

2020 年 3 月 16 日　　　　　　　　　　　　　　　　　差字第 28 号

借款人姓名	金海	所在单位或部门		供应科	
出差地点	北京	出差事由		采购	
往返时间	10 天	借款金额	¥6 000.00	预计还款日期	3 月 26 日
人民币(大写)	陆仟元整				
审批:(签章)	出纳:(签章)	借款单位负责人:(签章)		借款人:	金海

图 5-2　借款单

【例 5-3】 2020 年 3 月 26 日，金海出差归来报销差旅费共计 5 585 元，余额退回现金。该项业务应根据各种外来原始凭证填制差旅费报销单，经有关会计人员审核后予以报销。其具体格式和填制方法如图 5-3 所示。

差旅费报销单

2020 年 3 月 26 日

报销人姓名	金海		所在单位		供应科		出差地点		北京
出差事由	采购			出差时间		3月16日至3月25日			
采购			交通费						
费用项目	火车	飞机	船	长途汽车	市内汽车	住宿费	补助费	其他费用	合计
凭证张数	2			10	1			3	
金 额	3860			180	860	500		185	¥5 585.00
原借款金额	¥6 000.00		实际报销金额		¥5 585.00		补退金额		¥415.00
人民币(大写)伍仟伍佰捌拾伍元整									

审核：(签章)　　　　　报销单位负责人：(签章)　　　　　报销人：(签章) 李闻国

图 5-3　差旅费报销单

(2) 累计凭证。累计凭证是指在一定时期内每次都在一张凭证上记载同类经济业务，月末按累计额作记账依据的自制原始凭证。在会计实务中，最常见的有"限额领料单"和"费用限额卡"等。

【例 5-4】 2020 年 3 月，SD 公司第四生产车间本月计划生产丙产品 1 000 件，单位产品 φ25mm 圆钢计划消耗定额 6 千克，计 6 000 千克，单价 30 元，计金额 180 000 元，本月实际领用 5 次(分别为：5 日、10 日、15 日、20 日、26 日)，每次均为 1 200 千克，月底盘点尚有 100 千克未用，办理退库手续，实际领用 5 900 千克。限额领料单的格式及填制方法如图 5-4 所示。

限额领料单

领料单位：第四车间　　　　　　　　　　　　　　　　　编　号：451
用　途：丙产品　　　　　　　2020 年 3 月　　　　　　发料仓库：5 号库

材料类别	材料编码	材料名称及规格	计量单位	单价	领用限额	实际领用	
						数量	金额/元
黑色金属	6538	φ25mm 圆钢	千克	30	6 000	5 900	177 000
供应部门负责人：(签章)			生产计划部门负责人：(签章)				

领料日期	请领		实发				退库	
	数量	领料单位负责人	数量	发料人	领料人	限额结余	数量	退料单编号
5	1 200	张晓明	1 200	刘锦丽	赵永亮	4 800		
10	1 200	张晓明	1 200	刘锦丽	赵永亮	3 600		
15	1 200	张晓明	1 200	刘锦丽	赵永亮	2 400		
20	1 200	张晓明	1 200	刘锦丽	赵永亮	1 200		
26	1 200	张晓明	1200	刘锦丽	赵永亮	0		
31							100	
合计	6 000		6 000				100	

图 5-4　限额领料单

(3) 汇总原始凭证。汇总原始凭证也称原始凭证汇总表，是指为减少记账凭证编制的工作量而将一定时期记录同类经济业务的若干份原始凭证汇总编制的，用以集中反映某类经济业务发生情况的原始凭证。例如，"发料凭证汇总表""收料凭证汇总表"等都是汇总原始凭证。

(4) 记账编制凭证。记账编制凭证是指会计人员根据账簿记录的结果，对某些特定会计事项进行归类、整理而编制的一种原始凭证。例如，在计算产品成本时编制的"制造费用分配表"就是根据制造费用明细账记录的数字按费用的用途填制的。

(二)记账凭证

记账凭证又称记账凭单、分录凭证或传票。它是根据原始凭证或原始凭证汇总表编制，以确定会计分录的会计凭证。

由于原始凭证来自不同的单位，种类繁多、数量庞大、格式不一，不能清楚地表明应记入的会计科目的名称和方向。为了便于登记账簿，需要根据原始凭证反映的不同经济业务，加以归类和整理，填制具有统一格式的记账凭证，确定会计分录，并将相关的原始凭证附在记账凭证的后面。这样不仅可以简化记账工作，减少差错，而且还有利于原始凭证的保管，便于对账和查账，提高会计工作质量。

记账凭证按其编制方法的不同，又可分为复式记账凭证和单式记账凭证。

1. 复式记账凭证

复式记账凭证是根据同类经济业务所涉及的对应会计科目集中填制在一份凭证上的记账凭证。复式记账凭证按其用途的不同，又可分为专用记账凭证和通用记账凭证。

(1) 专用记账凭证。专用记账凭证是指专门用于某一种经济业务的记账凭证。它按记载的经济业务内容的不同，通常又可分为收款凭证、付款凭证及转账凭证三种。其中，收款凭证是用于现金及银行存款收入业务的记账凭证；付款凭证是用于现金及银行存款付出业务的记账凭证；转账凭证是用于不涉及现金及银行存款收付业务的记账凭证，如处理生产领料、产品入库等业务时，应采用转账凭证。

专用记账凭证可根据企业经济业务量的多少做适当的变通。经济业务多的企业可将收款凭证、付款凭证再细分为现金收入凭证、现金付出凭证、银行存款收入凭证、银行存款付出凭证等，并用不同的颜色印刷，以资区别。

(2) 通用记账凭证。在经济业务比较简单的经济单位，为了简化凭证，可不论收款、付款及转账业务都使用一种格式的记账凭证，这种记账凭证称为通用记账凭证。

2. 单式记账凭证

单式记账凭证又称单项记账凭证，是指一张记账凭证中只填列一个会计科目的记账凭证。

在采用单式记账凭证处理经济业务时，若一笔会计分录同时涉及几个会计科目，则必须按会计科目填制同样张数的记账凭证。其中，填列借方科目的记账凭证称为借方记账凭证，也称为借项记账凭证；填列贷方科目的记账凭证称为贷方记账凭证，也称为贷项记账凭证。有些单式记账凭证虽然也列有对应科目，但仅是为了方便查询及参考，不据以登记账户。

采用单式记账凭证时，为方便审核及审计，其原始凭证应集中附在其中一张主要的记账凭证后。采用单式记账凭证处理会计事项，具有方便科目汇总，便于分工记账的优点。但是，这种方式的制证工作量极大，纸张花费也大，而且单式记账凭证因不能在一张凭证上集中反映一笔经济业务的全貌，故不便于事后查账。

此外，企业为简化登记总账的工作，可将记账凭证按会计科目进行汇总，编制科目汇总表或汇总记账凭证以登记总账。某些单位还直接在原始凭证或原始凭证汇总表中印制记载会计分录的格式，以用来兼代记账凭证。例如，某些单位的市外差旅报销单、银行结算凭证等均兼有分录格式。这种两证合一的会计凭证称为联合凭证。采用联合凭证可简化记账凭证的编制程序。

会计凭证的分类如图 5-5 所示。

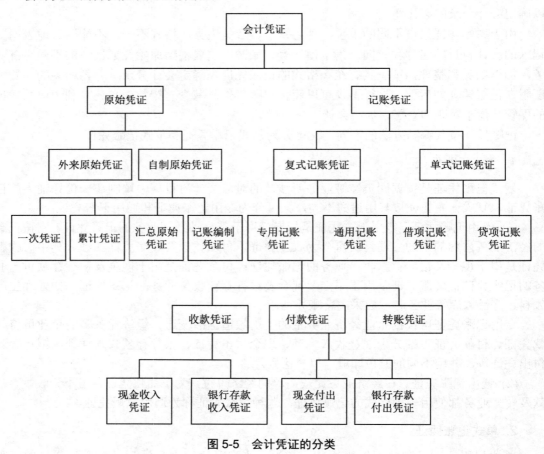

图 5-5　会计凭证的分类

第二节　原　始　凭　证

一、原始凭证应具备的基本内容

由于各单位的经济业务千差万别，因而各种原始凭证的具体内容必然也是多种多样的。

在会计实务中，无论是哪一种原始凭证，都应该具备以下基本内容。
(1) 凭证的名称。
(2) 凭证填制日期和经济业务发生的日期。
(3) 填制凭证的单位名称或填制人姓名。
(4) 经办人或责任人的签名或盖章。
(5) 接收凭证单位名称(俗称"抬头")。
(6) 经济业务内容(包括数量、单价、金额等)。
(7) 原始凭证的附件(如与业务有关的经济合同、费用预算等)。

上述基本内容，除第(7)条外，一般都不得缺少，否则就不能成为具有法律效力的书面证明。

二、常用的原始凭证

由于管理方式及要求上的差异，同一种原始凭证在各地区、各单位也不尽相同。虽然也有些是统一的原始凭证(如托收承付结算凭证就是全国统一的原始凭证)，每个单位可以使用财政部门印制的本地区统一发票等，但是若管理上有特殊要求，则可印刷自己单位专有的原始凭证。下面对一些常用的原始凭证做简单介绍。

(一)转账支票

转账支票是同一地区的单位之间采用转账结算时使用的一种原始凭证。转账支票一般有两联：第一联为支票联，由收款方收取后解缴开户行；第二联为存根联，由付款方留存作为减少银行存款的凭证。转账支票的样式如图5-6所示。

图 5-6 转账支票的样式

(二)商业承兑汇票

商业承兑汇票是由收款人签发、经付款人承兑，或由付款人签发并承兑作为延期付款的票据。它既是一种结算凭证，也是一种商业信用。商业承兑汇票通常有三联：第一联为卡片联，由承兑人留存；第二联为汇票联，由收款人开户行随委托收款凭证寄付款人开户行作为付出传票；第三联为存根联，供签发人存查。商业承兑汇票的样式如图5-7所示。

商业承兑汇票　　汇票号码

签发日期　　年　月　日　　　　　　　　第　　号

收款人	全　称			付款人	全　称		
	账　号				账　号		
	开户银行		行号		开户银行		行号
汇票金额	人民币(大写)				千 百 十 万 千 百 十 元 角 分		
汇票到期日	年　月　日			交易合同号码			
本汇票已经本单位承兑，到期日无条件支付票款。此致 收款人 付款人盖章 负责　经办　年　月　日				汇票签发人盖章 负责　经办			

此联收款人开户行随结算凭证寄付款人

开户行作付出传票附件

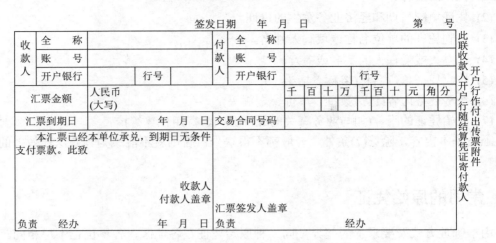

图 5-7　商业承兑汇票的样式

(三)进账单

进账单是收款方向银行解交转账支票、本票、银行汇票等票款时使用的原始凭证。进账单一般有两联：第一联为回单联或收账通知，由银行盖章后退回，作为银行存款增加的凭证；第二联作为收入凭证，是收款行的入账依据。进账单的样式如图 5-8 所示。

××银行　**进账单**　(回单)

年　月　日

收款人	全　称		付款人	全　称	
	账　号			账　号	
	开户银行			开户银行	
金额	人民币(大写)			亿 千 百 十 万 千 百 十 元 角 分	
	票据种类	票据张数			
	票据号码				
复核　记账			开户银行盖章		

此联是开户银行交给持(出)票人的回单

图 5-8　进账单的样式

(四)发票(发货票)

发票(发货票)是商品交易的原始凭证。发票的种类很多，联次也各不相同，这里仅介绍较常用的一种——增值税专用发票。增值税专用发票一般有 4 联，第一联为存根联，留销货方的销售部门，作为销售部门商品明细账减少的依据；第二联为发票联，也称结算联或正本，留购货方的会计部门，作为商品购进的依据，该联应盖有税务部门监制章；第三联为抵扣联，留购货方的会计部门，作为进项税额(该企业为一般纳税人)可以抵扣应交税费，此联也应盖有税务部门监制章；第四联为记账联，留销货方的会计部门，作为记商品销售账的依据。发票的样式如图 5-9 所示。

310021313   No 06645625

开票日期：2021 年 12 月 01 日

购买方	名　　　　称	上海金锐铝业有限公司	密码区	（略）
	纳税人识别号	92310112LB1FT24Y12		
	地　址、电　话	上海市闵行区虹梅南路 3525 号 021-34637732		
	开户行及账号	中国工商银行上海闵行支行 31001531320056002559		

货物或应税劳务、服务名称	规格型号	单位	数量	单价	金额	税率	税额
*电线电缆*MiniDP 转换器 4K 高清转换头		件	5	170.00	850.00	13%	110.50
合　　计					￥850.00		￥110.50

| 价税合计(大写) | ⊗玖佰玖拾肆元伍角整 | （小写）￥960.50 |

销售方	名　　　　称	上海金新洲购物中心	备注
	纳税人识别号	91310115743257788H	
	地　址、电　话	上海市闵行区虹梅南路 2386 号 021-34633456	
	开户行及账号	中国工商银行上海闵行支行 31001531320053087537	

收款人：　　　　复核：　　　　开票人：　　　　销售方：（章）

第三联：发票联　购买方记账凭证

图 5-9　发票的样式

(五)收料单

收料单是仓库验收入库的原始凭证。收料单一般为三联：第一联为存根，留供应部门，作为物资供应统计的依据；第二联为记账联，留会计部门，作为入库材料核算的依据；第三联为保管联，留仓库，作为仓库材料明细账的记账依据。收料单的样式如图 5-10 所示。

收　料　单

供货单位：　　　　　　　　　　　　　　凭证编号：
发票号码：　　　　　年　月　日　　　　收料仓库：

材料编号	材料规格及名称	计量单位	数量		价格	
			应　收	实　收	单　价	金　额
备注：					合　计	

仓库负责人：　　　　记账：　　　　仓库保管：　　　　收料人：

图 5-10　收料单的样式

(六)领料单

领料单是仓库发出材料的原始凭证。领料单一般有 4 联：第一联为存根联，留领料部门备查，或作为车间二级核算的原始凭证；第二联为记账联，留会计部门，作为出库材料核算的依据；第三联为保管联，留仓库，作为仓库明细账的发出依据；第四联为业务联，留供应部门，作为物资统计的依据。领料单的样式如图 5-11 所示。

领 料 单

领料部门：						凭证编号：	
用　途：		年　月　日				发料仓库	
材料编号	材料规格及名称	计量单位	数　量		价　格		
			清 领	实 领	单 价	金 额	
备　注：					合 计		
仓库负责人：	记账：		领料人：		发料人：		

图 5-11　领料单的样式

除上述原始凭证外，企业还有一些较常见的原始凭证。例如，向税务部门纳税时填制的各种税单；与银行往来的各种单证，如"现金解款单""现金支票""贷款借款凭证""贷款还款凭证"等；用于内部报销时填制的各种凭证，如"市内出差报销单""外埠差旅费报销单""医药费报销单""零星支出付款单"等；其他原始凭证，如"工资单""外埠出差借款单""固定资产调拨单""现金收据""产品入库单"等都是企业较常用的原始凭证。

三、原始凭证的填制

为了确保会计核算资料的真实、正确并及时反映，应按下列要求填制原始凭证。

(一)真实、正确

原始凭证必须按经济业务发生的真实情况准确填制，包括时间、内容、金额等，不得伪造，否则会受到行政处分，情节严重的还要依法追究刑事责任。

(二)清楚、完整

原始凭证的填写，字迹要清楚，内容要完整，要符合会计工作规则。填写原始凭证时主要应注意以下 7 个方面。

(1) 填制凭证必须用蓝黑墨水或碳素墨水书写，一式几联的会计凭证必须用双面复写纸套写，字迹必须清晰、工整，不得潦草。

(2) 汉字大写金额数字，一律用正楷或行书字书写，不得任意自选简化字。金额前应有人民币字样紧靠大写金额，金额后(除"分"外)要有"整"字样。

(3) 阿拉伯数字不得连笔书写。小写金额前应有人民币符号"￥"紧靠数字，以元为单位的金额一律填写到角分，无角分的应填写"00"或符号"—"。

(4) 自制凭证必须由经办负责人或指定人员签名盖章，对外开出的原始凭证必须有本单位的公章。

(5) 各种凭证必须连续编号，以便查考。凭证如果已预先印定编号，在写错作废时，应当加盖"作废"戳记，并全部保存，不得撕毁。

(6) 各种凭证不得随意涂改、刮擦、挖补。填写错误需要更正时，应用划线更正法，即将错误的文字和数字，用红色墨水划线注销，再将正确的数字和文字用蓝字写在划线部分的上面，并签字盖章。

(7) 各种凭证必须及时填制。一切原始凭证都应该按照规定程序，及时送交财会部门，由财会部门审核并编制记账凭证。

四、原始凭证的审核

原始凭证的审核是会计人员进行会计监督的重要手段。会计机构、会计人员对原始凭证必须进行审核，对不真实、不合法的原始凭证不应受理；对记载不正确、不完整的原始凭证应退回，要求更正、补充。只有审核无误的原始凭证才能据以编制记账凭证，然后登记入账。原始凭证的审核一般包括以下3个方面。

(一)真实性审核

审核原始凭证，首先要审核它的真实性。所谓真实，就是原始凭证上所反映的信息应是经济业务的本来面貌，不得掩盖、歪曲和颠倒。如果不真实，就谈不上完整性审核和合法性审核。

(二)完整性审核

所谓完整，指的是原始凭证应具备的要素完整和手续齐全。审核时要检查这些应具备的要素是否都已填写上。例如，发货票上应有销货单位的财务公章、税务专章、本联发货票的用途、发货票的编号等要素。有些项目缺少了，还应怀疑原始凭证是否真实。要素不完整的原始凭证，原则上应退回重填，特殊情况下需经旁证和领导批准后才能作为编制记账凭证的依据。

(三)合法性审核

所谓合法，就是按会计法规、会计制度和计划预算办事。这里所说的会计制度，包括本单位制定的正在使用的一些内部会计制度。

在审核时会计人员必须坚持原则，认真履行职责。对于违反制度、计划、预算和不符合增产节约原则的收支凭证，应拒绝办理，并报告领导人；对于不真实、不完整的原始凭证，发现后一定要退回重填或不予受理；对于虽真实、完整，但不合法的原始凭证，也不能受理。记账人员在登记账簿之前的审核中，如果发现了现行会计法规和会计制度不允许报销的原始凭证，应暂停登记，立即向会计主管报告。只有审核无误的原始凭证，才能作为填制记账凭证的依据。

第三节 记 账 凭 证

一、记账凭证的基本内容

记账凭证种类甚多，格式不一，但其主要作用都在于对原始凭证进行分类、整理，按照复式记账的要求，运用会计科目，编制会计分录，据以登记账簿。因此，记账凭证必须具备以下基本内容。

(1) 记账凭证的名称。

(2) 填制凭证的日期和凭证的编号。

(3) 会计科目(包括子目、细目)，借贷方向和金额(即会计分录)。

(4) 经济业务的内容摘要。

(5) 所附原始凭证的张数。

(6) 填制、审核、记账、会计主管等有关人员的签名或盖章，此外，收款和付款凭证还需有出纳人员的签章。

(7) 记账凭证应按月统一编号。

在会计实务中，有的单位还用自制原始凭证或原始凭证汇总表代替记账凭证，但应该具备记账凭证的上述基本内容。记账凭证有多种分类，常用的收款凭证、付款凭证、转账凭证的一般样式如图5-12、图5-13和图5-14所示。

借方科目		记账
一级科目	二级科目	

收款凭证

总字第　号

年　月　日　　收字第　号

摘要	贷方科目		金额										记账
	总账科目	二级或明细科目	千	百	十	万	千	百	十	元	角	分	
合计(大写)													

附件　张

主管:　　审核:　　出纳:　　制单:　　记账:

图5-12　收款凭证的样式

贷方科目		记账
一级科目	二级科目	

付款凭证

总字第　号

年　月　日　　付字第　号

摘要	借方科目		金额										记账
	总账科目	二级或明细科目	千	百	十	万	千	百	十	元	角	分	
合计(大写)													

附件　张

主管:　　审核:　　出纳:　　制单:　　记账:

图5-13　付款凭证的样式

图 5-14　转账凭证的样式

扫一扫，观看"专用记账凭证的填写"视频讲解

二、记账凭证的填制

填制记账凭证是一项重要的会计工作。填制出现错误，不仅会影响账簿登记，而且还会影响经费收支、费用汇集、成本计算和编制会计报表，更正时也要浪费会计人员的大量时间和精力。现将记账凭证的填制要求及有关事项的填制程序介绍如下。

（1）必须根据审核无误的原始凭证填制记账凭证。记账凭证可以根据每一张原始凭证填制，也可以根据若干张同类原始凭证汇总填制，还可以根据原始凭证汇总表填制。

（2）确定采用何种记账凭证。应根据经济业务的性质，首先确定使用哪种记账凭证（收款凭证、付款凭证或转账凭证，收支业务不多的单位，可以使用一种通用的记账凭证）来记录这项经济业务。

（3）填制记账凭证的日期。填写日期一般是会计人员填制记账凭证的当天日期，也可以根据管理需要，填写经济业务发生的日期或月末日期。

（4）填写记账凭证的编号。填写记账凭证编号的方法有两种：一种是将财会部门的全部记账凭证作为一类统一编号，另一种是分别按现金和银行存款收入、现金和银行存款付出及转账业务三类进行编号。记账凭证无论是统一编号还是分类编号，均应分月按自然数 1，2，3，4……的顺序进行编号，一张记账凭证编一个号，不得跳号、重号。

复杂的会计事项，需要填制两张或两张以上记账凭证时，应另编分号，即在原编号后面用分类的形式表示，如第 10 号银行存款付出凭证的会计事项需要编制三张记账凭证，则第一张为银付 10 1/3，第二张为银付 10 2/3，第三张为银付 10 3/3。

填写记账凭证的编号，是为了分清会计凭证处理的先后顺序，便于登记账簿以及记账凭证与账簿记录的核对，保证会计凭证的完整、安全，防止丢失，并方便查账。

（5）填写经济业务的内容摘要。记账凭证的摘要栏应填写经济业务的简要内容，填写时要用简明扼要的文字反映经济业务的概况。

（6）会计科目（包括一级科目和二级科目）和会计分录的填制。处理该类业务应填写会计

科目的全称和编号，不得简写或只写编号而不写名称。要写明一级科目、二级科目甚至三级科目，以便登记总分类账和明细分类账。会计科目的对应关系要填写清楚，不能把不同内容、不同类型的经济业务合并，编制一组会计分录，填制在一张凭证上。

(7) 金额栏数字的填写。记账凭证的金额必须与原始凭证的金额相符。在填写金额数字时，阿拉伯数字书写要规范，应平行对准借贷栏次和科目栏次，防止错栏、串行，金额的数字要填写到分位。合计数前面填写货币符号"¥"，不是合计数的，则不填写货币符号。

(8) 记账凭证应按行次逐项填写，不得跳行或留有空行。对记账凭证中的空行，应该划斜线或一条"S"形线注销。

(9) 所附原始凭证张数的计算和填写。记账凭证一般应附有原始凭证，并注明其张数。凡属收付款业务的记账凭证，必须有附件，附件张数应用阿拉伯数字填写。

(10) 记账凭证的签章。记账凭证填制完成后，需要由有关会计人员签名或盖章，对于收付款记账凭证，还需由出纳人员签名或盖章，以表明出纳人员已对所签名或盖章的收付款记账凭证上的款项进行了收付。

(11) 使用收款凭证、付款凭证和转账凭证的单位，对现金和银行存款之间及各种银行存款之间相互划转的业务，如从银行提取现金或将现金存入银行等，只填制付款凭证，不再填制现金或银行存款的收款凭证，以避免重复记账。

三、记账凭证的审核

记账凭证的审核是为了保证和监督各种款项的收付、物资的收发、业务往来的结算以及账簿记录的正确性，是对所办理的经济业务原始凭证的审核和记账凭证的填制是否符合规定进行复查。记账凭证审核的内容主要有以下几个方面。

(1) 应附的原始凭证是否齐全。
(2) 原始凭证与记账凭证的金额内容是否一致。
(3) 摘要是否简洁明了。
(4) 会计分录是否编制正确。
(5) 规定项目是否填齐。
(6) 有关人员是否都已签名盖章。

第四节 会计凭证的传递和保管

一、会计凭证的传递

(一)会计凭证传递的含义

由于经济管理过程中分工、内部牵制、监督控制机制等方面的需要，会计凭证从填制起到归档保管时止，往往需要经过会计主体内部多个部门或有关人员的处理，这个凭证处理过程就是会计凭证的传递过程。

会计凭证的传递程序是凭证组织的一个重要内容，也是会计的基础工作。

(二)正确组织会计凭证传递的意义

会计凭证具有经济业务载体的功能，又是办理经济业务手续及记账的依据，因此在会计主体内部，各种会计凭证应由谁填制，填制后在什么时间递交什么部门、什么岗位，由谁接办业务手续，直到归档保管为止都应有合理的传递程序。如果为一式数联的会计凭证，还应具体规定各联的流程。组织科学合理的凭证传递程序，对及时、准确地提供会计信息具有重要的意义。其具体表现主要有以下三个方面。

(1) 组织科学合理的凭证传递程序，有利于各经办人员及时掌握经济业务发生情况，加速业务处理进程，从而提高工作效率。例如，商品的销售过程一般要经过开单、提货、发运、货款结算等环节，涉及业务、仓储、运输、会计等部门，如果凭证传递合理，就能使各部门协调工作，缩短销售过程，从而加速资金运转。

(2) 组织科学合理的凭证传递程序，有利于发挥会计监督作用。例如，在商品购进过程中，一般会计部门不仅应收到业务部门转来的购进发票，而且还应收到仓库部门传来相应的收货单。通过对发票及收货单的审核，可发挥会计的监督作用，以保护企业财产的安全。

(3) 组织科学合理的凭证传递程序，有利于强化内部牵制机制。例如，在现金报销过程中，一张会计凭证必须经过出纳、稽核、记账等多人之手，从而加强了内部牵制作用，预防了漏洞的产生。

(三)会计凭证传递程序设计的基本要求

从上述会计凭证传递的含义和意义的阐述中我们可以看出，整个会计凭证的传递过程，就是经济业务处理的一个执行过程。因此，会计凭证传递程序设计的优劣，直接影响着管理机制运行的效果，必须重视会计凭证传递的设计。会计凭证传递程序的制定，通常应注意以下几个方面。

(1) 制定的程序要有利于会计监督及内部牵制。

(2) 要根据经济业务的特点、企业内部机构设置、人员分工及管理上的需要，制定凭证需要的联数及流程。即使经济业务手续能顺利办理，又能利用凭证资料满足各方面的需要。

(3) 在满足管理需要的前提下，凭证的联数及流转环节应力求简练，以免影响传递速度。

(4) 凭证在各环节停留时间的确定，不能过紧或过松。过紧会影响业务完成，过松则会助长办事拖沓的风气。某些凭证的停留时间还应考虑外部特殊的要求，如按银行结算制度规定托收凭证的验单付款期只有 3 天，因此业务合同员从收单核对合同到交出凭证确定是否付款的时间绝不能多于 3 天。

(5) 原始凭证的传递一般都要涉及各个部门和经办人员，因此应会同有关部门共同确定传递程序和时间。记账凭证虽为会计机构内部凭证，但会计主管也应同填制、审核、出纳、记账等人员商定传递程序及时间。

二、会计凭证的保管

会计凭证的保管是指会计凭证记账后的整理、装订和归档存查。会计凭证是记账的依据，是重要的经济档案和历史资料。因此，对会计凭证必须妥善整理和保管，不得丢失或任意销毁。

对会计凭证的保管,既要做到安全和完整无缺,又要便于事后调阅和查找。会计凭证归档保管的主要方法和具体要求如下所述。

(1) 每月记账完毕,要将本月的各种记账凭证加以整理,检查有无缺号和附件是否齐全,然后按顺序号排列,装订成册。为了便于事后查阅,应加具封面。为了防止任意拆装或抽张,应在装订处贴上封签并加盖装订人私章,然后在封面上填写所属会计期间、共有册数、每册记账凭证号起讫号和起讫日期等项目后归档。会计凭证封面的样式如图 5-15 所示。

凭 证 封 面

编号 □□

20 年 月

凭证名称	
册 数	第 册共 册
起讫编号	自第 号至第 号止 共计 张
起讫日期	自20 年 月 日至20 年 月 日
抽出附件登记	(一) 抽取人签章
	(二) 抽取人签章

财会主管: 保管: 装订:

图 5-15 会计凭证封面的样式

(2) 对某种数量较多的原始凭证及今后可能需要抽出、利用的原始凭证,可另行装订或单独保管,但应在记账摘要中注明。

(3) 装订成册的会计凭证应集中保管,并指定专人负责。查阅时,要有一定的手续制度。原始凭证原则上不得外借,如有特殊原因,经会计主管批准后,可以复制。向外单位提供的原始凭证复制件,应当在专设的登记簿上登记,并由提供人员和收取人员共同签名或盖章。

(4) 会计凭证的保管期限和销毁手续,必须严格执行会计制度的规定,任何人无权自行随意销毁。

《会计档案管理办法》附表一规定,企业和其他组织会计档案保管期限如表 5-1 所示。

表 5-1 企业和其他组织会计档案保管期限

(1999 年 1 月 1 日起执行)

序 号	档案名称	保管期限	备 注
一	会计凭证类		
1	原始凭证	15 年	
2	记账凭证	15 年	
3	汇总凭证	15 年	
二	会计账簿类		
4	总账	15 年	包括日记总账
5	明细账	15 年	
6	日记账	15 年	现金和银行存款日记账保管 25 年

续表

序号	档案名称	保管期限	备注
7	固定资产卡片		固定资产报废清理后保管 5 年
8	辅助账簿	15 年	
三	财务报告类		包括各级主管部门汇总财务报告
9	月、季度财务报告	3 年	包括文字分析
10	年度财务报告(决算)	永久	包括文字分析
四	其他类		
11	会计移交清册	15 年	
12	会计档案保管清册	永久	
13	会计档案销毁清册	永久	
14	银行余额调节表	5 年	
15	银行对账单	5 年	

【思政案例】

坚持会计准则是对会计人员工作的基本要求

银广夏：老股民永远的噩梦

2001 年有一个非常流行的词叫"打造新蓝筹"，而这些蓝筹的代表就是银广夏(000557)，被称作是中国股市的奇迹，那个时候贵州茅台、中国平安都未上市，根本没它们什么事儿。从 1999 年开始不到两年银广夏股票价格上涨近 10 倍。银广夏主要靠种植麻黄草，提炼麻黄素营利，子公司天津广夏萃取产品向德国出口产品价格高到离谱。2001 年 8 月，《财经》杂志发表"银广夏陷阱"一文，银广夏虚构财务报表事件被曝光。专家意见认为，天津广夏出口德国诚信贸易公司的为"不可能的产量、不可能的价格、不可能的产品"。以天津广夏萃取设备的产能，即使通宵达旦运作，也生产不出所宣称的数量；天津广夏萃取产品出口价格高到近乎荒谬；对德出口合同中的某些产品，根本不能用二氧化碳超临界萃取设备提取。

经过查证，银广夏串通会计师事务所，伪造了虚假出口销售合同、银行汇款单、销售发票、出口报关单及德国诚信贸易公司支付的货款进账单。从生产到出口全部伪造，一条龙服务，虚增的利润超过 7.7 亿元。事件揭发后市场哗然，随后市场里出现了连续 15 个跌停，短短时间跌幅达到 80%。银广夏成为市场里造假案例中最知名的案例，无数股民损失惨重。

(资料来源：https://m.sohu.com/a/311998768_334519/.)

思政要点：

会计信息的传递包括从原始凭证、记账凭证、到账簿、报表的一系列账务处理流程，会计信息造假往往贯穿其中。财务报表的造假追根溯源，往往是从业务的起点开始，银广夏通过伪造虚假出口销售合同、银行汇款单、销售发票、出口报关单及货款进账单等原始凭证，凭空捏造了进出口业务繁忙的假象，使投资者遭受了重大的损失。

会计人员应当秉承诚实守信、坚持准则的职业道德，对原始凭证的合法性、原始凭证的真实性、原始凭证的完整性、原始凭证的正确性进行全面审查。审查原始凭证反映的经济业务是否符合现行财政、税收、经济、金融等有关法令规定,是否符合现行财务会计制度;原始凭证所反映的经济业务是否同实际情况相符合;原始凭证的内容是否填写齐全,手续是否完备,是否有经办人签字或盖章;原始凭证所填列的数字是否符合要求,包括数量、单价、金额以及小计、合计等填写是否清晰,计算是否准确,是否用复写纸套写,有无涂改、刮擦挖补等弄虚作假行为。

本章小结

本章围绕会计凭证的种类、作用、填制方法和填制要求展开阐述。首先重点讲解了原始凭证和记账凭证的不同分类,以及分类的标志和分类的结果;原始凭证应具备的基本内容,原始凭证的审核;原始凭证是否如实反映企业的经济活动是能否保证会计信息正确的关键。然后讲解了专用记账凭证的填制,要求掌握收款凭证、付款凭证和转账凭证的不同填制方法,以及记账凭证的审核方法。

同步测试题

一、单项选择题

1. 会计凭证按其(　　)的不同,可分为原始凭证和记账凭证。
   A. 填制方法　　　　　　　　B. 填制程序和用途
   C. 取得来源　　　　　　　　D. 反映经济业务次数

2. (　　)属于外来原始凭证。
   A. 付款收据　　　　　　　　B. 入库单
   C. 出库单　　　　　　　　　D. 发出材料汇总表

3. "发出材料汇总表"是(　　)。
   A. 汇总原始凭证　　　　　　B. 汇总记账凭证
   C. 记账凭证　　　　　　　　D. 累计凭证

4. 会计凭证的传递是指(　　),在单位内部有关部门及人员之间的传递程序和传递时间。
   A. 从会计凭证的填制到登记账簿止
   B. 从会计凭证的填制或取得到归档止
   C. 从会计凭证审核到归档止
   D. 从会计凭证的填制后取得到汇总登记账簿止

5. 记账凭证是(　　)根据审核无误的原始凭证填制的。
   A. 经办人员　　B. 会计人员　　C. 主管人员　　D. 复核人员

6. 下列各项中,不属于原始凭证审核内容的是(　　)。
   A. 凭证是否有填制单位的公章和填制人员的签章
   B. 凭证项目的填列是否齐全

C. 凭证所列事项是否符合有关的计划和预算
D. 会计科目的使用是否正确

7. 填制原始凭证时应做到大小写数字符合规范、填写正确,如大写金额"壹仟零壹元伍角整",其小写应为( )。
   A. ¥1001.50   B. ¥1010.50   C. ¥1001.50整   D. ¥1001.5

8. 记账凭证中不可能有( )。
   A. 记账凭证的编号   B. 记账凭证的日期
   C. 记账凭证的名称   D. 接收单位的名称

9. 甲企业销售产品一批,产品已发出,发票已交给购货方,货款尚未收到,甲企业的会计人员应根据有关的原始凭证编制( )。
   A. 收款凭证   B. 付款凭证   C. 转账凭证   D. 汇总凭证

10. 企业外购商品一批,已验收入库,货款已付,根据这笔业务的有关原始凭证应该填制的记账凭证是( )。
    A. 收款凭证   B. 付款凭证   C. 转账凭证   D. 汇总凭证

11. 车间领用材料,材料出库时填制的领料单属于( )。
    A. 自制原始凭证   B. 收款凭证
    C. 外来原始凭证   D. 付款凭证

12. 从银行提取现金,应填制的记账凭证是( )。
    A. 现金付款凭证   B. 银行付款凭证
    C. 现金收款凭证   D. 银行收款凭证

13. 将现金存入银行应填制的记账凭证是( )。
    A. 现金付款凭证   B. 现金收款凭证
    C. 银行收款凭证   D. 银行付款凭证

14. 赊销商品30 000元,这笔经济业务应填制( )。
    A. 收款凭证   B. 付款凭证   C. 转账凭证   D. 原始凭证

15. 记账凭证与所附的原始凭证的金额( )。
    A. 必须相等   B. 可能相等   C. 可能不相等   D. 一定不相等

16. 适用于任何经济业务的会计凭证是( )。
    A. 通用记账凭证   B. 收款凭证
    C. 付款凭证   D. 转账凭证

17. 填制会计凭证是( )的前提和依据。
    A. 成本计算   B. 编制会计报表
    C. 登记账簿   D. 设置账户

18. 收款凭证的贷方账户可能是( )。
    A. 原材料   B. 库存商品   C. 管理费用   D. 预收账款

19. 原始凭证和记账凭证的相同点是( )。
    A. 具体作用相同   B. 编制时间相同
    C. 编制人员相同   D. 反映的经济业务相同

20. 自制原始凭证可分为一次凭证、累计凭证和汇总原始凭证,其分类标准是( )。

A. 按其填制的程序和用途　　　　B. 按其取得的不同来源
C. 按其适用的经济业务　　　　　D. 按其填制手续的不同

21. 通用记账凭证的填制方法与(　　)的填制方法相同。
    A. 原始凭证　　B. 收款凭证　　C. 转账凭证　　D. 付款凭证
22. 会计分录在会计实务中是填写在(　　)上的。
    A. 原始凭证　　B. 记账凭证　　C. 总分类账　　D. 明细分类账
23. 会计人员在审核原始凭证时，对于不清楚、不完整的原始凭证应采取(　　)的做法。
    A. 退回重填　　　　　　　　　B. 拒绝办理
    C. 暂停登记　　　　　　　　　D. 向会计主管报告
24. 企业外购材料，价款120 006.80元以银行存款支付，在发票上填写的大写金额应为(　　)。
    A. 壹拾贰万零陆元捌角整　　　B. 拾贰万元零陆元捌角整
    C. 壹拾贰万零陆元捌角　　　　D. 壹拾贰万元零陆元捌角整
25. 根据《会计档案管理办法》的规定，会计凭证的保管期限为(　　)年。
    A. 10　　　　　B. 15　　　　　C. 25　　　　　D. 5

二、多项选择题

1. 原始凭证按使用次数的不同，可分为(　　)。
    A. 通用凭证　　B. 一次凭证　　C. 累计凭证　　D. 汇总原始凭证
2. 下列单据中，可作为会计核算原始凭证的有(　　)。
    A. 购销发票　　B. 出差车票　　C. 购销合同　　D. 现金支票存根
    E. 医药费报销单
3. 原始凭证是(　　)。
    A. 记录经济业务的书面凭证
    B. 填制记账凭证的依据
    C. 明确经济责任的具有法律效力的文件
    D. 会计核算的客观依据
    E. 编制会计报表的依据
4. 各种原始凭证必须具备的基本内容包括(　　)。
    A. 凭证的名称、编号和日期
    B. 接收单位的名称
    C. 填制单位的名称和有关人员的签章
    D. 应借、应贷会计科目名称
    E. 经济业务的详细内容
5. 付款凭证左上角的"贷方科目"可能登记的科目是(　　)。
    A. "银行存款"　B. "库存现金"　C. "应付账款"　D. "应收账款"
6. 复式记账凭证是(　　)。
    A. 记账凭证的一种
    B. 可以集中反映一项经济业务的科目对应关系

C. 一次可以反映若干项经济业务的凭证
D. 会计人员根据同类经济业务加以汇总编制的凭证
7. 对于记账凭证的审核主要包括( )。
   A. 记账凭证是否附有原始凭证，所附的原始凭证是否齐全，是否已审核无误，记录的内容是否与所附原始凭证的内容相符
   B. 应借、应贷的会计科目及其金额是否正确
   C. 记账凭证中的各个项目填列是否齐全，有关人员的签章是否齐全
   D. 审核和合同、计划或预算是否相符
8. 收款凭证的贷方科目可能是( )科目。
   A. "库存现金"   B. "银行存款"
   C. "主营业务收入"   D. "应收账款"
   E. "材料采购"
9. 收款凭证左上角的"借方科目"不可能登记的会计科目是( )。
   A. "银行存款"   B. "库存现金"   C. "应收账款"   D. "原材料"
10. 职工李利报销差旅费 1 100 元，原预借 1 200 元，这笔经济业务应填制的记账凭证包括( )。
    A. 收款凭证   B. 付款凭证   C. 转账凭证   D. 原始凭证
11. 企业购进材料，货款未付，材料已验收入库，则应编制的会计凭证是( )。
    A. 收款凭证   B. 付款凭证   C. 收料单   D. 转账凭证
12. 下列需编制现金付款凭证的经济业务是( )。
    A. 以现金购买办公用品   B. 向银行存入现金
    C. 从银行提取现金   D. 预付本年度报刊订阅费
13. 下列经济业务中，需编制转账凭证的是( )。
    A. 赊销商品   B. 购进材料款未付
    C. 接受外单位的设备投资   D. 提取固定资产折旧
14. 购进材料 300 吨，共计 99 300 元，其中 90 000 元已用银行存款支付，余款尚未支付。这笔经济业务应编制的会计凭证有( )。
    A. 收款凭证   B. 转账凭证   C. 付款凭证   D. 原始凭证
15. 记账凭证应该是( )。
    A. 根据审核无误的原始凭证填制的   B. 由经办人员填制的
    C. 由会计人员填制的   D. 登记账簿的直接依据
16. 下列各项中，属于一次性原始凭证的有( )。
    A. 收料单   B. 销货发票
    C. 产品质量检验单   D. 限额领料单
17. 原始凭证的内容有( )。
    A. 凭证的名称、日期和编号   B. 接收凭证的单位名称
    C. 会计分录   D. 经济业务的内容
18. 原始凭证的填制要求有( )。
    A. 记录真实   B. 内容齐全   C. 手续完备   D. 书写规范

19. 记账凭证的填制要求有( )。
   A. 摘要简明　　　B. 分录正确　　　C. 连续编号　　　D. 标明附件
20. 科学合理地组织会计凭证的传递一般包括规定凭证的( )。
   A. 传递路线　　　B. 传递内容　　　C. 传递手续　　　D. 传递时间
21. 原始凭证不得涂改、刮擦、挖补，对于有错误的原始凭证，正确的处理方法是( )。
   A. 由出具单位重开
   B. 由出具单位在凭证上更正并由经办人员签字
   C. 原始凭证金额有错误的，必须由出具单位重开，不得在凭证上更正
   D. 非金额错误，可由出具单位在原始凭证上更正并加盖出具单位的印章
22. 原始凭证的审核内容包括( )。
   A. 真实性审核　　　　　　　　　B. 合法性、合规性和合理性审核
   C. 完整性审核　　　　　　　　　D. 正确性审核

三、判断题

1. 只有原始凭证是登记账簿的依据。　　　　　　　　　　　　　　　　　　( )
2. 各种记账凭证都只能根据一张原始凭证逐一编制。　　　　　　　　　　　( )
3. 付款凭证的贷方科目只能填写"库存现金"或"银行现金"。　　　　　　　( )
4. 原始凭证是登记账簿的直接依据。　　　　　　　　　　　　　　　　　　( )
5. 记账凭证和原始凭证同属于会计凭证，都可以用来证明会计业务的发生。 ( )
6. 记账凭证按填制方法的不同，可分为复式记账凭证和单式记账凭证。　　　( )
7. 原始凭证填制要求大写金额数字后面不到分的，要在大写金额后面再写上"整"字。　　　　　　　　　　　　　　　　　　　　　　　　　　　　　　( )
8. 原始凭证都是外来凭证。　　　　　　　　　　　　　　　　　　　　　　( )
9. 付款凭证只有在涉及现金支付时才编制。　　　　　　　　　　　　　　　( )
10. 经济业务发生时从单位取得的凭证称为自制原始凭证。　　　　　　　　( )
11. 为了避免重复记账，涉及库存现金和银行存款之间的划转业务时，只填制收款凭证。　　　　　　　　　　　　　　　　　　　　　　　　　　　　　( )
12. 限额领料单按其填制方法属于累计凭证。　　　　　　　　　　　　　　( )
13. 通用记账凭证适用于任何经济业务。　　　　　　　　　　　　　　　　( )
14. 凡是库存现金和银行存款减少的经济业务都必须填制收款凭证。　　　　( )
15. 外来原始凭证一般都是一次凭证。　　　　　　　　　　　　　　　　　( )
16. 付款凭证是只用于银行存款付出业务的记账凭证。　　　　　　　　　　( )
17. 转账凭证是用于不涉及库存现金和银行存款收付业务的其他转账业务所用的记账凭证。　　　　　　　　　　　　　　　　　　　　　　　　　　　( )
18. 记账凭证都是累计凭证。　　　　　　　　　　　　　　　　　　　　　( )
19. 有时为了简化会计核算工作，可以将不同内容、不同类型的经济业务汇总编制一份原始凭证。　　　　　　　　　　　　　　　　　　　　　　　　( )
20. 单式和复式收款凭证的格式基本相同，区别在于一张单式收款凭证内，只能列一个一级科目，而复式的则不是。　　　　　　　　　　　　　　　　( )
21. 会计人员在审核原始凭证时，如发现内容不全、数额差错、手续不完备的原始凭证，应拒绝办理。　　　　　　　　　　　　　　　　　　　　　　( )

22. 所有的记账凭证，其格式都有"借方金额"、"贷方金额"的内容，以便登记账簿。
（　　）

23. 会计人员审核原始凭证后，如发现经办人员对经济业务内容或所记金额填写有错误，应代其改正，然后才能填制记账凭证。
（　　）

24. 会计凭证的传递是指会计凭证从取得或编制到归档保管止，在单位内部各有关部门及人员之间的传递程序和传递时间。
（　　）

四、名词解释

1. 会计凭证
2. 原始凭证
3. 外来原始凭证
4. 记账凭证
5. 自制原始凭证
6. 一次凭证
7. 累计凭证
8. 单式记账凭证
9. 复式记账凭证
10. 专用记账凭证
11. 收款凭证
12. 付款凭证
13. 转账凭证
14. 通用记账凭证
15. 汇总记账凭证
16. 借方记账凭证

五、思考题

1. 什么是会计凭证？
2. 填制和审核会计凭证有何意义？
3. 简述会计凭证的分类。
4. 简述原始凭证的种类和特点。
5. 原始凭证应具备哪些基本内容？
6. 在填制原始凭证的过程中应该注意哪些问题？
7. 常用的原始凭证有哪些？
8. 原始凭证的审核工作应从哪些方面展开？
9. 记账凭证应该具备哪些基本内容？
10. 在填制记账凭证的过程中应该注意哪些问题？
11. 常用的记账凭证有哪些？
12. 记账凭证的审核工作主要包括哪些方面？
13. 正确组织会计凭证传递的意义是什么？
14. 在会计凭证的传递程序设计中有什么要求？
15. 保管会计凭证的主要方法有哪些？
16. 会计凭证保管的要求是什么？

六、业务题

业务 5-1

【资料】

(1) 固定资产折旧计算表
(2) 入库单　　　　　　　　　　　A. 一次凭证

(3) 限额领料单　　　　　　B. 记账凭证
(4) 制造费用分配表　　　　C. 外来原始凭证
(5) 现金收入汇总表　　　　D. 记账编制凭证
(6) 转账凭证　　　　　　　E. 累计凭证
(7) 付款凭证　　　　　　　F. 汇总原始凭证
(8) 购货发票

【要求】用直线连接，标出上述会计凭证按不同标志的分类。

业务 5-2

【资料】某企业有关总分类账户登记如图 5-16 所示。

	现金				其他应收款	
(1)	250	(2)	1 000	(2)	1 000	
		(4)	300			(4) 1 000
		(6)	1 000			

	银行存款				生产成本	
		(1)	250	(3)	6 000	
(6)	1 000	(5)	2 000			

	原材料			管理费用	
(3)	8 000		(3)	2 000	
			(4)	1 300	
			(5)	2 000	

图 5-16 "T" 型总分类账

【要求】根据以上总分类账户的登记，找出账户的对应关系，用文字叙述各项经济业务内容，写出相应的会计分录，并指明应填制的记账凭证。

业务 5-3

【资料】SD 公司 2020 年 5 月发生下列业务。

(1) 5 月 6 日，财务科开出转账支票，支付向大兴工厂购入材料所欠款 4 680 元，该支票号码为 AC1213506，公司账号为 356002587，开户银行为工商银行静安区分处。

(2) 5 月 10 日，SD 公司向中原商店销售商品一批，收到对方签发的一张 9 360 元的转账支票，SD 公司财务科立即填制了一张进账单连同转账支票一起交送银行，进账单号码为 0089，中原商店的账号为 2860502689，开户银行为工商银行曹路分处。

(3) 5 月 14 日，公司向丰华工厂销售甲商品 400 千克，每千克 5 元，共计 2 000 元，增值税税率为 13%。公司开出发票一张，该发票编号为 0188，甲商品的货号 05866。

(4) 5 月 20 日，公司购入 A 材料 1 000 千克，每千克 3 元，共计 3 000 元。材料已验收入库，为此填制收料单，该收料单的编号为 001358。

【要求】
(1) 根据资料(1)，填制转账支票。(见附录 A)
(2) 根据资料(2)，填制进账单。(见附录 A)
(3) 根据资料(3)，填制发票。(见附录 A)
(4) 根据资料(4)，填制收料单。(见附录 A)
(5) 并填制相应的收付款及转账凭证。(见附录 B)

第六章　会计账簿

教学目的与要求

- 了解设置会计账簿的意义和原则。
- 明确会计账簿的种类和格式。
- 掌握日记账、总账和明细账等账簿的登记依据、登记基本要求和期末结账方法。
- 掌握会计账簿的对账、结账以及错账更正方法。

教学重点与难点

教学重点：会计账簿的启用和登记；记账、结账和对账规则。

教学难点：总账、明细账的平行登记方法和登记账簿发生错误时的更正方法。

引导案例

【案例一　会计账簿的设置规则】　在一家小型企业做了三年会计的小李最近跳槽成为一家外资公司的会计，进入公司后，小李发现这家公司有几个与他以前工作的公司不一样的地方：一是公司的所有账簿都使用活页账，理由是这样便于改错；二是公司的购销往来都采用会计凭证和购销单据直接核对的方法，不再另行记账，理由是销货发票和出货记录已经很齐全，不需要重复记账；三是在记账时发生了错误允许使用涂改液，但是强调必须由责任人签字；四是经理要求小李在登记现金总账的同时也要负责出纳工作。经过不到三个月的试用期，尽管这家公司给出的报酬高出其他类似公司，但小李还是决定辞职。

思考与讨论：

请问，小李为什么会辞职？你如果处在他的位置你会辞职吗？

【案例二　平行登记法该如何使用】　大学毕业生小王应聘进了一家上市公司做会计，工作中他发现该公司的"原材料"和"应收账款"平时不登记总分类账，只登记明细分类账，往往等一段时间才补登总分类账；而"固定资产"账户平时不登记明细分类账，只登记总分类账。小王觉得根据平行登记法的要求，总账和明细账应该同时登记，才便于核对，于是便向财务部门经理提出公司现在的这种做法不符合平行登记原则，但是财会部门经理认为这样做没有违反平行登记规定。

思考与讨论：

你认为小王与财务经理谁的看法对？

第一节　会计账簿概述

一、会计账簿的概念和意义

在会计核算中，每一项经济业务都必须取得和填制会计凭证，哪怕是很小的企业，经日积月累下来，会计凭证的数量也相当可观。由于每张凭证只能记载单项经济业务的内容，所提供的信息是零碎的，不便于查阅，也无法全面、连续、系统地反映企业在一定时期内某一类和全部经济业务活动的全貌。因此，为了满足信息使用者的需求，企业还必须设置和登记账簿，把分散在会计凭证上的信息加以汇总整理，以提供更为有用的会计信息。

会计账簿是指由一定格式、互有联系的账页组成，以会计凭证为依据，进行序时、分类、连续、全面地记录和反映经济业务的簿籍。会计账簿具有汇总会计数据，便于保管的特性，是分类、归纳、整理会计资料的重要工具。虽然会计账簿与凭证都是会计信息的载体，所记内容相同，但不能因此就简单地认为可以"以凭证代账"，因为记账过程本身就是一种重新核对信息并汇总的过程，是对凭证进一步的整理。账簿作为一种专门的会计信息载体，与凭证及其他会计信息载体相比有其不可替代的作用。

会计账簿是会计凭证与财务报表联系的纽带，是编制会计报表的基础。会计账簿设置的成功与否对会计信息质量和会计工作质量的高低有着至关重要的影响。

二、会计账簿设置的原则

会计账簿的设置应以能够全面、系统地反映经济业务的交易情况为原则，繁简适当，全面系统。具体地讲，应注意以下三个问题。

(1) 设置会计账簿应详简相宜。既能满足记录经济业务的需要，又力求简便实用，避免烦琐重复。

(2) 会计账簿体系应严密，尽量做到即可分工协作，又可互相监督和制约。

(3) 各单位必须依法设置会计账簿，并保证其真实性和完整性。

《会计法》规定，有下列行为者将承担相应的法律责任，构成犯罪的还要追究刑事责任。

(1) 不依法设置会计账簿的。

(2) 私设会计账簿的。

(3) 伪造、变造会计账簿的。

(4) 隐匿或故意销毁会计账簿的。

三、会计账簿的基本内容

(一)封面

会计账簿均应设置封面,封面上应标明账簿名称和记账单位。

扫一扫,观看"会计账簿的内容和分类"视频讲解

(二)扉页

扉页通常由两页组成,包括科目索引表及账簿使用登记表(账簿使用登记表样式见表6-1)。使用账簿前,应在扉页中填写以下主要内容。

(1) 启用日期和截止日期。

(2) 启用账簿的起止页数。对订本式账簿,由于页数已经印好,故无须再填写;对活页式账簿,起止页数应等到登记工作结束装订成册时填写。

(3) 记账人员和会计主管人员姓名,并加盖人名章。

(4) 如果账簿记录人员发生变动,应在办好移交手续后,在登记表上记录交接日期及接办人姓名、监交人姓名,并加盖相关人员名章和单位财务公章。

表 6-1 账簿使用登记表

单位名称										印 鉴	
账簿名称		(第 册)									
账簿编号											
账簿页数		本账簿 共 页									
启用日期		公元 年 月 日									
经管人员	负责人		主管会计		复核			记账			
	姓名	盖章	姓名	盖章	姓名		盖章	姓名		盖章	
交接记录	经管人员		接 管				交 出				
	职别	姓名	年	月	日	盖章	年	月	日		盖章
备注											

(三)账页

账页是构成会计账簿的主体,是具体登记会计信息的地方。账页中登记的内容基本包括日期、凭证号或编号、摘要、账户名称、金额和页次。

四、会计账簿的种类

会计核算中应用的账簿很多,不同的账簿,其用途、形式、登记内容和方法也各不相

同，一般来说，会计主体设置账簿体系时应根据国家的会计制度以及具体单位的交易量和管理水平而定。

(一)按用途分类

会计账簿按其用途分类，可以分为分类账、日记账和备查簿三种。

1. 分类账

分类账是账簿体系中的核心账簿，是对全部经济业务进行分类登记的会计账簿。根据其反映内容的详细程度，分类账又可分为总分类账和明细分类账。

总分类账又称总账，是指按总分类会计科目设置账户，根据总分类会计科目的发生额登记的会计账簿。总分类账的科目都是一级会计科目。明细分类账又称明细账，是按明细会计科目设置账户，登记发生额的账簿。它是在对总账分类的基础上，按一定标准进行的再分类，反映了会计要素的明细资料。例如，在赊销业务中，为反映应收款总额而设置的"应收账款"账户是总分类账，按照客户名称设置的"应收账款——甲公司"或"应收账款——乙公司"等账户就是明细分类账。如果有必要，明细分类账可进行再分类，直到满足管理需要为止。一般称它们为二级、三级明细账。

设置总分类账和明细分类账的目的是为了使管理机构在了解总体情况的同时，也能了解客户或业务的细节情况。其关系可概括为：两者所反映的经济业务、记账的原始依据均相同，但总账反映总括、综合内容，明细账反映详细、具体内容，二者的信息互为补充，以便全面记录经济业务的全貌。因此，总账是所属明细账的统御账户，对明细账起着统领作用；明细账是总账的从属账户，对相关总账起着辅助作用。由于在反映信息要求上的不同，总账和明细账的格式应各有特点。

2. 日记账

日记账又称序时账，根据经济业务发生或完成时间的先后顺序，逐日逐笔顺序登记发生额，并每日结出余额。在古代会计中，也把它称为"流水账"。它充分反映了经济业务的时间特征，提供了某一经济业务的每日动态。由于记录工作量较大，因此一般只对那些发生频繁、需要严加控制的项目予以设置。在实际工作中，应用较为广泛的日记账是库存现金日记账和银行存款日记账。

3. 备查簿

备查簿是用于登记那些无法记入分类账或日记账的会计事项的会计账簿。设置备查簿的目的是为了备忘备查，提供管理需要的资料，因此也称辅助登记簿。通常，设置备查簿的业务有代保管材料物资、经营性租入固定资产、受托加工材料等。例如，某企业经营性租入设备一台(现行会计制度规定经营性租入固定资产不纳入固定资产核算范围，因此必须进行辅助登记)，备查簿中应反映的内容包括租出单位名称、设备名称、原值、净值、租用时间、月度或年度租金、租金支付方式、期满退租方式、租用期间的修理改造的规定等，退租时作退租记录。企业的销售发票往往需要设置发票备查簿来登记发票的领购、缴销、结存等事宜，支票也需要设置支票备查簿以记录支票的开出时间、用途、金额等信息。备查簿通常没有固定的格式，一般由企业根据自己的需要设计。

(二)按外观形式分类

会计账簿按其外观形式分类,可以分为订本式、活页式和卡片式账簿三种。

1. 订本式

订本式账簿是指账簿在启用前就已将连续编号的账页装订成册的会计账簿。其优点是便于保管,并可防止账页散失和被任意抽换。其缺点是由于账页固定而无法增减账页,在预留账页不足时,影响正常登记;而如果预留过多,又会造成浪费。而一本订本账同一时间只能由一人记账,也不利于会计人员分工协作。在实际工作中,库存现金日记账、银行存款日记账和总分类账必须使用订本账。

2. 活页式

活页式账簿是指事先并不固定、可根据需要增减账页数量的会计账簿。活页式账簿的账页应随时编号。其优点是使用灵活,避免浪费。其缺点是容易遗失或被任意抽换。为防止这种行为的出现,可在启用时就对空白账页进行连续编号,并在年度终了时装订成册。一般明细账都采用活页账。

3. 卡片式

卡片式账簿是指将硬卡片作为账页,存放在卡片箱内保管,根据需要可随时取用的会计账簿。它实际上是一种活页账,为了防止经常抽取造成破损而采用硬卡片形式,一般用于记录固定资产,最大的优点是可以跟随所记的资产内部转移。卡片式账簿可以跨年度使用。

五、会计账簿的形式要求

(一)总账的账簿形式

现行会计制度对总账形式未作统一要求。选择订本式还是活页式,各单位可根据自己的实际需要自行决定。经济业务少的单位,可选用订本式账簿。经济业务多的单位可选用活页式账簿。一般情况下总账应采用订本式账簿,使账页不易散失或被抽换。

总账账页的格式一般采用"三栏式"(见附录C),目的是反映增加、减少和余额。

(二)日记账的账簿形式

除了明确指出是日记总账外,一般的日记账通常是指库存现金日记账(见附录D)和银行存款日记账(见附录E)。为了加强对货币资金的管理,库存现金日记账和银行存款日记账必须采用订本式账簿。日记账的账页格式一般是三栏式,反映其增加、减少和结余数。

(三)明细账的账簿形式

明细账常选用活页式账簿。由于明细账反映的内容多种多样,因此其格式也应是多样化的。例如,原材料明细账(见附录F)的账页往往设计为数量金额式,应有数量、单价、规格、型号和成分等内容;而生产成本明细账(见附录G)则应标明成本的构成等内容。会计人员应根据实际需要选择或设计明细账的账页格式。

第二节　会计账簿的格式及登记

一、登记账簿的要求

会计人员应根据审核无误的会计凭证登记会计账簿。登记会计账簿的基本要求主要有以下 8 条。

(1) 登记会计账簿时，应将会计凭证日期、编号、业务、内容、摘要、金额和其他有关资料逐项记入账内，做到数字准确、摘要清楚、登记及时、字迹工整。

(2) 登记完毕后，要在记账凭证上签名或者盖章，并注明已经登账的符号"√"，防止重复入账。

(3) 记账要保持清晰、整洁，记账文字和数字要端正、清楚，严禁刮擦、挖补、涂改或用药水消除字迹。账簿的数字记录应紧靠行格的底线书写，一般只占方格高度的 1/2 或 2/3，并应适当向右倾斜，这样不但美观，而且也方便采用划线更正法更正错误。

(4) 登记账簿要用蓝黑墨水或者黑墨水书写，不得使用圆珠笔(银行的复写账簿除外)或者铅笔书写。

(5) 下列情况，可以用红色墨水记账。
① 按照红字冲账的记账凭证，冲销错误记录。
② 在不设借贷等栏的多栏式账页中，登记减少数。
③ 在三栏式账户的余额栏前，如未印明余额方向，在余额栏内登记负数余额。
④ 根据国家统一会计制度的规定可以用红字登记的其他会计记录。

(6) 各种账簿按页次顺序连续登记，不得跳行、隔页，如果必须跳行、隔页，应当将空行、空页划线注销，或者注明"此行空白""此页空白"字样，并由记账人员签名或者盖章。

(7) 凡需结出余额的账户，结出余额后，应在"借或贷"等栏内写明"借"或者"贷"字。没有余额的账户，应当在"借或贷"等栏内写"平"字，并在余额栏内用"0"表示。现金日记账和银行存款日记账必须逐日结出余额。

(8) 每一账页登记完毕结转下页时，都应当结出本页合计数及余额，写在本页最后一行和下页第一行的有关栏内，并在摘要栏内注明"过次页"和"承前页"字样，也可以将本页合计数及金额只写在下页第一行有关栏内，并在摘要栏内注明"承前页"字样，以保证账簿记录的连续性。

二、日记账的登记

日记账是按经济业务发生时的时间顺序登记的会计账簿。虽然会计实务中可以按业务的内容设置多种日记账，但由于库存现金和银行存款的流动性较强，易被非法占用，因此企业一般只设置库存现金日记账和银行存款日记账。如果需要，还可以根据需要设置采购和销售日记账等。

(一)库存现金日记账和银行存款日记账

存在库存现金、银行存款收付业务的单位,均应设置库存现金日记账和银行存款日记账,将库存现金、银行存款的日记账和总账核对,以达到加强对现金和银行存款监管的目的。

1. 库存现金日记账和银行存款日记账的格式

库存现金日记账、银行存款日记账一般有三种格式,即三栏式、多栏式和收付分页式,其中三栏式较为常见,格式如表6-2、表6-3和表6-4所示。多栏式日记账与三栏式日记账在登记方法上基本相同,但在格式上多栏式略显复杂,这是由于信息需求的增加使设置的专栏增多。虽然多栏式比三栏式能提供更多信息,但又存在分栏过多和账页过长、容易看错和登错等缺陷。收付分页式日记账是避免账页过大而产生的,它与前两类日记账的登记方法也基本相同,不同的是每日结束时应将日记账中的当日支出合计数转记入收入日记账中的"当日支出"栏内,用以结出当日的账面结余数。

表6-2 三栏式库存现金日记账

年		凭证编号	摘 要	对方科目	收 入	支 出	结 余
月	日						
1	1		期初余额				900
	3	现付1	预付张某差旅费	其他应收款		500	400
	3	银付1	从银行提取现金	银行存款	600		1 000
	3		本日合计		600	500	1 000
	⋮	⋮	⋮				
	31		本月合计		2 500	2 200	1 200
2	5	现付1	售废旧物品	管理费用	800		2 000
	6	现付5	将多余现金存入银行	银行存款		800	1 200
	⋮		⋮				
	28		本月合计		2 300	2 600	900
	⋮		⋮				
12	31		本年合计		9 700	10 200	400

表6-3 多栏式现金日记账

年		凭证编号	摘 要	收入栏				支出栏				结 余
				应贷科目			合计	应借科目			合计	
月	日			银行存款	营业外收入	……		其他应收款	银行存款	……		
1	1		期初余额									900
	3	现付1	预付张某差旅费					500				400
	3	银付1	从银行提取现金	600								1 000

续表

年		凭证编号	摘要	收入栏			支出栏			结余
月	日			应贷科目		合计	应借科目		合计	
				银行存款	营业外收入	……		其他应收款	银行存款	……		
	3		本日合计	600		600	500		500	1 000
	⋮	⋮	⋮			⋮			⋮	⋮
	31		本月合计			2 500			2 200	1 200

表 6-4 收付分页式日记账

现金收入日记账

年		凭证编号	摘 要	贷方科目		收入合计	支出合计	结余
月	日			银行存款	……			
1	1		期初余额					900
	3	银付1	提取现金	600		600	500	1 000
	⋮	⋮	⋮	⋮		⋮		
	31		本月合计			2 500	2 200	1 200

现金支出日记账

年		凭证编号	摘 要	借方科目			支出合计
月	日			其他应收款	……	……	
1	3	现付1	预付张某差旅费	500			500
	⋮	⋮	⋮	⋮	⋮	⋮	
	31		本月合计				2 200

2. 库存现金日记账和银行存款日记账的登记方法

(1) 库存现金日记账的登记应由出纳负责。每日登记完毕,应结出日记账账面余额,并同库存现金核对。如果不相符,应及时查明原因,报告主管人员。银行存款日记账与库存现金日记账的登记方法基本一致,但无须每日与实际银行存款数核对,一般应每月与银行对账单核对一次,以避免透支。

(2) 依据审核后的凭证进行日记账登记,对于同时涉及库存现金、银行存款的业务,会计惯例是只登记付款凭证,因此过账时应根据同一份付款凭证登记库存现金日记账和银行存款日记账,避免重复记账。

(3) 期末应结出本月、本年的收入合计、支出合计及余额。

(二)其他日记账

1. 普通日记账

在使用记账凭证的前提下,将全部经济业务序时记成两栏式(包括借方金额和贷方金额两栏)的日记账,称作普通日记账。它可全面地记录经济业务,但因工作量大,又不便于分工记账,因此较少使用。这种日记账还有一种改进形式,即"专栏日记账",它针对普通日记账记账时不分类的缺点进行了改进,加以适当地分类和汇总,但账页过大仍是它的缺点。普通日记账的格式如表6-5所示。

表6-5 普通日记账

2020年		摘 要	会计科目	借方科目	贷方科目	过 账
月	日					
10	1	购修理用料	原材料 银行存款	2 000	2 000	
	3	支付第四季度房租	预付账款 库存现金	300	300	
	10	提现	库存现金 银行存款	400	400	
	18	修理收入	库存现金 其他业务收入	1 000	1 000	
	26	存现	银行存款 库存现金	500	500	
	30	本月应计房租	管理费用 预付账款	100	100	
	30	本月应计折旧	管理费用 累计折旧	50	50	
		合 计		4 350	4 350	

2. 转账日记账

在使用库存现金、银行存款日记账后,如果认为有必要,还可以设置转账日记账,用于登记除现金、银行存款以外的业务。这种日记账可以设置也可以不设置,取决于企业的实际需要。转账日记账的格式如表6-6所示。

表6-6 转账日记账

2020年		转账 凭证编号	摘 要	借 方		贷 方	
月	日			一级科目	金 额	一级科目	金 额
10	3	1	摊销本月房租	管理费用	100	预付账款	100
	30	2	应计利息	财务费用	30	应付利息	30
	30	3	应计本月折旧	管理费用	50	累计折旧	50
10	31		合 计		180		180

3. 采购和销售日记账

除了库存现金、银行存款日记账以外,如果企业希望单独、系统地反映采购和销售业务,还可以再设置采购和销售日记账。因业务性质与库存现金、银行存款不同,故日记账的项目在设置时也是不同的,如需设置客户名称等,具体可采用如表6-7和表6-8所示的格式。

表 6-7　采购日记账

年		凭证编号	摘要	供货单位名称	库存商品借方	原材料借方	应付账款贷方	过　账
月	日							

表 6-8　销售日记账

年		凭证编号	摘要	购货单位名称	应收账款借方	主营业务收入贷方	过　账
月	日						

三、总分类账的登记

(一)总分类账的格式

总分类账简称总账，它是根据总分类会计科目设置的，是用来汇总特定要素的经济业务的，因此总分类账能较全面地反映企业的经营情况和经营成果。总分类账主要采用三栏式的格式。通常三栏式中所指的三栏是"借方""贷方"和"余额"，但在实际账页上，除了这三栏外还应包括日期、凭证编号、摘要、借或贷等栏，以描述相应的信息。

(二)总分类账的登记方法

总分类账一般由会计人员登记。登记的依据是审核后的记账凭证或汇总记账凭证或科目汇总表或多栏式日记账，最终使用何种依据取决于企业具体采用的账务处理程序(关于账务处理程序的介绍可见本书第八章)。

四、明细分类账的登记

明细分类账是根据不同的账户开设的，因此不同特点的账户应根据实际需要设置与其经济业务相适应的明细分类账账页格式。

(一)明细分类账的主要格式

1. 三栏式明细分类账

三栏式明细分类账的细节与总分类账的"三栏式"相似，主要适用于对金额进行核算的账户。代表账户包括"应收账款""应付账款"等债权债务类和权益类账户。三栏式明细分类账的格式如表 6-9 所示。

表 6-9 ×××明细分类账

二级或明细科目：

年		凭证编号	摘 要	借 方	贷 方	借或贷	余 额
月	日						

2. 数量金额式明细分类账

企业对于所拥有的实物资产需要同时反映数量和金额的增减变化时，可采用数量金额式明细分类账。比较有代表性的账户包括"原材料""库存商品"等。数量金额式明细分类账的格式如表 6-10 所示。

表 6-10 原材料明细分类账

类　　别：　　　　　　　　　　　　　　　　　　　　　　编　　号：
品名及规格：　　　　　存放地点：　　　　储备金额：　　　　计量单位：

2020 年		凭证编号	摘 要	收 入			支 出			结 余		
月	日			数量	单价	金额	数量	单价	金额	数量	单价	金额
5	1		期初余额							20	100	2 000
	5	银付 2	购买原材料	30	100	3 000				50	100	5 000
	19	转 1	领用原材料				40	100	4 000	10	100	1 000
	31		本月合计	30	100	3 000	40	100	4 000	10	100	1 000

3. 多栏式明细分类账

多栏式明细分类账是在一张账页上按有关明细科目或明细项目分设若干栏目，以在同一张账页上集中反映某一总账科目或明细科目全部明细项目信息的账簿。多栏式明细分类账适用于登记明细项目较多，而且借贷方向单一的经济业务。按照经济业务的特点和管理的需要，多栏式明细分类账又可以分为借方多栏式、贷方多栏式和借贷方多栏式三种格式。借方多栏式明细账主要用于登记费用类和成本类账户，一般只在借方设专栏，以便分类、分项登记成本或费用的具体内容，如"材料采购"明细账、"生产成本"明细账、"管理费用"明细账、"制造费用"明细账等，参考格式见表 6-11。贷方多栏式明细账主要用于登记收入类账户，一般只在贷方设专栏，以便登记收入的具体来源或内容，如"主营业务收入"明细账、"其他业务收入"明细账、"营业外收入"明细账等。借贷方多栏式明细账则在借方和贷方均设有专栏，它适用于借贷方均需要设置多个栏目进行明细登记的账户，如"应交税费——应交增值税"明细账、"材料成本差异"明细账等。

表 6-11　材料采购明细账

材料名称或类别：甲材料

2020年		凭证编号	摘　要	数量/千克	借方(采购成本项目)			
月	日				买价	运费	装卸费	合计
5	1		购入材料单价85元	200	17 000	800	200	18 000
	3		购入材料单价85元	100	8 500			8 500
	4		发生采购费用			400	100	500
	6		结转入库材料总成本	300	25 500	1 200	300	27 000
	31		入库材料单位成本		85	4	1	90

(二)明细分类账的登记方法

依据审核无误的记账凭证和所附的原始凭证逐笔登记明细账。

五、总分类账和明细分类账的平行登记

会计信息在记入总账和明细账时，必须采用平行登记的方法。所谓平行登记，是指凡涉及明细账户的同一笔经济业务要在总分类账户和所属明细分类账户中按同依据、同时、同向、同金额的方法进行登记，它的要点如下所述。

(1) 依据相同。即对发生的经济业务，在登记总账和明细账时，都要以相同的会计凭证为依据。

(2) 同时登记。即对同一笔经济业务，在同一月的会计期内，既要记入有关的总分类账户，又要记入它所属的有关明细分类账户，不能漏记或重记。

(3) 方向相同。登记时的借贷方向应保持一致，即总分类账户的登记在借方，明细分类账户也应登记在借方；总分类账户的登记在贷方，明细分类账户也应登记在贷方。

(4) 金额相等。登记后的总账和明细账的金额应保持一致，即总账账户借方发生额、贷方发生额和余额应分别与所属明细账金额之和相等。

六、错账的查找和更正

尽管会计人员在填写记账凭证和登记账簿之前已经对原始凭证、记账凭证进行了多次核对，但账簿记录中仍然难以避免出现错误。用手工的方法记录大量经济业务时，出现差错的可能性将更大。

(一)记账时可能出现的错误

与账簿登记有关的差错通常包括以下几种。

(1) 串户。把业务记错账户，称之为串户，如将应记入"应收账款"的业务，记入"应付账款"。

(2) 反方。把应记借方的业务错记入贷方。

(3) 错位。如把1 500.00元写成150 000元。

(4) 写错。因看错等原因，将某数字写成与其完全不相干的数字，如把 6 780 元写成 48 元。

(5) 倒码。如把 87 写成 78。

(二)记账错误的查找方法

在每天发生很多笔经济业务的单位，想在众多账簿记录中检查出错误所在并非易事，但日常工作中总结出的一些做法可以帮助会计人员提高检查效率。常见的错账查找方法有差数法、倍数法和除 9 法三种。

1. 差数法

差数法一般适用于寻找和发现漏记账目。记账人员首先应通过对比不同的会计记录，确定错账的差数，再根据差数去查找错误。

2. 倍数法

倍数法也叫除 2 法，这种方法适用于会计账簿因栏次错写而造成的方向错误，如误将该记入借方栏的金额写入贷方栏，或者误将该记入贷方栏的金额写入借方栏。这种错误一般会造成双倍的误差，因此在算出借方和贷方的差额后，再根据差额的一半来查找错误，可以较为快捷地发现错误所在。

3. 除 9 法

除 9 法一般应用于查找数字错位和数字颠倒的错误，如将 890 误写成 980。这种错误所形成的差额通常可以被 9 除尽，因此可以先算出借方与贷方的差额，再除以 9 来查找错误。如果仅仅是数字错位，除 9 法可以较快地查找到错误所在。例如，将 10 000 元误写成 1 000 元，其差额为 9 000 元，除 9 后即为 1 000 元的错误金额。

以上的错误查找方法仅仅适用于查找单一的、特定的错误，若是错误较多，上述差错方法不一定能够检查出错误所在，会计人员就只能使用全面检查法。全面检查法就是对一定时期的账目进行全面核对的检查方法，具体又可分为顺查法和逆查法。顺查法就是按照记账的顺序，从头到尾依次检查原始凭证、记账凭证、总账、明细账以及会计科目余额表等。逆查法则与记账的顺序相反，也就是首先检查科目余额表中数字的计算是否正确，再检查各账户的计算是否正确，然后核对各账簿与记账凭证是否相符，最后检查记账凭证与原始凭证是否相符的方法。

(三)记账错误的更正方法

账簿记录发生错误时，不允许采用涂改、挖擦、刮补的手段更正，也不应使用化学试剂消除字迹。

扫一扫，观看"错账更正"视频讲解

账页一般不允许撕掉重抄，确因账页严重受损或其他特殊原因导致的字迹模糊等，允许重抄，但重抄前应经会计主管批准，抄好后还应仔细复核。注意，原账页应保留在原处不得销毁。

当账簿中仅局部科目的金额记录不正确时，应使用不同的更正方法。因为填写凭证在前，登记账簿在后，所以账簿的错误若由凭证引起，应先更正记账凭证，再更正账簿，否则只要更正账簿即可。记账错误的更正方法一般有以下三种。

1. 划线更正法

划线更正法又称"红线更正法"。当记账凭证正确，账簿中的文字或数字有错且错误记录(包括文字和数字)是因记账笔误引起的时，应使用此法更正。这种更正方法不需作会计分录，可以在账簿中直接更正。更正时，在错误的文字或数字上划一红线，以示注销。划线时，要划去错误数字的整个数码，不能只划其中个别数码，然后在红线上空白处填写正确的文字或数字，并由更正人在更正处盖章，以示负责。例如，在登记账簿中，记账人员林立误将记账凭证上列示的 128.50 元抄写成 125.80 元，则应作如下更正。

$$\begin{array}{c} 128.50 \\ \overline{125.80} \end{array} \boxed{林立}$$

2. 红字更正法

红字更正法是在记账或结账以后，发现记账凭证中所填写会计科目或金额发生错误，继而引起账簿记录错误而使用的更正错账的方法。

(1) 记账以后，发现编制的记账凭证用错了会计科目而登错了账簿，可以用红字更正法之全部冲销法。更正时先用红字金额编制一张与原错误凭证相同科目的记账凭证，并注明"冲销×月×日错账"，用红字金额记入有关账簿中，冲销原来的错误记录；然后再编制正确的记账凭证，并记入有关账簿，在摘要栏中同样注明"更正×月×日错误"。

【例6-1】 3月5日，SD公司以银行存款向某批发公司支付前欠购料款 1 170 元。编制记账凭证时，把借方"应付账款"科目误记为"其他应付款"，具体如下所示。

借：其他应付款　　　　　　　　　　　　1 170
　　贷：银行存款　　　　　　　　　　　　　　1 170

并据此登记入账。

3月29日对账时发现该项错账，先编制一张红字数额的、与原记账凭证科目相同的凭证，予以冲销。

借：其他应付款　　　　　　　　　　　　$\boxed{1\ 170}$
　　贷：银行存款　　　　　　　　　　　　　　$\boxed{1\ 170}$

("$\boxed{}$"代表红字)

再用蓝字编制正确的记账凭证并过账。

借：应付账款　　　　　　　　　　　　　1 170
　　贷：银行存款　　　　　　　　　　　　　　1 170

账簿记录如图6-1所示。

图6-1　账簿记录(全部冲销法)

(2) 在记账或结账以后，如果发现编制凭证时，会计科目运用正确，但其所列金额大于正确金额，并已记入账簿，可采用红字更正法之部分冲销法。即先计算出正确金额与错误金额的差额，然后以此差额编制一张与原凭证相同科目的红字金额记账凭证，据以登记入账将原多记的数字冲销掉。

【例6-2】 3月5日，SD公司以银行存款向某批发公司支付前欠购料款1 170元。编制记账凭证时，其金额误为1 710元，具体如下。

借：应付账款　　　　　　　　　　　　　　1 710
　　贷：银行存款　　　　　　　　　　　　　　　　1 710

3月29日对账时发现上述错误，这时可将多记的540元，用红字填制一张相同科目的记账凭证，并登记入账，予以冲销。

借：应付账款　　　　　　　　　　　　　　540
　　贷：银行存款　　　　　　　　　　　　　　　　540

账簿记录如图6-2所示。

应付账款	银行存款
1 710	1 170
540	540

图6-2　账簿记录(部分冲销法)

3. 补充登记法

在记账以后，如果发现记账凭证中科目运用正确，仅仅是金额少记导致的错误，可使用补充登记法。这种更正法既要更正记账凭证，也要更正账簿记录。其具体操作是，用蓝色笔填写一份记账凭证，其中的会计科目与被更正的凭证相同，金额为少记的数字(数字为蓝色)，然后登记账簿并在摘要中注明更正或补充第几号凭证。

【例6-3】 用现金预支员工差旅费1 500元，付款凭证错记为150元，已经登记入账。其错误的记账凭证如下。

借：其他应收款　　　　　　　　　　　　　150
　　贷：库存现金　　　　　　　　　　　　　　　　150

补充的记账凭证如下。

借：其他应收款　　　　　　　　　　　　　1 350
　　贷：库存现金　　　　　　　　　　　　　　　　1 350

账簿记录如图6-3所示。

其他应收款	库存现金
150	150
1 350	1 350

图6-3　账簿记录(补充登记法)

第三节 结账与对账

一、结账

(一)结账的含义

结账就是把一定时期内所发生的经济业务,在全部登记入账的基础上,结算出每个账户的本期发生额和期末余额,并将期末余额转入下期或下一年的新账中。企业的信息使用者(如投资人、债权人、政府管理部门等)需要了解企业的财务状况和经营成果,但由于会计资料在经过大量的记录后显得过于庞杂,不能直接满足他们对资产、负债、利润总额等核心信息的需求,因此通过结账得到企业的总体情况来反馈给会计信息使用者,并为编制会计报表做好准备。

结账是会计工作中必不可少的一项。它将持续经营中的企业资产、权益情况和收入、费用情况划分为较短的期间,使信息使用人可以及时了解企业的财务状况和经营成果。

(二)结账前应注意的方面

(1) 确保记录的完整性,即会计记录中应包括所有的交易或者事项。

(2) 确保经济业务记入恰当的会计期间,即经济业务没有被提前或拖后入账,没有被高估和低估。

(三)结账工作的具体内容

结账工作的具体内容主要有以下两项。

(1) 结算各个资产、负债和所有者权益的总分类账户和明细分类账户,分别结出它们的本期发生额及期末余额。此时的会计工作行为仅限于对原来的总账、明细账和日记账记录的账面进行处理,而不涉及会计分录的编制,故不需要编制记账凭证。

(2) 结算各种收入、费用等损益类账户,并据以计算确定本期的利润或亏损,把经营成果在账上揭示出来。此时的结账工作是通过编制会计分录和过账实现的,因此会计行为既涉及编制会计分录,也与登记账簿记录有关,但无须专门的原始凭证作原始依据。

(四)结账后的试算平衡

结账后,可以再次试算平衡,看一下所有存在借方余额的账户的余额合计是否等于所有贷方余额的合计数。其目的是避免直接编制报表时存在过多的错误。但是,这只是一个建议,而不是一个必需的步骤,会计人员也可直接编制报表。

(五)结账的方法

在实际工作中,一般采用划线结账方法进行结账。在我国,结账方式一般可分为月结、季结、年结三种。

1. 月结

办理月结时,应在各账户最后一笔记录下面划一道通栏红线,在红线下结算本月发生额和月末余额(如无余额,应在余额栏内注明"0",并在借或贷栏内写上"平"字),并在摘要栏内注明"本月合计"或"本月发生额及余额"或"××月份月结"字样,然后在下面再划一道通栏红线。

2. 季结

选择季结方式的企业,要在月结完成的基础上进行季结。季末结账,应计算并填列"本季发生额"和"季末余额",将其记录登记在该账页最后一个月月结的下一行内,如果没有余额应在账页的余额栏内写"0",并在借或贷栏内写上"平"字,同时在同一行的摘要栏注明"×季度季结"字样,并在季结下划一道通栏红线。

3. 年结

年末结账,首先要完成月结和季结。随后再计算并填列"本年发生额"和"本年余额",将其记录登记在该账页最后一个季结的下一行,如果没有余额应在账页的余额栏内写"0",并在借或贷栏内写上"平"字,同时在同一行的摘要栏内注明"××年度年结"字样,并在年结下划两道红线。

月结、季结、年结的形式如表 6-12 所示。

表 6-12 总分类账

会计科目:银行存款　　　　　　　　　　　　　　　　　　　　　　　　　　　　第　页

年		凭证编号	摘　要	借　方	贷　方	借或贷	余　额
月	日						
1	1		年初余额			借	20 000
	⋮			—	—		—
	31		本月合计	35 000	22 000	借	33 000
2	1			—	—		—
	28		本月合计	23 000	36 000	借	20 000
3	1						
	⋮						
	31		本月合计	35 000	40 000	借	15 000
			本季合计	93 000	98 000	借	15 000
				—	—		—
12	1			—	—		—
	30			—	—		—
	31		本月合计	34 000	28 000	借	21 000
			本季合计	81 000	75 000	借	21 000
			本年累计	230 000	229 000	借	21 000
			结转下年				21 000

二、对账

(一)对账的意义

所谓对账,是指为确保会计信息客观、完整、系统和连续,在将相关经济业务登记入账后,对会计记录进行核对的工作。如果有必要,对账可以在会计循环的任何环节进行,但考虑到工作效率和会计成本的高低,通常会计人员会在月末、季末和年末,所有经济业务入账后且尚未结账时进行定期的对账。此外,若在会计期间出现会计人员调动也应及时对账。

会计核算中难免出现差错,对账的目的就是发现并更正记账中的差错。因此,定期对账可为后续工作,特别是为报表编制奠定了良好的基础。

(二)对账的主要内容

对账的主要内容包括账证核对、账账核对、账实核对三个方面。

1. 账证核对

账证核对是将各种账簿(包括总分类账、明细分类账、日记账)与相关凭证(包括原始凭证和记账凭证)进行核对。其主要是核对经济业务的时间、凭证编号、业务内容、交易金额等项目。这种核对主要在平时进行,便于及时发现问题。

2. 账账核对

账账核对主要包括以下4个方面的内容。
(1) 所有总分类账中的借方金额合计数是否与贷方金额合计数相符。
(2) 库存现金、银行存款总账与相关的日记账的余额数核对。
(3) 总分类账账面余额与明细账账面余额核对。
(4) 会计部门的物资明细账的账面余额与物资保管部门和使用部门的明细账核对。

3. 账实核对

账实核对是指在前两个方面核对的基础上核对账面余额与实物资产的实存数,确保账面数和实际数相符。账实核对主要包括以下4个方面的内容。
(1) 现金日记账的账面余额与库存现金的实有数核对。
(2) 银行存款日记账的账面余额与银行对账单核对。
(3) 债权、债务明细账与结算单位的账面余额核对。
(4) 实物资产的明细账余额与实际实物量核对。

(三)对账结果的处理

如果对账后未发现错误或遗漏等异常情况,即可进入下一个会计步骤;如果存在错误或遗漏,应进行必要的更正和调整。更正的具体方法见本章第二节。

【思政案例】

账务处理中的会计造假案例

康美药业:"随心所欲"变动的财务数字

2019年4月末,对于中国南方来说,气温应该早就达到30度了,四月快要结束的时候,康美药业公布了公司2018年年报以及2019年第一季度的季报,与此同时,康美药业还发布了《关于前期会计差错更正的公告》。尤其是这份公告,自公布的那一刻开始,对于康美来说,燥热的夏天就提前到来了。会计差错更正,就是之前某个经营周期会计进行核算计量的时候,数据啥的算错了,现在修改一下,一般来说小的改动无伤大雅,但是对于康美这种级别的企业来说,那可是几百亿人民币的改动。2017年货币资金调减299.44亿元、存货调增195.46亿元、销售商品提供劳务收到的现金调减103亿元。2017年,货币资金多计了300亿,增幅高达700%多。2017年,收入虚增了造假前的一半多(51%),同时还虚增了近7成的成本。为了不让最后的利润太难看,康美还少列了销售费用和财务费用,最终让自己的利润看起来前途光明。原本这样的造假很难识破,可偏偏造假的会计不专业,营业收入虚增的同时,营业税金反而在减少,狐狸还是露出了尾巴。5月17日下午,证监会通报了康美药业调查结果。据证监会称,现已初步查明,康美药业披露的2016至2018年财务报告存在重大虚假行为,一是使用虚假银行单据虚增存款;二是通过伪造业务凭证进行收入造假;三是部分资金转入关联方账户买卖本公司股票。公司涉嫌违反《证券法》第63条等相关规定。

(资料来源: https://zhuanlan.zhihu.com/p/124997759)

思政要点:

随着生产力的发展和社会的进步,人们对于信息的依赖程度越来越高。会计信息在现代经济中发挥着重要的作用,会计信息真实与否直接关系到信息使用者的经济决策是否合理、有效。上市公司会计造假不仅误导了广大投资者和债权人,而且严重扰乱了证券市场秩序,使国家、集体和个人都蒙受了不应有的损失。在形形色色的会计造假案中,会计人员往往扮演着非常关键的角色,也必然会承担相应的行政责任、刑事责任和民事责任。

在会计人员的职业道德要求中,有坚持会计准则的要求,要求会计人员熟悉财经法律、法规和国家统一的会计制度,在处理经济业务过程中,不为主观或他人意志所左右,始终坚持按照会计法律、法规和国家统一的会计制度的要求进行会计核算,实施会计监督,确保所提供的会计信息必须真实、完整,以维护国家利益、社会公众利益和正常的经济秩序。

≫ 本章小结 ≪

账簿是会计信息的载体,登记账簿的依据是审核无误的会计凭证所提供的数据。本章重点阐述了企业应设置的账簿体系,各类账簿的账页格式、登记依据和登记方法;期末进行账簿核对的方法,对账簿核对中发现的错账进行更正的方法。要求掌握划线更正法、红字更正法和补充登记法的适用范围、更正方法,以及掌握账簿的结账方法。

同步测试题

一、单项选择题

1. 库存现金日记账和银行存款日记账,需根据有关的凭证( )登记。
   A. 逐日汇总   B. 一次汇总   C. 定期汇总   D. 逐日逐笔
2. "数量金额式"明细分类账适用于( )类账户的明细分类核算。
   A. 收入   B. 费用   C. 财产物资   D. 债权债务
3. 从银行提取现金的经济业务,应根据( )登记库存现金日记账。
   A. 库存现金收款凭证   B. 库存现金付款凭证
   C. 银行存款收款凭证   D. 银行存款付款凭证
4. 将现金送存银行的经济业务,应根据( )登记银行存款日记账。
   A. 库存现金收款凭证   B. 库存现金付款凭证
   C. 银行存款收款凭证   D. 银行存款付款凭证
5. 库存现金日记账属于( )。
   A. 明细分类账   B. 总分类账   C. 普通日记账   D. 特种日记账
6. 采用平行登记的方法,记入总账的金额,必须与记入所属明细账的( )。
   A. 余额之和相等 B. 金额之和相符 C. 余额相等 D. 实际金额相等
7. 一般来讲,明细分类账可根据需要采用( )。
   A. 订本式账簿   B. 卡片式账簿   C. 备查账簿   D. 活页式账簿
8. 鉴于总账及其所属明细账的相互关系,在进行账簿登记时应采用( )。
   A. 复式记账法   B. 借贷记账法   C. 平行登记法   D. 加权平均法
9. 在下列有关账项的核对中,属于账实核对的内容是( )。
   A. 银行存款日记账余额和银行对账单余额的核对
   B. 银行存款日记账余额和其总账余额的核对
   C. 总账账户借方发生额合计与其明细账借方发生额合计的核对
   D. 总账账户贷方余额合计与其明细账贷方余额合计的核对
10. 按账簿的( )划分,银行存款日记账属于序时账簿。
    A. 用途   B. 账页格式   C. 外表形式   D. 内容
11. 利润账户可以采用( )账页格式。
    A. 三栏式   B. 订本式   C. 数量金额式   D. 多栏式
12. 序时账簿按其记录的经济业务内容不同,可分为( )。
    A. 现金日记账、银行存款日记账和转账日记账
    B. 进货日记账和销货日记账
    C. 日记总账和备查账
    D. 普通日记账和特种日记账
13. 账簿的外表形式主要有卡片式、活页式和订本式三种,库存现金日记账和银行存款日记账必须采用( )账簿。

A. 订本式 B. 活页式 C. 三栏式 D. 多栏式

14. 记账人员登账完毕之后，要在记账凭证上注明已经登账的符号，这主要是为了(　　)。
 A. 避免空行、空页 B. 分清责任
 C. 防止凭证丢失 D. 避免重记或漏记

15. 对账时，账账核对不包括(　　)。
 A. 总账各账户的余额核对 B. 总账和明细账之间的核对
 C. 总账和备查账之间的核对 D. 总账与日记账的核对

16. 一般情况下，在登账时，需用(　　)书写。
 A. 铅笔 B. 签字笔 C. 蓝黑墨水笔 D. 圆珠笔

17. (　　)是指核对会计账簿记录的原始凭证、记账凭证时间、凭证字号、内容、金额是否一致，记账方向是否相符。
 A. 账证核对 B. 账账核对 C. 账实核对 D. 账表核对

18. 某企业购进材料 5 000 元，款未付，如果原记账凭证为借记原材料，贷记银行存款，并已入账有误，则应采用(　　)予以更正。
 A. 红字更正法 B. 划线更正法 C. 补充登记法 D. 挖补法

19. 记账后，当年内发现记账凭证所记会计科目错误，且所记金额大于应记金额，则应采用(　　)更正。
 A. 红字更正法 B. 划线更正法 C. 补充更正法 D. 重新填写

20. 若记账凭证上的会计科目和应借、应贷方向未错，但所记金额小于应计金额，并已经入账，则应采用(　　)更正。
 A. 划线更正法 B. 红字更正法 C. 补充登记法 D. 更正分录法

二、多项选择题

1. 会计账簿按用途的不同，可分为(　　)。
 A. 序时账簿 B. 三栏式账簿 C. 分类账簿 D. 备查账簿

2. 以下各项中，属于特种日记账的是(　　)。
 A. 库存现金日记账 B. 银行存款日记账
 C. 普通日记账 D. 转账日记账

3. 以下各项中，属于备查账簿的有(　　)。
 A. 租入固定资产登记簿 B. 应收票据备查簿
 C. 转账日记账 D. 日记总账

4. 三栏式账簿适用于(　　)。
 A. 日记账 B. 总账 C. 费用、成本账 D. 收入账

5. 数量金额式账簿中的账页先分为"收入、支出、结存"三个栏目，在每一个大栏内又可设置(　　)等几个小栏目。
 A. 数量 B. 单价 C. 金额 D. 单位

6. 数量金额式明细分类账的账页，分别设有收入、发出和结存的有(　　)。
 A. 数量栏 B. 金额栏 C. 单价栏 D. 余额栏

7. 库存现金日记账可以根据(　　)登记。

  A. 库存现金收款凭证   B. 库存现金付款凭证

  C. 银行存款付款凭证   D. 银行存款收款凭证

8. 总分类账和明细分类账在平行登记时，应遵循(　　)的原则。

  A. 方向相同   B. 金额相同   C. 依据相同   D. 时点相同

9. 多栏式日记账的适用范围是(　　)的单位。

  A. 经济业务量较多   B. 生产经营规模较大

  C. 使用会计科目较少   D. 使用会计科目较多

10. 账簿按其外表形式的不同，可分为(　　)。

  A. 订本式账簿   B. 活页式账簿   C. 卡片式账簿   D. 三栏式账簿

11. 在下列账簿中，必须逐日逐笔进行登记的是(　　)。

  A. 现金日记账   B. 银行存款日记账

  C. 各种总分类账   D. 各种明细分类账

12. 新的会计年度开始，不可能继续使用旧账而要启动新账的有(　　)。

  A. 日记账   B. 总分类账

  C. 固定资产卡片   D. 原材料明细分类账

13. 登记总分类账的依据是(　　)。

  A. 记账凭证   B. 科目汇总表   C. 三栏式日记账   D. 汇总记账凭证

14. 下列(　　)账簿通常采用订本式形式。

  A. 库存现金日记账   B. 银行存款日记账

  C. 总分类账   D. 原材料明细分类账

15. 下列内容中，属于对账范围的有(　　)。

  A. 现金日记账余额与库存现金的核对

  B. 账簿记录与有关会计凭证的核对

  C. 总分类账户余额与有关明细账户余额合计数的核对

  D. 日记账余额与有关总分类账户余额的核对

  E. 应收、应付账款明细账户余额与有关单位及个人的核对

  F. 原材料、库存商品明细账户余额与库存实物的核对

16. 下列会计凭证中，(　　)可以作为登记银行存款日记账的依据。

  A. 自制原始凭证   B. 外来原始凭证   C. 付款凭证   D. 收款凭证

17. 发生错账的基本类型为(　　)。

  A. 记账凭证错误，但账簿登记正确

  B. 记账凭证正确，但依据正确的记账凭证登记账簿时发生错误

  C. 记账凭证错误，导致账簿登记也发生错误

  D. 记账凭证正确，账簿科目记错

18. 更正错账的方法有(　　)。

  A. 划线更正法   B. 红字更正法   C. 补充登记法   D. 备抵法

19. 结账的时点可以在(　　)。

  A. 会计期末   B. 报销时   C. 合并时   D. 重组时

20. 在下列情况中，可以用红色墨水笔记账的是( )。
   A. 按照红字冲账的记账凭证，冲销错误记录
   B. 在不设借栏或贷栏的多栏式账页中，登记减少数
   C. 在三栏式账户的余额栏前，未印明余额方向的，在余额栏内登记负数余额
   D. 登记固定资产明细账

三、判断题

1. 会计人员根据记账凭证登记账簿时误将789元登记为798元，则应用补充登记法予以更正。   （ ）
2. "原材料"明细账一般采用多栏式。   （ ）
3. 日记账是对各项经济业务按照发生时间的先后顺序进行登记的账簿。   （ ）
4. "应付账款"明细账目的格式一般采用三栏式。   （ ）
5. 备查账簿是对某些未能在日记账和分类账中记录的经济业务事项进行补充登记的账簿。   （ ）
6. 特种日记账只对某一特定种类的经济业务按其发生时间的先后顺序逐日逐笔登记，主要包括库存现金日记账和银行存款日记账。   （ ）
7. 在登记账簿时，总账和明细账有着直接的联系。为简化记账程序，总账可以根据明细账结果进行登记。   （ ）
8. 年终结账时，有余额的账户，应将其余额直接记入下一年新账余额栏内，不需要编制记账凭证。   （ ）
9. 原材料和制造费用明细账一般采用多栏式明细账格式。   （ ）
10. 银行存款日记账与库存现金日记账的登记方法基本相同。   （ ）
11. 日记账可以采用三栏式，也可以采用多栏式。   （ ）
12. 所有明细账都可使用三栏式和数量金额式账页。   （ ）
13. 根据总账与明细账的平行登记要求，每项经济业务必须在同一天登记明细账和总账。   （ ）
14. 对账工作至少每两年进行一次。   （ ）
15. 账簿按其用途的不同，可分为序时账、分类账和备查账。   （ ）
16. 库存现金日记账应在每日终了时结出余额，并与库存现金核对相符。   （ ）
17. 记账时不慎发生"隔页""跳行"情况，则应在空页或空行处用红色墨水笔画对角线，在空页中还应加盖"作废"戳记。   （ ）
18. 若记账凭证上的会计科目和应借、应贷方向未错，但所记金额小于应记金额并已经入账，则应采用红字更正法予以更正。   （ ）
19. 期末损益类账户一般没有余额，应结转到利润表中，不作专门的会计分录。   （ ）
20. 对账的时间一般是在会计期末，将本月内的全部经济业务登记入账并结出各账户的期末余额之后、结账之前。   （ ）

四、名词解释

1. 会计账簿
2. 账页
3. 总分类账
4. 明细分类账
5. 日记账
6. 备查账簿
7. 订本式账簿
8. 活页式账簿
9. 卡片式账簿
10. 总分类账户
11. 试算平衡
12. 划线更正法
13. 红字更正法
14. 补充登记法
15. 平行登记法
16. 对账
17. 结账
18. 账证核对
19. 账账核对
20. 账实核对

五、思考题

1. 账簿在会计核算中有什么作用？
2. 账簿设置的原则是什么？
3. 作为会计账簿应具备哪些基本内容？
4. 账簿包括哪些种类？请具体说明。
5. 什么是日记账？日记账的种类有哪些？怎样登记库存现金日记账和银行存款日记账？
6. 简述明细分类账的主要格式及其适用性。
7. 简述总分类账和其所属明细分类账的关系。
8. 在同时登记总分类账和所属明细分类账时应采取什么方法？应注意哪些问题？
9. 账簿按外表形式的不同可分为哪几类？
10. 比较不同种类账簿的优缺点及其适用性。
11. 记账时可能出现的错误有哪些？
12. 记账错误更正的方法有哪几种？
13. 为什么要结账和对账？
14. 结账前的注意事项有哪些？
15. 结账和对账的具体内容有哪些？

六、业务题

业务 6-1

【资料】

(1) SD 公司 2020 年 1 月 1 日各总分类账的期初余额如表 6-13 所示。

表 6-13　总分类账的期初余额　　　　　　　　　　　　　　　　　　　　　　单位：元

账户名称	借方金额	账户名称	贷方金额
库存现金	280	短期借款	8 400
银行存款	12 560	应付账款	1 300
应收账款	2 830	应付利息	120

续表

账户名称	借方金额	账户名称	贷方金额
材料采购	7 800	实收资本	30 000
其他应收款	360	盈余公积	2 100
预付账款	480	累计折旧	3 190
固定资产	25 800	本年利润	5 000
合　计	50 110	合　计	50 110

(2) SD为增值税一般纳税人，公司1月发生下列经济业务。

① 1月2日，收到南国公司前欠货款2 830元，存入银行。

② 1月3日，购入甲材料一批，买价为8 000元，增值税额为1 040元，材料已运达企业，但尚未验收入库，货款和税金未付。

③ 1月5日，从银行提取现金300元备用。

④ 1月6日，采购员王林出差，以现金预支差旅费400元。

⑤ 1月8日，以银行存款预付本年度厂部财产保险费6 000元。

⑥ 1月9日，以银行存款支付上年购货欠款1 300元。

⑦ 1月11日，以银行存款归还到期短期借款5 000元。

⑧ 1月12日，以银行存款支付厂部办公用品费500元。

⑨ 1月15日，从银行提取现金500元备用。

⑩ 1月16日，以现金400元支付管理部门日常修理费。

⑪ 1月20日，采购员王林报销差旅费450元，与原借款的差额以现金补足。

⑫ 1月22日，向银行借入短期借款2 000元，存入银行。

⑬ 1月26日，销售A产品一批，售价为6 000元，增值税额为780元，货款和税金尚未收到。

⑭ 1月31日，摊销应由本月负担的厂部财产保险费500元。

⑮ 1月31日，以银行存款支付应由本月负担的短期借款利息200元。

⑯ 1月31日，计提厂部固定资产折旧费用500元。

⑰ 1月31日，将损益类账户结转至"本年利润"账户。

【要求】

(1) 根据上述经济业务，编制记账凭证。

(2) 设置有关总分类账，登记期初余额，并根据所编制的记账凭证登记有关总分类账户。

(3) 设置库存现金和银行存款日记账(可使用附录D和附录E)，登记期初余额，并根据所编制的记账凭证登记有关日记账。

(4) 进行库存现金和银行存款日记账与总账的核对，编制"总分类账户本期发生额及余额表"，进行试算平衡。

业务6-2

【资料】假定SD公司2020年6月在登账后结账前发现下列错账。

(1) 本月以银行存款预付厂部报纸杂志订阅费5 400元，记账凭证无误，但登记入账时错记为4 500元。

(2) 购入生产用设备一台，共计 60 000 元，货款尚未支付，但记账凭证上借、贷双方都记为 6 000 元。

(3) 计提本月生产车间固定资产折旧费用 1 000 元，编制记账凭证如下。

借：累计折旧　　　　　　　　　　　　　1 000
　　贷：固定资产　　　　　　　　　　　　1 000

(4) 收到购货单位前欠货款 8 600 元，而记账凭证上将金额误记为 9 600 元。

【要求】根据上述情况说明错账原因，并指出应采用哪一种方法予以更正。

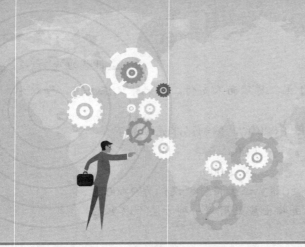

第七章 财产清查

教学目的与要求

- 了解财产清查的意义和种类。
- 熟悉财产清查的方法。
- 掌握财产清查结果的账务处理。

教学重点与难点

教学重点：银行对账以及未达账项的调节；财产清查结果的账务处理，包括盘盈和盘亏在批准前与批准后的两步处理。

教学难点：各种财产物资的清查方法及财产清查结果的账务处理。

引导案例

光华会计师事务所受托对东海钢铁厂的存货进行审计，发现存在下列问题。

1. 年终经财产清查发现，原材料账实不符

该钢铁厂已经建立了完善的内部控制制度。在存货的管理中实行了采购人员、运输人员、保管人员等不同岗位分工负责的内部牵制制度。然而在实际操作中，由于三者合伙作弊，使内部控制制度失去了监督作用。该钢铁厂2020年根据生产需要每月需购进各种型号的铁矿石1 000吨，货物自提自用。2020年7月，采购人员张黑办理购货手续后，将发票提货联交由本企业汽车司机胡来负责运输。胡来在运输途中，一方面将600吨铁矿石卖给某企业，另一方面将剩余的400吨铁矿石运到本企业仓库，交保管员王虎按1 000吨验收入库，三个人随即分得赃款。财会部门从发票、运单、入库单等各种原始凭证的手续上看，完全符合规定，照例如数付款。可是在进行年终财产清查时才发现账实严重不符，只得将不足的原材料数量金额先做流动资产的盘亏处理，期末处理时，部分做管理费用处理，部分做营业外支出处理。

2. 未经税务部门批准，擅自更改原材料的计价方法，以达到调节产品成本的目的

东海钢铁厂采用实际成本法进行原材料核算。多年来该厂一直采用后进先出法计算确定发出矿石的实际成本，2020年铁矿石价格上涨严重，该企业为了提高利润，擅自变更了发出原材料实际成本的计算方法，将后进先出法变更为先进先出法。经测算，截止到本年年末，与按后进先出法计算的结果相比，领用铁矿石的实际成本相差280 000元，即少计了当年的成本280 000元，多计了利润280 000元。该厂在年终财务报告中，对该变更事项及有关结果未予以披露。

3. 毁损材料不报废，制造虚盈实亏假象

该钢铁厂2020年1月发生了一场火灾，材料损失达900 000元。保险公司可以赔偿300 000元。企业在预计全年收支情况后，可知如果报列材料损失，就会使利润下降更加严重。为保证利润指标的实现，该钢铁厂领导要求财会部门不列报毁损材料。

思考与讨论：
(1) 该企业的会计处理是否妥当？应该如何处理？
(2) 这种做法违反了什么原则？应该如何处理？
(3) 这样做的结果是什么？应该如何进行会计处理？

提示：
(1) 该企业的会计处理是不妥当的。部分做管理费用处理，部分做营业外支出处理的做法更有问题。应该查实，损失由三位责任人负责赔偿。

(2) 这种做法违反了一致性原则。企业如果要更改存货的计价方法，首先应通过税务部门批准，然后根据《会计准则——会计政策变更》的规定，进行适当地调整并披露。

(3) 这样做的结果使利润虚增，影响信息使用者的正确决策。应在900 000元的基础上，扣除保险公司赔偿的300 000元以及材料的残值等项目，再记入"营业外支出"科目处理。

第一节 财产清查的意义与种类

一、财产清查的意义

企业各种财产物资的增减变动和结存，通过凭证的填制与审核、账簿的登记与核对，已经在账簿体系中得到了正确的反映，但账簿记录的正确性并不足以说明各种财产物资实际结存的正确性。在具体会计工作中，即使账证相符、账账相符，财产物资的账面数与实际结存数仍然可能不一致。根据资产管理制度以及为编制会计报表提供正确、可靠的核算资料的要求，必须使账簿中所反映的有关财产物资和债权债务的结存数额与其实际数额保持一致，做到账实相符。因此，必须运用财产清查这一会计核算的专门方法。

(一)财产清查的概念

财产清查，也称盘存，就是通过对财产物资、库存现金进行实地盘点，对各项银行存款和往来款项进行询证核对，确定各项财产物资、货币资金和往来款项的实存数，并查明实存数与账存数是否相符的会计核算方法。

财产清查是会计核算的任务之一,反映和监督财产物资的保管和使用状态,保护企业财产物资的安全完整,提高各项财产物资的使用效果。各经济单位应通过账簿记录来反映和监督各项财产的增减变动及结存情况。在会计实际工作中,账簿记录的资料往往与各项财产物资实有数不一致。

(二)造成账实不符的原因

造成账实不符的原因主要有以下几个方面。

(1) 在财产物资收发过程中,由于计量、检验不准确而发生了品种上、数量上或质量上的差错。

(2) 管理不善或工作人员失职造成财产破损、变质、短缺。

(3) 财产物资在保管或运输过程中发生自然损耗或自然升溢。

(4) 火灾、水灾等意外事故造成非常损失。

(5) 贪污盗窃、营私舞弊等违法行为造成财产的短缺。

(6) 会计人员业务素质差,在账簿中错记、漏记、重记或计算错误,或者人为编造假账等。

(三)财产清查的作用

财产清查的作用主要体现在以下几个方面。

1. 保证会计核算资料的真实、可靠

会计核算经过填制会计凭证,严格审核凭证,然后登记入账的程序,按理说账簿资料应该能够反映企业财产物资的实有数,账实也应该相符。但是,在实际工作中,由于各种人为的或自然的原因,都可能会使财产物资的实际结存数与账面结存数发生差异。通过财产清查,可以确定各项财产的实存数,将实存数与账存数进行对比,确定盘盈、盘亏数额,及时调整账簿记录,做到账实相符,以保证账簿记录的真实、准确,提高会计资料的质量,为经济管理提供可靠的数据资料。

2. 健全财产物资的管理制度,挖掘各项财产的潜力,加速资金周转

不断挖掘内部潜力,充分利用各种财产物资,是提高经济效益的一个重要方面。充分利用各种财产物资,必须经常了解各项财产物资的使用情况。通过财产清查,可以查明各项财产盘盈、盘亏的原因和责任,从而找出财产管理中存在的问题,改善经营管理;还可以查明各项财产物资的储备情况、查明各项财产物资占用资金的合理性和利用情况,以便挖掘各财产物资的潜力,提高其使用效能。

3. 保证各项财产物资的安全、完整

财产清查既是会计核算的一种专门方法,又是一种行之有效的会计监督活动。通过财产清查,不仅可以查明各项财产物资的实际结存数,以及实际结存数与账面结存数的差异,而且还可以进一步分析产生差异的原因,检查各项财产物资有无毁损、变质,是否被贪污盗窃。同时,通过财产清查,还可以检查各项财产物资的增减、收支是否按照规定的制度办理了必要的手续,各种物资的保管是否安全妥善等。总之,通过财产清查,可以及时发现问题,建立健全财产物资保管的岗位责任制,保证各项财产物资的安全、完整。

4. 保证结算制度的贯彻执行

在财产清查中,对于债权债务等往来结算账款也要与对方逐一核对清楚。对于各种应收及应付款项应及时结算,已确认的坏账应按规定处理,避免长期拖欠和常年挂账;已确认的确实无法支付的应付款项,应转作"营业外收入"处理。通过财产清查,可促使经办人员自觉遵守结算纪律和国家财政、信贷的有关规定,及时结清债权债务,共同维护结算纪律和商业信用。

二、财产清查的种类

(一)按财产清查的对象和范围分类

扫一扫,观看"财产清查内涵和分类"视频讲解

按财产清查的对象和范围分类,可分为全面清查和局部清查两种。

1. 全面清查

全面清查是对企业所有的财产物资、货币资金和债权债务进行盘点和核对。其特点是清查范围大、投入人力多、耗费时间长。一般来说,在以下情况下需进行全面清查。

(1) 年终决算前,为了确保年终决算会计资料真实、正确,需进行一次全面清查。

(2) 单位撤销、合并、联营、实行股份制改造或改变隶属关系,需进行全面清查,以明确经济责任。

(3) 开展清产核资活动,需进行全面清查。

(4) 单位主要负责人调离工作,需进行全面清查。

2. 局部清查

局部清查是指根据需要对一部分财产物资进行的清查,其清查的主要对象是流动性较强、易发生损耗以及比较贵重的财产,如库存现金、原材料、在产品和库存商品等。其特点是清查范围小、专业性强、人力与时间的耗费较少,一般有以下几种情况。

(1) 对于库存现金应由出纳员在每日业务终了时点清,做到日清月结。

(2) 对于银行存款和银行借款,应由出纳员每月至少与银行核对一次。

(3) 对于原材料、在产品和库存商品除年度清查外,应有计划地每月重点抽查,对于贵重的财产物资,应每月抽查盘点一次。

(4) 对于债权债务,应在年度内至少核对一至两次,有问题应及时解决。

(二)按财产清查的时间分类

按财产清查的时间分类,可分为定期清查和不定期清查两种。

1. 定期清查

定期清查是指根据管理制度的规定或预先计划安排的时间对财产所进行的清查。这种清查的对象不定,可以是全面清查也可以是局部清查。清查的目的在于保证会计核算资料的真实、正确,一般在年末、季末或月度末结账时进行。

2. 不定期清查

不定期清查是指根据需要所进行的临时清查。其清查对象是局部清查。例如，①更换财产物资经管人员(出纳员、仓库保管员)时；②财产物资遭受自然灾害或意外损失时；③单位合并、迁移、改制和改变隶属关系时；④财政、审计、税务等部门进行会计检查时；⑤按规定开展临时性清产核资工作时，都可以根据不同需求进行全面清查或局部清查。其目的在于分清责任，查明情况。

第二节 财产清查的方法

财产清查是一项涉及面广，工作量大，既复杂又细致的工作。它不仅是会计部门的一项重要任务，而且还是各项财产物资经管部门的一项重要职责。为了保证财产清查工作的顺利进行，在财产清查前，必须有计划、有组织地进行各项准备工作。

一、财产清查前的准备工作

不同的财产清查，其程序也不尽相同。但就其一般程序而言，主要包括以下几个步骤。

(1) 成立由会计部门牵头，包括业务、保管等各职能部门人员参加的专门清查小组，具体负责财产清查的计划组织和管理。

(2) 会计部门和资产保管部门应做好所有账簿的登记工作，正确结账和对账，做到账账相符、账证相符，为账实核对提供正确的账簿资料。

(3) 资产使用和保管部门应将其使用和保管的各项资产按自然属性予以整理，有序排列、整齐堆放、挂上标签，标明品种、规格及结存数量，以便盘点核对。

(4) 清查人员准备好必要的计量器具、有关清查需用的各种表册等。

二、实物清查的方法

(一)确定财产物资账面结存的方法

财产清查的重要环节是盘点财产物资的实存数量，为使盘点工作顺利进行，应建立一定的盘存制度。一般来说，财产物资的盘存制度(或称盘存方法)有两种，即永续盘存制和实地盘存制。

1. 永续盘存制

永续盘存制也称账面盘存制，即通过账面记录，随时反映各项财产物资的增加、减少以及结存数量和金额，并通过财产清查，将账存数与实存数进行核对。这种盘存制度可用公式表示如下：

账面期末余额=账面期初余额+本期增加额-本期减少额

该盘存制度要求财产物资的进出都有严格的手续，便于加强会计监督。在有关账簿中对财产物资的进出进行连续登记，且随时结出账面结存数，便于随时掌握财产物资的占用情况和动态,有利于加强对财产物资的管理。其不足之处在于会增加平时财产物资明细账的工作量。在一般情况下,企业均采用永续盘存制。

2. 实地盘存制

实地盘存制也称"以存计销制"或"盘存计销",是指对各项财产物资进行日常核算时,只根据会计凭证在明细账簿中登记财产物资增加的数量和金额,不登记减少的数量和金额,到月末,对各项财产物资进行盘点,根据实地盘点所确定的实存数,倒挤出本月各项财产物资的减少数。这种盘存制度用公式表示如下。

本期资产减少金额=期初账面结存金额+本期增加金额-期末资产结存金额

根据以上的计算倒挤出本期减少数,再登记有关账簿,因此每月月末,对各项财产物资进行实地盘点的结果,是计算、确定本月财产物资减少数的依据。

该盘存制度平时不需要计算、记录财产物资的减少数和结存数,可以大大简化日常核算工作量。但是,由于各项财产物资的减少数没有手续,不便于实行会计监督,倒挤出的各项财产物资减少数中成分复杂,除了正常耗用外,可能还有毁损和丢失的;而且,由于每个会计期末必须花大量的人力、物力对财产物资进行盘点和计价,加大了期末会计核算的工作量。因此,非特殊原因,企业一般情况下不宜采用这种盘存制度。只有那些平时确实无法记录财产物资减少数的单位才应采用这种方法,如零售商店、持续投料的生产企业等。

(二)清查财产物资的技术方法

不同品种的财产物资,由于其实物形态、体积重量、堆放方式不同,而应采用不同的清查方法,这些清查方法包括实地盘点法、推算盘点法、抽样盘点法和查询核实法4种。

1. 实地盘点法

实地盘点法是指在财产物资堆放现场进行逐一清点或用计量仪器确定实存数量的一种方法。这种方法适用范围广,要求严格,数字准确可靠,清查质量高,但是工作量大,若事先按财产物资的实物形态进行科学的码放,如五五排列、三三制码放等,会有利于提高清查的速度。

2. 推算盘点法

推算盘点法是利用技术方法(如量方计尺)对财产物资的实存数进行推算的一种方法。这种方法适用于大堆存放、物体笨重、价值低廉、不便逐一盘点的实物资产。例如,化肥、水泥、砂石等数量大、价值低廉等物资的清查。从本质上讲,它是实地盘点法的一种补充方法。

3. 抽样盘点法

抽样盘点法是对于数量多、价值小、重量均匀的财产物资,采用从中抽取少量样品,以确定其数量的一种方法。

4. 查询核实法

查询核实法是指通过向对方单位发函调查,并与本单位的账存数进行核对的一种方法。

为了明确经济责任,进行财产物资盘点时,有关保管人员必须在场,并参加盘点工作。对各项财产物资的盘点结果,应逐一如实地登记在"盘存单"上,并由参加盘点的人员和实物保管人员同时签章生效。

"盘存单"是记录各项财产物资实物盘点结果的书面证明,也是用来编制"实存账存对比表"的依据,是财产清查工作的原始凭证之一。"盘存单"至少要填制一式两份,一份交实物保管人员保存,一份交会计部门与账面记录进行核对。"盘存单"的一般格式如表 7-1 所示。

表 7-1 盘存单

单位名称:　　　　　　　　　　财产类别:　　　　　　　　　　编号:

盘点时间: 年 月 日　　　　　　存放地点:

序号	名称	规格型号	计量单位	实存数量	单价	金额	备注

盘点人签章:　　　　　　　　　　实物保管人签章:

盘点完毕,将"盘存单"中所记录的实存数额与账面结存数额相比,填制"实存账存对比表"。通过对比,揭示账面结存数和实际结存数之间的差异,并进行适当地处理。实际工作中,为了简化编表工作,"实存账存对比表"上通常只编列账实不符的物资,确定财产物资盘盈、盘亏的数额。在清查工作中,也可以不编制"盘存单",根据盘点结果和账簿记录直接编制"实存账存对比表"。该表是财产清查的重要报表,是调整账面记录的原始凭证,也是分析盈亏原因,明确经济责任的重要依据。"实存账存对比表"的一般格式如表 7-2 所示。

表 7-2 实存账存对比表

单位名称:　　　　　　　　　　　　　　　　　　　　存放地点:

财产类别:　　　　　　　　　　　　　　　　　　　　清查时间:

序号	名称	计量单位	单价	实存		账存		实存与账存对比				备注
				数量	金额	数量	金额	盘盈		盘亏		
								数量	金额	数量	金额	
	金额合计											

盘点人签章:　　　　　　　　　　　　　　　　　　　会计签章:

三、货币资金的清查方法

(一)库存现金的清查

库存现金的清查,是通过实地盘点库存现金的实存数,然后与库存现金日记账的余额进行核对,以确定账实是否相符。盘点时,为了明确经济责任,出纳员必须在场,且不允许白条顶库,也就是不能用不具有法律效力的借条、收据等抵充库存现金。盘点结束后,应根据盘点的结果及与库存现金日记账核对的结果,填制"库存现金盘点报告表"。"库存现金盘点报告表"是用来调整账簿记录的重要原始凭证,它既具有"盘存单"的作用,又具有"实存账存对比表"的作用。"库存现金盘点报告表"是分析产生差异原因,明确经济责任的依据,应由盘点人和出纳员共同签章才能生效。"库存现金盘点报告表"的一般格式如表 7-3 所示。

表 7-3　库存现金盘点报告表

单位名称：　　　　　　　　　　　　年　月　日

实存金额	日记账余额	实存与账存对比		备注
		盘盈	盘亏	

盘点人：　　　　　　　　　　　　　　现金出纳：

(二)银行存款的清查

银行存款的清查,是采用与开户银行核对账目的方法进行的,即将本单位的银行存款日记账与开户银行转来的对账单逐笔进行核对,以查明账实是否相符。一般情况下,银行存款日记账余额与银行对账单余额往往不一致。这种不一致可能是由于一方或双方记账有误,也可能是由于企业与银行间的未达账项造成的。所谓未达账项,是指由于取得凭证的时间不同,导致企业与银行之间对于同一项业务的记账时间不一致,而发生的一方已登记入账,而另一方由于未取得结算凭证而尚未入账的款项。未达账项有两类:一类是企业已经入账而银行尚未入账的款项;另一类是银行已经入账而企业尚未入账的款项。其具体又可分为以下 4 种类型。

扫一扫,观看"银行存款余额调节表编制需要注意的问题"视频讲解

(1) 企业已收,银行未收款。例如,企业销售产品收到支票,送存银行后即可根据银行盖章退回的"进账单"回单登记银行存款的增加,而银行要等到款项收妥后再记增加,如果此时对账,则形成企业已收,银行未收款。

(2) 企业已付,银行未付款。例如,企业开出一张支票支付购料款,企业可根据支票存根、发货票及收料单等凭证,记银行存款的减少,而此时银行由于未收到支付款项的凭证尚未记减少,如果此时对账,则形成企业已付,银行未付款。

(3) 银行已收,企业未收款。例如,外地某单位给企业汇来款项,银行收到汇款单后,马上登记存款增加,企业由于未收到汇款凭证尚未记银行存款增加,如果此时对账,则形成银行已收,企业未收款。

(4) 银行已付,企业未付款。例如,银行代企业支付款项,银行已取得支付款项的凭证并已记存款减少,企业由于未收到凭证尚未记银行存款减少,如果此时对账,则形成银行已付,企业未付款。

上述任何一种未达账项的存在,都会使企业日记账余额与银行转来的对账单余额不符。为了查明银行存款的实有数,检查账簿记录是否正确,必须将银行存款日记账的发生额与银行对账单上的发生额逐笔核对,找出未达账项,并据此编制"银行存款余额调节表"。对未达账项调整后,再确定企业与银行双方对账是否一致,双方的账面余额是否相等。

现举例说明"银行存款余额调节表"的具体编制方法。

【例 7-1】 SD 公司 2020 年 12 月 31 日银行存款日记账的余额为 56 000 元,银行转来对账单的余额为 74 000 元,经逐笔核对有如下未达账项。

(1) 企业月末收到其他单位的转账支票,金额 2 000 元,已记存款增加,但银行尚未记增加。

(2) 企业月末开出转账支票,金额 18 000 元,已记存款减少,但持票人尚未到银行办理入账手续,故银行尚未记减少。

(3) 企业委托银行代收货款 10 000 元,银行已登记增加,但收款通知尚未送给企业,故企业尚未记增加。

(4) 自来水公司委托银行扣企业用水费 8 000 元,银行已划账,并登记企业存款减少,但转账通知书企业尚未收到,故企业尚未记存款减少。

根据以上资料编制"银行存款余额调节表",调整双方余额。"银行存款余额调节表"的编制方法是企业与银行双方都在本身余额的基础上补记对方已记账,自身未记账的未达账项(包括增加额和减少额)。采用这种方法进行调整,双方调整后的余额相等,说明双方记账相符,否则说明记账有错误,应予以更正。调节后的余额是企业实际可以动用的款项。"银行存款余额调节表"的格式如表 7-4 所示。

表 7-4 银行存款余额调节表

2020 年 12 月 31 日　　　　　　　　　　　　　　　　　　单位:元

项　目	金　额	项　目	金　额
企业日记账余额	56 000	银行对账单余额	74 000
加:银行已收		加:企业已收	
企业未收款	10 000	银行未收款	2 000
减:银行已付		减:企业已付	
企业未付款	8 000	银行未付款	18 000
调节后的存款余额	58 000	调节后的存款余额	58 000

需要指出的是,"银行存款余额调节表"只起到对账的作用,不能作为调节账面余额的凭证。对于未达账项的会计处理,一般在取得原始凭证后再进行。对于长期挂账的未达账项,可能是错账,则应及时查询。

上述银行存款清查方法,也适用于银行借款的清查。

四、结算往来款项的清查方法

结算各种往来款项也应采取与对方单位核对账目的方法,一般采用"函证核对法"进行清查。清查单位在保证本单位账目正确完整的基础上,按每一个经济往来单位编制"往来款项对账单"(一式两份,其中一份作为回单联)送往对方单位,请对方协助核对。对方经过核对相符后,盖上公章退回;如果核对不相符,对方应在回单联上注明情况,或另抄对账单退回本单位,进一步查明原因,再行核对,直到相符为止。"往来款项对账单"的格式和内容如表 7-5 所示。在清查过程中,如果发现未达账项,清查单位也应编制"未达账项调节表"予以调节。

对结算各种往来款项的清查,除了查明账实是否相符外,还应注意往来款项的账龄,以便及时处理,减少坏账损失。

表7-5 往来款项对账单

××单位:

你单位××年××月××日到我厂购甲产品1 000件已付货款4 000元,尚有4 000元货款未付,请核对后将回单联寄回。

清查单位:(盖章)
××年××月××日

沿此虚线裁开,将以下回单联寄回!

往来款项对账单(回单联)

××清查单位:

你单位寄的"往来款项对账单"已收到,经核对相符无误。

单位:(盖章)
××年××月××日

第三节 财产清查结果的处理

财产清查的结果,必须按国家有关政策、法令和制度的规定,妥善处理。财产清查中发现的盘盈、盘亏、毁损和其他损失,应认真核准数字,调查分析产生差异的原因,按规定的程序再行处理。对于各种变质或超储积压物资等问题,应查明原因及时清理;对于长期不清或有争执的债权、债务,也应核准数字加以处理;对于财产清查中发现的问题和漏洞,应吸取教训,提出改进工作的措施,建立健全必要的管理制度和内部控制制度。其具体步骤如下所述。

(1) 核准数字,查明原因。根据清查情况,编制全部清查结果的"实存账存对比表"(也称"财产盈亏报告单"),核准货币资金、财产物资及债权债务的盈亏数字,对各项差异产生的原因进行分析,明确经济责任,据实提出处理意见。对于债权债务在核对过程中出现的争议问题,应及时组织清理;对于超储积压物资应同时提出处理意见。

(2) 调整账簿,做到账实相符。根据"财产盈亏报告单"和《小企业会计制度》规定的处理方法编制记账凭证,并据以登记账簿,使各项财产物资做到账实相符。对于确实无法收回的应收款项,按制度规定应采用备抵法处理。

一、"待处理财产损溢"账户的设置

由于财产清查结果的账务处理需分成两步,报批前已经调整了账簿记录,报批后才能针对盈亏原因进行相应的处理,因此必须有一个过渡性的账户解决报批前后的相关记录。"待处理财产损溢"就是为满足会计核算的这一需要而设置的。

该账户是用来核算企业在财产清查过程中发生的各种财产物资的盘盈、盘亏或毁损及其处理情况。其借方登记发生的待处理财产盘亏及毁损数和结转已批准处理的财产盘盈数,贷方登记发生的待处理财产盘盈数和结转已批准处理的财产盘亏和毁损数,期末借方余额表示尚待批准处理的财产物资的净损失,贷方余额表示尚待批准处理的财产物资的净溢余。

二、财产清查结果的账务处理举例

(一)财产物资盘盈的核算

在各项财产物资、货币资金的保管过程中,由于管理制度不健全、计量不准确等原因发生的实物数额大于账面余额的情况为盘盈。

1. 存货盘盈的核算

【例7-2】 财产清查中,发现库存甲材料盈余180千克,单价5元,原因查明为发出材料时计量不准少发。按规定报经批准后,冲减管理费用。

(1) 盘盈时编制如下会计分录。

借:原材料　　　　　　　　　　　　　　　900
　　贷:待处理财产损溢　　　　　　　　　　　　900

(2) 批准处理时编制如下会计分录。

借:待处理财产损溢　　　　　　　　　　　900
　　贷:管理费用　　　　　　　　　　　　　　　900

根据以上所编会计分录登记入账,调整原有账面数字,做到账实相符。

2. 库存现金溢余的核算

在库存现金清查中发现的库存现金溢余,应设法查明原因,根据"库存现金盘点报告表"进行账务处理。库存现金溢余时,应按实际溢余的金额借记"库存现金"账户,属于应支付给有关单位和个人的,贷记"其他应付款"账户,库存现金溢余金额超过应付给有关单位或人员的部分,贷记"营业外收入"账户。

【例7-3】 现金清查结束后,发现库存现金较账面余额长款200元,现金长款原因不明。报经领导审批后,转作营业外收入处理。

(1) 盘盈时按规定调整"库存现金"账户记录,编制如下会计分录。

借:库存现金　　　　　　　　　　　　　　200
　　贷:待处理财产损溢　　　　　　　　　　　　200

(2) 批准处理时编制如下会计分录。

借:待处理财产损溢　　　　　　　　　　　200
　　贷:营业外收入　　　　　　　　　　　　　　200

3. 固定资产盘盈的核算

盘盈固定资产作为前期差错处理，通过"以前年度损益调整"核算。

【例7-4】 SD公司在财产清查中，发现账外设备一台，市场价值36 000元，估算已提折旧25%。确认该设备归企业拥有，经批准后作为营业外收入。

(1) 盘盈时应编制如下会计分录。

借：固定资产　　　　　　　　　　　　　36 000
　　贷：累计折旧　　　　　　　　　　　　　 9 000
　　　　以前年度损益调整　　　　　　　　　27 000

(2) 批准处理时编制如下会计分录。

借：以前年度损益调整　　　　　　　　　27 000
　　贷：营业外收入　　　　　　　　　　　 27 000

(二)财产物资盘亏的核算

在财产清查过程中发现，各项财产物资由于管理不善、非常损失等原因发生实物数额小于账面余额的情况为盘亏。

1. 存货盘亏的核算

【例7-5】 SD公司12月在财产清查过程中发现盘亏原材料1 000元，盘亏库存商品2 000元，经查原因如下。

(1) 盘亏及毁损财产物资中有1 000元属于自然灾害造成的非常损失。
(2) 盘亏及毁损财产物资中属于责任者个人赔偿的有500元。
(3) 盘亏及毁损财产物资中属于管理不善造成的有1 500元。

根据"实存账存对比表"所确定的原材料和库存商品盘亏数额，其相关成本及不可抵扣的增值税进项税额(对于一般纳税人)，在减去过失人或保险公司等赔款和残料价值之后，属于自然灾害造成的，计入当期营业外支出，因其他原因的，计入当期管理费用。

借：待处理财产损溢　　　　　　　　　　3 000
　　贷：原材料　　　　　　　　　　　　　 1 000
　　　　库存商品　　　　　　　　　　　　 2 000
借：管理费用　　　　　　　　　　　　　1 500
　　其他应收款　　　　　　　　　　　　　500
　　营业外支出　　　　　　　　　　　　1 000
　　贷：待处理财产损溢　　　　　　　　　 3 000

2. 库存现金短缺的核算

在库存现金清查中若发现库存现金短缺，应设法查明原因，根据"库存现金盘点报告表"进行账务处理。如果库存现金短缺是由于工作失职造成的，属于应由责任人赔偿的部分，借记"其他应收款"账户，按实际短缺的金额扣除应由责任人赔偿部分后的余额，借记"管理费用"账户，贷记"库存现金"账户。如果是单据丢失或记账产生的差错，则应补办手续或更正错账。

【例7-6】 SD公司现金清查结束后，发现短缺240元。经分析研究决定做出如下处理决定。其中 140 元应由出纳员承担,另 100 元无法查明原因列入管理费用。

(1) 盘亏时按规定调整"库存现金"账户记录,编制如下会计分录。

借:待处理财产损溢 240
　　贷:库存现金 240

(2) 批准处理时编制如下会计分录。

借:其他应收款——出纳员 140
　　管理费用 100
　　贷:待处理财产损溢 240

3. 固定资产盘亏的核算

【例 7-7】 SD 公司 12 月在财产清查过程中盘亏机器一台,账面原值 10 000 元,已提折旧 7 000 元。

根据"实存账存对比表"所确定的机器盘亏数字,按已提折旧,借记"累计折旧"账户,按固定资产原价,贷记"固定资产"账户,批准后差额按其账面净值,记入"营业外支出"账户,则编制如下会计分录。

(1) 盘亏时应编制如下会计分录。

借:待处理财产损溢 3 000
　　累计折旧 7 000
　　贷:固定资产 10 000

(2) 批准处理时编制如下会计分录。

借:营业外支出 3 000
　　贷:待处理财产损溢 3 000

(三)坏账损失的账务处理

坏账损失是指应收而收不回的款项。在财产清查过程中,如果是长期不清的往来款项,应及时处理。由于对方单位撤销或债务人不存在等原因造成确实收不回的应收款项,经批准可作为坏账损失予以转销。坏账损失的账务处理方法有两种:一种是直接转销法,即在坏账损失发生时,按实际损失数计入当期的资产减值损失;另一种是备抵法,即企业按有关制度规定,计提坏账准备,实际发生坏账时,冲减坏账准备。《小企业会计制度》规定,采用备抵法核算坏账损失。

小企业应当定期或者至少于每年年度终了时,对应收款项进行检查,预计各项应收款项可能发生的坏账,对于没有把握能够收回的应收款项,计提有关的坏账准备。小企业持有的未到期应收票据,如有确切证据表明不能够收回或收回的可能性不大时,应将其余额转入应收账款,并按规定计提相应的坏账准备。

有关坏账损失的处理有两种方法:一是"直接冲销法",即确认应收款项无法收回时直接计入资产减值损失;二是"坏账备抵法",即平时按规定比率计提坏账准备基金,计入资产减值损失,形成坏账准备(借:资产减值损失,贷:坏账准备),待坏账发生时,冲减坏账准备。根据中国会计准则的规定,中国企业应采用备抵法核算坏账损失。

【例 7-8】 SD 公司在财产清查中,发现华泰公司欠款 600 元确实无法收回,按规定作坏账损失处理。

(1) 采用直接冲销法时，应编制如下会计分录。
借：资产减值损失　　　　　　　　　　　　　　　600
　　贷：应收账款　　　　　　　　　　　　　　　　　　600
(2) 采用坏账备抵法时，应编制如下会计分录。
借：坏账准备　　　　　　　　　　　　　　　　　600
　　贷：应收账款——华泰公司　　　　　　　　　　　　600

【思政案例】

会计职业必须创新的审计、清查及策略应对舞弊手法——账实核对中的会计造假

蓝田股份：刘姝威，我恨你！

中国上市公司造假史上最大的案例之一，非2002年的蓝田股份(600709)莫属，蓝田股份曾被冠上农业神话的头衔，结局却大跌眼镜。18年前，刘姝威用600字短文以四两拨千斤之力粉碎了一家上市公司，将其推下神坛(现已退市)。蓝田股份年报显示，公司的蓝田野藕汁、野莲汁饮料销售收入达5亿之巨，然而市面上根本没有看到销售所谓的野藕汁野莲汁。资料显示，蓝田股份有约20万亩大湖围养湖面及部分精养鱼池，仅水产品每年都卖几个亿，而且全都是现金交易，而事实上有没有鱼无人知晓。真正揭开蓝田业绩之谜的是蓝田股份的2001年年报，三年来的财务指标来了一个"大变脸"：主营业务收入1999年的业绩调整前是18.5亿元，调整后是0.2亿，2000年调整前是18亿元，调整后只有0.4亿元。也就是说有十几亿都是造假。2002年3月，公司被处理，股票简称变更为"ST生态"，2002年5月13日，因最近三年连续亏损的"ST生态"自当日起暂停上市。

2008年10月，北京市第二中级人民法院一审以单位行贿罪，判处蓝田集团董事长瞿兆玉有期徒刑3年，缓刑4年。造假者最终制造的是牢狱之灾，蓝田的谎言被彻底戳破。这些谎言所付出的代价是惨重的，这里损失的不仅仅是金钱，还有相关部门的信誉和国人的信心以及无辜的股民。

(资料来源：https://m.sohu.com/a/311998768_334519/)

思政要点：

(1) 蓝田事件是中国证券市场一系列欺诈案之一，被称为"老牌绩优"的蓝田巨大泡沫的破碎，是继银广夏之后，中国股市上演的又一出丑剧，成为2002年中国经济界一个重大事件。蓝田股份曾经创造了中国股市长盛不衰的绩优神话。这家以养殖、旅游和饮料为主的上市公司，一亮相就颠覆了行业规律和市场法则。1996年发行上市以后，在财务数字上一直保持着神奇的增长速度：总资产规模从上市前的2.66亿元发展到2000年年末的28.38亿元，增长了9倍，历年年报的业绩都在每股0.60元以上，最高达到1.15元。5年间股本扩张了360%，创造了中国农业企业罕见的"蓝田神话"。

揭露蓝田事件的刘姝威经过同业对比发现，2000年蓝田股份的水产品收入位于上市公司同业的最高水平，高于同业平均值3倍。蓝田股份采取"钱货两清"和客户上门提货的销售方式，这与过去渔民在湖边卖鱼的传统销售方式是相同的。蓝田股份的传统销售方式不能支持其水产品收入异常高于同业企业。除非蓝田股份大幅度降低产品价格，巨大的价格差异才能对客户产生特殊的吸引力。但是，蓝田股份与武昌鱼和洞庭水殖位于同一地区，自然地理和人文条件相同，生产成本不会存在巨大的差异，若蓝田股份大幅度降低产品价

格，它将面临亏损。

(2) 部分企业因为其产品特殊，很难在财产清查中进行账实一一核对，但这并不意味着企业就可以任意伪造收益或损失。同业对比依然能够发现造假企业的诸多问题，世界上不可能有两片完全一样的树叶，也不可能有完全一样的企业，哪怕是在同一地区，经营同一行业，雇用同样的员工，经营同样的规模，最终也不可能完全一样，甚至相差甚远。但是，他们的相关财务指标是相近的，行业平均数据不会有太大的偏差。会计人员应清楚地认识到这一事实真相，遵守职业道德，不被利益所诱惑，不伪造账目，不弄虚作假，如实反映单位经济业务事项。

本章小结

财产清查既是一种会计核算方法，同时也是内部控制系统的一个有机组成部分。由于确定财产物资账面结存额的依据不同，因此会计核算中存在着永续盘存制和实地盘存制两种盘存制度。对于财产物资、库存现金、银行存款和往来款项需要运用不同的清查方法。财产清查结果的处理包括业务处理和账务处理两个方面。本章的重点难点是各种财产物资的清查方法及财产清查结果的账务处理。通过学习本章，要求学生了解财产清查的概念及种类以及实地盘存制、永续盘存制的概念及优缺点，并能对清查结果进行账务处理。

同步测试题

一、单项选择题

1. 现金清查的方法是(　　)。
   A. 技术推算法　　　　　　　　B. 实地盘点法
   C. 外调核对法　　　　　　　　D. 与银行对账单相核对
2. 银行存款的清查是将银行存款日记账与(　　)核对，以查明账实是否相符。
   A. 银行存款凭证　　　　　　　B. 银行存款总账
   C. 银行存款备查账　　　　　　D. 银行对账单
3. 一般而言，单位撤销、合并时，要进行(　　)。
   A. 定期清查　　B. 全面清查　　C. 局部清查　　D. 实地清查
4. 盘亏的存货，在减去过失人或者保险公司等赔款和残料价值之后，属于非常损失的应计入(　　)。
   A. 管理费用　　B. 营业外支出　　C. 营业费用　　D. 其他业务支出
5. 盘亏的固定资产在处理时应(　　)。
   A. 计入其他业务成本　　　　　B. 计入营业外支出
   C. 冲减其他业务收入　　　　　D. 冲减营业外收入
6. 在永续盘存制下，平时在账簿中对各项财产物资的登记方法是(　　)。
   A. 只登记增加数，不登记减少数　　B. 只登记减少数，不登记增加数

C. 既登记增加数，又登记减少数 D. 上述方法都可以
7. 盘亏及毁损财产物资中属于自然灾害造成的非常损失应记入(　　)。
   A. "其他应收款"账户的借方 B. "营业外支出"账户的借方
   C. "管理费用"账户的借方 D. "其他应收款"账户的贷方
8. 通常情况下，往来款项的清查方法是(　　)。
   A. 实地盘点法 B. 估算法 C. 推算法 D. 对账法
9. (　　)是记录盘点结果的书面证明，也是反映财产物资实存数的原始凭证。
   A. 盘存单 B. 实存账存对比表
   C. 盘点盈亏报告表 D. 以上均是
10. 银行存款实有数为(　　)。
    A. 银行存款日记账余额
    B. 银行对账单余额
    C. 银行存款余额调节表中调节后相等的余额
    D. 以上都不对

二、多项选择题

1. 使企业银行存款日记账余额大于银行对账单余额的未达账项是(　　)。
   A. 企业先收款记账而银行未收款未记的款项
   B. 银行先收款记账而企业未收款未记的款项
   C. 企业和银行同时收款的款项
   D. 银行先付款记账而企业未付款未记账的款项
   E. 企业先付款记账而银行未付款未记账的款项
2. 财产物资的盘存制度有(　　)。
   A. 收付实现制 B. 权责发生制 C. 永续盘存制
   D. 实地盘存制 E. 岗位责任制
3. 财产清查按照清查的时间可分为(　　)。
   A. 全面清查 B. 局部清查 C. 定期清查
   D. 不定期清查 E. 内部清查
4. 企业进行全面清查主要发生的情况有(　　)。
   A. 年终决算后 B. 清产核资时 C. 关停并转时
   D. 更换现金出纳时 E. 单位主要负责人调离时
5. 财产清查按照清查的执行单位不同，可分为(　　)。
   A. 内部清查 B. 局部清查 C. 定期清查
   D. 不定期清查 E. 外部清查
6. 银行存款日记账与银行对账单不一致的原因有(　　)。
   A. 企业或银行出现记账错误
   B. 出现未达账项
   C. 出现已达账项
   D. 以上均是
7. 常用的实物财产清查方法包括(　　)。

    A. 实地盘点法   B. 技术推算法   C. 函证核对法
    D. 抽样盘点法   E. 永续盘存法

8. 按清查的范围不同，可将财产清查分为(　　)。
    A. 全面清查   B. 局部清查   C. 定期清查
    D. 内部清查   E. 外部清查

9. 采用实地盘点法进行清查的项目有(　　)。
    A. 固定资产   B. 库存商品   C. 银行存款
    D. 往来款项   E. 现金

10. 定期清查的时间一般是(　　)。
    A. 年末   B. 单位合并   C. 中外合资时
    D. 季末   E. 月末

三、判断题

1. 造成财产物资账实不符的原因主要是登账错误。(　　)
2. 永续盘存制下，通过实地盘点确定的财产物资期末实存数等于其期末账面结存数。(　　)
3. 企业单位撤销、合并或改变隶属关系时，应对企业的部分财产进行重点清查。(　　)
4. 全面清查可以定期进行，也可以不定期进行。(　　)
5. 银行存款的清查，是通过实地盘点的方法来确定其实存数的。(　　)
6. 企业应根据银行存款余额调节表调节后的存款余额去更改账簿记录。(　　)
7. 盘亏的存货，在减去过失人或者保险公司等赔款和残料价值之后，均应计入当期管理费用。(　　)
8. 盘亏的固定资产，计入当期营业外支出。(　　)

四、名词解释

1. 财产清查   2. 全面清查
3. 局部清查   4. 定期清查
5. 不定期清查   6. 实地盘存制
7. 永续盘存制   8. 未达账项
9. 技术推算法   10. 实地盘点法

五、思考题

1. 财产清查有什么作用？
2. "永续盘存制"和"实地盘存制"有什么区别？
3. 怎样进行现金的清查？
4. 怎样进行银行存款的清查？
5. 什么是未达账项？企业与银行之间的未达账项，一般有哪几种类型？
6. 怎样进行实物的清查？
7. 怎样进行往来款项的清查？

8. 财产清查结果的处理主要包括哪 4 个方面的工作？
9. 简述财产清查结果的账务处理。

六、业务题

业务 7-1

【资料】中兴公司 2020 年 11 月有关乙材料的收入、发出和结存情况如下。

(1) 月初结存 2 000 千克，计 4 000 元。
(2) 本月 5 日购进入库 3 000 千克，实际成本 6 000 元。
(3) 本月 10 日购进入库 1 000 千克，实际成本 2 000 元。
(4) 本月 3 日生产领用 1 500 千克，计 3 000 元。
(5) 本月 15 日生产领用 2 000 千克，计 4 000 元。
(6) 月末实地盘点乙材料实存 2 000 千克，计 4 000 元。

【要求】分别按"永续盘存制"和"实地盘存制"填列表 7-6 乙材料明细账。

表 7-6 乙材料明细账

2020 年		凭证号数	摘要	收入			发出			结存		
月	日			数量	单价	金额	数量	单价	金额	数量	单价	金额
11			略									
11	30		本月合计									

业务 7-2

【资料】 华业公司 2020 年 5 月最后三天银行存款日记账(见表 7-7)与银行对账单(见表 7-8)的记录如下。

表 7-7 银行存款日记账

2020 年		凭证		摘要	结算凭证		收入	支出	余额
月	日	字	号		种类	号码			
				余额					70 000
5	29	银付	8	付业务招待费	转支	241602		120	
5	29	银付	9	付运费	转支	241603		100	
5	30	银收	5	收销货款			10 000		
5	31	银收	6	收销货款			6 300		
5	31	银付	0	付购料款	转支	241604		1 400	84 680

表 7-8 银行对账单

2020 年		摘要	结算凭证		收入	支出	余额
月	日		种类	号码			
		余额					70 000
5	29	代收货款			10 000		
	30	代付水电费				2 700	

续表

2020年		摘　要	结算凭证		收　入	支　出	余　额
月	日		种类	号码			
	31	代收货款			3 500		
	31	付业务招待费	转支	241602		120	
	31	付运费	转支	241603		100	80 580

【要求】

(1) 将银行存款日记账与银行对账单进行核对，确定未达账项。

(2) 根据有关资料，编制银行存款余额调节表。

(3) 计算月末企业可以动用的银行存款实有数额。

业务7-3

【资料】　华业公司2020年11月有关业务资料如下所述。

(1) 在清查中发现现金短缺8元。

(2) 在财产清查中盘盈甲材料2 000元，盘亏乙材料30 000元。

(3) 在财产清查中发现盘亏机床一台，该设备账面原值为100 000元，已提折旧70 000元。

(4) 上述短款无法查明原因，经批准作管理费用处理。

(5) 经查，上述甲材料盘盈系因计量器具不准确造成的，乙材料盘亏系非常损失。

(6) 经批准，上述盘亏机床的损失作营业外支出处理。

【要求】　根据上述经济业务，编制华业公司的会计分录。

第八章 账务处理程序

> **教学目的与要求**

- 了解合理组织账务处理程序应符合的要求。
- 掌握各种账务处理程序的特点、核算流程及适用性。
- 了解各种账务处理程序的主要区别。
- 掌握编制科目汇总表和汇总记账凭证的方法。

> **教学重点与难点**

教学重点：科目汇总表会计核算形式的账务处理程序。
教学难点：各种账务处理程序的特点、核算流程及适用性。

> **引导案例**

大学生小谢毕业后去了一家颇具发展潜力的小企业做会计工作，该企业一直采用记账凭证账务处理程序，因此小谢的工作内容之一就是每月根据各种记账凭证逐笔登记总账。由于企业规模不大，业务简单，加上专业知识扎实，小谢做起来得心应手。但是，随着企业规模和经营范围的不断扩大，经过五年的发展，该企业成为一家大中型企业，每月的业务量比小谢入职时翻了几番，登记总账的工作量非常大，总是加班的小谢感到难以应付。小谢觉得企业目前的账务处理程序已经不适应企业的发展，因此试图寻找一种更为简便高效的方法来完成工作。

思考与讨论：
你觉得小谢的这一考虑是合理的吗？怎样才能在保证工作质量的前提下，轻松完成登记总账的工作呢？

第一节　账务处理程序的含义和种类

一、账务处理程序的含义

为了更好地反映和监督企业和行政、事业等单位的经济活动，为经济管理提供系统的会计信息，必须相互联系地运用会计核算的专门方法，采用一定的组织程序，规定设置会计凭证、账簿及会计报表的种类和格式；规定各种凭证之间、各种账簿之间、各种报表之间的相互关系；规定各种凭证、账簿及各种报表之间的相互关系、填制方法和登记程序，这是会计制度设计的一个重要内容。合理、科学的账务处理程序对于提高会计工作的质量和效率，提供全面、连续、系统、清晰的会计核算资料，满足企业内外会计信息使用者的需要具有重要意义。

账务处理程序也称会计核算组织程序，是指对会计数据记录、归类、汇总、呈报的步骤和方法。即从原始凭证的整理、汇总，记账凭证的填制、汇总，日记账、明细分类账、总分类账的登记，到会计报表编制的步骤和方法。一个单位的性质、规模和业务繁复程度决定其适用的账务处理程序。不同的账务处理程序，对汇总凭证、登记总分类账的依据和办法的要求也不同。为此，各单位必须从各自的实际情况出发，科学地组织本单位的账务处理程序，以保证会计核算工作高效、高质，充分发挥会计反映和监督的基本职能，并为会计参与企业经营决策打下良好的基础，以有效地实现会计的管理功能。

二、组织账务处理程序的要求

虽然各种账务处理程序的内容不同，但基本流程大致如图 8-1 所示。

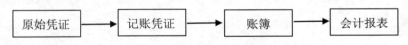

图 8-1　账务处理程序的基本流程

一个合理的、适用的账务处理程序，一般应符合以下三个要求。

(1) 要适应本单位经济活动的特点、规模的大小和业务的繁简情况，应有利于会计人员的分工和协作，以及建立岗位责任制。

(2) 要能够正确、及时和完整地提供会计资料，以满足本单位经济管理的需要，同时也能够为国家和有关部门提供必要的会计信息。

(3) 要在保证核算资料正确、及时和完整的前提下，尽可能地简化会计核算手续，提高会计工作效率；节约人力、物力，节约核算费用。

三、账务处理程序的种类

不同的凭证账簿组织、记账程序和记账方法的相互结合，构成了不同的账务处理程序，目前我国企事业单位根据总账设置和登记方法的不同，一般可分为记账凭证账务处理程序、汇总记账凭证账务处理程序、科目汇总表账务处理程序、多栏式日记账账务处理程序和日记总账账务处理程序等，本书重点介绍较为常见的前三种账务处理程序，其共同点如下所述。

(1) 在经济业务发生或完成后，取得或填制原始凭证。
(2) 根据原始凭证编制记账凭证。
(3) 根据记账凭证，按经济业务发生时间的先后顺序登记日记账。
(4) 根据记账凭证，按经济业务所涉及的会计账户登记分类账。
(5) 根据分类账并参考日记账编制发生额和余额试算平衡表，进行账表的试算平衡。
(6) 根据发生额和余额试算平衡表编制各种财务会计报告。

按照上述步骤依次完成从经济业务发生到编制出各种财务会计报告的全部会计工作叫作一个会计循环。各单位的经济活动年复一年地重复进行着，会计工作也就按照上述程序连续不断地重复着。

第二节　记账凭证账务处理程序

一、记账凭证账务处理程序的特点和核算要求

记账凭证账务处理程序是根据经济业务发生以后所填制的各种记账凭证直接逐笔登记总账、并定期编制会计报表的一种最基本的账务处理程序，其他类型的账务处理程序都是在此基础上发展起来的。

采用记账凭证账务处理程序，一般要设置库存现金日记账、银行存款日记账、总分类账和明细分类账。库存现金日记账、银行存款日记账和总分类账一般都采用三栏式；明细分类账可根据需要采用三栏式、数量金额式或多栏式。记账凭证可采用通用的格式，也可采用收款凭证、付款凭证和转账凭证三种并存的格式。在这种核算形式下，总分类账一般应按户设账。

二、记账凭证账务处理程序的核算步骤和使用范围

记账凭证账务处理程序如图 8-2 所示。这种账务处理程序的优点是简单明了，总分类账可详细记录和反映经济业务的发生情况，但登记总分类账的工作量较大。因此，该账务处理程序一般只适用于规模较小、经济业务较简单的企业。

在图 8-2 中：①根据原始凭证或原始凭证汇总表填制记账凭证；②根据收款凭证、付款凭证序时、逐笔登记库存现金日记账和银行存款日记账；③根据记账凭证及其所附的原始凭证或原始凭证汇总表逐笔登记各种明细分类账；④根据记账凭证逐笔登记总分类账；⑤月终，库存现金日记账、银行存款日记账的余额以及各种明细分类账余额的合计数，应分别与总分类账中有关账户的余额核对相符；⑥月终，根据总分类账和明细分类账的资料编制会计报表。

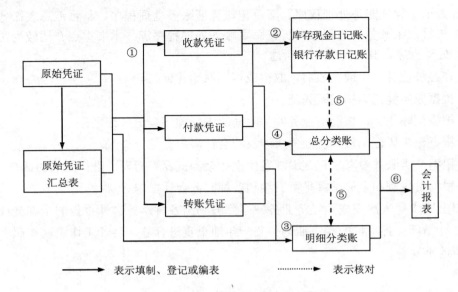

图 8-2 记账凭证账务处理程序

三、记账凭证账务处理程序实例

【例 8-1】 杉达公司为一般纳税人，2020 年 12 月该公司发生以下经济业务。

(1) 1 日，公司的所有者投入新设备一台，含税价款 100 000 元。

(2) 1 日，采购员肖琳预借差旅费 500 元，以现金付讫。

(3) 1 日，出售边角料收入现金 100 元。

(4) 2 日，向善家企业购入甲材料 1 000 千克，不含增值税价款 100 000 元，可抵扣增值税 13 000 元，另由善家企业代垫材料运杂费 2 000 元，款项尚未支付。

(5) 3 日，以银行存款支付上述善家企业的材料价款及增值税 113 000 元，运杂费 2 000 元。

(6) 5 日，结转购入已验收入库的甲材料 1 000 千克，实际采购成本为 102 000 元。

(7) 6 日，以银行存款支付上月向光标公司购入甲材料款 30 000 元。

(8) 7 日，以银行存款支付上月应交所得税 16 000 元。

(9) 8 日，以银行存款支付上月应交增值税 13 400 元。

(10) 9 日，以银行存款支付广告费 20 000 元。

(11) 10 日，以银行存款预付明年上半年财产保险费 60 000 元。

(12) 11 日，向大众商厦出售 A 产品 2 000 件，不含税价款 234 000 元，增值税 30 420 元，价款及增值税的 50%对方已用转账支票支付，另外 50%暂欠。

(13) 12 日，仓库发出甲材料 100 000 元，其中 A 产品耗用 20 000 元，B 产品耗用 40 000 元，车间修理耗用 30 000 元，厂部修理耗用 10 000 元。

(14) 13 日，从银行存款中提取现金 60 000 元，备发工资。

(15) 14 日，以现金发放并分配工资 60 000 元，其中 A 产品生产工人工资 18 000 元，B 产品生产工人工资 12 000 元，车间管理人员工资 13 000 元，厂部管理人员工资 17 000 元。

(16) 15 日，用现金购买行政部门的办公用品 300 元，已领用。

(17) 15 日，开出转账支票一张，预付明年一年的报刊订阅费 600 元。

(18) 18 日，采购员肖琳报销差旅费 400 元，归还剩余现金 100 元，结清预借款。

(19) 20 日，用转账支票支付本月厂部水费 3 000 元，电费 3 000 元，电话费 6 000 元。

(20) 31 日，本月乙材料盘亏 30 千克，共计 600 元，原因待查。

(21) 31 日，计提本月坏账损失 200 元。

(22) 31 日，计提本月应由生产车间负担的修理费用 2 000 元，费用尚未支付给修理方。

(23) 31 日，计提本月应由生产车间负担的折旧费 20 000 元，由厂部负担的折旧费 10 000 元。

(24) 31 日，摊销本月厂部办公室租金 2 000 元，厂部财产保险费 3 000 元。

(25) 31 日，分摊本月制造费用 65 000 元，按 A、B 两种产品生产工人工资比例分配，A 产品负担 39 000 元，B 产品负担 26 000 元。

(26) 31 日，A 产品全部完工，共计 1 000 件，已验收入库，结转实际生产成本(77 元/件)；B 产品全部完工，共计 2 000 件，已验收入库，结转实际生产成本(39 元/件)。

(27) 31 日，结转主营业务成本，本月销售 A 产品 800 件，每件平均生产成本 77 元，共计 61 600 元；本月销售 B 产品 2 000 件，每件平均生产成本 39 元，共计 78 000 元。

(28) 31 日，计提本月短期借款利息 1 000 元。

(29) 31 日，将本月主营业务收入、其他业务收入、主营业务成本、营业费用、管理费用、财务费用各账户余额结转至本年利润账户。

(30) 31 日，按本月实现利润的 25%计算应交所得税，并结转至本年利润账户。

(31) 31 日，结转本年税后净利润。

(32) 31 日，根据本月税后利润的 10%计提盈余公积。

(33) 31 日，计提本月应付利润 10 000 元。

假定该公司采用记账凭证账务处理程序，则其处理过程如下所述。

1. 根据该公司 12 月发生的经济业务逐笔编制记账凭证

(1) 1 日，公司的所有者投入新设备一台，含税价款 100 000 元，据此编制转账凭证如表 8-1 所示。

表 8-1 转账凭证

2020 年 12 月 1 日   转字第 1 号

摘　要	一级科目	明细科目	借　方	贷　方
所有者以设备投资	固定资产		100 000	
	实收资本			100 000
合　计			100 000	100 000

财务主管：张凯　　　　记账：李元　　　　审核：朱杰　　　　制单：冯娜

(2) 1 日，采购员肖琳预借差旅费 500 元，以现金付讫，据此编制付款凭证如表 8-2 所示。

(3) 1 日，出售边角料收入现金 100 元，据此编制收款凭证如表 8-3 所示。

表8-2 付款凭证

贷方科目：*库存现金*　　　　　　　　　　*2020年 12月 1日*　　　　　　　　　　现付字第 *1* 号

摘　要	借方科目	明细科目	金　额
肖琳预借差旅费	其他应收款	肖琳	500
合　计			500

财务主管：*张凯*　　　记账：*李元*　　　审核：*朱杰*　　　出纳：*江海*　　　制单：*冯娜*

表8-3 收款凭证

借方科目：*库存现金*　　　　　　　　　　*2020年 12月 1日*　　　　　　　　　　现收字第 *1* 号

摘　要	贷方科目	明细科目	金　额
出售边角料收入现金	其他业务收入		100
合　计			100

财务主管：*张凯*　　　记账：*李元*　　　审核：*朱杰*　　　出纳：*江海*　　　制单：*冯娜*

(4) 2日，向善家企业购入甲材料1 000千克，不含增值税价款100 000元，可抵扣增值税13 000元，另由善家企业代垫材料运杂费2 000元，款项尚未支付，据此编制转账凭证如表8-4所示。

表8-4 转账凭证

2020年 12月 2日　　　　　　　　　　　　　　转字第 *2* 号

摘　要	一级科目	明细科目	借　方	贷　方
向善家企业购入甲材料	在途物资	甲材料	102 000	
	应交税费	应交增值税 (进项税额)	13 000	
	应付账款	善家企业		115 000
合　计			115 000	115 000

财务主管：*张凯*　　　记账：*李元*　　　审核：*朱杰*　　　制单：*冯娜*

(5) 3日，以银行存款支付上述善家企业的材料价款及增值税11 3000元，运杂费2 000元，据此编制付款凭证如表8-5所示。

表8-5 付款凭证

贷方科目：*银行存款*　　　　　　　　　　*2020年 12月 3日*　　　　　　　　　　银付字第 *1* 号

摘　要	借方科目	明细科目	金　额
支付材料价款及运杂费	应付账款	善家企业	115 000
合　计			11 5000

财务主管：*张凯*　　　记账：*李元*　　　审核：*朱杰*　　　出纳：*江海*　　　制单：*冯娜*

(6) 5日，结转购入已验收入库的甲材料1 000千克，实际采购成本为102 000元，据此编制转账凭证如表 8-6 所示。

表 8-6　转账凭证

2020 年 12 月 5 日　　　　　　　　　　　　　　　　　　　转字第 3 号

摘　要	一级科目	明细科目	借　方	贷　方
结转采购成本	原材料	甲材料	102 000	
	在途物资	甲材料		102 000
合　计			102 000	102 000

财务主管：张凯　　　　记账：李元　　　　审核：朱杰　　　　制单：冯娜

(7) 6 日，以银行存款支付上月向光标公司购入甲材料款 30 000 元，据此编制付款凭证如表 8-7 所示。

表 8-7　付款凭证

贷方科目：银行存款　　　　　2020 年 12 月 6 日　　　　　　　　银付字第 2 号

摘　要	借方科目	明细科目	金　额
支付采购材料欠款	应付账款	光标公司	30 000
合　计			30 000

财务主管：张凯　　记账：李元　　审核：朱杰　　出纳：江海　　制单：冯娜

(8) 7 日，以银行存款支付上月应交所得税 16 000 元，据此编制付款凭证如表 8-8 所示。

表 8-8　付款凭证

贷方科目：银行存款　　　　　2020 年 12 月 7 日　　　　　　　　银付字第 3 号

摘　要	借方科目	明细科目	金　额
上缴所得税	应交税费	应交所得税	16 000
合　计			16 000

财务主管：张凯　　记账：李元　　审核：朱杰　　出纳：江海　　制单：冯娜

(9) 8 日，以银行存款支付上月应交增值税 13 400 元，据此编制付款凭证如表 8-9 所示。

表 8-9　付款凭证

贷方科目：银行存款　　　　　2020 年 12 月 8 日　　　　　　　　银付字第 4 号

摘　要	借方科目	明细科目	金　额
支付上月应交增值税	应交税费	未交增值税	13 400
合　计			13 400

财务主管：张凯　　记账：李元　　审核：朱杰　　出纳：江海　　制单：冯娜

(10) 9日，以银行存款支付广告费20 000元，据此编制付款凭证如表8-10所示。

表8-10 付款凭证

贷方科目：银行存款　　　　　　2020年12月9日　　　　　　银付字第5号

摘　要	借方科目	明细科目	金　额
支付广告费	销售费用	广告费	20 000
合　计			20 000

财务主管：张凯　　　记账：李元　　　审核：朱杰　　　出纳：江海　　　制单：冯娜

(11) 10日，以银行存款预付下半年财产保险费60 000元，据此编制付款凭证如表8-11所示。

表8-11 付款凭证

贷方科目：银行存款　　　　　　2020年12月10日　　　　　银付字第6号

摘　要	借方科目	明细科目	金　额
预付下半年财产保险费	预付账款		60 000
合　计			60 000

财务主管：张凯　　　记账：李元　　　审核：朱杰　　　出纳：江海　　　制单：冯娜

(12) 11日，向大众商厦出售A产品2 000件，不含税价款234 000元，增值税30 420元，价款及增值税的50%对方已用转账支票支付，另外50%暂欠，据此编制收款凭证、转账凭证如表8-12、表8-13所示。

表8-12 收款凭证

借方科目：银行存款　　　　　　2020年12月11日　　　　　银收字第1号

摘　要	贷方科目	明细科目	金　额
出售产品收入	主营业务收入		117 000
	应交税费	应交增值税(销项税额)	15 210
合　计			132 210

财务主管：张凯　　　记账：李元　　　审核：朱杰　　　制单：冯娜

表8-13 转账凭证

　　　　　　　　　　　　　　2020年12月11日　　　　　　转字第4号

摘　要	一级科目	明细科目	借　方	贷　方
出售产品收入	应收账款	大众商厦	132 210	
	主营业务收入			117 000
	应交税费	应交增值税(销项税额)		15 210
合　计			132 210	132 210

财务主管：张凯　　　记账：李元　　　审核：朱杰　　　制单：冯娜

(13) 12日，仓库发出甲材料 100 000 元，其中 A 产品耗用 20 000 元，B 产品耗用 40 000 元，车间修理耗用 30 000 元，厂部修理耗用 10 000 元，据此编制转账凭证如表 8-14 所示。

表 8-14 转账凭证

2020年 12月 12日　　　　　　　　　　　　　　　　　　　　转字第 5 号

摘　要	一级科目	明细科目	借　方	贷　方
材料领用	生产成本	A 产品	20 000	
		B 产品	40 000	
	制造费用		30 000	
	管理费用		10 000	
	原材料	甲材料		100 000
合　计			100 000	100 000

财务主管：张凯　　　记账：李元　　　审核：朱杰　　　制单：冯娜

(14) 13日，从银行存款中提取现金 60 000 元，备发工资，据此编制付款凭证如表 8-15 所示。

表 8-15 付款凭证

贷方科目：银行存款　　　2020年 12月 13日　　　　　　　银付字第 7 号

摘　要	借方科目	明细科目	金　额
提取现金	库存现金		60 000
合　计			60 000

财务主管：张凯　　记账：李元　　审核：朱杰　　出纳：江海　　制单：冯娜

(15) 14日，以现金发放并分配工资 60 000 元，其中 A 产品生产工人工资 18 000 元，B 产品生产工人工资 12 000 元，车间管理人员工资 13 000 元，厂部管理人员工资 17 000 元，据此编制付款凭证、转账凭证如表 8-16、表 8-17 所示。

表 8-16 付款凭证

贷方科目：库存现金　　　2020年 12月 14日　　　　　　　现付字第 2 号

摘　要	借方科目	明细科目	金　额
发放工资	应付职工薪酬		60 000
合　计			60 000

财务主管：张凯　　记账：李元　　审核：朱杰　　出纳：江海　　制单：冯娜

表 8-17 转账凭证

2020 年 12 月 14 日　　　　　　　　　　　　　　　　转字第 6 号

摘　要	一级科目	明细科目	借　方	贷　方
分配工资	生产成本	A 产品	18 000	
		B 产品	12 000	
	制造费用		13 000	
	管理费用		17 000	
	应付职工薪酬			60 000
合　计			60 000	60 000

财务主管：张凯　　　　记账：李元　　　　审核：朱杰　　　　制单：冯娜

(16) 15 日，用现金购买行政部门的办公用品 300 元，已领用，据此编制付款凭证如表 8-18 所示。

表 8-18 付款凭证

贷方科目：库存现金　　　　2020 年 12 月 15 日　　　　现付字第 3 号

摘　要	借方科目	明细科目	金　额
购买办公用品	管理费用	办公费	300
合　计			300

财务主管：张凯　　记账：李元　　审核：朱杰　　出纳：江海　　制单：冯娜

(17) 15 日，开出转账支票一张，预付明年一年的报刊订阅费 600 元，据此编制付款凭证如表 8-19 所示。

表 8-19 付款凭证

贷方科目：银行存款　　　　2020 年 12 月 15 日　　　　银付字第 8 号

摘　要	借方科目	明细科目	金　额
预付明年报刊订阅费	预付账款		600
合　计			600

财务主管：张凯　　记账：李元　　审核：朱杰　　出纳：江海　　制单：冯娜

(18) 18 日，采购员肖琳报销差旅费 400 元，归还剩余现金 100 元，结清预借款，据此编制收款凭证、转账凭证如表 8-20、表 8-21 所示。

(19) 20 日，用转账支票支付本月厂部水费 3 000 元，电费 3 000 元，电话费 6 000 元，据此编制付款凭证如表 8-22 所示。

表 8-20　收款凭证

借方科目：库存现金　　　　　　2020年12月18日　　　　　　　　　现收字第2号

摘　要	贷方科目	明细科目	金　额
采购员肖琳报销差旅费	其他应收款	肖琳	100
归还剩余现金			
合　计			100

财务主管：张凯　　　记账：李元　　　审核：朱杰　　　出纳：江海　　　制单：冯娜

表 8-21　转账凭证

2020年12月18日　　　　　　　　　转字第7号

摘　要	一级科目	明细科目	借　方	贷　方
采购员肖琳报销差旅费	管理费用	差旅费	400	
	其他应收款	肖琳		400
合　计			400	400

财务主管：张凯　　　记账：李元　　　审核：朱杰　　　制单：冯娜

表 8-22　付款凭证

贷方科目：银行存款　　　　　　2020年12月20日　　　　　　　　　银付字第9号

摘　要	借方科目	明细科目	金　额
支付本月厂部水、电及电话费	管理费用	水费	3 000
		电费	3 000
		电话费	6 000
合　计			12 000

财务主管：张凯　　　记账：李元　　　审核：朱杰　　　出纳：江海　　　制单：冯娜

(20) 31日，本月乙材料盘亏30千克，共计600元，原因待查，据此编制转账凭证如表8-23所示。

表 8-23　转账凭证

2020年12月31日　　　　　　　　　转字第8号

摘　要	一级科目	明细科目	借　方	贷　方
乙材料盘亏	待处理财产损溢		600	
	原材料	乙材料		600
合　计			600	600

财务主管：张凯　　　记账：李元　　　审核：朱杰　　　制单：冯娜

(21) 31 日，计提本月坏账损失 200 元，据此编制转账凭证如表 8-24 所示。

表 8-24 转账凭证

2020 年 12 月 31 日　　　　　　　　　　　　　　　　　　转字第 9 号

摘　要	一级科目	明细科目	借　方	贷　方
计提本月坏账损失	资产减值损失	坏账准备	200	
	坏账准备			200
合　计			200	200

财务主管：张凯　　　　　记账：李元　　　　　审核：朱杰　　　　　制单：冯娜

(22) 31 日，计提本月应由生产车间负担的修理费用 2 000 元，费用尚未支付给修理方，据此编制转账凭证如表 8-25 所示。

表 8-25 转账凭证

2020 年 12 月 31 日　　　　　　　　　　　　　　　　　　转字第 10 号

摘　要	一级科目	明细科目	借　方	贷　方
计提修理费	制造费用	修理费	2 000	
	应付账款			2 000
合　计			2 000	2 000

财务主管：张凯　　　　　记账：李元　　　　　审核：朱杰　　　　　制单：冯娜

(23) 31 日，计提本月应由生产车间负担的折旧费 20 000 元，由厂部负担的折旧费 10 000 元，据此编制转账凭证如表 8-26 所示。

表 8-26 转账凭证

2020 年 12 月 31 日　　　　　　　　　　　　　　　　　　转字第 11 号

摘　要	一级科目	明细科目	借　方	贷　方
计提折旧费	制造费用	折旧费	20 000	
	管理费用	折旧费	10 000	
	累计折旧			30 000
合　计			30 000	30 000

财务主管：张凯　　　　　记账：李元　　　　　审核：朱杰　　　　　制单：冯娜

(24) 31 日，摊销本月厂部办公室租金 2 000 元，厂部财产保险费 3 000 元，据此编制转账凭证如表 8-27 所示。

(25) 31 日，分摊本月制造费用 65 000 元，按 A、B 两种产品生产工人工资比例分配，A 产品负担 39 000 元，B 产品负担 26 000 元，据此编制转账凭证如表 8-28 所示。

(26) 31 日，A 产品全部完工，共计 1 000 件，已验收入库，结转实际生产成本(77 元/件)；B 产品全部完工，共计 2 000 件，已验收入库，结转实际生产成本(39 元/件)，据此编制转账凭证如表 8-29 所示。

表 8-27 转账凭证

2020年12月31日　　　　　　　　　　　　　　　　　　　转字第12号

摘 要	一级科目	明细科目	借 方	贷 方
摊销厂部办公室租金	管理费用	租赁费	2 000	
		保险费	3 000	
	预付账款			5 000
合 计			5 000	5 000

财务主管：张凯　　　　记账：李元　　　　审核：朱杰　　　　制单：冯娜

表 8-28 转账凭证

2020年12月31日　　　　　　　　　　　　　　　　　　　转字第13号

摘 要	一级科目	明细科目	借 方	贷 方
分摊本月制造费用	生产成本	A产品	39 000	
		B产品	26 000	
	制造费用			65 000
合 计			65 000	65 000

财务主管：张凯　　　　记账：李元　　　　审核：朱杰　　　　制单：冯娜

表 8-29 转账凭证

2020年12月31日　　　　　　　　　　　　　　　　　　　转字第14号

摘 要	一级科目	明细科目	借 方	贷 方
结转生产成本	库存商品	A产品	77 000	
		B产品	78 000	
	生产成本			155 000
合 计			155 000	155 000

财务主管：张凯　　　　记账：李元　　　　审核：朱杰　　　　制单：冯娜

(27) 31日，结转主营业务成本，本月销售A产品800件，每件平均生产成本77元，共计61 600元；本月销售B产品2 000件，每件平均生产成本39元，共计78 000元，据此编制转账凭证如表8-30所示。

表 8-30 转账凭证

2020年12月31日　　　　　　　　　　　　　　　　　　　转字第15号

摘 要	一级科目	明细科目	借 方	贷 方
结转主营业务成本	主营业务成本		139 600	
	库存商品	A产品		61 600
		B产品		78 000
合 计			139 600	139 600

财务主管：张凯　　　　记账：李元　　　　审核：朱杰　　　　制单：冯娜

(28) 31 日,计提本月短期借款利息 1 000 元,据此编制转账凭证如表 8-31 所示。

表 8-31 转账凭证

2020 年 12 月 31 日　　　　　　　　　　　　　　　　　转字第 16 号

摘　要	一级科目	明细科目	借　方	贷　方
计提本月短期借款利息	财务费用		1 000	
	应付利息			1 000
合　计			1 000	1 000

财务主管:张凯　　　　　记账:李元　　　　　审核:朱杰　　　　　制单:冯娜

(29) 31 日,将本月主营业务收入、其他业务收入、主营业务成本、销售费用、管理费用、财务费用各账户余额结转至本年利润账户,据此编制转账凭证如表 8-32、表 8-33 所示。

表 8-32 转账凭证

2020 年 12 月 31 日　　　　　　　　　　　　　　　　　转字第 17 号

摘　要	一级科目	明细科目	借　方	贷　方
结转业务收入	主营业务收入		234 000	
	其他业务收入		100	
	本年利润			234 100
合　计			234 100	234 100

财务主管:张凯　　　　　记账:李元　　　　　审核:朱杰　　　　　制单:冯娜

表 8-33 转账凭证

2020 年 12 月 31 日　　　　　　　　　　　　　　　　　转字第 18 号

摘　要	一级科目	明细科目	借　方	贷　方
结转主营业务成本及费用	本年利润		215 500	
	主营业务成本			139 600
	销售费用			20 000
	管理费用			54 700
	财务费用			1 000
	资产减值损失			200
合　计			215 500	215 500

财务主管:张凯　　　　　记账:李元　　　　　审核:朱杰　　　　　制单:冯娜

(30) 31 日,按本月实现利润的 25%计算应交所得税,并结转至本年利润账户,据此计算本月应交所得税并编制转账凭证如表 8-34、表 8-35 所示。

本月税前利润=主营业务收入+其他业务收入-主营业务成本-销售费用-
　　　　　　　管理费用-财务费用
　　　　　　=234 000+100-139 600-20 000-54 900-1 000=18 600(元)
本月应交所得税=18 600×25%=4 650(元)

表 8-34 转账凭证

2020 年 12 月 31 日　　　　　　　　　　　　　　　　转字第 19 号

摘　要	一级科目	明细科目	借　方	贷　方
计提应交所得税	所得税费用		4 650	
	应交税费	应交所得税		4 650
合　计			4 650	4 650

财务主管：张凯　　　　记账：李元　　　　审核：朱杰　　　　制单：冯娜

表 8-35 转账凭证

2020 年 12 月 31 日　　　　　　　　　　　　　　　　转字第 20 号

摘　要	一级科目	明细科目	借　方	贷　方
结转所得税	本年利润		4 650	
	所得税费用			4 650
合　计			4 650	4 650

财务主管：张凯　　　　记账：李元　　　　审核：朱杰　　　　制单：冯娜

(31) 31 日，结转本年税后净利润，据此计算税后净利润并编制转账凭证如表 8-36 所示。

税后净利润=税前利润-所得税=18 600-4 650=13 950(元)

表 8-36 转账凭证

2020 年 12 月 31 日　　　　　　　　　　　　　　　　转字第 21 号

摘　要	一级科目	明细科目	借　方	贷　方
结转本年利润	本年利润		13 950	
	利润分配	未分配利润		13 950
合　计			13 020	13 020

财务主管：张凯　　　　记账：李元　　　　审核：朱杰　　　　制单：冯娜

(32) 31 日，根据本月税后利润的 10%计提盈余公积，据此编制转账凭证如表 8-37 所示。

盈余公积=13 950×10%=1 395(元)

表 8-37 转账凭证

2020 年 12 月 31 日　　　　　　　　　　　　　　　　转字第 22 号

摘　要	一级科目	明细科目	借　方	贷　方
计提盈余公积	利润分配	提取盈余公积	1 395	
	盈余公积			1 395
合　计			1 395	1 395

财务主管：张凯　　　　记账：李元　　　　审核：朱杰　　　　制单：冯娜

(33) 31 日，计提本月应付利润 10 000 元，据此编制转账凭证如表 8-38 所示。

表 8-38 转账凭证

2020 年 12 月 31 日　　　　　　　　　　　　　　　　　　　　转字第 23 号

摘　要	一级科目	明细科目	借　方	贷　方
计提本月应付利润	利润分配	应付利润	10 000	
		应付利润		10 000
合　计			10 000	10 000

财务主管：张凯　　　　　　记账：李元　　　　　　审核：朱杰　　　　　　制单：冯娜

2. 根据上述收款凭证和付款凭证登记库存现金日记账和银行存款日记账

由出纳人员根据收款凭证和付款凭证逐笔登记库存现金日记账和银行存款日记账，如表 8-39 所示。

表 8-39 日记账

库存现金日记账

2020 年		凭证号数	摘　要	对应科目	借　方	贷　方	借或贷	余　额
月	日							
12	1		期初余额				借	1 000
	1	现付 1	肖琳借款	其他应收款		500	借	500
	1	现收 1	出售废品	其他业务收入	100		借	600
	13	银付 7	提取现金	银行存款	60 000		借	60 600
	14	现付 2	发放工资	应付职工薪酬		60 000	借	600
	15	现付 3	购买用品	管理费用		300	借	300
	18	现收 2	肖琳还款	其他应收款	100		借	400
12	31		本期合计		60 200	60 800	借	400

银行存款日记账

2020 年		凭证号数	摘　要	对应科目	借　方	贷　方	借或贷	余　额
月	日							
12	1		期初余额				借	900 000
	3	银付 1	付购料款及运杂费	应付账款		115 000	借	785 000
	6	银付 2	支付欠款	应付账款		30 000	借	755 000
	7	银付 3	缴所得税	应交税费		16 000	借	739 000
	8	银付 4	缴增值税	应交税费		13 400	借	725 600
	9	银付 5	付广告费	销售费用		20 000	借	705 600
	10	银付 6	付保险费	预付账款		60 000	借	645 600
	11	银收 1	销售产品	主营业务收入	117 000		借	762 600
	11	银收 1	销售产品	应交税费	15 210			777 810
	13	银付 7	提取现金	库存现金		60 000	借	717 810
	15	银付 8	报刊订阅	预付账款		600	借	717 210
	20	银付 9	付水电费	管理费用		12 000	借	705 210
12	31		本期合计		132 210	327 000	借	705 210

3. 根据各种记账凭证由会计人员逐笔登记总分类账和明细分类账

现以"库存现金""银行存款""制造费用""生产成本""本年利润"等总分类账户为例,其他总分类账户及明细分类账户从略,如表 8-40 所示。

表 8-40　总分类账

会计科目：库存现金

2020 年		凭证号数	摘要	对应科目	借方	贷方	借或贷	余额
月	日							
12	1		期初余额				借	1 000
	1	现付 1	肖琳借款	其他应收款		500	借	500
	1	现收 1	出售废品	其他业务收入	100		借	600
	13	银付 7	提取现金	银行存款	60 000		借	60 600
	14	现付 2	发放工资	应付职工薪酬		60 000	借	600
	15	现付 3	购买用品	管理费用		300	借	300
	18	现收 2	肖琳还款	其他应收款	100		借	400
12	31		本期发生额及期末余额		60 200	60 800	借	400

会计科目：银行存款

2020 年		凭证号数	摘要	对应科目	借方	贷方	借或贷	余额
月	日							
12	1		期初余额				借	900 000
	3	银付 1	付购料款及运杂费	应付账款		115 000	借	785 000
	6	银付 2	支付欠款	应付账款		30 000	借	755 000
	7	银付 3	缴所得税	应交税费		16 000	借	739 000
	8	银付 4	缴增值税	应交税费		13 400	借	725 600
	9	银付 5	付广告费	销售费用		20 000	借	705 600
	10	银付 6	付保险费	预付账款		60 000	借	645 600
	11	银收 1	销售产品	主营业务收入	117 000		借	762 600
	11	银收 1	销售产品	应交税费	15 210			777 810
	13	银付 7	提取现金	库存现金		60 000	借	717 810
	15	银付 8	报刊订阅	预付账款		600	借	717 210
	20	银付 9	付水电费	管理费用		12 000	借	705 210
12	31		本期发生额及期末余额		132 210	327 000	借	705 210

会计科目：制造费用　　　　　　　　　　　　　　　　　　　　　　　　　　　　续表

2020年		凭证号数	摘要	对应科目	借方	贷方	借或贷	余额
月	日							
12	12	转5	领用材料	原材料	30 000		借	30 000
	14	转6	分配工资	应付职工薪酬	13 000		借	43 000
	31	转10	计提修理费	应付账款	2 000		借	45 000
	31	转11	计提折旧	累计折旧	20 000		借	65 000
	31	转13	结转制造费用	生产成本		65 000	平	
12	31		本期发生额		65 000	65 000		

会计科目：生产成本

2020年		凭证号数	摘要	对应科目	借方	贷方	借或贷	余额
月	日							
12	12	转5	领用材料	原材料	60 000		借	60 000
	14	转6	分配工资	应付职工薪酬	30 000		借	90 000
	31	转13	结转制造费用	制造费用	65 000			155 000
	31	转14	结转成本	库存商品		155 000	平	
12	31		本期发生额及期末余额		155 000	155 000		

会计科目：本年利润

2020年		凭证号数	摘要	对应科目	借方	贷方	借或贷	余额
月	日							
12	31	转17	结转主营业务收入	主营业务收入		234 000	贷	234 000
	31	转17	结转其他业务收入	其他业务收入		100	贷	234 100
	31	转18	结转主营业务成本	主营业务成本	139 600		贷	94 500
	31	转18	结转营业费用	销售费用	20 000		贷	74 500
	31	转18	结转管理费用	管理费用	54 900		贷	19 600
	31	转18	结转财务费用	财务费用	1 000		贷	18 600
	31	转20	结转所得税	所得税费用	5 580		贷	13 020
	31	转21	转入利润分配	利润分配	13 020		平	
12	31		本期发生额及期末余额		234 100	234 100		

第三节　汇总记账凭证账务处理程序

一、汇总记账凭证账务处理的特点和核算要求

　　汇总记账凭证账务处理程序是指根据各种专用记账凭证定期汇总编制汇总记账凭证，然后根据汇总记账凭证登记总分类账，并定期编制会计报表的一种账务处理程序。汇总记账凭证账务处理程序是在记账凭证账务处理程序的基础上发展演变而来的。在这种方式下，可以不必再根据各种专用记账凭证逐笔登记总分类账，能够减少登记总分类账的工作量。

　　采用这种账务处理程序，主要设置库存现金日记账、银行存款日记账、总分类账和各种明细分类账。库存现金日记账、银行存款日记账采用三栏式；总分类账可以采用三栏式，也可以采用多栏式；明细分类账可采用三栏式、数量金额式或多栏式。汇总记账凭证可分为汇总收款凭证、汇总付款凭证和汇总转账凭证三种，分别根据库存现金、银行存款的收款凭证和付款凭证以及转账凭证汇总填制。汇总记账凭证要定期填制，间隔天数视业务量多少而定，一般为5天或10天，每月汇总编制一张，月终结出合计数，据以登记总分类账。

　　汇总收款凭证和汇总付款凭证应按"库存现金""银行存款"账户分别填制。具体地说，汇总收款凭证应根据库存现金和银行存款的收款凭证，分别在"库存现金""银行存款"账户的借方设置，并按其对应的贷方账户归类汇总。汇总付款凭证则刚好相反，即根据库存现金和银行存款的付款凭证，分别在"库存现金""银行存款"账户的贷方设置，并按其对应的借方账户归类汇总。库存现金与银行存款之间的相互划转业务，则可视同汇总转账凭证处理。

　　汇总转账凭证，一般按有关账户的贷方分别设置，并以对应科目的借方账户归类汇总。为了便于填制汇总转账凭证，平时填制转账凭证时，应使账户的对应关系保持一个贷方账户同一个或几个借方账户相对应，即汇总转账凭证只能是一贷一借或一贷多借，而不能相反。为了简化会计核算，若在一个会计期间内，某一贷方科目的转账凭证不多时，可直接根据转账凭证登记总分类账。

二、汇总记账凭证账务处理程序的核算步骤和使用范围

　　汇总记账凭证账务处理程序如图8-3所示。
　　汇总记账凭证账务处理程序利用汇总记账凭证把许多记账凭证上的数据汇总起来，月终一次记入总分类账，可以简化总分类账的登记工作。但是，由于记账凭证的汇总是按有关账户的借方或贷方而不是按经济业务的性质归类汇总的，不利于会计核算分工。这种账务处理程序一般适用于规模较大、业务较多的企业。

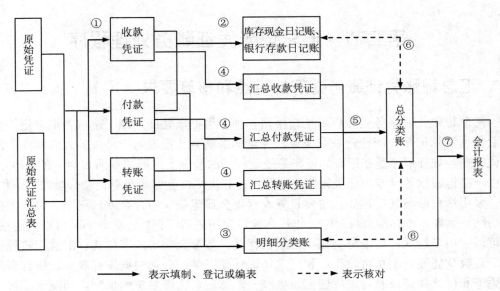

图 8-3 汇总记账凭证账务处理程序

在图 8-3 中：①根据原始凭证或原始凭证汇总表编制收款凭证、付款凭证和转账凭证；②根据收款凭证、付款凭证逐笔登记现金日记账和银行存款日记账；③根据记账凭证及其所附的原始凭证或原始凭证汇总表逐笔登记明细分类账；④根据收款凭证、付款凭证和转账凭证，定期编制汇总收款凭证、汇总付款凭证和汇总转账凭证；⑤月终，根据汇总收款凭证、汇总付款凭证和汇总转账凭证登记总分类账；⑥月终，现金日记账、银行存款日记账的余额以及各种明细分类账余额的合计数，应与总分类账有关账户的余额核对相符；⑦月终，根据总分类账和明细分类账的资料编制会计报表。

三、汇总记账凭证账务处理程序实例

【例 8-2】 仍以例 8-1 来说明汇总记账凭证账务处理程序的实际操作方法，与记账凭证账务处理程序内容相同的部分已省略，这里仅列示不同的部分：根据记账凭证编制汇总记账凭证，根据汇总记账凭证登记总账。

(1) 根据记账凭证编制汇总记账凭证如表 8-41～表 8-69 所示。

表 8-41 汇总收款凭证(1)

借方科目：库存现金　　　　　　　　　　2020年 12月　　　　　　　　　　汇收第 1 号

贷方科目	金额				总账页数	
	上旬	中旬	下旬	合计	借方	贷方
其他业务收入	100			100	略	略
其他应收款		100		100	略	略
合计	100	100		200		

财务主管：张凯　　　　　记账：李元　　　　　审核：朱杰　　　　　制单：冯娜

表 8-42　汇总收款凭证(2)

借方科目：银行存款　　　　　　　　　2020年12月　　　　　　　　　汇收第2号

贷方科目	金额			总账页数		
	上旬	中旬	下旬	合计	借方	贷方
主营业务收入		117 000		117 000	略	略
应交税费		15 210		15 210	略	略
合计		132 210		132 210		

财务主管：张凯　　　　　　记账：李元　　　　　　审核：朱杰　　　　　　制单：冯娜

表 8-43　汇总付款凭证(1)

贷方科目：库存现金　　　　　　　　　2020年12月　　　　　　　　　汇付第1号

借方科目	金额			总账页数		
	上旬	中旬	下旬	合计	借方	贷方
其他应收款	500			500	略	略
应付职工薪酬		60 000		60 000	略	略
管理费用		300		300	略	略
合计	500	60 300		60 800		

财务主管：张凯　　　　　　记账：李元　　　　　　审核：朱杰　　　　　　制单：冯娜

表 8-44　汇总付款凭证(2)

贷方科目：银行存款　　　　　　　　　2020年12月　　　　　　　　　汇付第2号

借方科目	金额			总账页数		
	上旬	中旬	下旬	合计	借方	贷方
库存现金		60 000		60 000	略	略
应付账款	145 000			145 000	略	略
应交税费	29 400			29 400	略	略
销售费用	20 000			20 000	略	略
预付账款	60 000	600		60 600	略	略
管理费用		12 000		12 000	略	略
合计	254 400	72 600		327 000		

财务主管：张凯　　　　　　记账：李元　　　　　　审核：朱杰　　　　　　制单：冯娜

表 8-45　汇总转账凭证(1)

贷方科目：实收资本　　　　　　　　　2020年12月　　　　　　　　　汇转第1号

借方科目	金额			总账页数		
	上旬	中旬	下旬	合计	借方	贷方
固定资产	100 000			100 000	略	略
合计	100 000			100 000		

财务主管：张凯　　　　　　记账：李元　　　　　　审核：朱杰　　　　　　制单：冯娜

表8-46 汇总转账凭证(2)

贷方科目：应付账款　　　　　　　　2020年12月　　　　　　　　汇转第2号

借方科目	金额			总账页数		
	上旬	中旬	下旬	合计	借方	贷方
在途物资	102 000			102 000	略	略
应交税费	13 000			13 000	略	略
制造费用			2 000	2 000	略	略
合计	115 000		2 000	117 000		

财务主管：张凯　　　　　记账：李元　　　　　审核：朱杰　　　　　制单：冯娜

表8-47 汇总转账凭证(3)

贷方科目：在途物资　　　　　　　　2020年12月　　　　　　　　汇转第3号

借方科目	金额			总账页数		
	上旬	中旬	下旬	合计	借方	贷方
原材料	102 000			102 000	略	略
合计	102 000			102 000		

财务主管：张凯　　　　　记账：李元　　　　　审核：朱杰　　　　　制单：冯娜

表8-48 汇总转账凭证(4)

贷方科目：主营业务收入　　　　　　2020年12月　　　　　　　　汇转第4号

借方科目	金额			总账页数		
	上旬	中旬	下旬	合计	借方	贷方
应收账款		117 000		117 000	略	略
合计		117 000		117 000		

财务主管：张凯　　　　　记账：李元　　　　　审核：朱杰　　　　　制单：冯娜

表8-49 汇总转账凭证(5)

贷方科目：应交税费　　　　　　　　2020年12月　　　　　　　　汇转第5号

借方科目	金额			总账页数		
	上旬	中旬	下旬	合计	借方	贷方
应收账款		15 210		15 210	略	略
所得税费用			4 650	4 650	略	略
合计		15 210	4 650	19 860		

财务主管：张凯　　　　　记账：李元　　　　　审核：朱杰　　　　　制单：冯娜

表 8-50 汇总转账凭证(6)

贷方科目：原材料　　　　　　　　　2020年 12月　　　　　　　　　　　汇转第 6号

借方科目	金额				总账页数	
	上旬	中旬	下旬	合计	借方	贷方
生产成本		60 000		60 000	略	略
制造费用		30 000		30 000	略	略
管理费用		10 000		10 000	略	略
待处理财产损溢			600	600	略	略
合计		100 000	600	100 600		

财务主管：张凯　　　　记账：李元　　　　审核：朱杰　　　　制单：冯娜

表 8-51 汇总转账凭证(7)

贷方科目：应付职工薪酬　　　　　　2020年 12月　　　　　　　　　　　汇转第 7号

借方科目	金额				总账页数	
	上旬	中旬	下旬	合计	借方	贷方
生产成本		30 000		30 000	略	略
制造费用		13 000		13 000	略	略
管理费用		17 000		17 000	略	略
合计		60 000		60 000		

财务主管：张凯　　　　记账：李元　　　　审核：朱杰　　　　制单：冯娜

表 8-52 汇总转账凭证(8)

贷方科目：其他应收款　　　　　　　2020年 12月　　　　　　　　　　　汇转第 8号

借方科目	金额				总账页数	
	上旬	中旬	下旬	合计	借方	贷方
管理费用		400		400	略	略
合计		400		400		

财务主管：张凯　　　　记账：李元　　　　审核：朱杰　　　　制单：冯娜

表 8-53 汇总转账凭证(9)

贷方科目：坏账准备　　　　　　　　2020年 12月　　　　　　　　　　　汇转第 9号

借方科目	金额				总账页数	
	上旬	中旬	下旬	合计	借方	贷方
资产减值损失			200	200	略	略
合计			200	200		

财务主管：张凯　　　　记账：李元　　　　审核：朱杰　　　　制单：冯娜

表 8-54　汇总转账凭证(10)

贷方科目：应付利息　　　　　2020年 12月　　　　　　　汇转第 10号

借方科目	金额				总账页数	
	上旬	中旬	下旬	合计	借方	贷方
财务费用			1 000	1 000	略	略
合计			1 000	1 000		

财务主管：张凯　　　记账：李元　　　审核：朱杰　　　制单：冯娜

表 8-55　汇总转账凭证(11)

贷方科目：累计折旧　　　　　2020年 12月　　　　　　　汇转第 11号

借方科目	金额				总账页数	
	上旬	中旬	下旬	合计	借方	贷方
制造费用			20 000	20 000	略	略
管理费用			10 000	10 000	略	略
合计			30 000	30 000		

财务主管：张凯　　　记账：李元　　　审核：朱杰　　　制单：冯娜

表 8-56　汇总转账凭证(12)

贷方科目：预付账款　　　　　2020年 12月　　　　　　　汇转第 12号

借方科目	金额				总账页数	
	上旬	中旬	下旬	合计	借方	贷方
管理费用			5 000	5 000	略	略
合计			5 000	5 000		

财务主管：张凯　　　记账：李元　　　审核：朱杰　　　制单：冯娜

表 8-57　汇总转账凭证(13)

贷方科目：制造费用　　　　　2020年 12月　　　　　　　汇转第 13号

借方科目	金额				总账页数	
	上旬	中旬	下旬	合计	借方	贷方
生产成本			65 000	65 000	略	略
合计			65 000	65 000		

财务主管：张凯　　　记账：李元　　　审核：朱杰　　　制单：冯娜

表 8-58　汇总转账凭证(14)

贷方科目：生产成本　　　　　2020年 12月　　　　　　　汇转第 14号

借方科目	金额				总账页数	
	上旬	中旬	下旬	合计	借方	贷方
库存商品			155 000	155 000	略	略
合计			155 000	155 000		

财务主管：张凯　　　记账：李元　　　审核：朱杰　　　制单：冯娜

表8-59 汇总转账凭证(15)

贷方科目：库存商品　　　　　　　　2020年12月　　　　　　　　汇转第15号

借方科目	金额				总账页数	
	上旬	中旬	下旬	合计	借方	贷方
主营业务成本			139 600	139 600	略	略
合　计			139 600	139 600		

财务主管：张凯　　　　　记账：李元　　　　　审核：朱杰　　　　　制单：冯娜

表8-60 汇总转账凭证(16)

贷方科目：本年利润　　　　　　　　2020年12月　　　　　　　　汇转第16号

借方科目	金额				总账页数	
	上旬	中旬	下旬	合计	借方	贷方
主营业务收入			234 000	234 000	略	略
其他业务收入			100	100	略	略
合　计			234 100	234 100		

财务主管：张凯　　　　　记账：李元　　　　　审核：朱杰　　　　　制单：冯娜

表8-61 汇总转账凭证(17)

贷方科目：主营业务成本　　　　　　2020年12月　　　　　　　　汇转第17号

借方科目	金额				总账页数	
	上旬	中旬	下旬	合计	借方	贷方
本年利润			139 600	139 600	略	略
合　计			139 600	139 600		

财务主管：张凯　　　　　记账：李元　　　　　审核：朱杰　　　　　制单：冯娜

表8-62 汇总转账凭证(18)

贷方科目：销售费用　　　　　　　　2020年12月　　　　　　　　汇转第18号

借方科目	金额				总账页数	
	上旬	中旬	下旬	合计	借方	贷方
本年利润			20 000	20 000	略	略
合　计			20 000	20 000		

财务主管：张凯　　　　　记账：李元　　　　　审核：朱杰　　　　　制单：冯娜

表8-63 汇总转账凭证(19)

贷方科目：管理费用　　　　　　　　2020年12月　　　　　　　　汇转第19号

借方科目	金额				总账页数	
	上旬	中旬	下旬	合计	借方	贷方
本年利润			54 700	54 700	略	略
合　计			54 700	54 700		

财务主管：张凯　　　　　记账：李元　　　　　审核：朱杰　　　　　制单：冯娜

表 8-64 汇总转账凭证(20)

贷方科目：财务费用　　　　　　　　2020年 12月　　　　　　　　汇转第 20号

借方科目	金 额				总账页数	
	上 旬	中 旬	下 旬	合 计	借 方	贷 方
本年利润			1 000	1 000	略	略
合 计			1 000	1 000		

财务主管：张凯　　　　　　记账：李元　　　　　　审核：朱杰　　　　　　制单：冯娜

表 8-65 汇总转账凭证(21)

贷方科目：资产减值损失　　　　　　2020年 12月　　　　　　　　汇转第 21号

借方科目	金 额				总账页数	
	上 旬	中 旬	下 旬	合 计	借 方	贷 方
本年利润			200	200	略	略
合 计			200	200		

财务主管：张凯　　　　　　记账：李元　　　　　　审核：朱杰　　　　　　制单：冯娜

表 8-66 汇总转账凭证(22)

贷方科目：所得税费用　　　　　　　2020年 12月　　　　　　　　汇转第 22号

借方科目	金 额				总账页数	
	上 旬	中 旬	下 旬	合 计	借 方	贷 方
本年利润			4 650	4 650	略	略
合 计			4 650	4 650		

财务主管：张凯　　　　　　记账：李元　　　　　　审核：朱杰　　　　　　制单：冯娜

表 8-67 汇总转账凭证(23)

贷方科目：利润分配　　　　　　　　2020年 12月　　　　　　　　汇转第 23号

借方科目	金 额				总账页数	
	上 旬	中 旬	下 旬	合 计	借 方	贷 方
本年利润			13 950	13 950	略	略
合 计			13 950	13 950		

财务主管：张凯　　　　　　记账：李元　　　　　　审核：朱杰　　　　　　制单：冯娜

表 8-68 汇总转账凭证(24)

贷方科目：盈余公积　　　　　　　　2020年 12月　　　　　　　　汇转第 24号

借方科目	金 额				总账页数	
	上 旬	中 旬	下 旬	合 计	借 方	贷 方
利润分配			1 395	1 395	略	略
合 计			1 395	1 395		

财务主管：张凯　　　　　　记账：李元　　　　　　审核：朱杰　　　　　　制单：冯娜

表 8-69　汇总转账凭证(25)

贷方科目：应付利润　　　　　　　　2020年 12月　　　　　　　　汇转第 25 号

借方科目	金　额				总账页数	
	上　旬	中　旬	下　旬	合　计	借　方	贷　方
利润分配			10 000	10 000	略	略
合　计			10 000	10 000		

财务主管：张凯　　　　记账：李元　　　　审核：朱杰　　　　制单：冯娜

(2) 月终，分别根据汇总收款凭证、汇总付款凭证和汇总转账凭证的合计数登记总分类账，其方法如下。

① 根据汇总收款凭证，登记"库存现金"和"银行存款"账户的借方，同时按其对方科目分别填列金额，并逐笔填列汇总凭证字号。根据汇总付款凭证，登记"库存现金"和"银行存款"账户的贷方，同时按其对方科目分别填列金额，并逐笔填列汇总凭证字号。

② 对于"库存现金"与"银行存款"之间的相互划转业务，在根据汇总付款凭证登记"库存现金"与"银行存款"账户的贷方时，还应同时记入"银行存款"与"库存现金"账户的借方。

③ 根据各科目的汇总转账凭证，分别登记设置账户的贷方，同时按其对方科目分别填列金额，并逐笔填列汇总凭证字号。

现以"库存现金""银行存款""制造费用""生产成本"和"本年利润"账户为例，说明登记总分类账的方法，如表 8-70 所示。

表 8-70　总分类账

会计科目：库存现金

2020年		凭证号数	摘　要	对应科目	借　方	贷　方	借或贷	余　额
月	日							
12	1		期初余额				借	1 000
	31	汇收第1号	全月汇总	其他业务收入	100		借	1 100
	31	汇收第1号	全月汇总	其他应收款	100		借	1 200
	31	汇付第2号	全月汇总	银行存款	60 000		借	61 200
	31	汇付第1号	全月汇总	其他应收款		500	借	60 700
	31	汇付第1号	全月汇总	应付职工薪酬		60 000	借	700
	31	汇付第1号	全月汇总	管理费用		300	借	400
12	31		本期发生额及期末余额		60 200	60 800	借	400

会计科目：银行存款　　　　　　　　　　　　　　　　　　　　　　　　　　　续表

| 2020年 | | 凭证号数 | 摘　要 | 对应科目 | 借　方 | 贷　方 | 借或贷 | 余　额 |
月	日							
12	1		期初余额				借	900 000
	3	汇收第2号	全月汇总	主营业务收入	117 000		借	1 017 000
	6	汇收第2号	全月汇总	应交税费	15 210		借	1 032 210
	7	汇付第2号	全月汇总	库存现金		60 000	借	972 210
	8	汇付第2号	全月汇总	应付账款		145 000	借	827 210
	9	汇付第2号	全月汇总	应交税费		29 400	借	797 810
	10	汇付第2号	全月汇总	销售费用		20 000	借	777 810
	11	汇付第2号	全月汇总	预付账款		60 600	借	717 210
	11	汇付第2号	全月汇总	管理费用		12 000	借	705 210
12	31		本期发生额及期末余额		132 210	327 000	借	705 210

会计科目：制造费用

| 2020年 | | 凭证号数 | 摘　要 | 对应科目 | 借　方 | 贷　方 | 借或贷 | 余　额 |
月	日							
12	31	汇转第6号	全月汇总	原材料	30 000		借	30 000
	31	汇转第7号	全月汇总	应付职工薪酬	13 000		借	43 000
	31	汇转第10号	全月汇总	应付账款	2 000		借	45 000
	31	汇转第11号	全月汇总	累计折旧	20 000		借	65 000
	31	汇转第13号	全月汇总	生产成本		65 000	平	
12	31		本期发生额		65 000	65 000		

会计科目：生产成本

| 2020年 | | 凭证号数 | 摘　要 | 对应科目 | 借　方 | 贷　方 | 借或贷 | 余　额 |
月	日							
12	31	汇转第6号	全月汇总	原材料	60 000		借	60 000
	31	汇转第7号	全月汇总	应付职工薪酬	30 000		借	90 000
	31	汇转第13号	全月汇总	制造费用	65 000			155 000
	31	汇转第14号	全月汇总	库存商品		155 000	平	
12	31		本期发生额及期末余额		155 000	155 000		

会计科目：本年利润

| 2020年 | | 凭证号数 | 摘　要 | 对应科目 | 借　方 | 贷　方 | 借或贷 | 余　额 |
月	日							
12	31	汇转第16号	全月汇总	主营业务收入		234 000	贷	234 000
	31	汇转第16号	全月汇总	其他业务收入		100	贷	234 100
	31	汇转第17号	全月汇总	主营业务成本	139 600		贷	94 500

续表

2020年		凭证号数	摘 要	对应科目	借 方	贷 方	借或贷	余 额
月	日							
	31	汇转第18号	全月汇总	销售费用	20 000		贷	74 500
		汇转第19号	全月汇总	管理费用	54 700		贷	19 800
		汇转第20号	全月汇总	财务费用	1 000		贷	18 800
		汇转第21号	全月汇总	资产减值损失	200		贷	18 600
		汇转第22号	全月汇总	所得税费用	4 650		贷	13 950
		汇转第23号	全月汇总	利润分配	13 950		平	
12	31		本期发生额及期末余额		234 100	234 100		

第四节 科目汇总表账务处理程序

一、科目汇总表账务处理程序的特点和核算要求

科目汇总表账务处理程序是指根据各种记账凭证号先定期(或月末一次性)按会计科目汇总编制科目汇总表，然后再根据科目汇总表登记总分类账，并定期编制会计报表的账务处理程序。科目汇总表账务处理程序也是在记账凭证账务处理程序的基础上发展而来的。采用这种账务处理程序，对凭证和账簿的要求及记账程序与前两种账务处理程序基本相同。

科目汇总表又称记账凭证汇总表，其性质和作用与汇总记账凭证相似，但二者的结构和编制的方法不同。科目汇总表不按对应科目进行汇总，而是将一定时期内的全部记账凭证按科目归类，并将所有科目的本期借方、贷方发生额汇总在一张科目汇总表内，然后据以登记总账。因此，科目汇总表下的总分类账只能采用不设立"对应科目"栏的借、贷、余三栏式。为了便于汇总，必须注意以下三点。

(1) 每一张收款凭证一般应填列一个贷方科目；每一张付款凭证一般应填列一个借方科目；转账凭证则应填列一个借方科目和一个贷方科目，一式两联，一联为借方科目转账凭证，一联为贷方科目转账凭证。

(2) 为了便于登记总账，科目汇总表上的科目排列应按总分类账上科目排列的顺序来定。

(3) 科目汇总表汇总的时间不宜过长，业务量大的单位可每天汇总一次，一般最长间隔不超过10天，以便对发生额进行试算平衡，及时了解资金运动状况。业务量小的单位可以采用15天一次或每月一次的频率进行汇总。

二、科目汇总表账务处理程序的核算步骤和使用范围

科目汇总表账务处理程序如图8-4所示。

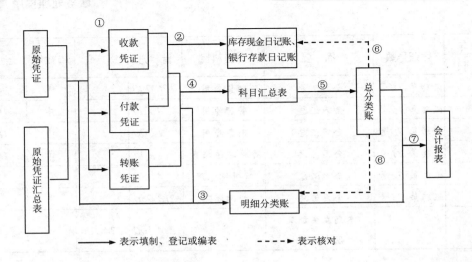

图 8-4 科目汇总表账务处理程序

在图 8-4 中：①根据原始凭证或原始凭证汇总表编制收款凭证、付款凭证和转账凭证；②根据收、付款凭证逐笔登记现金日记账和银行存款日记账；③根据记账凭证及其所附的原始凭证或原始凭证汇总表逐笔登记明细分类账；④根据收款凭证、付款凭证和转账凭证，每日或定期编制科目汇总表；⑤根据科目汇总表，每日或定期登记总分类账；⑥月终，现金日记账、银行存款日记账的余额以及各种明细分类账余额的合计数，应与总分类账有关账户的余额核对相符；⑦月终，根据总分类账和明细分类账的资料编制会计报表。

采用这种账务处理程序的优点是，不仅可以简化总分类账的登记，还可以每天或定期就科目汇总表进行试算平衡，便于及时发现问题，采取措施。但是，科目汇总表反映不出账户的对应关系，不便于了解经济业务的内容。它适用于经济业务频繁的单位。

三、科目汇总表账务处理程序实例

【例 8-3】 仍以例 8-1 来说明科目汇总表账务处理程序的实际操作方法，它与记账凭证账务处理程序内容相同的部分已省略，这里仅列示不同的部分：根据记账凭证编制科目汇总表和根据汇总记账凭证登记总账。

(1) 根据记账凭证编制科目汇总表，如表 8-71 所示。

表 8-71 科目汇总表

2020 年 12 月 31 日　　　　　　　　　　　　　　　　科汇第 1 号

总账科目	本期发生额							
	上旬		中旬		下旬		合计	
	借方	贷方	借方	贷方	借方	贷方	借方	贷方
库存现金	100	500	60 100	60 300			60 200	60 800
银行存款		254 400	132 210	72 600			132 210	327 000
应收账款			132 210				132 210	

续表

总账科目	本期发生额							
	上旬		中旬		下旬		合计	
	借方	贷方	借方	贷方	借方	贷方	借方	贷方
其他应收款	500			500			500	500
坏账准备						200		200
在途物资	102 000	102 000					102 000	102 000
原材料	102 000			100 000		600	102 000	100 600
制造费用			43 000		22 000	65 000	65 000	65 000
生产成本			90 000		65 000	155 000	155 000	155 000
库存商品					155 000	139 600	155 000	139 600
预付账款	60 000		600			5 000	60 600	5 000
待处理财产损溢						600		600
固定资产	100 000						100 000	
累计折旧						30 000		30 000
应付账款	145000	115 000				2 000	145000	117 000
应付职工薪酬			60 000	60 000			60 000	60 000
应交税费	42 400			30 420		4 650	46 400	35070
应付利息						1 000		1 000
实收资本		100 000						100 000
主营业务收入				234 000	234 000		234 000	234 000
其他业务收入		100			100		100	100
主营业务成本					139 600	139 600	139 600	139 600
销售费用	20 000					20 000	20 000	20 000
管理费用			39 700		15 000	54 700	54 700	54 700
财务费用					1 000	1 000	1 000	1 000
资产减值损失					200	200	200	200
本年利润					234 100	234 100	234 100	234 100
所得税费用					4 650	4 650	4 650	4 650
利润分配					11 395	13 950	11 395	13 950
盈余公积						1 395		1 395
应付利润						10 000		10 000
合计	572000	572000	557820	557820	882 645	882 645	2 012465	2012465

(2) 根据科目汇总表定期登记总分类账(仍以"库存现金""银行存款""制造费用""生产成本"和"本年利润"账户为例),如表 8-72 所示。

表 8-72 总分类账

会计科目：库存现金

2020年		凭证号数	摘要	借方	贷方	借或贷	余额
月	日						
12	1		期初余额			借	1 000
	10	科汇1	1~10日汇总	100	500	借	600
	20	科汇1	11~20日汇总	60 100	60 300	借	400
12	31		本期发生额及期末余额	60 200	60 800	借	400

会计科目：银行存款

2020年		凭证号数	摘要	借方	贷方	借或贷	余额
月	日						
12	1		期初余额			借	900 000
	10	科汇1	1~10日汇总		254 400	借	645 600
	20	科汇1	11~20日汇总	132 210	72 600	借	705 210
12	31		本期发生额及期末余额	132 210	327 000	借	705 210

会计科目：制造费用

2020年		凭证号数	摘要	借方	贷方	借或贷	余额
月	日						
12	1		期初余额			平	0
	20	科汇1	11~20日汇总	43 000		借	43 000
	31	科汇1	21~31日汇总	22 000	65 000	平	0
12	31		本期发生额	65 000	65 000	平	0

会计科目：生产成本

2020年		凭证号数	摘要	借方	贷方	借或贷	余额
月	日						
12	1		期初余额			平	0
	20	科汇1	11~20日汇总	90 000		借	90 000
	31	科汇1	21~31日汇总	65 000	155 000	平	0
12	31		本期发生额	155 000	155 000	平	0

会计科目：本年利润

2020年		凭证号数	摘要	借方	贷方	借或贷	余额
月	日						
12	1		期初余额			平	0
	31	科汇1	21~31日汇总	234 100	234 100	平	0
12	31		本期发生额	234 100	234 100	平	0

第五节 其他账务处理程序

除了前面讲述的记账凭证、汇总记账凭证和科目汇总表等账务处理程序外，还有多栏式日记账和日记总账账务处理程序两种，本节将分别予以简单介绍。

一、多栏式日记账账务处理程序

(一)多栏式日记账账务处理程序的特点和核算要求

多栏式日记账账务处理程序是根据收、付款凭证逐笔登记多栏式现金日记账和多栏式银行存款日记账，月终根据多栏式日记账登记总分类账的一种账务处理程序。其特点是设置多栏式库存现金日记账和银行存款日记账，并据以登记总分类账。这种账务处理程序除了多栏式日记账及其过账方法外，其他方面的要求同前面几种账务处理程序基本相同。

在采用这种账务处理程序时，由于库存现金日记账和银行存款日记账，都是按其对应账户设置专栏，起到了汇总收、付款凭证的作用。月终可根据这些日记账的本月收、付发生额和各对应科目的发生额直接登记总分类账。登记时，根据多栏式日记账"收入合计栏"的本月发生额合计数，记入库存现金、银行存款总分类账的借方，并将"收入栏"下对应贷方科目的本月发生额合计数记入有关总分类账户的贷方。根据多栏式日记账"付出合计栏"的本月发生额合计数，记入库存现金、银行存款总分类账的贷方，并将"付出栏"下对应借方科目的本月发生额合计数记入有关总分类账户的借方。对于库存现金与银行存款之间的相互划转数额，因已分别包含在有关日记账的收入和付出合计栏的本月发生额内，故无须再根据有关对应账户专栏的合计数登记总分类账，以免重复计算。对于转账业务，可视业务量大小，逐笔登记总分类账或根据转账凭证先编制转账凭证科目汇总表，然后再据以登记总分类账。

(二)多栏式日记账账务处理程序的核算步骤和使用范围

多栏式日记账账务处理程序如图 8-5 所示。

在图 8-5 中：①根据原始凭证或原始凭证汇总表填制记账凭证；②根据收、付款凭证逐笔登记多栏式库存现金日记账和银行存款日记账；③根据转账凭证填制转账凭证科目汇总表；④根据记账凭证及其所附的原始凭证或原始凭证汇总表逐笔登记明细分类账；⑤月终，根据多栏式日记账和转账凭证科目汇总表(或转账凭证)登记总分类账；⑥月终，各明细分类账余额的合计数应分别与总分类账中有关账户的余额核对相符；⑦月终，根据总分类账和明细分类账的资料编制会计报表。

采用这种账务处理程序的优点是，可简化总分类账的核算过程，效率较高，因而可用于业务量较大的单位。虽然多栏式日记账账务处理程序能较好地反映账户之间的对应关系，但是它限制了会计科目的数量，只能用于会计科目不多的单位。另外，转账凭证科目汇总表仍反映不出账户的对应关系。

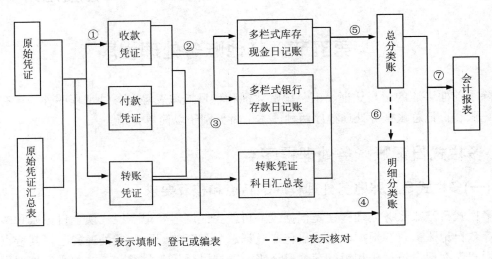

图 8-5 多栏式日记账账务处理程序

二、日记总账账务处理程序

(一)日记总账账务处理程序的特点和核算要求

日记总账账务处理程序是指设置日记总账,根据经济业务发生以后所填制的各种记账凭证直接逐笔登记日记总账,并定期编制会计报表的账务处理程序。采用这种账务处理程序时,日记总账既具有日记账的作用,又具有总分类账的作用,因此它是一种联合账簿。这种账务处理程序的特点是,需要专门设置日记总账,所有的经济业务都要根据记账凭证逐笔登记总账。采用日记总账账务处理程序时,除日记总账外,其余账簿和凭证的设置均与上述各种账务处理程序相同。

日记总账的设计格式与一般总账不同,因此其登记方法与一般总账的登记方法也不一样。日记总账把所有总账科目都集中反映在一张账页上,所有的经济业务均按业务发生的时间顺序进行序时逐笔登记,同时根据业务的性质,按科目的对应关系进行总分类记录。其基本格式包含两部分:一部分是用于序时核算的日记账部分,在日记总账账页的左方,设置日期、记账凭证号数、摘要、本期发生额等栏目;另一部分是按总分类账户设置专栏,每个专栏再设"借方"和"贷方"栏,用以进行总分类核算。

登记日记总账时,每笔经济业务的借方发生额和贷方发生额应该在同一行的借方栏和贷方栏内分别登记,并将发生额记入"发生额"栏内。对于收、付款业务,在采用三栏式库存现金和银行存款日记账的情况下,可以直接根据收、付款凭证逐日汇总登记日记总账,月末结出合计数,并与日记账核对;在采用多栏式库存现金和银行存款日记账的情况下,可以在月终时,根据多栏式库存现金和银行存款日记账登记日记总账。对于转账业务,则应根据转账凭证逐日、逐笔登记总账。每月登记完毕后,应当结算出各栏的合计数,计算各科目的月末借方或贷方余额,进行账簿记录的核对工作。"发生额"栏所列本月发生额合计数,应与全部科目的借方发生额或贷方发生额的合计数核对相符。

(二)日记总账账务处理程序的核算步骤和使用范围

日记总账账务处理程序如图 8-6 所示。

在图 8-6 中：①根据原始凭证或原始凭证汇总表填制记账凭证；②根据收、付款凭证逐笔登记库存现金日记账和银行存款日记账；③根据记账凭证及其所附的原始凭证或原始凭证汇总表逐笔登记明细分类账；④根据收款凭证、付款凭证和转账凭证逐日、逐笔登记日记总账；⑤月终，库存现金日记账、银行存款日记账的余额及其各明细分类账余额的合计数应分别与相应的日记总账的余额核对相符；⑥月终，根据日记总账和明细分类账的资料编制会计报表。

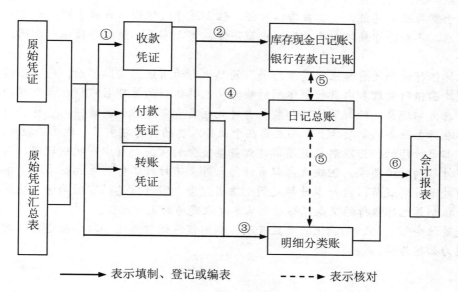

图 8-6 日记总账账务处理程序

采用这种账务处理程序的优点是，序时核算与总分类核算结合进行，使账户之间的对应关系更加清晰，便于对经济业务的检查、分析，且简化了记账工作程序。不足之处是，所有科目均设在一张账页内，导致账页过长，不便于记账和保管。这种账务处理程序只适用于规模小、业务简单，且使用会计科目较少的企业。

【思政案例】

内部控制与监督机制

巴林银行创立于 1762 年，至 1995 年已有 233 年的历史。19 世纪初，成为英国政府证券的首席发行商。连英国女皇的资产都委托其管理，素有"女皇的银行"的美称。就是这样一个历史悠久、声名显赫的银行，竟因年轻职员尼克·里森进行期货投机失败而陷入绝境。

28 岁的尼克·里森 1992 年被巴林银行总部任命为新加坡巴林期货有限公司的总经理兼首席交易员，负责该行在新加坡的期货交易并实际从事期货交易。从 1994 年年底开始，里森觉得日本股市将上扬，未经批准就做风险很大的被称作"套汇"的衍生品金融商品交易，期望利用不同地区交易市场上的差价获利。

1995年2月23日，日经股价指数急剧下挫276.6点，面对日本政府债券价格的一路上扬，持有的空头合约也多达26000口。由此造成的损失则激增至令人咋舌的8.6亿英镑；并促使了巴林银行的最终垮台。当天，里森已意识到无法弥补亏损，于是被迫仓皇出逃。

26日晚9时30分，英国中央银行——英格兰银行在没拿出其他拯救方案的情况下只好宣布对巴林银行进行倒闭清算，寻找买主，承担债务。百年基业毁于一旦。

新加坡法庭以非法投机并致使巴林银行倒闭的财务欺诈罪名判处里森有期徒刑6年6个月。

(资料来源：https://wenku.baidu.com/view/0424e58b680203d8ce2f24c0.html，有删减。)

思政要点：

由于里森业务熟练，所以被委以重任，但却疏于对他进行考核管理。里森利用职权，赚取利益，不能遵守廉洁自律原则，东窗事发，害人害己，最终导致银行倒闭，自己银铛入狱。

巴林银行的倒闭看起来像是因为个人的越权行为所致，实际不然，巴林银行事件反映出现代跨国银行管理和内部控制体制的缺陷。巴林银行的管理层可谓在各个层面、各个环节都存在失职现象，外部审计师和监管者对此也负有不可推卸的责任。巴林银行事件的原因并不在衍生业务的复杂性上，而主要在于业务人员的行为超出了管理层的控制范围。

外部审计师的行为准则在英国审计业务委员会的相关规则中有明确规定，其中包括对银行审计师的特殊要求。但缺乏内部审计师与外部审计师工作关系的标准和要求，造成实践中内外审计的脱节，内外审计师之间无法实现重大审计信息的有效沟通。缺乏专门的风险管理机制是巴林银行的里森能够顺利从事越权交易的主要原因。

随着社会信息化、智能化的日益普及，利用信息化智能化手段加强企业内部控制与监督已成为必然趋势。

本章小结

本章主要探讨了如何将各种凭证、账簿、会计报表加以科学地组织，使之构成一个有机的整体，组成各种会计核算形式。并阐述各种会计核算形式的特点、核算流程、优缺点和适用性，以及如何区分各种会计核算形式。

同步测试题

一、单项选择题

1. 区别不同账务处理程序的依据主要是(　　)。
   A. 登记总分类账的依据和方法不同　B. 登记分类账的依据和方法不同
   C. 登记日记账的依据和方法不同　D. 编制会计报表的依据和方法不同
2. 最基本的账务处理程序是(　　)。
   A. 记账凭证账务处理程序　　　　　B. 科目汇总表账务处理程序

  C. 汇总记账凭证账务处理程序 D. 日记总账账务处理程序

  3. (　　)账务处理程序适用于规模较小、业务量不大的单位。
   A. 记账凭证   B. 汇总记账凭证
   C. 科目汇总表   D. 多栏式日记账

  4. 记账凭证账务处理程序的最大特点是，直接根据(　　)逐笔登记总分类账及明细分类账。
   A. 原始凭证   B. 记账凭证
   C. 汇总记账凭证   D. 汇总原始记账凭证

  5. 汇总记账凭证账务处理程序是根据(　　)登记总分类账的。
   A. 原始凭证   B. 记账凭证
   C. 汇总记账凭证   D. 日记账

  6. 汇总收款凭证是按(　　)设置的。
   A. 收款凭证上的借方科目 B. 收款凭证上的贷方科目
   C. 付款凭证上的借方科目 D. 付款凭证上的贷方科目

  7. 汇总付款凭证是按(　　)设置的。
   A. 收款凭证上的借方科目 B. 收款凭证上的贷方科目
   C. 付款凭证上的借方科目 D. 付款凭证上的贷方科目

  8. 记账凭证账务处理程序的缺点是(　　)。
   A. 登记总账的工作量大
   B. 不便于会计核算的日常分工
   C. 简化登记总账的工作量
   D. 能反映经济业务的发生和完成情况

  9. 科目汇总表账务处理程序又称为(　　)。
   A. 记账凭证账务处理程序 B. 记账凭证汇总表账务处理程序
   C. 汇总记账凭证账务处理程序 D. 日记总账账务处理程序

  10. 定期将记账凭证按账户对应关系汇总，编制汇总记账凭证，再根据汇总记账凭证登记总分类账的账务处理程序是(　　)。
   A. 记账凭证账务处理程序 B. 科目汇总表账务处理程序
   C. 汇总记账凭证账务处理程序 D. 日记总账账务处理程序

  11. 科目汇总表账务处理程序的优点和汇总记账凭证账务处理程序大致相同，即减轻了会计人员的工作量，且兼具(　　)的作用，大大减少了登账出错的概率。
   A. 对账   B. 汇总
   C. 试算平衡   D. 反映账户之间的对应关系

  12. 科目汇总表账务处理程序的缺点是(　　)。
   A. 不便于分工记账   B. 不能反映账户之间的对应关系
   C. 不能起到试算平衡的作用 D. 单位一般不采用此种账务处理程序

  13. 将日记账和总分类账结合设置一本联合账簿，称为(　　)。
   A. 总账日记账 B. 科目汇总表 C. 汇总账簿 D. 日记总账

14. 日记总账账务处理程序的优点是( )。
   A. 便于分工　　　　　　　　　　B. 科目对应关系清晰
   C. 简单易行　　　　　　　　　　D. 便于查阅
15. 科目汇总表和汇总记账凭证的共同优点是( )。
   A. 简化总分类账的等级工作　　　B. 进行发生额试算平衡
   C. 保持科目之间的对应关系　　　D. 总括反映同类经济业务
16. 多栏式日记账账务处理程序适用于( )的单位。
   A. 会计科目不多　　　　　　　　B. 规模较大，业务较多
   C. 规模较小，业务较少　　　　　D. 规模较大，业务较少
17. 设计账务处理程序是( )的一项重要内容。
   A. 会计凭证设计　　　　　　　　B. 会计账簿设计
   C. 会计制度设计　　　　　　　　D. 会计报表设计
18. 汇总记账凭证账务处理程序适用于( )的单位。
   A. 规模较小，业务较少　　　　　B. 规模较大，业务较多
   C. 会计科目不多　　　　　　　　D. 行政、事业
19. 科目汇总表账务处理程序适用于( )。
   A. 规模较小，业务较少的单位　　B. 规模较小，业务较多的单位
   C. 规模较大，业务较多的单位　　D. 规模较大，业务较少的单位
20. 在科目汇总表账务处理程序下，要求所有记账凭证中的科目对应关系是( )。
   A. 一个借方科目与一个贷方科目　B. 一个借方科目与几个贷方科目
   C. 几个借方科目与一个贷方科目　D. 几个借方科目与几个贷方科目
21. ( )账务处理程序将所有会计科目汇总在一张账页上。
   A. 记账凭证　　B. 科目汇总表　　C. 日记总账　　D. 汇总记账凭证
22. 汇总转账凭证是按照记账凭证中每一个会计分录的( )科目分别设置的。
   A. 借方　　　　B. 贷方　　　　　C. 库存现金　　D. 银行存款

二、多项选择题

1. 账务处理程序是指( )相结合的技术组织程序。
   A. 会计要素　　B. 会计凭证　　　C. 会计账簿　　D. 财务报告
2. 各种账务处理程序的相同之处在于( )。
   A. 根据原始凭证或原始凭证汇总表填制记账凭证
   B. 根据原始凭证、原始凭证汇总表和记账凭证登记各种明细分类账
   C. 根据总分类账和明细分类账的记录编制会计报表
   D. 根据汇总记账凭证登记总分类账和明细分类账
3. 实际工作中，常见的账务处理程序主要有( )。
   A. 记账凭证账务处理程序　　　　B. 汇总记账凭证账务处理程序
   C. 科目汇总表账务处理程序　　　D. 多栏式日记账账务处理程序
4. 登记总分类账的依据可以是( )。
   A. 记账凭证　　　　　　　　　　B. 汇总记账凭证
   C. 科目汇总表　　　　　　　　　D. 多栏式日记账

5. 账务处理程序的作用是( )。
   A. 保障会计核算和监督职能的发挥
   B. 有利于会计工作程序的规范化
   C. 简化会计核算的环节和手续
   D. 有助于企业建立完善的内控系统
6. 在汇总记账凭证账务处理程序下,应设置( )。
   A. 汇总付款凭证   B. 汇总收款凭证
   C. 汇总转账凭证   D. 汇总原始凭证
7. 采用汇总记账凭证账务处理程序,登记总账的依据是( )。
   A. 汇总收款凭证   B. 汇总付款凭证
   C. 汇总转账凭证   D. 汇总原始凭证
8. 采用汇总记账凭证账务处理程序时,编制汇总记账凭证的一般要求是( )。
   A. 收款凭证为一借多贷   B. 付款凭证为多借一贷
   C. 转账凭证为多贷一借   D. 转账凭证为一借多贷
9. 以下项目中,属于汇总记账凭证账务处理程序缺点的是( )。
   A. 增加了会计工作人员的期间工作量
   B. 增加了会计工作人员的期末工作量
   C. 将会加大对存在较多转账凭证企业的工作量
   D. 不如直接通过记账凭证登记总账清晰明了
10. 汇总记账凭证是按照记账凭证进行的汇总,故也应根据记账凭证的种类分别对应设置( )。
    A. 汇总收款凭证   B. 汇总付款凭证
    C. 汇总转账凭证   D. 汇总原始凭证
11. 汇总付款凭证是根据( )汇总填列的。
    A. 库存现金付款凭证   B. 库存现金收款凭证
    C. 银行存款收款凭证   D. 银行存款付款凭证
12. 汇总收款凭证是根据( )汇总填列的。
    A. 库存现金付款凭证   B. 库存现金收款凭证
    C. 银行存款收款凭证   D. 银行存款付款凭证
13. 适用于经济业务量较大企业的账务处理程序是( )。
    A. 记账凭证账务处理程序   B. 汇总记账凭证账务处理程序
    C. 科目汇总表账务处理程序 D. 多栏式日记账账务处理程序
14. 总分类账的格式因采用的账务处理程序不同而不同,一般可采用( )。
    A. 借贷余三栏式
    B. 多栏式总分类账格式
    C. 序时账和分类账结合的日记总账格式
    D. 数量金额式
15. 科目汇总表账务处理程序的优点是( )。
    A. 能反映各个账户之间的对应关系   B. 可以减少登记总账的工作量

C. 能起到试算平衡的作用　　　　　　D. 编制简单，使用方便

16. 科目汇总表的作用有(　　)。
    A. 减少总账的记账工作　　　　　　B. 进行登记总账前的试算平衡
    C. 反映账户的对应关系　　　　　　D. 汇总有关账户的本期借贷发生额

17. 多栏式日记账账务处理程序的特点是，根据(　　)逐日登记多栏式现金日记账和银行存款日记账，然后再根据它们登记总账。
    A. 记账凭证　　　B. 收款凭证　　　C. 付款凭证　　　D. 原始凭证

18. 科目汇总表各单位可根据实际需要，(　　)编制一次。
    A. 每3日　　　　B. 每5日　　　　C. 每旬　　　　　D. 每月

19. 必须采用收款凭证、付款凭证和转账凭证的账务处理程序有(　　)。
    A. 记账凭证账务处理程序　　　　　B. 汇总记账凭证账务处理程序
    C. 科目汇总表账务处理程序　　　　D. 多栏式日记账账务处理程序

20. 会计循环的主要环节有(　　)。
    A. 编制会计分录　　　　　　　　　B. 登记账簿
    C. 账项调整　　　　　　　　　　　D. 编制会计报表

三、判断题

1. 最基本的会计核算组织程序是日记总账组织程序。　　　　　　　　　　(　　)
2. 记账凭证账务处理程序适用于规模较小、业务较多的单位。　　　　　　(　　)
3. 由于各企业的业务性质、规模大小、业务繁简程度不同，因此它们采用的账务处理程序也应有所不同。　　　　　　　　　　　　　　　　　　　　(　　)
4. 同一个企业可以同时采用几种不同的账务处理程序。　　　　　　　　　(　　)
5. 科目汇总表账务处理程序的主要缺点是，不能反映出账户之间的对应关系。
   　　　　　　　　　　　　　　　　　　　　　　　　　　　　　　　　(　　)
6. 各种账务处理程序的根本区别在于总分类账的登记依据与登记方法的不同。
   　　　　　　　　　　　　　　　　　　　　　　　　　　　　　　　　(　　)
7. 各种账务处理程序的相同之处在于其基本模式不变。　　　　　　　　　(　　)
8. 科目汇总表核算组织程序下登记总分类账的根据是科目汇总表。　　　　(　　)
9. 汇总记账凭证账务处理程序的优点在于能及时了解资金运动情况。　　　(　　)
10. 汇总转账凭证是按照记账凭证中每一个会计分录的借方科目分别设置，定期汇总填列的。　　　　　　　　　　　　　　　　　　　　　　　　　　(　　)
11. 科目汇总表账务处理程序和汇总记账凭证账务处理程序的主要相同点在于，汇总凭证的格式相同。　　　　　　　　　　　　　　　　　　　　　　　(　　)
12. 记账凭证账务处理程序的特点是，直接根据各种记账凭证逐笔登记总分类账簿。
    　　　　　　　　　　　　　　　　　　　　　　　　　　　　　　　(　　)
13. 汇总收款凭证是按库存现金、银行存款科目的贷方分别设置定期汇总填列的。
    　　　　　　　　　　　　　　　　　　　　　　　　　　　　　　　(　　)
14. 汇总记账凭证账务处理程序的优点是，清晰地反映了应借、应贷账户之间的对应关系，便于账目的查找和核对。

15. 汇总记账凭证账务处理程序的主要优点在于，保持科目之间的对应关系。（   ）
16. 科目汇总表账务处理程序的优点在于，能及时了解资金运动情况。（   ）
17. 多栏式日记账账务处理程序可以简化总分类账的核算过程。（   ）
18. 记账凭证账务处理程序是会计核算中最基本的一种账务处理程序。（   ）
19. 编制汇总记账凭证是汇总记账凭证账务处理程序的核心。（   ）
20. 在会计实务中，企业采用的大多是科目汇总表账务处理程序。（   ）
21. 账务处理程序不同，编制会计报表的依据也不同。（   ）

四、名词解释

1. 账务处理程序
2. 记账凭证账务处理程序
3. 汇总记账凭证账务处理程序
4. 汇总收款凭证
5. 汇总付款凭证
6. 汇总转账凭证
7. 科目汇总表
8. 科目汇总表账务处理程序
9. 多栏式日记账账务处理程序
10. 日记总账账务处理程序

五、思考题

1. 什么是账务处理程序？账务处理程序有什么作用？
2. 怎样理解账务处理程序并非是简单的账簿事务处理，而是一个过程？
3. 我国目前常用的有哪几种账务处理程序？
4. 建立合理的账务处理程序有什么意义？有哪些一般要求？
5. 记账凭证账务处理程序的处理流程包括哪些步骤？
6. 记账凭证账务处理程序的优缺点是什么？适用范围是什么？
7. 什么是科目汇总表账务处理程序？它包括哪些步骤？
8. 科目汇总表账务处理程序的优缺点和适用范围是什么？
9. 什么是汇总记账凭证账务处理程序？如何编制汇总收款凭证、汇总付款凭证和汇总转账凭证？
10. 汇总记账凭证账务处理程序的优缺点和适用范围是什么？
11. 什么是日记总账账务处理程序？其优缺点和适用范围是什么？
12. 什么是多栏式日记账账务处理程序？其优缺点和适用范围是什么？
13. 采用汇总记账凭证账务处理程序，如何设置和汇总各种汇总记账凭证？

六、业务题

业务 8-1

【资料】

(1) ABC 公司 2020 年 7 月各总分类账户期初余额资料如表 8-73 所示。

(2) 该公司 7 月发生如下经济业务。

① 2 日，收到远华公司前欠货款 75 000 元，存入银行。

② 3 日，从银行提取现金 3 000 元。

③ 3 日，以现金支付采购员张敏的预借差旅费 2 400 元。

表 8-73 总分类账户期初余额表　　　　　　　　　　　　单位：元

账户名称	借方余额	账户名称	贷方余额
库存现金	450	长期借款	750 000
银行存款	290 400	短期借款	75 000
应收票据	150 000	累计折旧	630 000
应收账款	75 000	应交税费	8 250
原 材 料	141 000	实收资本	688 500
库存商品	63 000	盈余公积	150 000
预付账款	9 600	本年利润	207 000
固定资产	2 010 000	应付账款	230 700
合　　计	2 739 450		2 739 450

④ 4日，以银行存款支付前欠民生公司货款 211 500 元。

⑤ 5日，提取现金 105 000 元，用于发放工资。

⑥ 7日，分配本月工资，其中：生产工人工资 93 000 元；车间管理人员工资 7 800 元；厂部行政管理人员工资 4 200 元。

⑦ 8日，以银行存款支付前欠的所得税 8 250 元。

⑧ 9日，向金华公司购入材料一批，买价 100 000 元，增值税税率为 13%，款项以银行存款支付，材料已验收入库。

⑨ 11日，销售产品 144 000 元，增值税税率为 13%，货款已收存银行；另向众生公司销售产品 20 000 元，增值税税率为 13%，款未收到。

⑩ 12日，车间领用材料 198 000 元，投入生产。

⑪ 13日，厂部行政管理部门耗用材料 3 600 元。

⑫ 20日，上月王开公司签发的一张商业承兑汇票计 150 000 元，已兑现并存入银行。

⑬ 23日，采购员张敏报销差旅费 2 250 元，余额以现金退回。

⑭ 25日，从银行提取现金 6 750 元。

⑮ 25日，以现金支付车间管理费 2 800 元，厂部行政管理费 1 800 元。

⑯ 26日，以银行存款支付广告费 1 300 元。

⑰ 27日，从银行取得短期借款 60 000 元，存入银行。

⑱ 31日，摊销应由本月负担的预付费用 4 800 元，其中：生产车间应负担 2 700 元；厂部行政管理部门应负担 2 100 元。

⑲ 31日，汇总分配本月固定资产修理费 4 000 元，其中：生产车间计提 3 000 元；行政管理部门计提 1 000 元，款项尚未支付给修理方企业。

⑳ 31日，计提本月固定资产折旧费 5 700 元，其中：生产车间负担 3 900 元；厂部行政管理部门负担 1 800 元。

㉑ 31日，结转本月制造费用。

㉒ 31日，结转本月完工产品成本 300 600 元。

㉓ 31日，结转本月销售产品成本 104 000 元。

㉔ 31日，分别按当月应交增值税的 7%和 3%计提城市维护建设税和教育费附加。

㉕ 31日，将本月损益结转至本年利润。

【要求】

(1) 开设三栏式库存现金日记账、银行存款日记账和各有关总分类账户，并将期初余额填入各有关账户。

(2) 根据所发生的经济业务，分别填制收款凭证、付款凭证和转账凭证，并据以登记各有关总分类账户。

(3) 月终，结计各账户的本期发生额及期末余额，并编制"总分类账户本期发生额及余额表"。

业务 8-2

【资料】同业务 8-1 的资料。

【要求】

(1) 开设三栏式总分类账户，并将期初余额填入各有关账户。

(2) 根据业务 8-1 所编制的记账凭证，按旬汇总一次，分别填制库存现金、银行存款汇总收款凭证、付款凭证和各科目的汇总转账凭证。

(3) 月终，分别根据汇总收款凭证、汇总付款凭证和汇总转账凭证登记有关总分类账。

(4) 结计各总分类账户本期发生额及期末余额，并与业务 8-1 要求(3)的结果相核对。

业务 8-3

【资料】同业务 8-1 的资料。

【要求】

(1) 根据业务 8-1 所编制的记账凭证按旬编制科目汇总表。

(2) 根据科目汇总表登记总分类账，结计总分类账户的本期发生额及期末余额，并与业务 8-1 要求(3)的结果相核对。

第九章 会计报表

教学目的与要求

- 了解财务报告的概念和基本内容,了解编制要求并掌握编报前的各项对账和结账工作。
- 明确资产负债表、损益表的内容和结构及编制原理,并掌握其编制方法。
- 了解现金流量表的内容和结构及编制原理。

教学重点与难点

教学重点:资产负债表、损益表的内容和结构及编制原理。

教学难点:资产负债表、损益表的编制方法。

引导案例

【案例一】中原火电厂审计处对本厂2020年度会计报告进行审计,发现以下可疑事项,而这些事项未在该厂财务报表或报表附注中披露。

(1) 本厂涉嫌侵犯捷达公司专利权,数额较大,已被起诉。按以往其他企业遇到的类似问题,本厂败诉的可能性很大。

(2) 由于近来煤炭短缺,价格大幅上涨,本厂很可能面临限产甚至间歇性停产的威胁,这会给企业造成较大损失。

(3) 财务报表中披露了期末存货的金额,但报表附注中未披露任何与存货有关的信息。

(4) 中原火电厂对发电机组的预计使用年限和预计净残值进行了重新估计,但在报表附注中未做任何说明。

(5) 2020年10月26日,中原火电厂自行建造的小型设备交付管理部门使用,共计支出 208 000 元,但资产负债表"固定资产"项目中并未将其列入,而是在"在建工程"项目中反映。该固定资产当年应提折旧 20 000 元。

思考与讨论：
作为会计人员，应如何对以上事项进行恰当的会计处理？

【案例二】 请从图书馆或因特网找一家知名公司的年度报告。

思考与讨论：
(1) 在这家公司的资产负债表上，哪项资产的金额最大？为什么公司在这项资产上作了大笔投资？资产负债表上的项目中，哪三项发生了最大的百分比变动？

(2) 该公司利润表上是净利润还是净亏损？净利润或净亏损占营业收入的比重是多少？利润表上的项目中，哪三项发生了最大的百分比变动？

(3) 假定你是银行，这家公司要求借一笔相当于总资产10%的借款，期限是90天，你认为这家公司有信用风险吗？为什么？

(4) 你认为这家公司的优势和弱项何在？

第一节 会计报表的作用、种类和编制要求

一、会计报表的作用

会计报表是根据日常会计核算资料定期编制的，总括反映企业某一特定日期财务状况和某一会计期间经营成果、成本费用以及现金流量的书面文件。编制会计报表是会计核算的一种专门方法。

会计报表的使用者主要包括会计主体内部使用者和外部使用者。前者是指会计主体的经营管理当局；后者是指投资人、债权人、职工、业务关联企业、有关政府部门和社会公众等。不同的信息使用者，通过会计报表可以获得各自有用的财务信息。具体地说，会计报表有如下作用。

(一)会计报表可以为国家经济管理部门进行宏观调控和管理提供依据

在我国，企业是国家经济的细胞，通过对企业提供的会计报表进行汇总分析，可以使国家有关部门考核国民经济各部门的运行情况及各种财经法律制度的执行情况，一旦发现问题可及时采取相应措施，通过各种经济杠杆和政策倾斜，发挥市场经济在优化资源配置中的基础性作用。

(二)会计报表可以为企业管理当局正确进行财务决策提供依据

通常，会计报表能够较全面、系统、连续地跟踪和反映企业取得资源的渠道、性质、分布状态以及资源的运用效果。虽然会计报表主要是对过去经营成果和财务状况的反映与总结，但反映过去是为了预测未来。由于事物的发展存在着一定的连续性、系统性和规律性，因此会计报表可以通过对已经发生的资金运动及其结果的反映，帮助企业管理部门正确地进行预测和决策。

(三)会计报表可以为所有者和债权人合理进行投资、信贷等提供决策依据

投资者(股东)主要关注投资报酬和投资风险,因此在投资前需要了解企业的资金状况和经济活动情况,以便做出正确的投资决策;投资后需要了解企业的经营成果、资金使用状况以及支付资金报酬的情况。债权人主要关注其所提供给企业的资金是否安全,了解资金的运用情况和偿债能力的信息。

这些投资者和债权人一般不参与企业的生产经营活动,不能从中获得其所需的信息,为了进行投资等方面的决策,需要通过企业的会计报表来了解企业的财务状况,分析企业的偿债能力和盈利能力,并对企业的财务状况做出准确的判断,以作为投资、信贷、融资等决策的依据。

二、会计报表的种类

会计报表按不同的方法可以分为不同的种类,具体如下。

扫一扫,观看
"会计报表的相关
内容"视频讲解

(一)会计报表按经济内容分类

会计报表按所反映的经济内容的不同,可分为财务状况报表和经营成果报表。

财务状况报表是反映企业在一定时期财务状况的报表,主要有企业的资产负债表、所有者权益变动表和现金流量表。通过反映企业的资产、负债、所有者权益和经营资金来源与运用的情况,明确企业的财务状况,以供有关部门和人员进行分析和决策。

经营成果报表是反映企业在某一期间内收入实现、成本消耗和利润形成及分配情况的报表,主要有企业的利润表。通过该报表可以分析企业的获利能力,评价企业管理部门的经营业绩。

(二)会计报表按编制时间分类

会计报表按编制时间的不同,可分为月度会计报表、季度会计报表、半年度会计报表和年度会计报表。

月度会计报表简称月报,是指每月月末编报的会计报表,通常称为计算报表,如资产负债表、损益表等。季度会计报表简称季报,是指每季季末编报的会计报表,通常称为结算报表。季报通常是将月报的内容累计,综合反映一个季度的情况。半年度会计报表是每年年中编制的中期会计报表。广义的中期会计报表包括月报、季报和半年报。年度会计报表也称年度决算报表,是按年度编制的报表。企业每年编制一次年度会计报表,反映全年的综合情况,如资产负债表、损益表、现金流量表、利润分配表、资产减值准备明细表、股东权益增减变动表等。

(三)会计报表按企业资金运动的状态分类

会计报表按企业资金运动的状态的不同,可分为静态报表和动态报表。

静态报表是综合反映企业一定时点资金的存在(资产情况)、资金的取得形成(负债)和所有者权益情况的报表,如企业的资产负债表。这类报表的特点是反映某一特定时间的情况,

一般是根据账簿余额填列的。

动态报表是综合反映企业一定时期内资金的耗费和收回情况的报表,如企业的损益表、现金流量表、反映成本方面的报表等。这类报表的特点是反映某一段期间内的资金变化情况,一般是根据账簿的发生额填列的。

(四)会计报表按编报主体分类

会计报表按编报主体的不同,可分为个别会计报表和合并会计报表。

个别会计报表是企业在自身会计核算基础上对账簿记录进行加工而编制的报表。它主要用于反映企业自身的财务状况、经营成果和现金流量等。

合并会计报表是将某一企业所属的子公司或分支机构的财务会计报告与母公司财务会计报告合并,借以反映包括子公司在内的整个企业的财务状况、经营成果和现金流量情况的会计报表。编制合并会计报表时,不能简单地相加,否则就会导致重复计算。例如,母公司与子公司之间的资金拨付、内部往来以及商品的内部交易等,需在编制合并会计报表时加以调整。

三、会计报表的编制要求

会计报表是根据日常会计核算资料归集、加工、汇总而成的一个完整的报告体系,用于总括地反映企业经济活动的全貌。为了保证会计信息的质量,使之为使用者进行决策时服务,在保证日常会计核算质量和做好编表前准备工作的基础上,编制会计报表必须满足以下几项要求。

(一)真实性要求

会计报表编制的真实性是客观性和正确性的统一。客观性要求如实反映;正确性要求指标计算正确、方法适当。编制会计报表必须根据核对无误的账簿记录,严禁弄虚作假,不得填列估计数或计划数,不得为编表而提前结账。会计报表所填数字要计算正确,各种报表之间有关联的数字必须相互衔接一致,做到账表相符、表表相符。

(二)相关性要求

会计报表所提供的信息要具有相关性,以准确、有效地满足各种报表使用者获得有用信息的需要,以利于进行决策。

(三)一致性要求

在编制会计报表时,为了保证各期会计报表的可比性,要求在会计计量和填报方法上保持前后会计期一致,不得随意变动。如有变动,需在报表附注中加以说明。各会计报表之间、会计报表各项目之间的相关数据计算口径应保持一致。

(四)全面性要求

会计报表提供的信息,要能全面反映企业的财务状况和经营成果,因此应根据要求填报齐全。对于某些重要资料,应在相关项目内用括号说明,或利用附注、附表等形式加以说明,使报表阅读者不至于产生误解或偏见。

(五)及时性要求

会计报表作为会计信息的核心形式和集中体现,尤其注重及时性。如果会计信息失去了及时性,也就丧失了预测价值和反馈价值。因此,会计报表必须在规定的时间内编制完成并及时报送,以使会计报表使用人适时掌握和运用会计信息,并进行经济预测和决策。

第二节 资产负债表

一、资产负债表的概念和作用

(一)资产负债表的概念

资产负债表是一张静态会计报表,它是反映企业某一特定时期(月末、季末、半年末、年末)财务状况的会计报表。

资产负债表是根据"资产=负债+所有者权益"这一基本会计恒等式,按照一定分类标准和一定次序,把企业特定日期的资产、负债及所有者权益三项要素所属项目予以适当排列编制而成的,其主要目的是为了反映企业在一定时期的财务状况。因此,资产负债表又叫"财务状况表"。所谓财务状况,通常是指企业在某一时点资产、负债及所有者权益的构成及其相互关系。它表明企业在某一特定日期所拥有或控制的经济资源、所承担的现有义务和所有者对净资产的要求权。

(二)资产负债表的作用

作为反映财务状况的基本会计报表,资产负债表在会计报表体系中具有举足轻重的地位,它可以为报表使用者提供十分有用的信息。其主要作用有以下三点。

(1) 资产负债表可以向报表使用者提供企业所拥有或控制的经济资源,以及这些经济资源的分布和结构。它把企业所拥有或控制的经济资源(资产)按其流动性分成流动资产和非流动资产,且各项目之下又具体分成明细项目。这样,使用者就可以一目了然地从资产负债表中了解到企业在某一特定时日所拥有的资产总量及其结构。

(2) 资产负债表可以准确地反映企业的债务和资本结构。资本结构是指在企业的资金来源中负债和所有者权益的比值。资产负债表把企业的全部经营资金划分为所有者权益和负债两大类。这样,企业的资金来源及其构成都可以在资产负债表中得到充分的反映。

(3) 通过对资产负债表的分析对比,可以了解企业的支付能力、偿债能力以及财务实力,并可以预测企业的财务发展趋势。资产负债表中资产和负债是按其流动性大小排列的,通过对流动资产与流动负债的比较,总资产与总负债的比较,可以比较清晰地反映企业的偿债能力。通过对前后各期资产负债的对比,可以了解企业资金结构的变化,并据此分析和预测企业财务状况的变化及变化趋势。

二、资产负债表的结构和项目排列

一张完整的资产负债表包括表首、正表和附注三部分。正表有报告式和账户式两种。

报告式也称垂直式,它将资产、负债和所有者权益按顺序垂直列示。账户式将企业的资产放在左边,负债及所有者权益放在右边。中国规定采用账户式资产负债表。表首填列报表名称、编制单位、编报日期和计量单位。附注填列有关项目的备查记录或明细数据,必要时可用文字加以说明和解释。

账户式资产负债表的正表是根据"资产=负债+所有者权益"这一平衡原理,把资产、负债和所有者权益项目分别列示在表的左右两方。左方为资产方,按照流动性大小可分为流动资产和非流动资产。右方列示负债和所有者权益,其中负债是按债务的偿还早迟进行分类,将偿还期限在一年内或长于一年的一个营业周期内偿还的流动负债排列在前,在一年以上或长于一年的一个营业周期以上的长期负债排列在后,所有者权益则按实收资本、资本公积、盈余公积和未分配利润项目顺序列示。编制的结果要求,左方的资产总计与右方的负债和所有者权益总计相等。正表中每一项目均要填列年初数和期末数,以便于使用者对比分析。

资产负债表的格式如表9-1所示。

表9-1 资产负债表

会企01表
单位:元

编制单位: 年 月 日

资 产	期末余额	年初余额	负债和所有者权益(或股东权益)	期末余额	年初余额
流动资产:			流动负债:		
货币资金			短期借款		
以公允价值计量且其变动计入当期损益的金融资产			以公允价值计量且其变动计入当期损益的金融负债		
衍生金融资产			衍生金融负债		
应收票据			应付票据		
应收账款			应付账款		
预付款项			预收款项		
其他应收款			应付职工薪酬		
存货			应交税费		
划分为持有待售的资产			应付利息		
一年内到期的非流动资产			应付股利		
其他流动资产			其他应付款		
流动资产合计			划分为持有待售的负债		
非流动资产:			一年内到期的非流动负债		
可供出售金融资产			流动负债合计		
持有至到期投资			非流动负债:		
长期应收款			长期借款		
长期股权投资			应付债券		
投资性房地产			非流动负债合计		
固定资产			负债合计		
在建工程			所有者权益(或股东权益):		
固定资产清理			实收资本(或股本)		
无形资产			其他权益工具		
非流动资产合计			资本公积		

续表

资　产	期末余额	年初余额	负债和所有者权益(或股东权益)	期末余额	年初余额
			其他综合收益		
			专项储备		
			盈余公积		
			未分配利润		
			所有者权益(或股东权益)合计		
资产总计			负债和所有者权益(或股东权益)总计		

三、资产负债表的编制

(一)资产负债表编制的基本要求

扫一扫，观看"资产负债表的编制"视频讲解

编制资产负债表时，应注意满足以下几点基本要求。

(1) 应按期编制资产负债表。资产负债表反映的是企业在资产负债表日的财务状况。资产负债表日为月末、季末、半年末和年末。

(2) 资产负债表的表头应列示企业名称、资产负债表日、货币单位和报表编号。这些项目也体现了会计核算的 4 个基本假设。

(3) 资产负债表各项目金额均以"元"为单位，元以下填至"分"。采用外币为记账本位币的企业，应将外币反映的资产负债表折合为以人民币为计量单位的资产负债表。

(4) 最好编制至少两年期期末的比较资产负债表，以便报表使用者分析企业财务状况的变动情况，预测其发展趋势。如果上期项目的名称和内容与本期不一致，应按本期要求对上期数据进行调整，以使各期项目具有可比性。

(二)资产负债表的编制方法

1. 一般企业资产负债表的列报方法

(1) 资产项目的列报说明。

① "货币资金"项目，反映的是企业库存现金、银行结算户存款、外埠存款、银行汇票存款、银行本票存款、信用卡存款、信用证保证金存款等的合计数。本项目应根据"库存现金""银行存款""其他货币资金"科目期末余额的合计数填列。

② "交易性金融资产"项目，反映的是企业持有的以公允价值计量且其变动计入当期损益的、为交易目的所持有的债券投资、股票投资、基金投资、权证投资等金融资产。本项目应根据"交易性金融资产"科目的期末余额填列。

③ "应收票据"项目，反映的是企业因销售商品、提供劳务等而收到的商业汇票，包括银行承兑汇票和商业承兑汇票。本项目应根据"应收票据"科目的期末余额填列。

④ "应收账款"项目，反映的是企业因销售商品、提供劳务等经营活动应收取的款项。本项目应根据"应收账款"和"预收账款"科目所属各明细科目的期末借方余额合计数，减去"坏账准备"科目中有关应收账款计提的坏账准备期末余额后的金额填列。例如，"应收账款"科目所属明细科目期末有贷方余额的，应在资产负债表"预收款项"项目内填列。

⑤ "预付款项"项目,反映的是企业按照购货合同规定预付给供应单位的款项等。本项目应根据"预付账款"和"应付账款"科目所属各明细科目的期末借方余额合计数填列。例如,"预付账款"科目所属各明细科目期末有贷方余额的,应在资产负债表"应付账款"项目内填列。

⑥ "其他应收款"项目,反映的是企业除应收票据、应收账款、预付账款、应收股利、应收利息等经营活动以外的其他各种应收、暂付的款项。本项目应根据"其他应收款"科目的期末余额填列。

⑦ "存货"项目,反映的是企业期末在库、在途和在加工中的各种存货的可变现净值。本项目应根据"材料采购""原材料""低值易耗品""库存商品""周转材料""生产成本"等科目的期末余额合计,减去"存货跌价准备"科目期末余额后的金额填列。

⑧ "长期股权投资"项目,反映的是企业持有的对子公司、联营企业和合营企业的长期股权投资。本项目应根据"长期股权投资"科目的期末余额,减去"长期股权投资减值准备"科目期末余额后的金额填列。

⑨ "固定资产"项目,反映的是企业各种固定资产原价减去累计折旧和累计减值准备后的净额。本项目应根据"固定资产"科目的期末余额,减去"累计折旧"和"固定资产减值准备"科目期末余额后的金额填列。

⑩ "在建工程"项目,反映的是企业期末各项未完工程的实际支出,包括交付安装的设备价值、未完建筑安装工程已经耗用的材料、工资和费用支出、预付出包工程的价款等的可收回金额。本项目应根据"在建工程"科目的期末余额,减去"在建工程减值准备"科目期末余额后的金额填列。

⑪ "固定资产清理"项目,反映的是企业因出售、毁损、报废等原因转入清理但尚未清理完毕的固定资产的净值,以及固定资产清理过程中所发生的清理费用和变价收入等各项金额的差额。本项目应根据"固定资产清理"科目的期末借方余额填列,若"固定资产清理"科目期末为贷方余额,应以"-"号填列。

⑫ "无形资产"项目,反映的是企业持有的无形资产,包括专利权、非专利技术、商标权、著作权、土地使用权等。本项目应根据"无形资产"科目的期末余额,减去"累计摊销"和"无形资产减值准备"科目期末余额后的金额填列。

(2) 负债项目的列报说明。

① "短期借款"项目,反映的是企业向银行或其他金融机构等借入的期限在一年以下(含一年)的借款。本项目应根据"短期借款"科目的期末余额填列。

② "应付票据"项目,反映的是企业因购买材料、商品和接受劳务供应等而开出、承兑的商业汇票,包括银行承兑汇票和商业承兑汇票。本项目应根据"应付票据"科目的期末余额填列。

③ "应付账款"项目,反映的是企业因购买材料、商品和接受劳务供应等经营活动而应支付的款项。本项目应根据"应付账款"和"预付账款"科目所属各明细科目的期末贷方余额合计数填列。例如,"应付账款"科目所属明细科目期末有借方余额的,应在资产负债表"预付款项"项目内填列。

④ "预收款项"项目,反映的是企业按照购货合同规定预付给供应单位的款项。本项目应根据"预收账款"和"应收账款"科目所属各明细科目的期末贷方余额合计数填列。

例如，"预收账款"科目所属各明细科目期末有借方余额的，应在资产负债表"应收账款"项目内填列。

⑤ "应付职工薪酬"项目，反映的是企业根据有关规定应付给职工的工资、职工福利、社会保险费、住房公积金、工会经费、职工教育经费、非货币性福利、辞退福利等各种薪酬。本项目应根据"应付职工薪酬"账户的期末余额填列。

⑥ "应交税费"项目，反映的是企业按照税法规定计算应缴纳的各种税费，包括增值税、消费税、所得税、资源税、土地增值税、城市维护建设税、房产税、土地使用税、车船使用税、教育费附加、矿产资源补偿费等。企业代扣代缴的个人所得税，也应通过本项目列示。企业所缴纳的税金不需要预计应缴数的，如印花税、耕地占用税等，不在本项目列示。本项目应根据"应交税费"科目的期末贷方余额填列，若"应交税费"科目期末为借方余额，应以"-"号填列。

⑦ "应付利息"项目，反映的是企业按照规定应当支付的利息，包括分期付息到期还本的长期借款应支付的利息、企业发行的企业债券应支付的利息等。本项目应当根据"应付利息"科目的期末余额填列。

⑧ "应付股利"项目，反映的是企业分配的现金股利或利润。企业分配的股票股利，不通过本项目列示。本项目应根据"应付股利"科目的期末余额填列。

⑨ "其他应付款"项目，反映的是企业除应付票据、应付账款、预收款项、应付职工薪酬、应付股利、应付利息、应交税费等经营活动以外的其他各项应付、暂收的款项。本项目应根据"其他应付款"科目的期末余额填列。

⑩ "长期借款"项目，反映的是企业向银行或其他金融机构借入的期限在一年以上(不含一年)的各项借款。本项目应根据"长期借款"科目的期末余额填列。

⑪ "应付债券"项目，反映的是企业为筹集长期资金而发行的债券本金和利息。本项目应根据"应付债券"科目的期末余额填列。

(3) 所有者权益项目的列报说明。

① "实收资本(或股本)"项目，反映的是企业各投资者实际投入的资本(或股本)总额。本项目应根据"实收资本(或股本)"科目的期末余额填列。

② "资本公积"项目，反映的是企业资本公积的期末余额。本项目应根据"资本公积"科目的期末余额填列。

③ "盈余公积"项目，反映的是企业盈余公积的期末余额。本项目应根据"盈余公积"科目的期末余额填列。

④ "未分配利润"项目，反映的是企业尚未分配的利润。本项目应根据"本年利润"科目和"利润分配"科目的余额计算填列。未弥补的亏损在本项目内应以"-"号填列。

2. 资产负债表"年初余额"栏的填列方法

资产负债表"年初余额"栏通常根据上年末有关项目的期末余额填列，且与上年末资产负债表"期末余额"栏一致。

3. 资产负债表"期末余额"栏的填列方法

资产负债表"期末余额"栏内各项数字，一般应根据资产、负债和所有者权益类科目的期末余额填列，具体如下：

(1) 根据总账科目的余额直接填列。

例如,"交易性金融资产""固定资产清理""短期借款""交易性金融负债""应付票据""应付职工薪酬""应交税费""应付利息""应付股利""其他应付款""实收资本(或股本)""资本公积""盈余公积"等项目应根据有关总账科目的余额直接填列。

(2) 根据几个总账科目的余额计算填列。

例如,"货币资金"项目应根据"库存现金""银行存款""其他货币资金"三个总账科目余额的合计数填列。"其他流动负债"项目应根据有关科目的期末余额分析填列。

【例9-1】某企业2020年12月31日结账后的"库存现金"科目余额为20 000元,"银行存款"科目余额为5 000 000元,"其他货币资金"科目余额为3 000 000元,则该企业2015年12月31日资产负债表中的"货币资金"项目的金额如下。

20 000+5 000 000+3 000 000=8 020 000(元)

本例中,企业应当按照"库存现金""银行存款"和"其他货币资金"三个总账科目余额加总后的金额,作为资产负债表中"货币资金"项目的金额。

(3) 根据明细账科目余额计算填列。

例如,"开发支出"项目应根据"研发支出"科目中所属的"资本化支出"明细科目期末余额填列;"应付账款"项目应根据"应付账款"和"预付账款"两个科目所属的相关明细科目的期末贷方余额合计数填列;"预收款项"项目应根据"预收账款"和"应收账款"科目所属各明细科目的期末贷方余额合计数填列;"未分配利润"项目应根据"利润分配"科目中所属的"未分配利润"明细科目的期末余额填列。

【例9-2】某企业2020年12月31日结账后有关科目所属明细科目借、贷方余额如表9-2所示。

表9-2 某企业有关科目所属明细科目借、贷方余额　　　　单位:元

明细科目	明细科目借方余额合计	明细科目贷方余额合计
应收账款	1 400 000	200 000
预付账款	700 000	50 000
应付账款	600 000	1 600 000
预收账款	300 000	1 200 000

该企业2020年12月31日资产负债表中相关项目的金额如下。

① "应收账款"项目金额为:1 400 000+300 000=1 700 000(元)。
② "预付账款"项目金额为:700 000+600 000=1 300 000(元)。
③ "应付账款"项目金额为:50 000+1 600 000=1 650 000(元)。
④ "预收账款"项目金额为:1 200 000+200 000=1 400 000(元)。

(4) 根据有关科目余额减去其备抵科目余额后的净额填列。

例如,"长期股权投资""在建工程"项目应根据相关科目的期末余额填列,已计提减值准备的,还应扣减相应的减值准备;"固定资产""无形资产"项目应根据相关科目的期末余额扣减相应的累计折旧(摊销、折耗)填列,已计提减值准备的,还应扣减相应的减值准备。

【例9-3】某企业2020年12月31日结账后的"固定资产"科目余额为5 000 000元,

"累计折旧"科目余额为 1 000 000 元,"固定资产减值准备"科目余额为 500 000 元,则该企业 2015 年 12 月 31 日资产负债表中的"固定资产"项目的金额如下。

5 000 000-1 000 000-500 000=3 500 000(元)

本例中,企业应当以"固定资产"总账科目余额,减去"累计折旧"和"固定资产减值准备"两个备抵总账科目余额后的金额,作为资产负债表中"固定资产"项目的金额。

第三节 利 润 表

一、利润表的概念和作用

利润表也称损益表或收益表,是反映企业在一定期间经营成果形成情况的报表。它是一张动态报表。利润是企业经营成果的最直接的体现,也是企业生存和发展的动力。

利润表作为企业对外提供的重要会计报表之一,其所发挥的作用可概括为如下几个方面。

(1) 利润表所提供的信息,可用于反映和评价企业生产经营活动的经营业绩,即经济效益。

(2) 利润表所提供的信息,综合地反映了企业生产经营活动各个方面的情况,可据以考核企业管理者的工作业绩。

(3) 利润表所提供的信息,可用于分析企业的获利能力,预测企业未来的盈利趋势。

(4) 利润表所提供的信息,可作为对企业经营成果分配的重要依据。

二、利润表的结构和内容

利润表由表头和基本部分组成。表头部分列明报表的名称、编制单位、编制时间和金额单位。基本部分的格式有单步式和多步式两种。

所谓单步式利润表,是将所有的收入和收益相加,然后减去所有的费用和损失,即可得出净利润。在这种结构中,净利润的计算仅通过一个相减的步骤,"单步式"由此得名。单步式利润表的优点是简单明了,但它只能得到利润的最终结果,无法得到利润形成过程的信息,不便于分析企业损益的构成情况。

多步式利润表把企业经营成果的形成过程人为地划分为若干步骤,每个步骤得到的中间金额都可以表明构成利润总额各要素之间的关系。这样,不但要将各项收入和费用、成本全面列入表中,而且更要注意损益项目的分类及其列示的次序,以便更好地服务于报表使用者。

中国规定采用多步式利润表,其格式如表 9-3 所示。

表 9-3 利润表

会企 02 表

编制单位: 　　　　　　　　　　　　年　月　　　　　　　　　　　　　单位:元

项　目	本期金额	上期金额
一、营业收入		
减:营业成本		
营业税金及附加		

续表

项　　目	本期金额	上期金额
销售费用		
管理费用		
财务费用		
资产减值损失		
加：公允价值变动收益(损失以"-"号填列)		
投资收益(损失以"-"号填列)		
二、营业利润(亏损以"-"号填列)		
加：营业外收入		
非流动资产处置利得		
减：营业外支出		
非流动资产处置损失		
三、利润总额(亏损总额以"-"号填列)		
减：所得税费用		
四、净利润(净亏损以"-"号填列)		
五、每股收益		
(一)基本每股收益		
(二)稀释每股收益		
六、其他综合收益		
七、综合收益总额		

三、利润表的编制

(一)利润表的编制步骤

扫一扫，观看"利润表的编制"视频讲解

多步式利润表是将利润的计算分解为多个步骤，以清晰地反映出各类收入、费用、支出项目之间的内在联系，便于报表使用者分析、对比。利润表通常从营业收入开始，依次计算出营业利润、利润总额和净利润。

企业可以按如下三个步骤编制利润表。

第一步，以营业收入为基础，减去营业成本、营业税金及附加、销售费用、管理费用、财务费用、资产减值损失，加上公允价值变动收益(减去公允价值变动损失)和投资收益(减去投资损失)，计算出营业利润。

第二步，以营业利润为基础，加上营业外收入，减去营业外支出，计算出利润总额。

第三步，以利润总额为基础，减去所得税费用，计算出净利润(或净亏损)。

普通股或潜在普通股已公开交易的企业，以及正处于公开发行普通股或潜在普通股过程中的企业，还应当在利润表中列示每股收益信息。

(二)利润表的编制方法

1. 一般企业利润表的列报方法

利润表中的栏目可分为"本期金额"栏和"上期金额"栏。"本期金额"栏应根据"营业收入""营业成本""营业税金及附加""销售费用""管理费用""财务费用""资产减值损失""公允价值变动收益""营业外收入""营业外支出""所得税费用"等损益类科目的发生额分析填列。其中,"营业利润""利润总额""净利润"项目应根据本表中相关项目计算填列。

"上期金额"栏应根据上年该期利润表"本期金额"栏内所列数字填列。如果上年该期利润表规定的各个项目的名称和内容同本期不一致,应对上年该期利润表各项目的名称和数字按本期的规定进行调整,填入利润表"上期金额"栏内。

2. 利润表各项目的填列方法

(1) 利润表项目的填列方法。

① 根据有关总分类账户的本期发生额分析填列,如"营业税金及附加""销售费用""管理费用""财务费用""营业外收入""营业外支出""所得税费用"等项目。

② 根据两个总分类账户的本期发生额相加或相减后的金额填列,如"营业收入"项目应根据"主营业务收入"和"其他业务收入"的本期发生额填列,"营业成本"项目应根据"主营业务成本"和"其他业务成本"的本期发生额填列。

③ 根据报表中有关项目的数字计算后填列,如"营业利润""利润总额""净利润"等项目。

(2) 利润表各项目的内容及其填列方法。

① "营业收入"项目,反映的是企业经营活动所取得的收入总额。本项目应根据"主营业务收入""其他业务收入"等科目的贷方发生额分析填列。

② "营业成本"项目,反映的是企业经营活动中发生的实际成本。本项目应根据"主营业务成本""其他业务成本"等科目的借方发生额分析填列。

③ "营业税金及附加"项目,反映的是企业经营业务应负担的消费税、城市维护建设税、资源税、土地增值税和教育费附加等。

④ "销售费用"项目,反映的是企业在销售商品过程中发生的包装费、广告费等费用和为销售本企业商品而专设的销售机构的职工薪酬、业务费等经营费用。

⑤ "管理费用"项目,反映的是企业为组织和管理生产经营发生的管理费用。

⑥ "财务费用"项目,反映的是企业筹集生产经营所需资金等而发生的筹资费用。

⑦ "资产减值损失"项目,反映的是企业各项资产发生的减值损失。

⑧ "公允价值变动净收益"项目,反映的是企业按照相关准则规定应当计入当期损益的资产或负债公允价值变动净收益,如交易性金融资产当期公允价值的变动额,若为净损失,应以"-"号填列。

⑨ "投资收益"项目,反映的是企业以各种方式对外投资所取得的收益,若为净损失,应以"-"号填列。企业持有的交易性金融资产处置时,处置收益部分应当自"公允价值变动损益"项目转出,列入本项目。

⑩ "营业外收入"项目,反映的是企业发生的与其经营活动无直接关系的各项收入。

⑪ "营业外支出"项目,反映的是企业发生的与其经营活动无直接关系的各项支出。其中,处置非流动资产净损失时,应当单独列示。

⑫ "利润总额"项目,反映的是企业实现的利润总额,若为亏损总额,应以"-"号

填列。

⑬ "所得税费用"项目，反映的是企业根据所得税准则确认的应从当期利润总额中扣除的所得税费用。

⑭ "净利润"项目，反映的是企业所实现的利润中属于本企业的部分，可以根据公式"净利润=总利润-所得税"计算填列，也可以根据"本年利润"账户借、贷方发生额计算填列。若出现净亏损，应以"-"号填列。

⑮ "综合收益"项目，反映的是企业在某一期间除与所有者以其所有者身份进行的交易之外的其他交易或事项所引起的所有者权益的变动。

⑯ "综合收益总额"项目反映的是净利润和其他综合收益扣除所得税影响后的净额相加后的合计金额。

⑰ "其他综合收益"项目，反映的是企业根据其他会计准则规定未在当期损益中确认的各项利得和损失。"其他综合收益"项目应当根据其他相关会计准则的规定分下列两类列报。

a. 以后会计期间不能重分类进损益的其他综合收益项目，主要包括重新计量设定收益计划净负债或净资产导致的变动、按照权益法核算的在被投资单位以后会计期间不能重分类进损益的其他综合收益中所享有的份额等。

b. 以后会计期间在满足规定条件时将重分类进损益的其他综合收益项目，主要包括按照权益法核算的在被投资单位以后会计期间，在满足规定条件时将重分类进损益的其他综合收益中所享有的份额、可供出售金融资产公允价值变动形成的利得或损失、持有至到期投资重分类为可供出售金融资产形成的利得或损失、现金流量套期工具产生的利得或损失中属于有效套期的部分、外币财务报表折算差额等。

第四节　现金流量表

一、现金流量表的意义和作用

现金流量表是反映企业一定会计期间现金及现金等价物流入和流出的报表，它是一张动态表。编制现金流量表的作用如下。

(1) 能够说明企业一定时期内现金流入和流出的原因，用来分析企业的偿债能力和支付股利的能力。

(2) 有助于分析企业未来获取现金的能力，以及分析企业投资理财活动对经营成果和财务状况的影响。

(3) 通过补充资料的形式，能够提供不涉及现金的投资和筹资活动方面的信息，使会计报表使用者能够全面了解和分析企业的投资和筹资活动情况。

二、现金流量表的编制基础

现金流量表是以现金为基础编制的。这里的现金是广义的概念，指的是现金及现金等价物，具体包括如下几种。

(1) 库存现金。它是指企业持有的可随时用于支付的现金，即出纳手里保管的现金限额。

(2) 银行存款。它是指企业存在银行或其他金融机构的，随时可以用来支付的存款。但是，如果存在银行或其他金融机构不能随时用于支付的存款，不作为现金流量表中的现金；而提前通知银行或其他金融机构便可提取的定期存款，则包括在现金流量表的现金概念中。

(3) 其他货币资金。它是指企业存在银行有特定用途的资金，如外埠存款、银行汇票存款、信用证存款、信用卡、在途货币资金等。

(4) 现金等价物。它是指企业持有的期限短、流动性强、易于转换为已知金额的现金、价值变动风险很小的投资，通常是指自购买之日起3个月内到期的投资。

三、现金流量表的内容及结构

(一) 现金流量表的内容

现金流量表通常将企业一定时期内产生的现金流量分为经营活动产生的现金流量、投资活动产生的现金流量和筹资活动产生的现金流量三种。

1. 经营活动产生的现金流量

经营活动是指企业投资活动和筹资活动以外的所有交易或者事项，包括销售商品或提供劳务、经营租赁、购买商品或接受劳务、制造产品、广告宣传、推销产品、缴纳税款等。通过现金流量表中反映的经营活动产生的现金流入和现金流出，可以说明企业经营活动对现金流入和现金流出净额的影响程度。

2. 投资活动产生的现金流量

投资活动是指企业长期资产的购建和不包括在现金等价物范围内的投资及其处置活动，包括取得或收回权益性证券的投资，购买或收回债券投资，购建或处置固定资产、无形资产和其他长期资产等。通过现金流量表中反映的投资活动所产生的现金流量，可以分析企业通过投资获取现金流量的能力，以及投资产生的现金流量对企业现金流量净额的影响程度。

3. 筹资活动产生的现金流量

筹资活动是指导致企业所有者权益及借款规模和构成发生变化的活动，包括吸收权益投资、发行债券、借入资金、偿还债务、支付股利等。通过现金流量表中所反映的筹资活动产生的现金流量，可以分析企业筹资的能力，以及筹资产生的现金流量对企业现金流量净额的影响程度。

(二) 现金流量表的结构

现金流量表的结构可分为正表和补充资料两部分。正表部分反映的是企业的经营活动、投资活动以及筹资活动产生的现金流入和流出。补充资料部分则反映的是不涉及现金收支的投资和筹资活动，将净利润调节为经营活动的现金流量，以及现金及现金等价物净增加情况。现金流量表的格式如表9-4所示。

表 9-4 现金流量表

会企 03 表

编制单位：　　　　　　　　　　　年　月　　　　　　　　　　　单位：元

项　目	本期金额	上期金额
一、经营活动产生的现金流量：		
销售商品、提供劳务收到的现金		
收到的税费返还		
收到其他与经营活动有关的现金		
经营活动现金流入小计		
购买商品、接受劳务支付的现金		
支付给职工以及为职工支付的现金		
支付的各项税费		
支付其他与经营活动有关的现金		
经营活动现金流出小计		
经营活动产生的现金流量净额		
二、投资活动产生的现金流量：		
收回投资收到的现金		
取得投资收益收到的现金		
处置固定资产、无形资产和其他长期资产收回的现金净额		
处置子公司及其他营业单位收到的现金净额		
收到其他与投资活动有关的现金		
投资活动现金流入小计		
购建固定资产、无形资产和其他长期资产支付的现金		
投资支付的现金		
取得子公司及其他营业单位支付的现金净额		
支付其他与投资活动有关的现金		
投资活动现金流出小计		
投资活动产生的现金流量净额		
三、筹资活动产生的现金流量：		
吸收投资收到的现金		
取得借款收到的现金		
收到其他与筹资活动有关的现金		
筹资活动现金流入小计		
偿还债务支付的现金		
分配股利、利润或偿付利息支付的现金		
支付其他与筹资活动有关的现金		
筹资活动现金流出小计		
筹资活动产生的现金流量净额		

续表

项　目	本期金额	上期金额
四、汇率变动对现金及现金等价物的影响		
五、现金及现金等价物净增加额		
加：期初现金及现金等价物余额		
六、期末现金及现金等价物余额		

关于现金流量表补充资料披露格式，企业应当采用间接法在现金流量表附注中披露将净利润调节为经营活动现金流量的信息。现金流量表附注如表9-5所示。

表9-5　现金流量表附注

补充资料	本期金额	上期金额
一、将净利润调节为经营活动现金流量：		
净利润		
加：资产减值准备		
固定资产折旧、油气资产折耗、生产性生物资产折旧		
无形资产摊销		
长期待摊费用摊销		
处置固定资产、无形资产和其他长期资产的损失(收益以"-"号填列)		
固定资产报废损失(收益以"-"号填列)		
公允价值变动损失(收益以"-"号填列)		
财务费用(收益以"-"号填列)		
投资损失(收益以"-"号填列)		
递延所得税资产减少(增加以"-"号填列)		
递延所得税负债增加(减少以"-"号填列)		
存货的减少(增加以"-"号填列)		
经营性应收项目的减少(增加以"-"号填列)		
经营性应付项目的增加(减少以"-"号填列)		
其他		
经营活动产生的现金流量净额		
二、不涉及现金收支的重大投资和筹资活动：		
债务转为资本		
一年内到期的可转换公司债券		
融资租入固定资产		
三、现金及现金等价物净变动情况：		
现金的期末余额		
减：现金的期初余额		
加：现金等价物的期末余额		

续表

补充资料	本期金额	上期金额
减：现金等价物的期初余额		
现金及现金等价物净增加额		

四、现金流量表的编制

(一)经营活动产生的现金流量表的编制方法

1. 直接法

直接法是指通过现金收入和现金支出的主要类别反映企业来自经营活动的现金流量的方法。

按照中国《企业会计准则第31号——现金流量表》的规定，直接法下经营活动现金流量的内容及编制主要包括以下项目。

(1) "销售商品、提供劳务收到的现金"项目，反映的是企业本期销售商品、提供劳务收到的现金，以及前期销售商品、提供劳务本期收到的现金(包括销售收入和应向购买者收取的增值税销项税额)和本期预收的款项，减去本期销售本期退回的商品和前期销售本期退回的商品支付的现金。企业销售材料和代购代销业务收到的现金，也在本项目中反映。

(2) "收到的税费返还"项目，反映的是企业收到返还的增值税、所得税、消费税、关税和教育费附加返还款等各种税费。

(3) "收到其他与经营活动有关的现金"项目，反映的是企业收到的罚款收入、经营租赁收到的租金等其他与经营活动有关的现金流入，金额较大的应当单独列示。

(4) "购买商品、接受劳务支付的现金"项目，反映的是企业本期购买商品、接受劳务实际支付的现金(包括增值税进项税额)，以及本期支付前期购买商品、接受劳务的未付款项和本期预付款项，减去本期发生的购货退回收到的现金。

(5) "支付给职工以及为职工支付的现金"项目，反映的是企业本期实际支付给职工的工资、奖金、各种津贴和补贴等职工薪酬，但是应由在建工程、无形资产负担的职工薪酬以及支付的离退休人员的职工薪酬除外。

(6) "支付的各项税费"项目，反映的是企业本期发生并支付的、本期支付以前各期发生的以及预缴的教育费附加、矿产资源补偿费、印花税、房产税、土地增值税、车船税等税费，计入固定资产价值、实际支付的耕地占用税、本期退回的增值税、所得税等除外。

(7) "支付的其他与经营活动有关的现金"项目，反映的是企业支付的罚款支出、支付的差旅费、业务招待费、保险费、经营租赁支付的现金等其他与经营活动有关的现金流出，金额较大的应当单独列示。

2. 间接法

间接法是指以本期净利润为起点，调整不涉及现金的收入、费用、营业外收支以及应收应付等项目的增减变动，据以计算并列示经营活动的现金流量。

采用间接法将净利润调节为经营活动的现金流量时，需要调整的项目可分为四大类。

(1) 实际没有支付现金的费用，如"计提的坏账准备或转销的坏账""固定资产折旧""无形资产摊销"等项目。这些费用应加入净利润中。

(2) 实际没有收到现金的收益,如"固定资产盘盈"等项目。这些收益应在净利润中减去。

(3) 不属于经营活动的损益,如"处置固定资产损益""投资损益""财务费用"等项目。这些损益应根据实际发生数增减净利润。

(4) 经营性应收应付项目的增减变动。对经营性应收项目的增加应冲减净利润,而对经营性应付项目的增加应增加净利润;反之,则应减少净利润。

(二)投资活动产生的现金流量表的编制方法

(1) "收回投资收到的现金"项目,反映的是企业出售、转让或到期收回除现金等价物以外的交易性金融资产、长期股权投资而收到的现金,以及收回长期债权投资本金而收到的现金,但长期债权投资收回的利息除外。

(2) "取得投资收益收到的现金"项目,反映的是企业因股权性投资而分得的现金股利,从子公司、联营企业或合营企业分回利润而收到的现金,以及因债权性投资而取得的现金利息收入,但股票股利除外。

(3) "处置固定资产、无形资产和其他长期资产收回的现金净额"项目,反映的是企业出售、报废固定资产、无形资产和其他长期资产所取得的现金(包括因资产毁损而收到的保险赔偿收入),减去为处置这些资产而支付的有关费用后的净额,但现金净额为负数的除外。

(4) "处置子公司及其他营业单位收到的现金净额"项目,反映的是企业处置子公司及其他营业单位所取得的现金减去相关处置费用后的净额。

(5) "购建固定资产、无形资产和其他长期资产支付的现金"项目,反映的是企业购买、建造固定资产、取得无形资产和其他长期资产所支付的现金及增值税款、支付的应由在建工程和无形资产负担的职工薪酬现金支出,但为购建固定资产而发生的借款利息资本化部分、融资租入固定资产所支付的租赁费除外。

(6) "投资支付的现金"项目,反映的是企业取得的除现金等价物以外的权益性投资和债权性投资所支付的现金以及支付的佣金、手续费等附加费用。

(7) "取得子公司及其他营业单位支付的现金净额"项目,反映的是企业购买子公司及其他营业单位购买出价中以现金支付的部分,减去子公司或其他营业单位持有的现金及现金等价物后的净额。

(8) "收到其他与投资活动有关的现金""支付其他与投资活动有关的现金"项目,反映的是企业除上述(1)至(7)各项目外收到或支付的其他与投资活动有关的现金流入或流出,金额较大的应当单独列示。

(三)筹资活动产生的现金流量表的编制方法

(1) "吸收投资收到的现金"项目,反映的是企业以发行股票、债券等方式筹集的资金。这是将实际收到的款项,减去直接支付给金融企业的佣金、手续费、宣传费、咨询费、印刷费等发行费用后的净额。

(2) "取得借款收到的现金"项目,反映的是企业举借各种短期、长期借款而收到的现金。

(3) "偿还债务支付的现金"项目,反映的是企业以现金偿还债务的本金。

(4) "分配股利、利润或偿付利息支付的现金"项目,反映的是企业实际支付的现金股利、支付给其他投资单位的利润或用现金支付的借款利息、债券利息。

(5) "收到其他与筹资活动有关的现金""支付其他与筹资活动有关的现金"项目,反映的是企业除上述(1)至(4)项目外收到或支付的其他与筹资活动有关的现金流入或流出,包括以发行股票、债券等方式筹集资金而由企业直接支付的审计和咨询等费用、为购建固定资产而发生的借款利息资本化部分、融资租入固定资产所支付的租赁费、以分期付款方式购建固定资产以后各期支付的现金等。

(四) "汇率变动对现金的影响"项目,反映下列项目的差额

(1) 企业外币现金流量及境外子公司的现金流量折算为记账本位币时,所采用的现金流量发生日的即期汇率或按照系统合理的方法确定的、与现金流量发生日即期汇率近似的汇率折算的金额。

(2) "现金及现金等价物净增加额"中外币现金净增加额按期末汇率折算的金额。

【思政案例】

坚守准则,是会计人员必须坚守的高压线

1984年,时任顺德市容桂镇工交办副主任的潘宁,创立了科龙电器。1996年7月,科龙电器H股在香港联交所成功上市,成为首家在香港上市的乡镇企业。

1999年,被美国《福布斯》杂志评为20家最优秀的中小型企业之一。所产容声牌冰箱占据国内冰箱市场份额逾20%,是当仁不让的龙头企业。然而,自从上市开始,科龙便开始出现大额亏损,2000年首次出现了高达6.78亿元的亏损。2001年净三损15亿元。科龙的巅峰时代从此结束。戴上了ST的帽子。

科龙利润情况一览表　　　　　　　　　　　　　　　　单位:亿元

	2000年	2001年 中期	2001年 年报	2002年	2003年	2004年
主营业务收入	44.12	27.9	47.2	48.78	61.68	1.27
较上年差异			3.96	1.58	12.9	-60.41
管理费用	4.74		9.12	0.6	3.65	5.23
较上年差异			4.38	-8.52	3.05	1.58
净利润	-6.78	0.2	-15.56	1.01	2.01	-0.64
较上年差异			-8.77	16.57	1	-2.66

科龙2001年下半年出现近16亿元巨额亏损的主要原因之一是计提减值准备6.35亿元。到了2002年,科龙转回各项减值准备,对当年利润的影响是3.5亿元。经查,在2002年至2004年的3年间,科龙共在其年报中虚增利润3.87亿元(其中,2002年虚增利润1.1996亿元,2003年虚增利润1.1847亿元。2004年虚增利润1.4875亿元。

如果2001年没有计提各项减值准备(包括坏账准备),科龙电器2002年的扭亏为盈将不

可能。

如果没有2001年的计提减值和2002年的转回，科龙电器在2003年也不会盈利。

按照现有的退市规则，如果科龙电器业绩没有经过上述财务处理，早就被"披星戴帽"甚至退市处理了。

可见，科龙电器2002年和2003年根本没有盈利，科龙扭亏只是一种会计数字游戏的结果。

（资料来源：https://wenku.baidu.com/view/ee1a06f55e0e7cd184254b35eefdc8d376ee14bc.html）

思政要点：

在市场竞争日趋激烈、商业信用较为普及的今天，企业拥有大量赊销业务，发生坏账损失成为不可避免的事实。正确确认企业当期的坏账损失，有利于客观反映企业当期的财务状况、经营成果和现金流量，有利于财务信息的外部使用者做出更切合实际的判断与决策。

当前，企业存在应收款项数量较大、变现能力较差、周转速度较慢等问题，隐含着大量的坏账损失，影响了企业整体资产质量，导致企业虚盈实亏；更有甚者利用坏账损失确认标准不足乘机粉饰财务报表、操纵股价，损害投资者利益。

经查明，科龙电器采取虚构主营业务收入、少计坏账准备、少计诉讼赔偿金等手段编造虚假财务报告。

对于科龙财务造假，中国证监会已做出处罚决定，但其引发的相关问题令人深思。

本章小结

编制财务会计报告是对会计核算工作的全面总结，应重点了解编制会计报表的作用、要求和格式，以及现金流量表的编制基础。掌握资产负债表的基本内容、利润表的基本内容、现金流量表的具体内容、所有者权益变动表的具体内容、报表附注及其披露的具体内容，以及资产负债表、利润表、所有者权益变动表以及现金流量表的编制方法和编制技能。加强教学训练，结合实例讲解会计报表的种类、格式，以及资产负债表、利润表、利润分配表以及现金流量表的编制方法。

同步测试题

一、单项选择题

1. 累计折旧账户余额在贷方，则资产负债表中应填列在（　　）项目中反映。
   A. 负债　　　　　B. 资产　　　　　C. 所有者权益　　D. 费用
2. 下列资产负债表项目中，应根据其总账账户期末余额直接填列的是（　　）。
   A. 在建工程　　　B. 长期借款　　　C. 应付账款　　　D. 预收账款
3. 资产负债表的下列项目中，需要根据几个总账账户汇总填列的是（　　）。
   A. 货币资金　　　B. 固定资产　　　C. 累计折旧　　　D. 应交税费

4. 下列项目中，不符合现金流量表中现金概念的项目是( )。
   A. 企业的库存现金
   B. 企业的银行汇票存款
   C. 企业购入的24个月到期的国债
   D. 不能随时用于支付的定期存款
5. 资产负债表中，"应付账款"项目应( )。
   A. 直接根据"应付账款"账户的期末贷方余额填列
   B. 根据"应付账款"账户的期末贷方余额和"应收账款"账户的期末借方余额计算填列
   C. 根据"应付账款"账户和"预付账款"账户所属相关的明细账户的期末贷方余额计算填列
   D. 根据"应付账款"账户的期末贷方余额和"预收账款"账户的期末贷方余额计算填列
6. 现金流量表的编制基础是( )。
   A. 库存现金   B. 库存现金和银行存款
   C. 营运资金   D. 广义的现金
7. 下列各项中，不属于筹资活动产生的现金流量的是( )。
   A. 吸收权益性投资收到的现金   B. 收回债券投资收到的现金
   C. 发行债券收到的现金   D. 借入资金收到的现金
8. 如果"应收账款"科目所属各明细科目期末出现贷方余额，应在( )项目中列示。
   A. 应付账款   B. 预付账款   C. 预收账款   D. 其他应收款
9. 已知某企业产品销售利润为100万元，管理费用为20万元，财务费用为10万元，销售费用为5万元，营业外收入为8万元，填入利润表中的营业利润为( )万元。
   A. 70   B. 65   C. 73   D. 78
10. 处置固定资产的净损益应归为( )。
    A. 经营活动   B. 投资活动
    C. 筹资活动   D. 经营活动或投资活动
11. 用直接法和间接法编制现金流量表，是用来反映( )。
    A. 经营活动现金流量   B. 投资活动现金流量
    C. 筹资活动现金流量   D. 以上三种情况皆有可能
12. 以下不属于投资活动现金流量的是( )。
    A. 支付融资租入的固定资产的租赁费
    B. 购买专利权支付的现金
    C. 收回购买股票时已宣告发放但尚未领取的现金股利
    D. 收回债券投资时已到付息期但尚未领取的债券利息

二、多项选择题

1. 下列各项中，属于会计报表的有( )。
   A. 资产负债表   B. 利润表
   C. 现金流量表   D. 附注

2. 通过资产负债表可以了解到(　　)。
   A. 企业所掌握的经济资源及其构成
   B. 企业资金的来源渠道及其构成
   C. 企业短期的偿债能力
   D. 企业的财务成果及其形成过程
3. 资产负债表包括的会计要素有(　　)。
   A. 资产　　　　B. 负债　　　　C. 收入
   D. 费用　　　　E. 所有者权益
4. 资产负债表是(　　)。
   A. 总括反映企业财务状况的报表
   B. 反映企业报告期末财务状况的报表
   C. 反映企业财务状况的动态报表
   D. 反映企业报告期间财务状况的报表
   E. 反映企业财务状况的静态报表
5. 资产负债表的数据可以通过(　　)方式取得。
   A. 根据总账账户余额直接填列
   B. 根据总账账户余额计算填列
   C. 根据明细账户余额计算填列
   D. 根据明细账户余额直接填列
6. 利润表是(　　)。
   A. 根据有关账户的发生额编制的　　B. 动态报表
   C. 静态报表　　　　　　　　　　D. 反映财务状况的报表
   E. 反映财务成果的报表
7. 利润表中,营业收入减去营业成本减去营业税金及附加,再减去(　　)后等于营业利润。
   A. 制造费用　　B. 管理费用　　C. 财务费用　　D. 销售费用
8. 下列各项中,应在利润表"营业税金及附加"项目反映的是(　　)。
   A. 增值税　　　B. 消费税　　　C. 资源税　　　D. 教育费附加
9. 现金等价物应具备的特点是(　　)。
   A. 期限短　　　B. 流动性强　　C. 价值变动风险小
   D. 易于转换为已知金额的现金　　E. 价值风险大,但流动性强
10. "实际没有支付现金的费用"包括(　　)。
    A. 计提的固定资产折旧　　　　B. 计提的坏账准备
    C. 无形资产的摊销　　　　　　D. 无形资产的取得成本
11. "实际没有收到现金的收益"包括(　　)。
    A. 冲销的坏账准备　　　　　　B. 计提的坏账准备
    C. 冲销的存货跌价准备　　　　D. 计提的存货跌价准备
12. 下列属于投资活动产生的现金流量的是(　　)。
    A. 无形资产的购建和处置　　　B. 融资租入固定资产支付的租金
    C. 收到联营企业分回的利润　　D. 债权性投资的利息收入

三、判断题

1. 财务报表按其反映内容的不同，可分为动态报表和静态报表。（　）
2. 财务会计报告是指企业对外提供的反映企业某一会计期间的财务状况、经营成果和现金流量等会计信息的文件。（　）
3. 资产负债表是反映企业一定期间财务状况的报告。（　）
4. 我国资产负债表采用账户式结构，利润表采用多步式结构。（　）
5. 我国资产负债表内有关资产的排列顺序依次是流动资产、长期资产、固定资产、无形资产和其他长期资产。（　）
6. 在资产负债表的项目中，"应收账款"项目应根据"应收账款"科目所属的明细科目借方余额合计填列，"预付账款"科目所属明细科目有借方余额的，也应包括在该科目内。（　）
7. 资产负债表上的各个项目均可以根据会计科目余额直接填列。（　）
8. 资产负债表左方反映资产，右方反映负债，左右两边的金额应相等。（　）
9. 利润表是反映企业某一特定时期经营成果的财务报表。（　）
10. 我国企业利润表的结构是单步式利润表。（　）
11. 企业利润表中"本年金额"栏内的各项数字，都应当按照相关账户的发生额分析填列。（　）
12. 现金流量表是反映企业一定会计期间现金及现金等价物的流入和流出的报表。（　）
13. 现金流量表是反映企业现金流入和流出的财务报表，是企业必须对外提供的财务报表之一。（　）
14. 经营活动现金在现金流量表中按照直接法报告，在现金流量表附注中按照间接法报告。（　）
15. 企业接受投资者用固定资产进行的投资属于投资活动。（　）

四、名词解释

1. 会计报表　　　　　　　　2. 资产负债表
3. 利润表　　　　　　　　　4. 现金流量表
5. 直接法　　　　　　　　　6. 间接法
7. 投资活动　　　　　　　　8. 筹资活动
9. 经营活动

五、思考题

1. 会计报表有什么作用？
2. 会计报表有哪些种类？各包括哪些内容？
3. 在编制会计报表时，必须符合哪些基本要求？
4. 现金流量表中现金的含义是什么？它包括哪些内容？
5. 资产负债表、利润表和现金流量表的作用有什么不同？
6. 简述资产负债表项目的具体填制方法。

7. 简述利润表项目的填列方法。
8. 经营活动产生的现金流量主要包括哪些内容?
9. 投资活动产生的现金流量主要包括哪些内容?
10. 筹资活动产生的现金流量主要包括哪些内容?

六、业务题

业务 9-1

【资料】某企业某月月末部分账户期末余额如表9-6所示。

表9-6　某企业某月月末部分账户余额　　　　　　　　　　　　　　　单位:元

总账账户			所属明细账户		
名　称	借	贷	名　称	借	贷
应收账款	300 000		A 企业	320 000	
			B 企业		20 000
坏账准备		500			
预付账款	2 000		C 企业	2 500	
			D 企业		500
长期股权投资	25 000				
固定资产原价	8 000 000				
累计折旧		5 000 000			
应付账款		6 000	E 企业		8 000
			F 企业	2 000	
预收账款		3 000	G 企业		3 500
			H 企业	500	
应付职工薪酬		12 000			
长期借款		10 000			
应付债券		20 000			
利润分配		5 000	未分配利润		5 000
本年利润		14 000			

【要求】根据以上资料填制资产负债表有关项目(年初数略),其格式如表9-7所示。

表9-7　资产负债表　　　　　　　　　　　　　　　　　　　　　　　单位:元

资　产	期　末　数	负债和所有者权益	期　末　数
应收账款		应付账款	
预付账款		预收账款	
长期股权投资		应付职工薪酬	
固定资产原价		长期借款	
减:累计折旧		应付债券	
		未分配利润	

业务 9-2

【资料】SD公司2020年11月结转利润前,各损益类账户的发生额如表9-8所示。

表 9-8　SD 公司 2015 年 11 月损益类账户发生额

2020 年 11 月 30 日　　　　　　　　　　　　　　　金额单位：元

账户名称	11 月发生额	
	借方	贷方
营业收入		5 860 500.00
营业成本	4 271 100.00	
营业税金及附加	29 658.00	
营业费用	135 000.00	
管理费用	178 000.00	
财务费用	45 000.00	
资产减值损失	50 000.00	
公允价值变动损益		50 000.00
投资收益		
营业外收入		500.00
营业外支出	100 000.00	
所得税费用	587 087.50	
合　计	5 395 845.50	5 911 000.00

【要求】根据表 9-8 所列资料编制 SD 公司 2020 年 11 月的利润表。

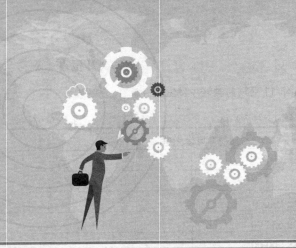

第十章 会计电算化

教学目的与要求

- 了解会计电算化的概念,明确与会计电算化相关的几个基本概念。
- 理解会计电算化信息系统特征,了解会计电算化信息系统的构成。
- 理解会计电算化的基本要求和基本流程。
- 理解并掌握会计电算化账务处理模块的内容。

教学重点与难点

教学重点:会计电算化信息系统与手工会计信息系统之间的异同。
教学难点:会计电算化账务处理各个模块的内容。

引导案例

上海杉达学院会计专业的 4 位同学王佳、赵丽娜、钱静和吴浩在学习会计电算化课程中,一起比较会计电算化条件下的账务处理和手工条件下的账务处理之间的异同,4 人观点如下。

① 王佳认为无论是会计电算化条件下的账务处理还是手工条件下的账务处理,目标是一致的,遵守共同的会计准则和会计制度,也遵守共同的基本会计理论和会计方法,但是由于在会计电算化条件下的账务处理取消了账账核对及账证核对等步骤,因此两种条件下的会计数据处理流程完全不同。

② 赵丽娜认为王佳观点有些偏颇,她认为尽管两种条件下账务处理流程有一些区别,但是会计电算化条件下的账务处理流程从本质上而言,还是模仿手工条件下的会计核算流程,因此两者会计数据处理流程基本是相同的。

③ 钱静认为会计档案是非常重要的历史资料,因此必须保存好。在会计电算化账务条件下,会计档案不仅包括纸质档案,也包括磁介质会计档案,而后者更容易丢失,复制也

比较容易，所以在保管中更要谨慎小心。

④ 吴浩认为会计电算化账务系统把会计人员从繁杂的会计工作中解脱了，因此在会计电算化条件下，可以降低对会计人员素质和能力的要求。

思考与讨论：

你是赞成王佳的观点还是赞成赵丽娜的观点呢？你是否同意钱静的说法呢？你认为吴浩的观点是否正确？

第一节　会计电算化概述

我国"会计电算化"一词是于1981年8月财政部和中国会计学会在长春市召开的"财务、会计、成本应用电子计算机专题研讨会"上正式提出来的，随后经历了模拟手工记账的探索起步阶段、与企业其他业务相结合的推广发展阶段、适应会计准则的制度的发展要求引入会计专业判断融合阶段和与内部控制相结合建立ERP系统的集成管理阶段。会计电算化是会计信息化的初级阶段，是会计信息化的基础，也是对会计从业人员的基本要求。

一、会计电算化的相关概念

(一)会计电算化

会计电算化有广义和狭义之分。狭义的会计电算化是指以电子计算机为主体的电子信息技术在会计工作中的应用。具体来说，就是通过会计核算软件操作计算机来代替手工完成或者手工难以完成的会计工作。广义的会计电算化是指一切与电算化相关的工作，包括会计核算软件的开发应用及其软件市场的培育、会计电算化制度的建立、会计电算化人才的培训以及会计电算化的宏观规划等。

(二)会计信息化

会计信息化是指企业利用计算机、网络通信等现代信息技术手段开展会计核算，以及利用上述技术手段将会计核算与其他经营管理活动有机结合的过程。相对于会计电算化而言，会计信息化是一次质的飞跃。

(三)会计核算软件

会计核算软件是指专门用于会计核算工作的计算机应用软件，包括采用各种计算机语言编制的用于会计核算工作的计算机应用程序。凡是具备相对独立完成会计数据输入、处理和输出功能模块的软件，如账务处理、固定资产核算、工资核算软件等，均可视为会计核算软件。

(四)会计信息系统

会计信息系统是指利用信息技术对会计数据进行采集、存储和处理，完成会计核算任务并提供会计管理、分析与决策相关会计信息的系统，是企业管理信息系统的一个重要子系统。会计信息系统根据其功能和管理层次的高低，可以分为会计核算系统、会计管理系统和会计决策支持系统。

二、会计电算化信息系统的特征

会计电算化信息系统是以计算机为基础的会计信息系统，它不仅具有电子数据处理系统的共性，而且还具有自身的特征，具体如下。

(一)数据处理及时、准确

会计电算化与手工处理相比，数据处理更及时、准确。首先，计算机运算速度决定了其对会计数据的分类、汇总、计算、传递及报告等处理几乎是在瞬间完成的；其次，计算机运用正确的处理程序可以避免手工处理出现的错误；最后，计算机可以采用手工条件下不易采用或无法采用的复杂的、准确的计算方法，如材料收发的先进先出法，从而使会计核算工作更细、更深，更好地发挥了它的参与管理的职能。

(二)会计核算集中化与自动化

会计电算化后，各种核算工作都由计算机集中处理。在网络环境下，信息可以被不同的用户分享，数据处理更具有集中化的特点。对于大的系统(如大型集团或企业)，规模越大，数据越复杂，数据处理要求就越集中。会计电算化在会计信息的处理过程中，人工干预较少，由程序按照指令进行管理，具有自动化的特点。集中化与自动化将会取得更好的效益。

(三)会计电算化信息系统是人机结合的系统

会计工作人员是电算化的组成部分，不仅要进行日常的业务处理，还要进行计算机软硬件故障的排除。会计数据的输入、处理及输出是手工处理和计算机处理两者的结合。有关原始资料的收集是电算化的关键环节，原始数据必须经过手工收集、处理后才能输入计算机，由计算机按照一定的指令进行数据的加工和处理，再将处理后的信息通过一定的方式存入磁盘、打印或通过显示器显示出来。

(四)会计数据修改技术及内部控制制度的适应变动性

电算化后，手工账下的账簿修改技术(如划线更正法等)被废弃，内部控制制度有了明显的变化。新的内部控制制度更加强调手工与计算机相结合的控制形式，其控制要求更严，控制内容更广。

三、会计电算化信息系统的构成

会计电算化信息系统由硬件、软件、人员和会计规范等基本要素组成。

(一)硬件

硬件是系统中所有固定装置的总称。它一般包括数据采集输入设备、处理设备、存储设备和输出设备，还包括网络通信设备、机房设施等。这些设备、设施组合在一起构成了系统的硬件结构。常用的硬件结构包括单机结构、多机松散结构、主机终端结构和网络结构。

(二)软件

计算机软件通常可分为系统软件和应用软件两类。系统软件(如操作系统、数据库管理系统等)是保证会计电算化信息系统正常运行的基础软件。会计电算化信息系统中的应用软件主要是指会计软件,它是专门用于会计核算、会计决策和会计管理的软件,是会计电算化信息系统的重要组成部分。

(三)人员

人员一般是指直接从事系统研制开发、使用和维护的人员。

(四)会计规范

会计规范是指有关会计电算化的各种法令、条例、规章制度。它主要包括两大类:一是政府的法令、条例;二是系统运行的各项规定,如数据准备说明书、会计电算化信息系统操作使用说明书、维护说明书、机房管理制度、会计内部控制制度等。

四、会计电算化信息系统与手工会计信息系统的比较

会计电算化信息系统是在手工会计信息系统的基础上,因技术的变动而发展起来的,二者既有相同之处又有区别。

(一)相同之处

1. 目标一致

两者的最终目标都是为了加强经营管理,提供准确、及时的会计信息,参与经营决策,提高经济效益。

2. 遵循相同的基本会计理论和方法

会计电算化的发展必然会引起会计理论和会计方法的变化,但两者所遵循的基本会计理论和会计方法还是一致的。目前的会计电算化必须遵循基本的会计理论和会计方法,但随着会计电算化事业的发展,中国的会计理论和会计方法也必将得到极大的丰富和发展。

3. 遵守相同的会计法规与会计准则

会计电算化的应用,不能置财政制度与财经纪律于不顾,相反,应当更严格地执行会计法规与会计准则,从措施上、技术上杜绝可能发生的失误。

4. 会计档案都必须按规定妥善保留

会计档案是会计的重要历史资料,必须保存完好。实行会计电算化信息系统后,大部分会计档案的物理性质发生了变化,由手工会计信息系统下的纸质会计档案变为磁介质会计档案,备份时数据容易丢失,而且档案复制也很容易,这就更加要求加强保管和保密工作。

5. 基本工作相同

两者都包括以下基本工作步骤。

(1) 从经济业务出发。以原始凭证为依据制作记账凭证，并对凭证进行复核。

(2) 将凭证输入账簿。人工登账操作和计算机根据输入的凭证自动生成账簿，实质上都是为了完成存储记录和资料。

(3) 对数据进行加工处理。具体表现为人工做账时的大量过账分录业务，在电算化操作时则由计算机自动执行；手工汇总与对账操作，在电算化操作中则由计算机完成各种运算并查询。

6. 编制并输出报表

手工操作是根据一定的会计核算程序，规定需要何种数据，于何时何地取得该项数据，以及如何使用和传递。电算化操作也完全一致，只是通过计算机程序和软件工具来加以实现，最终编制出各种报表以供会计信息使用者使用。

(二) 区别

1. 计算工具不同

手工会计信息系统使用的计算工具是算盘、计算器等；而会计电算化信息系统是用电子计算机进行计算的。

2. 信息载体不同

手工会计信息系统的所有信息都以纸张为载体；而会计电算化信息系统则用磁介质作为信息的载体。

3. 账户设置方法和账簿登记方法不同

在手工会计信息系统中，要为会计的六大要素分别设置六大类账户，并设置总分类账和各种明细分类账；而在会计电算化信息系统中，所有的账户都各有一个科目号，科目号的首位标志着这个会计科目的大类别，前三位标示总账的会计科目，而后面的位数则表示明细的级数和分类，这样便于进行总账、明细账、日记账簿的处理，完全改变了手工会计信息系统下各种账簿的不同处理方式的核对方法，实现了数出一门(都来自凭证)和数据共享(同时产生日记账、特种日记账、总分类账、明细分类账、报表等)的目标。

4. 账务处理程序不同

手工账务处理程序有记账凭证核算形式、科目汇总表核算形式、汇总记账凭证核算形式、日记账核算形式、日记总账核算形式，这几种核算形式基本上是为了简化会计核算的手续而产生的，但无论采取何种方式，都避免不了重复转抄的根本弱点。在电算化账务处理中，整个处理过程可分为输入、处理、输出三个环节，控制的重点是输入环节，从输入会计凭证到输出会计账表一气呵成，一切中间过程都在机器内操作，而会计人员需要的任何中间资料，都可以通过查询得到，因此它经常采用的核算形式是最基本的会计核算形式，即记账凭证核算形式。

5. 账簿形式和更正错误的方法不同

手工会计信息系统规定日记账、总分类账要用订本式账簿，明细分类账可以用活页式账册，账簿记录的错误要用划线更正法或红字冲销法更正。在会计电算化信息系统中，打印输出的账页是卷带状的，可装订成活页式而不是订本式，只有到一定时期，再装订成一本订本式账册，作为会计档案保管。由于输入数据时要经过逻辑性校验，因此不需要用划线更正法来更改账簿记录，如果发现合法性出错，只能采用红字冲销法和补充登记法加以改正。

6. 会计系统的设计方法和内部控制制度不同

在手工会计信息系统中，会计系统一般由会计师根据会计法规、会计准则、上级主管机关制定的统一的会计制度，并借鉴同行业的经验，针对企业工作的需要拟订撰写而成。内部控制是通过凭证传递程序，相互校验、核对来实现的，另外通过对账，检查是否账证相符、账实相符，以保证数据的正确性。在会计电算化信息系统中，会计数据处理高度自动化，账册、报表都要根据打印的要求重新设计，不但要遵循手工条件下的会计准则和会计制度，还要遵循电算化下的一些特殊的电算化制度，经过系统开发，建立一个新的会计电算化信息系统。由于账务处理程序和会计工作组织体制的变化，除原始数据的收集、审核、编码仍由原会计人员手工操作外，其余的工作都由计算机负责，因此原来的内部控制方式已部分地被计算机代替，由人工控制转为人机控制。

7. 会计工作的组织体制和人员素质不同

在手工会计信息系统中，会计工作的组织体制以会计事务的不同性质为依据，会计人员均是专业人员，其骨干是会计师。在会计电算化信息系统中，会计工作的组织体制以数据的不同形态作为主要依据。这两种工作组织体制是截然不同的。会计电算化信息系统将手工会计信息系统对数据分散收集、各自处理、重复记录的操作方式，改变为集中收集、统一处理、数据共享的操作方式。会计人员是既精通本专业，又熟悉电子计算机的复合型人才，骨干力量是了解电子计算机的高级会计人员。

第二节 会计电算化的基本要求

会计电算化作为会计工作的一种技术手段，应当保证其处理过程符合一定的规范，处理结果真实、完整。因此，国家制定了一系列政策法规，对开发设计会计电算化软件和单位开展会计电算化提出了一系列基本要求。它包括会计核算软件的基本要求、会计电算化岗位的基本要求、计算机替代手工记账的基本要求和会计电算化档案管理的基本要求等。

一、会计核算软件的基本要求

会计工作要遵守全国统一的会计制度和其他财经制度中的有关规定，对执行会计工作中的商品化会计软件也不例外。对商品化会计软件来说，尤其应遵守国家有关会计软件的管理规定，主要是应满足财政部颁布的《会计核算软件管理的几项规定(施行)》中对会计软件的十条基本要求，具体如下。

(1) 软件提供的数据输入项目，符合财政部或财政部审核批准的现行会计制度的规定。

(2) 软件提供的用户会计科目编码方案应符合财政部或财政部审核批准的会计制度中有关会计科目编码方案的规定。

(3) 软件具有必要的防范会计数据输入差错的功能。

(4) 软件的计算和结账功能符合财政部或财政部审核批准的现行会计核算制度的规定。

(5) 经计算机登账处理的系统内的会计凭证及据以登记的相应账簿，软件只提供留有痕迹的更正功能。

(6) 软件具有按照规定打印输出各种账簿以及必要的查询功能，打印输出的账页连续编号。

(7) 对计算机根据已输入的会计凭证和据以登记的相应账簿生成的各种报表数据，软件无修改功能。

(8) 软件具有防止非指定人员擅自使用和对指定操作人员进行使用权限控制的功能。

(9) 对存储在磁性介质或其他介质上的程序文件、相应的数据文件，软件具有必要的保护功能。

(10) 软件具有在计算机发生故障或由于其他原因引起内、外存储会计数据破坏的情况下，使用原有数据恢复到最近状态的功能。

此外，商品化会计软件还应满足《会计核算软件管理的几项规定》中的其他有关规定，如设置的功能保证日记账每日打印。由于商品化会计软件需要通过评审，以评价其是否符合国家的统一要求，因此单位的这项工作已由各级财政部门或主管部门代为执行了，单位只需考查商品化会计软件是否通过省级以上(含省级)财政部门的评审即可。

二、会计电算化岗位的基本要求

根据《会计电算化工作规范》要求，实行会计电算化的单位要按照会计电算化的特点和要求，加强对会计电算化系统使用人员和维护人员的管理，按照权责对等的原则，明确系统各类操作人员的职责、权限，建立和健全岗位责任制。会计电算化的岗位可分为基本会计岗位和电算化会计岗位。

(一)基本会计岗位

基本会计岗位可分为会计主管、出纳、会计核算各岗、稽核、会计档案管理等；各基本会计岗位与手工会计的各岗位相对应，基本会计岗位必须由持有会计证的人员担任，可以一人一岗、一人多岗或者一岗多人，但应当满足内部控制的要求。

(二)电算化会计岗位

电算化会计岗位是指直接管理、操作、维护计算机及会计核算软件系统的工作岗位，对于大中型企业和使用大规模会计电算化系统的单位，电算化会计岗位可以设立电算主管、软件操作、审核记账、电算维护、电算审查、数据分析和会计档案保管等岗位。对于中小企业，实行会计电算化后可以适当调整各岗位人员，设置必要的会计电算化岗位，但是要注意满足不相容职务相分离的要求。

三、计算机替代手工记账的基本要求

根据《会计电算化工作规范》要求，计算机替代手工记账的单位，必须具备以下三方面的条件。

(1) 配有适用的会计软件和相应的计算机硬件设备。
(2) 配备相应的会计电算化工作人员。
(3) 建立严格的内部管理制度。

计算机替代手工记账的过程是会计从手工核算向电算化核算的过渡阶段，是会计电算化中非常重要的环节。在计算机实施替代手工记账之前，单位一定要制定总体实施方案，包括整理手工会计业务数据，设置各种会计凭证、账簿、报表的格式和项目，完成会计软件的初始化以及在试运行阶段人工与计算机数据的对比分析等。

四、会计电算化档案管理的内容、基本要求和保管方法

实行会计电算化后，会计档案无论是在形式上还是在存储介质上都与传统会计核算具有显著的区别。对会计电算化档案的管理，要根据《会计电算化工作规范》的规定，依据会计电算化的特点进行。实行会计电算化后，会计档案主要包括存储在计算机中的会计数据(以磁盘、光盘等介质存储的会计数据)和计算机打印出来的书面形式的会计数据。

(一)会计电算化档案的内容

会计电算化档案具体包括以下内容。

(1) 会计凭证、会计账簿、会计报表(包括报表格式和计算公式)，以及记载会计业务的原始凭证等。
(2) 会计电算化软件开发过程或会计电算化系统实施过程中的各种开发实施资料，如开发的需求分析书、系统设计书、实施过程中的参数设置等数据。
(3) 其他资料。

(二)会计电算化档案管理的基本要求

会计电算化档案管理要符合以下基本要求。

(1) 保存打印出的纸质会计档案。例如，现金日记账和银行日记账要求每天打印输出，做到日清月结；明细账要求每年打印一次或在需要时进行打印；"总分类科目余额、发生额对照表"一般要求每月打印一次；会计报表每月打印一次进行保管。
(2) 系统开发资料和会计软件系统也视同会计档案保管。会计电算化系统开发过程中的资料一般有系统分析书、系统设计书、软件测试报告、各种编码说明、代码清单和各种解决方案等，这些都应视同会计档案保管，保管期截至该系统停止使用或有重大更改后5年。会计软件系统也是会计电算化档案，在保管过程中要特别注意版本的升级管理。

(三)会计电算化档案保管的方法

首先，在计算机系统的物理安全方面要有保证，如防水、防火、防震、防盗等，注意

办公区域的锁禁和巡查等。

其次，在计算机系统、会计核算系统和电子档案管理系统的安全、可靠方面要有保证。能够准确、完整、有效接收和读取电子会计资料，能够输出符合国家标准归档格式的会计凭证、会计账簿、财务会计报表等会计资料，设定经办、审核、审批等必要的审签程序；符合电子档案的长期保管要求，并建立电子会计档案与相关联的其他纸质会计档案的检索关系。

最后，针对电子会计档案要利用计算机技术完善相关内控制度，比如，电子签名。禁止未经授权的访问，防篡改，建立灾后恢复的应急方案等。

第三节 会计电算化的基本流程

会计电算化核算在一定程度上是用计算机代替手工操作，因此其核算流程与手工会计核算流程基本相同，但各环节的具体工作内容和方式有很大差别。在实际工作中，会计电算化核算流程因单位规模、类型和使用软件的不同而在具体细节上有所不同，但基本流程是一致的。会计电算化核算基本流程包括编制记账凭证、审核记账凭证、记账以及结账和编制会计报表。

扫一扫，观看"会计电算化的基本流程和模块介绍"视频讲解

一、编制记账凭证

在电算化环境下，编制记账凭证可以采用以下三种方式。

(1) 手工编制完成记账凭证后输入计算机。

(2) 根据原始凭证直接在计算机上编制记账凭证。采用这种方式时应当在记账前打印出会计凭证并由经办人签章。

(3) 由账务处理模块以外的其他核算模块自动生成会计凭证数据。例如，由固定资产核算模块根据预定的折旧资料自动生成的计提折旧凭证。采用这种方式时应当在记账前打印出会计凭证并由经办人签章。

二、审核记账凭证

在电算化环境下，凭证审核是由负责审核的会计人员在计算机中对生成的记账凭证进行审查，对审查通过的记账凭证进行审核确认。会计核算软件可根据审核结果进行自动控制，已通过审核的凭证，不能再由凭证输入人员进行修改。未通过审核的凭证，不能记账。

三、记账

在电算化环境下，记账是由有记账权限的人员，通过记账功能发出指令，由计算机按照记账程序自动进行的。会计电算化中的记账有以下特点。

(1) 记账是一个功能按键，由计算机自动完成相关账簿登记。

(2) 同时登记总账、明细账和日记账。

(3) 各种会计账簿的数据都来源于记账凭证数据，记账只是对记账凭证作记账标记，不产生新的会计核算数据。

四、结账和编制会计报表

在手工会计核算流程中，结账和编制会计报表是两个工作环节，工作量大且复杂；在会计电算化核算中，通过一次性预先定义账户结转关系和账户与报表的数据对应关系，结账和编制报表是作为一个步骤由计算机在短时间内同时自动完成的。

第四节 会计电算化账务处理模块内容

会计电算化账务处理模块主要包括系统初始化模块、固定资产管理模块、工资管理模块、应收管理模块、应付管理模块和报表管理模块等。

一、系统初始化模块

(一)系统初始化的内涵

系统初始化是指会计软件首次使用时，根据企业的实际需要进行参数设置，并输入基础档案与初始数据的过程。系统初始化是会计软件运行的基础。在初始化过程中，将通用的会计软件转变为符合某一特定企业需要的系统，使手工环境下的会计核算和数据处理得以在计算机环境下延续和正常运行。系统初始化是在系统初次运行时设置一次性完成的，但部分设置可以在系统使用后进行修改。根据系统初始化内容不同，可分为系统级初始化和账务处理模块级初始化。

(二)系统级初始化

1. **系统级初始化的含义**

系统级初始化是设置会计软件所公用的数据、参数和系统公用基础信息，其初始化的内容涉及多个模块的运行，不特定专属于哪一个模块。系统级初始化一般由会计主管指定的专人完成。

2. **系统级初始化的具体内容**

系统级初始化包括创建账套并设置相关信息、增加操作员并设置权限、设置系统公用信息等内容。

(1) 创建账套并设置相关信息。它包括创建账套，同时在建立账套时要根据企业具体情况和核算要求设置相关信息，以及建立账套后，还可以根据企业的业务对一些已经设定的参数内容进行修改。

(2) 增加操作员并设置权限。它包括将合法用户增加到信息系统中，并授予相应的权限。

(3) 设置系统公用信息。它包括设置编码方案、基础档案、收付结算信息、凭证类别、外币和会计科目等。

(三)账务处理模块级初始化

账务处理模块是整个会计电算化操作的核心部分，它是以会计凭证为数据处理起点，通过输入和处理会计凭证，完成对账、结账、账簿查询及打印输出等工作。

1. 账务处理模块级初始化的含义

账务处理模块级初始化是指设置特定模块运行过程中所需要的参数、数据和本模块的基础信息，以保证模块按照企业的要求正常运行。

2. 账务处理模块级初始化的具体内容

账务处理模块级初始化的内容主要包括设置系统控制参数与设置基础信息、输入初始数据。

(1) 设置系统控制参数与设置基础信息。它包括设置编号方式、是否允许操作员修改他人凭证、凭证是否必须输入结算方式和结算号、现金流量科目是否必须输入现金流量项目、出纳凭证是否必须出纳签字、是否对现金及往来科目实行赤字提示等。

(2) 输入初始数据。它包括输入会计科目期初余额和输入会计科目本年累计发生额。

二、固定资产管理模块

根据我国《企业会计准则》的规定，固定资产是指为生产商品、提供劳务、出租或经营管理而持有的，使用寿命超过一个会计年度的有形资产。在会计电算化中，固定资产模块处理包括固定资产管理模块的初始化、固定资产管理模块的日常处理和固定资产模块的期末处理。

(一)固定资产管理模块的初始化

1. 固定资产管理模块初始化的含义

固定资产管理模块初始化是指根据单位的具体情况，建立一个满足本单位需要的固定资产账套，并进行基础设置和固定资产原始卡片输入的过程。

2. 固定资产管理模块初始化的具体内容

固定资产管理模块初始化的内容包括固定资产控制参数设置、基础信息设置和固定资产原始卡片输入等。

(1) 固定资产控制参数设置。它包括启用会计期间设置、固定资产折旧内容设置和固定资产编码设置。

(2) 基础信息设置。它包括设置折旧对应科目、固定资产增加或者减少方式设置、固定资产使用状况设置、固定资产折旧方法设置和固定资产类别设置。

(3) 固定资产原始卡片输入。要注意保证计算机系统和手工系统的一致性，也要确保与实有的固定资产的一致性。

(二)固定资产管理模块的日常处理

固定资产管理模块的日常处理包括固定资产增加、固定资产减少、固定资产变动和生成记账凭证。

1. 固定资产增加

固定资产增加是指企业以买进、接收捐赠、接收投资等方式增加固定资产,应为增加的固定资产建立一张固定资产卡片,输入增加的固定资产的相关信息及数据。系统可以根据固定资产增加方式的不同而自动生成机制凭证并且保存后传到账务处理系统。

2. 固定资产减少

固定资产减少是指企业由于毁损、出售、盘亏等各种原因减少固定资产。固定资产减少业务的核算不是直接减少固定资产价值,而是输入固定资产减少卡片,说明减少原因,记录业务的具体信息和过程,保留审计线索。

3. 固定资产变动

固定资产变动包括价值信息变动和非价值信息变更两部分内容。价值信息变动包括固定资产原值变动、折旧要素变动。非价值信息变更包括固定资产使用部门变动、使用状况变动以及存放地点变动等。

4. 生成记账凭证

固定资产管理模块对于需要填制记账凭证的业务能够自动完成记账凭证填制工作,并传递给账务处理模块。

(三)固定资产管理模块的期末处理

固定资产管理模块的期末处理包括计提折旧、对账、月末结账和相关数据查询。

1. 计提折旧

系统将采用自动计提折旧功能,对各项固定资产按照初次输入的折旧方法计提折旧,而且还会把当期的折旧额自动累计到各项资产的累计折旧项目中,并自动减少固定资产账面价值。然后,系统计提折旧额。

2. 对账

固定资产管理模块对账功能主要是指与账务处理模块进行对账。一般只有在系统初始化或选项中选择与账务系统对账时,才可使用系统的对账功能。将固定资产管理模块与账务处理模块进行对账是为了保证固定资产管理模块中的资产价值、固定资产折旧、固定资产减值准备等与对账处理模块中对应科目相一致。

3. 月末结账

固定资产管理模块中完成本月全部业务和生成记账凭证并对账正确后,可以进行月末结账。月末结账每月完成一次,结账后本月数据不能修改。本月不结账,将不能处理下月数据。

4. 相关数据查询

一般固定资产管理模块还具有账表查询功能，可以对固定资产相关信息按照不同标准进行分类、汇总、分析和输出，以满足各方面管理决策的需要。

三、工资管理模块

每个核算单位在管理工作中都会涉及工资的计算、汇总、发放及费用分配。在工资管理模块中，可以编制职工工资表、分配工资费用、设计工资发放方式以及工资费用统计分析等。工资管理模块包括工资管理模块的初始化、工资管理模块的日常处理以及工资管理模块的期末处理。

(一)工资管理模块的初始化

工资管理模块初始化包括设置基础信息和录入工资基础数据两部分内容。

1. 设置基础信息

设置基础信息包括设置工资类别、工资项目与其计算公式、工资类别所对应的部门、所得税设置和工资费用分摊等内容。

2. 录入工资基础数据

如果第一次使用工资管理模块必须将所有人员的基本工资数据录入计算机。在工资管理模块中，可以选择某一个特定员工输入数据，也可以成组录入数据，还可以从外部直接导入数据。

(二)工资管理模块的日常处理

工资管理模块日常处理包括工资计算、个人所得税计算、工资分摊和生成记账凭证。

(三)工资管理模块的期末处理

工资管理模块的期末处理包括期末结账和工资表的查询输出。

四、应收管理模块

应收管理模块是用来核算和管理往来客户款项的，包括应收管理模块的初始化、应收管理模块的日常处理和应收管理模块的期末处理。

(一)应收管理模块的初始化

应收管理模块的初始化包括基础信息设置和期初余额输入。

1. 基础信息设置

基础信息设置包括企业基本信息设置、坏账处理方式设置、应收账款核销方式设置、会计科目设置和账龄区间设置等。

2. 期初余额输入

第一次使用应收账款管理模块时，要将系统启用前未处理完的所有客户的应收账款、预收账款、应收票据等数据输入系统，以便以后核销处理。一般包括初始单据、初始票据、初始坏账等数据输入。当第二年度处理时，应收管理模块可自动将上一年未处理完的单据转为下一年的期初余额。

(二)应收管理模块的日常处理

应收管理模块的日常处理包括应收处理、票据处理、坏账处理和生成记账凭证。

1. 应收处理

应收处理包括应收单据处理、收款单据处理和转账处理等。

2. 票据处理

票据管理主要是指对单位收到商业汇票的处理，包括应收票据的新增、修改、删除及收款、退票、背书、贴现等。

3. 坏账处理

坏账处理包括坏账准备计提、坏账发生和坏账收回。

4. 生成记账凭证

在应收管理模块中，要把每一种收款业务都编制相应的记账凭证，并将凭证传递到账务处理模块中。

(三)应收管理模块的期末处理

应收管理模块的期末处理包括期末处理、应收账款查询和应收账款账龄分析。

五、应付管理模块

应付管理模块包括应付管理模块的初始化、应付管理模块的日常处理和应付管理模块的期末处理。

(一)应付管理模块的初始化

应付管理模块的初始化包括控制参数设置、基础信息设置和期初余额输入。

1. 控制参数设置

在控制参数设置中包括设置企业的基本信息、设置应付款核销方式以及设置规则选项。

2. 基础信息设置

设置基础信息包括设置会计科目、设置对应科目结算方式和设置账龄区间。

3. 期初余额输入

第一次使用应付管理模块时，要将系统启用前还未处理完的所有供应商的应付账款、预付账款、应付票据等数据输入系统，以便以后能核销处理。当第二年度处理时，系统会自动将上一年未处理完的单据转入下一年的期初余额。

(二)应付管理模块的日常管理

应付管理模块的日常处理包括应付处理、票据处理和生成记账凭证。

1. 应付处理

应付处理包括单据处理和转账处理。其中，单据处理包括应付单据处理、付款单据处理、单据核销；转账处理包括应付冲应付、预付冲应付和应付冲应收。

2. 票据处理

票据处理主要是指对应付票据的新增、修改、删除及付款、退票等。

3. 生成记账凭证

在应付管理模块中，要把每一种付款业务都编制相应的记账凭证，并将凭证传递到账务处理模块中。

(三)应付管理模块的期末处理

应付管理模块的期末处理包括期末结账、应付账款查询和应付账款账龄分析。

六、报表管理模块

报表管理模块是报表处理的工具，利用报表管理模块既可以编制对外报送的财务报表，又可以编制内部的各种报表。在报表管理模块中，设计报表格式和编制公式，从总账系统、报表或其他业务系统中取得有关信息，可以自动编制各种会计报表，而且还可以对报表进行审核、汇总、生成各种分析图，并按照预定格式输出各种会计报表。报表管理模块由报表数据来源、报表管理模块基本流程和利用报表模板生成报表三个部分组成。

(一)报表数据来源

报表数据来源主要包括 3 个方面：①手工输入；②来自报表管理模块其他报表；③来源于会计电算化系统内的其他管理模块数据。

(二)报表管理模块基本流程

报表管理模块基本流程包括格式设置、各种公式设置、数据生成、报表文件保存和报表文件的各种输出。

(三)利用报表模板生成报表

在报表管理模块中有多种按照行业设置的报表模板，这样便于用户直接从中选择合适的模板快速生成固定格式的会计报表。

【思政案例】

参与管理和强化服务是大数据时代对会计人员的挑战与要求

在抗"疫"期间，几乎所有的企业都按了"暂停键"，但关系国计民生的重要行业不能停，如电力、医疗、水利等。中国核电(全称：中国核能电力股份有限公司)，就是一年365

天、每周 7×24 小时提供全天候服务的重要企业之一。尤其在疫情暴发这种特殊时期，肩头的责任更重，使命感更强。

大家一定很好奇，这种国家支柱型企业，如何在确保企业员工安全的前提下，让业务"不宕机"？信息技术在企业实际业务运转中，发挥了怎样的作用？

"财务管理在中国核电占有重要地位，为了满足业务的高速发展需求，实现企业数字化转型目标，企业自去年开始以私有云的形式构建会计共享中心，通过 ERP+打造会计共享、智能财务体系。" 中国核电 ERP 项目经理研究员级高工李志鹏表示，中国核电 90%以上的信息化系统都由 SAP 提供，为了构建更加灵活的财务体系，公司从 2017 年开始按照"试点运行、总结推广、全面覆盖"三阶段、三步走的总体规划推进和实施会计共享中心建设。正是基于之前的信息技术铺垫，企业在抗击疫情期间，才真正实现了数据共享以及智能化管理。

从 2019 年 7 月开始，中国核电已实现 6 家单位试点上线，在 2019 年年底实现 8 家单位上线运行，预计 2020 年年底前实现中国核电所有核电单位全部上线，有效驱动中国核电财务全面转型，推动公司财务更好地管经营、管效益，实现标准财务、共享财务、数字财务和智能财务，最终夯实中国核电财务数据管理中心和信息中枢基础，更好地支持中国核电经营决策管理。

目前，会计共享中心已经取得了初步成果，真正提高了综合管理能力，实现了智能经济时代的财务共享、智能化派工、智能经验反馈以及智能共享运营分析等，从而最大化地实现了降本增效。经估算，中国核电总体财务人员可减少 40 人左右，年节约人工成本 800 万元。最关键的是公司以共享建设为契机，极大地统一了核算标准，规范了业务流程，降低了财务风险。

(资料来源：https://www.sohu.com/a/384205761_759405)

思政要点：

(1) 财务只有与业务真正融合才能发挥出价值创造的效力。技术进步正在彻底改变财务工作模式。只有采用全新的财务技术，构建起连通、集约、自动、高效的智能化财务体系，才有可能在激烈竞争的市场中取得优势。中国核电通过 FIORI、BPM 技术，实现了费用事前申请、费用报销、资金收付、合同结算等共享业务；费用报销实现了预算事前控制和费用标准的自动控制，流程也非常简单；与 SAP ECC 模块的自动对接，实现了各类业务凭证的自动生成，减轻了共享人员手工制单的工作量。基于大数据、云计算、移动互联网等技术的新型财务体系，使企业在面对突如其来的疫情时，也能平稳运作，正常开展业务活动。

(2) 信息技术的全方位渗透给会计人员带来了挑战和冲击，会计人员不仅应当坚守爱岗敬业、诚实守信的职业道德，更应该认识到，参与管理与强化服务也是会计人员应遵循的职业道德准则。会计人员应当主动开展信息技术的学习与运用，加强对大数据的利用及分析，积极应对新时期的挑战与风险，这同样是会计人员职业道德素养的体现。

本章小结

本章首先介绍了会计电算化的相关概念、会计电算化信息系统的特征、会计电算化信息系统的构成、会计电算化信息系统与手工会计信息系统之间的异同。其次，介绍了会计电算化的基本要求,包括会计核算软件的基本要求、会计电算化岗位的基本要求、计算机替代手工记账的基本要求和会计电算化档案管理的基本要求等。再次,介绍了会计电算化核算的基本流程,包括编制记账凭证、审核记账凭证、记账以及结账和编制会计报表。最后,重点介绍了会计电算化账务处理模块,主要包括系统初始化模块、固定资产管理模块、工资管理模块、应收管理模块、应付管理模块和报表管理模块等。

同步测试题

一、单项选择题

1. "会计电算化"一词是中国会计学会(　　)年在长春会议上提出来的。
   A. 1989　　　　B. 1990　　　　C. 1981　　　　D. 1995
2. 使用会计软件的最基本目的是(　　)。
   A. 提高单位的总体管理水平　　　　B. 替代手工进行会计核算工作
   C. 简化账务处理流程　　　　　　　D. 减少会计部门的人员编制
3. 会计电算化是通过(　　)替代手工完成或手工很难完成的会计工作。
   A. 操作系统　　　　　　　　　　　B. 计算机
   C. 会计软件指挥计算机　　　　　　D. 系统软件指挥计算机
4. 在学习会计电算化的过程中,重要的是了解和掌握(　　)。
   A. 计算机基本知识　　　　　　　　B. 会计知识
   C. 会计和计算机知识的有机结合　　D. 会计和计算机的区别
5. 企业首次进行会计电算化,需要(　　)。
   A. 对系统进行初始化设置　　　　　B. 对手工会计的数据进行整理
   C. 拟定会计操作规范　　　　　　　D. 明确不同会计人员的岗位设置
6. 一般情况下,账务处理子系统不具备(　　)功能。
   A. 记账　　　　　　　　　　　　　B. 期末转账
   C. 编制会计报表　　　　　　　　　D. 结账
7. 会计电算化软件不包括的功能是(　　)。
   A. 工资核算　　　　　　　　　　　B. 固定资产核算
   C. 成本核算　　　　　　　　　　　D. 预算
8. 账套设置不包括的内容是(　　)。
   A. 单位名称　　　　　　　　　　　B. 会计期间设置
   C. 财务分工　　　　　　　　　　　D. 会计科目设置
9. 会计电算化期末核算不包括的内容是(　　)。
   A. 成本费用的计算和分配　　　　　B. 工资费用的分配
   C. 计算应交税费　　　　　　　　　D. 填制会计凭证
10. 账务处理子系统以(　　)作为处理对象。
    A. 会计账簿　　　B. 记账凭证　　　C. 会计报表　　　D. 原始凭证
11. 在会计电算化系统中,不属于记账凭证字号的是(　　)。

A. 收   B. 转   C. 原始   D. 付

12. 在新增固定资产卡片时,( )不是必须要录入的。
 A. 经济用途   B. 使用部门   C. 折旧科目   D. 使用状态

13. 在会计电算化系统中,( )不能再作修改。
 A. 作废的记账凭证
 B. 正在录制的记账凭证
 C. 标记"错误"的凭证
 D. 录制完成但尚未复核、记账的凭证

二、多项选择题

1. 在开展会计电算化工作过程中,应着重做好( )等方面工作。
 A. 会计电算化管理和制度的建立
 B. 建立电算化会计信息系统
 C. 会计人员培训
 D. 计算机审计

2. ( )的正确选择与配置,是开展会计电算化工作的重要前提。
 A. 会计档案
 B. 计算机硬件设备
 C. 计算机软件
 D. 会计人员

3. 一个典型的账务处理系统应包括( )。
 A. 新建账套
 B. 账套初始化
 C. 应收应付款管理
 D. 凭证处理

4. 账套初始化的内容有( )。
 A. 会计科目设置
 B. 操作员权限设置
 C. 记账本位币设置
 D. 计提折旧

5. 用手工录入凭证填制的内容包括( )。
 A. 凭证日期
 B. 会计科目名称
 C. 借贷方金额
 D. 凭证字号

6. 工资管理模块中会计电算化系统提供的工龄计算方法有( )。
 A. 按年计算   B. 按月计算   C. 按天计算   D. 以上都不是

7. 会计电算化系统中数据输入方式有( )。
 A. 直接输入
 B. U盘输入
 C. 网络传输输入
 D. 光盘输入

8. 会计电算化核算的基本流程包括( )。
 A. 编制记账凭证
 B. 审核记账凭证
 C. 记账以及结账
 D. 编制会计报表

9. 会计电算化账务处理模块主要包括( )。
 A. 系统初始化模块
 B. 固定资产管理模块
 C. 工资管理模块
 D. 应收应付管理模块

10. 会计电算化工资管理模块的主要功能有( )。
 A. 建立各种工资表和输入工资
 B. 生成相应的工资记账凭证
 C. 用户可以直接查询相关的工资账表
 D. 用户可以打印工资部分的相关账表

三、判断题

1. "会计电算化"是对电子计算机处理会计业务的通俗称谓。（ ）
2. 与手工会计不同，会计电算化不存在明显的岗位分工问题，可以由一个操作员完成整个账、证、表的制作和填写工作。（ ）
3. 会计电算化软件各子系统之间往往保持相对独立，它们之间很少存在数据传输关系。（ ）
4. 在会计电算化中，凭证"作废"后不仅可以删除，也可以取消"作废"标志。（ ）
5. 在会计电算化软件中，是以卡片形式保存固定资产资料的。（ ）
6. 折旧费用科目可以选择多个，只要这些科目的分配比例之和等于100%即可。（ ）
7. 在固定资产卡片中，固定资产使用部门只能选择一个部门。（ ）
8. 在固定资产卡片中，固定资产折旧科目只能是一个科目。（ ）
9. 折旧类型为"正常计提折旧"且使用状态为"未使用"或"不需用"的固定资产，系统将停止对固定资产计提折旧。（ ）
10. 在电算化账务处理中，整个处理过程可分为输入、处理、输出三个环节，控制的重点是输入环节。（ ）

四、名词解释

1. 会计电算化
2. 会计信息系统
3. 系统初始化
4. 系统级初始化
5. 账务模块级初始化
6. 报表管理模块

五、思考题

1. 试比较会计电算化信息系统与手工会计信息系统的异同。
2. 会计电算化信息系统具有什么特征？
3. 试述会计电算化信息系统的构成。
4. 试述会计电算化的基本要求。
5. 试述会计电算化的基本流程。
6. 简述系统初始化模块的内容。
7. 简述会计电算化信息系统中，固定资产管理模块初始化和日常账务处理的内容。
8. 简述会计电算化信息系统中，工资管理模块初始化和日常账务处理的内容。
9. 简述会计电算化信息系统中，应收管理模块初始化和日常账务处理的内容。
10. 简述会计电算化信息系统中，应付管理模块初始化和日常账务处理的内容。
11. 简述会计电算化系统中报表管理模块的内容。

六、业务题

要求：建立浙江光标有限责任公司账套，进行账套初始化后，进行以下操作。

(1) 增加一个会计科目，科目编码为"100209"，科目名称为"工行嘉兴支行"，需记银行日记账，无辅助核算类型，无外币，无数量单位。

(2) 新增一个一级部门，部门编码为"99"，部门名称为"友好服务部"。

(3) 新增加一个项目："一号科研楼工程"，项目编码为"999"，助记码为"KYL"。

(4) 请审核自己编制的所有凭证。

(5) 查询"会计科目余额表"会计科目"5502 管理费用"：2020 年 4 月的借方发生额为 _____ 元。

(6) 查询"三栏式明细账—5501 管理费用"：2020 年 3 月 5 日编辑部：方芳购买办公用品 _____ 元。

(7) 修改期初余额：110101 股票增加 45 600 元，100202 建行静安支行减少 53 500 元。并进行输入试算平衡，确定期初余额完成。

(8) 编制利润表。

(9) 收到杉达公司货款 20 000 元，编制记账凭证一张，凭证输入时间为 2015 年 5 月 6 日。

(10) 办公室购买办公用品一批，价值 2 000 元，用现金支付，填制记账凭证一张，凭证输入时间为 2020 年 5 月 8 日。

(11) 在"电子设备"类别下新增一个固定资产科目，名称为"戴尔笔记本电脑"，增加方式为"直接购入"，部门在"信息办公室"，启用日期"2020-05-10"，使用年限 5 年，使用状态"在用"，折旧方法"平均年限法"，原值为"5 600"元，折旧科目"管理费用——折旧费"。

(12) 在工资项目设置中，新增一个工资项目，名称为"外出出差补贴费"，小数位数为"2"位。

(13) 修改车间班长"张明"的基本工资为 4 000 元。

(14) 给操作员"刘会计"，增加"记账凭证审核"权限。

第十一章　财经法规与会计职业道德

教学目的与要求

- 了解支付结算法律制度中现金结算、银行结算、票据结算等主要结算方式。
- 掌握增值税、消费税、营业税、企业所得税等主要税种的内涵、征收范围、税目、税率以及应纳税额的计算方法。
- 了解预算法律制度、政府采购法律制度和国家集中收付法律制度各自的内容和构成。
- 在会计职业道德内容中主要掌握会计职业道德的内涵、功能和特征。
- 了解会计职业道德规范中的主要内容。

教学重点与难点

教学重点：了解现金结算、银行结算、票据结算等主要结算方式各自的特点；了解增值税、消费税、营业税、企业所得税的征收范围、税目、税率以及应纳税额的计算；了解爱岗敬业、诚实守信、廉洁自律、客观公正、坚持准则、提高技能、参与管理和强化服务八项内容的含义及基本要求。

教学难点：增值税、消费税和营业税应纳税额的计算；理解会计职业道德规范八项内容的含义和基本特点。

引导案例

上海市某区财政部门为加强会计职业道德建设，组织本系统会计人员开展会计岗位职业道德继续教育活动。为使教育工作更具针对性，财政部门就会计职业道德规范内容等分别与会计人员李红、赵丽、张辉等人进行座谈。现摘录三人观点如下。

① 李红认为，会计职业道德与会计法律制度两者在作用上相互转变、相互吸收。

② 赵丽认为，会计职业道德与会计法律制度两者均可规范调整会计人员的外在行为，没有什么实质区别。

③ 张辉认为，会计职业道德规范的全部内容归纳起来就是三点：一是要廉洁自律；二是要强化服务意识；三是要诚实守信。

思考与讨论：

针对上述三位会计人员的观点，结合本章内容，你认为李红、赵丽和张辉的观点是否正确？如果不正确，又该如何表述呢？

第一节　会计法律制度概述

会计法律制度是指国家权力机关和行政机关制定的，用以调整会计关系的各种法律、法规、规章和规范性文件的总称。

会计关系是指会计机构和会计人员在办理会计事务过程中以及国家在管理工作过程中所发生的经济关系。

我国会计法律制度按照法律效力高低来划分，依次为会计法律、会计行政法规、会计部门规章和地方性会计法规。

第二节　会计法律制度的主要内容

在会计从业资格考试中，主要会计法律制度包括了支付结算法律制度、税收法律制度和财政法律制度。

一、支付结算法律制度

支付结算是指单位、个人在社会经济活动中使用票据、信用卡和结算凭证进行货币给付及其资金清算的行为。银行是支付结算和资金清算的中介机构，未经中国人民银行批准的非银行金融机构和其他单位不得作为中介机构经营支付结算业务，但法律、行政法规另有规定除外。支付结算方式主要包括现金结算、银行结算、票据结算和其他结算方式。

(一)现金结算

现金结算是指在商品交易、劳务供应等经济往来中，直接使用现金进行应收应付结算的一种行为。根据《现金管理暂行条例》的规定，开户单位可以在下列范围内使用现金。

(1) 职工工资、津贴。
(2) 个人劳务报酬。
(3) 根据国家规定颁发个人的科学技术、文化技术、体育等各项奖金。
(4) 各种劳保、福利费用以及国家规定的对个人的其他支出。
(5) 向个人收购农副产品和其他物资的价款。
(6) 出差人员必须随身携带的差旅费。
(7) 结算起点为1 000元以下的零星支出。
(8) 中国人民银行确定需要支付现金的其他支出。

在上述的(1)、(2)、(3)、(4)、(7)和(8)中，开户单位支付给个人的款项超过结算起点 1 000 元的部分，应当以转账方式支付。确需全额支付现金的，经开户银行审核后，可以予以支付现金。

现金使用限额是指为了保证开户单位日常零星开支的需要，允许单位留存现金的最高限额。现金使用的限额，由开户行根据单位的实际需要核定，一般按照单位 3～5 天日常零星开支所需确定。边远地区和交通不便地区的开户单位其库存现金限额，可按多于 5 天，但不得超过 15 天的日常零星开支的需要确定。经核定的库存现金限额，开户单位必须严格遵守。

(二)银行结算

银行结算又称人民币银行结算，是指银行为存款人开立的用于办理现金存取、转账结算等资金收付活动的人民币活期存款的一种结算方式。银行结算必须有银行结算账户。银行结算账户按照用途不同，可分为基本存款账户、一般存款账户、专用存款账户和临时存款账户。

1. 基本存款账户

基本存款账户是存款人因办理日常转账结算和现金收付需要而开立的银行结算账户。基本存款是存款人的主办账户。存款人日常经营活动的资金收付及其工资、奖金和现金支取，应通过基本存款账户办理。

2. 一般存款账户

一般存款账户是指存款人因借款或其他结算需要，在基本存款账户开户银行以外的银行营业机构开立的银行结算账户。该账户主要用于办理存款人借款转存、借款归还和其他结算的资金收付业务。一般存款账户可以办理现金缴存，但不得办理现金支取。存款人开立一般存款账户没有数量限制，存款可以选择在不同的银行开户。

3. 专用存款账户

专用存款账户是存款人按照法律、行政法规和规章，对其特定用途资金进行专项管理和使用而开立的银行结算账户。

单位银行卡账户的资金必须由基本存款账户转账存入。该账户不得办理现金收付业务。

财政预算外资金、证券交易结算资金、期货交易保证金和信托基金专用存款账户不得支取现金。

基本建设资金、更新改造资金、政策性房地产开发资金、金融机构存放同业资金账户需要支取现金的，应在开户时报中国人民银行当地分支行批准。中国人民银行当地分支行应根据国家现金管理的规定审查批准。

粮、棉、油收购资金，社会保障基金，住房基金和党、团、工会经费等专用存款账户支取现金时，应按照国家现金管理的规定办理。

收入汇缴账户除向基本存款账户或预算外资金财政专用存款账户划缴款项外，只收不付，其现金支取必须按照国家现金管理的规定办理。

4. 临时存款账户

临时存款账户是存款人因临时需要并在规定期限内使用而开立的银行结算账户。临时存款账户用于办理临时机构及存款人临时经营活动发生的资金收付。临时存款账户支取现金时，应按照国家现金管理的规定办理。注册验资的临时存款账户在验资期间只收不付。临时存款账户有效期最长不得超过两年。

(三)票据结算

根据《票据法》的规定，票据是指出票人签发的、约定自己或者委托付款人在见票时或指定的日期向收款人或持票人无条件支付一定金额的有价证券。我国《票据法》规定的票据种类仅包括支票、本票和汇票三种。其中，汇票可分为银行汇票和商业汇票；本票即银行本票。因此，我国的票据包括支票、银行本票、银行汇票和商业汇票。

1. 支票

支票是指出票人签发的、委托办理支票存款业务的银行在见票时无条件支付确定的金额给收款人或持票人的票据。支票可分为转账支票、现金支票和普通支票三种。转账支票只能用于转账，不得支取现金。现金支票只能用于支取现金，不得背书转让。普通支票既可用于支取现金，也可用于转账。

支票必须记载下列事项：表明"支票"字样、无条件支付的委托、确定的金额、收款人名称、出票日期、出票人签章。其中，支票的金额、收款人名称可以由出票人授权补记，未补记前不得背书转让和提示付款。

2. 银行本票

银行本票是指出票人签发的、承诺自己在见票时无条件支付确定的金额给收款人或持票人的票据。银行本票可分为定额银行本票和不定额银行本票两种。定额银行本票面额为1 000元、5 000元、10 000元和50 000元。单位和个人在同一票据交换区域需要支付的各种款项，均可以使用银行本票。银行本票可以用于转账，注明"现金"字样的银行本票可以用于支取现金。现金银行本票的申请人和收款人均为个人。申请人或收款人为单位的，不得申请签发现金银行本票。

银行本票必须记载下列事项：表明"银行本票"字样、无条件支付的承诺、确定的金额、收款人名称、出票日期和出票人签章。

3. 银行汇票

银行汇票是由出票银行签发的，在见票时按照实际结算金额无条件支付给收款人或持票人的票据。单位和个人在异地、同城或同一票据交换区域的各种款项的结算，均可使用银行汇票。

银行汇票必须记载下列事项：表明"银行汇票"字样、无条件支付的承诺、确定的金额、收款人名称、出票日期和出票人签章。

4. 商业汇票

商业汇票是指由出票人签发的，委托付款人在指定日期无条件支付确定金额给收款人或持票人的票据。商业汇票的付款期限，最长不得超过 6 个月。

根据承兑人不同，商业汇票可分为商业承兑汇票和银行承兑汇票。商业承兑汇票由银行以外的付款人承兑，银行承兑汇票由银行承兑。商业汇票的付款人为承兑人。

商业汇票必须记载下列事项：表明"商业承兑汇票"或"银行承兑汇票"字样、无条件支付的委托、确定的金额、付款人名称、收款人名称、出票日期和出票人签章。

(四)其他结算方式

其他结算方式包括汇兑、委托收款、托收承付和国内信用证。

1．汇兑

汇兑是汇款人委托银行将款项支付给收款人的结算方式。汇兑可分为电汇和信汇两种，两种皆适用于单位和个人在同城、异地的各种款项结算。信汇是采用邮寄方式将汇款凭证转给外地收款人指定的汇入行；而电汇则是以电报的方式将汇款凭证转给外地收款人指定的汇入行。

2．委托收款

委托收款是指收款人委托银行向付款人收取款项的结算方式。单位和个人凭已承兑的商业汇票、债券、存单等付款人债务证明办理款项的结算，并均可以使用委托收款方式。委托收款在同城、异地均可以使用，其结算款项的划回方式可分为邮寄和电报两种，由收款人选用。

3．托收承付

托收承付是指根据购销合同由收款人发货后委托银行向异地付款人收取款项，由付款人向银行承付的结算方式。使用托收承付结算方式的收款单位和付款单位，必须是国有企业、供销合作社以及经营管理较好，并经开户银行审查同意的城乡集体所有制工业企业。办理托收承付结算的款项，必须是商品交易以及因商品交易而产生的劳务供应的款项。代销、寄销、赊销商品的款项不得办理托收承付结算。

托收承付结算每笔的金额起点为 1 万元，新华书店系统每笔的金额起点为 1 000 元。

4．国内信用证

国内信用证是适用于国内贸易的一种支付结算方式，是开证银行依照申请人(购货方)的申请向受益人(销货方)开出的有一定金额、在一定期限内凭信用证规定单据支付款项的书面承诺。国内信用证结算方式只适用于国内企业商品交易产生的货款结算，并且只能用于转账结算，不得支取现金。

二、税收法律制度

税收是指以国家为主体，为实现国家职能、凭借政治权力、按照法定标准，无偿取得财政收入的一种特定分配形式。税收是政府收入的最重要来源。按照征税对象不同，税收可分为流转税、所得税类、财产税、资源税类和行为税类 5 种类型。流转税是以流转额为征税对象的税种，是我国税收中的主要税种。流转税

扫一扫，观看"我国的税收制度"视频讲解

主要包括增值税、消费税和关税。所得税是以各种所得额为征税对象的税种，主要包括企业所得税和个人所得税。

财产税类是以纳税人所拥有或支配的某些财产为征税对象的税种。现行的房产税、车船税等都属于财产税类。资源税类是以自然资源和某些社会资源为征税对象的税种，我国现行的资源税、土地增值税和城镇土地使用税等属于此类。行为税也称行为目的税，是指国家为了实现特定目标，对纳税人某些特定行为进行征税的一类税收，我国现行的车辆购置税、城市维护建设税属于此类税收。以下简单介绍主要的3种税：增值税、消费税和企业所得税。

(一)增值税

根据《增值税暂行条例》《增值税暂行条例实施细则》和"营改增通知"的规定，在中华人民共和国境内发生应税销售行为以及进口货物的单位和个人，为增值税的纳税人。

1. 增值税征税范围的一般规定

现行增值税征税范围的一般规定包括应税销售行为和进口的货物。具体规定如下：

(1) 销售或者进口货物。货物是指有形动产，包括电力、热力、气体在内。销售货物是指有偿转让货物的所有权。

(2) 销售劳务。这里的劳务是指纳税人提供的加工、修理修配劳务。

(3) 销售服务。这里的服务包括交通运输服务、邮政服务、电信服务、建筑服务、金融服务、现代服务、生活服务。

(4) 销售无形资产。这里的无形资产是不具实物形态，但能带来经济利益的资产，包括技术、商标、著作权、商誉、自然资源使用权和其他权益性无形资产。

(5) 销售不动产。不动产是指不能移动或者移动后会引起性质、形状改变的财产，包括建筑物和构筑物等。

2. 增值税纳税人

根据纳税人经营规模不同，增值税纳税人分为一般纳税人和小规模纳税人。一般纳税人是指年税销售额超过财政部、国家税务总局规定的小规模纳税人标准的企业和企业性单位。小规模纳税人是指年应税销售额在规定标准以下，并且会计核算不健全，不能按照规定报送有关税务资料的增值税纳税人。

3. 增值税税率

增值税一般纳税人除低税率适用范围和销售个别旧货适用征收率外，基本税率为13%。增值税小规模纳税人按照简易方法计算增值税，即应纳税额乘以征收率，不得抵扣任何进项税额。小规模纳税人增值税征收率为3%。另外，增值税对出口产品实行零税率，即纳税人出库产品不仅可以不缴纳出口环节增值额的应纳税额，而且还退还以前各环节增值额的已纳税款。

4. 增值税应纳税额

一般纳税人实行正常征收制，其应纳税额的计算公式如下：

应纳税额=当期销项税额-当期进项税额

小规模纳税人应纳税额的计算比较简单。小规模纳税人销售货物或应税劳务，按照不含税销售额和规定的征收率计算应纳税额，不得抵扣进项税额，具体计算公式如下。

$$应纳税额=不含税销售额×征收率$$

(二)消费税

1. 消费税的概念和征收范围

消费税是指对部分应税消费品征收的一种流转税，主要是在生产和进口环节征税。消费税的征收范围包括烟、酒及酒精、化妆品、贵重首饰及珠宝玉石、鞭炮焰火、成品油、汽车轮胎、摩托车、小汽车、高尔夫球及球具、高档手表、游艇、木制一次性筷子和实木地板。

2. 消费税税率

消费税实行比例税率、定额税率以及比率税率和定额税率同时征收三种形式。

3. 消费税的计税方法

消费税的计税方法，主要采用从价定率、从量定额以及从价定率和从量定额复合征收三种计税方法。目前只有卷烟、白酒实行复合计征方法。

4. 消费税应纳税额

适用比例税率的应税消费品，其应纳税额应采用从价定率征税，其计算公式如下。

$$应纳税额=应税销售额×适用税率$$

适用定额税率的应税消费品，其应纳税额采用从量定额征税，其计算公式如下。

$$应纳税额=销售数量×定额税率$$

适用比率税率和定额税率同时征收的应税消费品，其计算公式如下。

$$应纳税额=应税销售额×适用税率+销售数量×定额税率$$

(三)企业所得税

1. 企业所得税的概念

企业所得税是对我国企业和其他组织的生产经营所得和其他所得征收的一种税。

2. 企业所得税的征税对象

企业所得税的征税对象是指企业的生产经营所得、其他所得和清算所得。

3. 企业所得税税率

企业所得税的基本税率为 25%，适用于居民企业和在中国境内设有机构、场所且所得与机构、场所有关联的非居民企业。对符合条件的小型微利企业，减按 20%的税率征收企业所得税；对国家需要重点扶持的高新技术企业，减按 15%的税率征收企业所得税。

4. 企业所得税应纳税所得额

企业所得税应纳税所得额是企业所得税的计税依据。应纳税所得额的计算有以下两种方法。

1) 直接计算法

直接计算法的计算公式如下。

应纳税所得额=收入总额-不征税收入额-免税收入额-各项扣除额
-准予弥补的以前年度亏损额

2) 间接计算法

间接计算法的计算公式如下。

应纳税所得额=利润总额+纳税调整项目金额

三、财政法律制度

财政法律制度主要介绍预算法律制度、政府采购法律制度和国家集中收付法律制度。

(一)预算法律制度

1. 预算法律制度的构成

我国预算法律制度主要有《中华人民共和国预算法》(以下简称《预算法》)和《预算法实施条例》。《预算法》全文共十一章七十九条,包括总则、预算管理职权、预算收支范围、预算编制、预算审查和批准、预算执行、预算调整、决算、监督、法律责任和附则。《预算法实施条例》是根据《预算法》制定的,该条例共八章七十九条,包括总则、预算收支范围、预算编制、预算执行、预算调整、决算、监督和附则。

2. 国家预算

国家预算是指政府的基本财政收支计划,是政府分配财政资金的重要手段。我国国家预算实行一级政府一级预算。国家预算分为五级,具体包括中央预算;省级(包括省、自治区、直辖市)预算;地市级(设区的市、自治州)预算;县级(县、自治县、不设区的市、市辖区、旗)预算;乡(民族乡、镇)预算。

3. 预算收入和预算支出

国家预算由预算收入和预算支出组成。预算收入按照来源划分,可分为税收收入、依照规定应当上缴的国有资产收益、专项收入和其他收入;预算收入按照分享程度划分,可分为中央预算收入、地方预算收入、中央和地方预算共享收入。预算支出按照内容划分包括经济建设支出、事业发展支出、国家管理费用支出、国防支出、各项补贴支出、其他支出等;按照预算支出级次划分,可分为中央预算支出和地方预算支出。

4. 预算组织程序

我国预算组织程序包括预算编制、审批、执行和调整 4 个环节。

(1) 预算编制。预算编制是指预算收支计划的拟订、确定及其组织过程。它包括:①单位预算的产生;②预算涵盖的业务范围;③汇总形成各级总预算草案;④汇编国家预算。上述四个方面的活动通过自下而上、自上而下的"两上两下",使基层建议得以汇聚于中央,中央方针政策落实于基层,整个预算编制活动得到协调和统一。预算编制应当遵守国家编制预算的规定、按照编制办法和程序进行。

(2) 预算审批。预算审批可分为人民代表大会审批、政府财政部门及各部门的批复以及预算上报备案三个部分。

(3) 预算执行。预算执行是实现预算收支业务的关键步骤，也是整个预算管理工作的中心环节。一般来说，各级预算由本级政府组织执行，具体工作由本级政府财政部门负责。在预算收入执行上，各级财政、税务及海关等预算收入征收部门依法组织预算收入，及时缴入中央和地方国库，不得截留、占用、挪用或拖欠、缓征应征的预算收入。在预算支出的执行上，要遵循三个原则：按照预算拨付，按照规定的预算级次和程序拨款，按照进度拨款。

(4) 预算调整。预算调整是指经全国人民代表大会批准的中央预算和经地方各级人民代表大会批准的地方预算，在执行中因有特殊原因需要增加支出或减少收入，使原批准的收支平衡预算的总支出超过总收入，或使原批准的预算中举借债务数额增加部分的变更。

5. 决算

决算是指根据年度预算执行结果而编制的年度会计报告，是预算执行的总结。当国家预算进入执行终结阶段，要根据年度执行的最终结果编制国家决算。它反映年度国家预算收支的最终结果，是国家经济活动在财政上的集中反映。

(二) 政府采购法律制度

1. 政府采购法律制度的构成

我国的政府采购法律制度由《中华人民共和国政府采购法》(以下简称《政府采购法》)、国务院各部门特别是财政部颁布的一系列部门规章以及地方性法规和政府规章组成。其中，《政府采购法》自2003年1月1日开始实行，全文共九章八十八条，包括总则、政府采购当事人、政府采购方式、政府采购程序、政府采购合同、质疑与投诉、监督检查和法律责任等。

2. 政府采购的原则

根据《政府采购法》规定，政府采购要坚持公开透明、公平竞争、公正和诚实信用的原则。

(1) 公开透明原则。公开透明原则是指政府所进行的有关采购活动都必须公开，包括采购内容(数量、质量、规格、要求等)都要公开。公开透明原则贯穿于政府采购的整个活动过程中。因为政府采购活动公开透明的特点，政府采购被称为阳光工程。

(2) 公平竞争原则。公平竞争原则是指政府采购要通过公平竞争选择最优的供应商，取得最好的采购效果，所有参加竞争的供应商机会均等并享受同等待遇，不得有任何歧视行为，同时应在程序上保证有利于合同双方权利的实现。

(3) 公正原则。公正原则是在公开、公平原则上取得结果的公正和整个操作程序和过程的公正。公正原则主要体现在确定供应商上。

(4) 诚实信用原则。诚实信用原则是指要求政府采购各方都要诚实守信，不得有欺诈背信的行为，以善意的方式行使权力，尊重他人和公共利益，忠实履行约定义务。

3. 政府采购的执行模式

政府采购的执行模式有集中采购和分散采购两种模式。

(1) 集中采购。集中采购是指由政府设立的职能机构统一为其他政府机构提供采购服务的一种采购组织实施形式。纳入集中采购目录的政府采购项目,应当实行集中采购。按照集中程度不同,集中采购又可分为政府集中采购和部门集中采购两类。其中,政府集中采购是指采购单位委托政府集中采购机构(政府采购中心)组织实施的,纳入集中采购目录以内的属于通用性的项目采购活动;部门集中采购是指由采购单位主管部门统一负责组织实施的,纳入集中采购目录以内的属于本部门或本系统有专业技术等特殊要求的项目采购活动。

(2) 分散采购。分散采购是指由各预算单位自行开展采购活动的一种采购组织实施形式。采购人采购未纳入集中采购目录,并且在采购限额标准以上的政府采购项目时,实施分散采购。分散采购是集中采购的完善和补充,优点是有利于满足采购及时性和多样性的需求,手续比较简单。不足之处在于失去了规模效应,加大了采购成本,也不便于实施统一的管理和监督。

4. 政府采购当事人

政府采购当事人是指在政府采购活动中享有权利和承担义务的各类主体,包括采购人、供应商和采购代理机构等。

(1) 采购人。采购人是指依法进行政府采购的国家机关、事业单位和团体组织。作为政府采购的采购人具有两个重要特征:①采购人是依法进行政府采购的国家机关、事业单位和团体组织;②采购人的政府采购行为从筹划、决策到最后实施,都必须在政府采购等法律法规的规范内进行。

(2) 供应商。供应商是指向采购人提供货物、工程或者服务的法人、其他组织或自然人。要成为政府采购中的供应商需具备以下必要条件:①具有独立承担民事责任的能力;②具有良好的商业信誉和健全的财务会计制度;③具有履行合同必需的设备和专业技术能力;④有依法缴纳税收和社会保障资金的良好记录;⑤参加政府采购活动前三年内,在经营活动中没有重大违法记录;⑥法律、行政法规规定的其他条件。

(3) 采购代理机构。采购代理机构是指具备一定条件,经政府有关部门批准而依法拥有政府采购代理资格的社会中介机构。采购代理机构可分为一般采购代理机构和集中采购代理机构。一般采购代理机构的资格由国务院有关部门或者省级人民政府有关部门认定,主要负责分散采购的代理业务。集中采购代理机构是进行政府集中采购的法定代理机构,由设区的市、自治州以上人民政府根据本级政府采购项目组织集中采购的需要而设立。

5. 政府采购方式

政府采购方式有公开招标、邀请招标、竞争性谈判、单一来源采购和询价采购。

(1) 公开招标。公开招标是指招标单位(采购人或采购代理机构)依法以招标公告的方式邀请不特定的供应商参加招标的方式,是政府采购的主要方式。对政府采购的公开招标要满足以下条件:①招标人需向不特定的法人或其他组织(有些科研项目的公开招标可包括个人)发出招标邀请;②公开招标需采取公告的方式,向社会公众明示其招标要求;③采购人不得将应当以公开招标方式采购的货物或者服务化整为零或者以其他方式躲避公开招标采购。

(2) 邀请招标。邀请招标也称选择性招标,由采购人根据供应商或承包商的资信和业绩,选择一定数目的法人或其他组织(不能少于三家),向其发出招标邀请书,邀请他们参加投标竞争,从中选定中标的供应商。符合以下情形之一的货物或者服务,可以依照本法采用邀请招标方式采购：①具有特殊性，只能从有限范围的供应商处采购；②采用公开招标方式的费用占政府采购项目总价值的比例过大。

(3) 竞争性谈判。竞争性谈判是指采购人或采购代理机构通过与多家供应商(不少于三家)进行谈判，最后从中确定中标供应商。符合下列情形之一的货物或者服务，可以依照本法采用竞争性谈判方式采购：①招标后没有供应商投标或者没有合格标的或者重新招标未能成立的；②技术复杂或者性质特殊，不能确定详细规格或者具体要求的；③采用招标所需时间不能满足用户紧急需要的；④不能事先计算出价格总额的。

(4) 单一来源采购。单一来源采购是没有竞争的谈判采购方式，是指达到竞争性指标采购的金额标准，但在适当条件下采购人向单一的供应商征求建议或报价来采购货物、工程或服务的采购活动。符合下列情形之一的货物或者服务，可以依法采用单一来源采购方式：①只能从唯一供应商处采购的；②发生了不可预见的紧急情况，不能从其他供应商处采购的；③必须保证原有采购项目一致性或者服务配套的要求，需要继续从原供应商处添购，且添购资金总额不超过原合同采购金额的10%。

(5) 询价采购。询价采购方式是指只考虑价格因素，要求采购人向三家以上供应商发出询价单，对一次性报出的价格进行比较，最后按照符合采购需要，质量和服务相等且报价最低的原则，确定成交供应商的方式。符合下列情形之一的货物或者服务，可以依照法律采用询价采购方式：①采购现成的而并非按照采购实体的规格特别制造或提供的货物或者服务；②采购合同的估计价值低于采购规定的数额。

(6) 政府采购的监督检查。根据规定，各级政府财政部门对政府采购负有行政监督的职责，应当按照其职责分工，加强对政府采购活动的监督。政府采购监督包括政府采购监督管理部门的监督、集中采购机构的内部监督、采购人的内部监督、政府其他有关部门监督和政府采购活动的社会监督。

(三)国家集中收付的法律制度

1. 国家集中收付制度的概念

国家集中收付制度一般也称为国库单一账户制度，包括国家集中支付制度和国库集中收缴制度，是指财政部门代表政府设置国库单一账户体系，所有的财政性资金均纳入国库单一账户体系收缴、支付和管理的制度。

2. 国库单一账户体系

国库单一账户体系是指以财政国库存款账户为核心的各类财政性资金账户的集合。所有财政性资金的收入、支付、存储及资金清算活动均在该账户体系下运行。

我国国库单一账户体系由国库单一账户、财政部门和预算单位零余额账户、预算外资金财政专户和特设专户构成。

(1) 国库单一账户是指财政部门在中国人民银行开设的国库存款账户，用于记录、核算和反映纳入预算管理的财政收入和支出活动，并用于同财政部门在商业银行开设的零余额账户进行清算，实现支付。

(2) 财政部门和预算单位零余额账户是指财政部门在商业银行为本单位开设的零余额账户，用于财政直接支付和与国库单一账户进行清算，并同时为预算单位开设零余额账户；在支出管理中，用于财政授权支付和与国库单一账户支出清算；在收入收缴管理中，财政汇缴专户作为零余额账户,用于非税收收入收缴和资金清算。

(3) 预算外资金财政专户是指财政部门在代理银行开设的,用于记录、核算和反映预算外资金收入和支出,并对预算外资金日常收支进行清算的专门账户。

(4) 特设专户是指国务院和省、市级人民政府批准或授权市财政部门开设的特殊专项支出过渡性专户,用于记录、核算和反映预算单位的特殊专项支出活动,并与国库单一账户清算。该账户视同预算单位零余额账户管理。预算单位不得将特设专户的资金转入本单位其他账户,也不得将其他账户资金转入本账户核算。

3. 财政收入收缴方式

财政收入收缴方式可分为直接缴库和集中汇缴两种。

(1) 直接缴库方式是由预算单位或缴款人按照规定,直接将收入缴入国库单一账户;属预算外资金的,则直接缴入预算外资金财政专户,不再设立各类过渡性账户。

(2) 集中汇缴方式是指由征收机关和依法享有征收权限的单位,按预定将所收取的应缴收入汇总直接缴入国库单一账户;属预算外资金的,则直接缴入预算外资金财政专户,也不再通过过渡性账户收缴。实行集中汇缴方式的收入,主要包括小额零散税收和非税收收入中的现金缴款。

4. 财政支出支付方式

按照不同的支付主体,可对不同类型的支出分别实行财政直接支付和财政授权支付。其中,财政直接支付是指由财政部开具支付令,通过国库单一账户体系,直接将财政资金支付到收款人或者用款单位账户。财政授权支付是指预算单位根据财政授权,自行开具支付令,通过国库单一账户体系将资金支付到收款人账户。实行财政授权支付的支出为未纳入财政直接支付管理的购买支出和零星支出。

第三节 会计职业道德概述

一、会计职业道德的含义

会计职业道德是指在会计职业活动中应当遵循的、体现会计职业特征的、调整会计职业关系的职业行为准则和规范。会计职业道德的含义可以从以下三个方面来理解。

(一)会计职业道德是调整会计职业活动中各种利益关系的手段

会计工作性质决定在会计职业活动中要处理多方面的经济关系。经济关系实质上是各种经济利益关系。在我国市场经济建设中,当各经济主体的利益与国家利益、社会公众利益发生冲突时,会计职业道德不允许损害国家利益和社会公众利益而获取违法利益,但是允许个人和各经济主体获取合法的自身利益。

(二)会计职业道德具有相对稳定性

在社会经济关系变迁中,会计职业道德始终保持着自己的相对稳定性。在社会主义市场经济条件下,会计标准的设计、会计政策的制定、会计方法的选择,依然必须遵循会计内在的规律和要求。

(三)会计职业道德具有广泛的社会性

会计职业道德优劣直接影响着国家和社会公众利益。会计造假会使国家和社会公众遭受巨大损失,严重干扰社会经济的正常秩序。因此,会计信息质量会直接影响社会的发展和经济秩序的运行,会计职业道德必然会受到社会关注,具有广泛的社会性。

二、会计职业道德的特征

会计是社会经济活动中的一种特殊职业,除了具有职业道德一般特征外,还具有自己的特征。会计职业道德自己的特征表现在以下两方面。

(一)具有一定的强制性

法律具有强制性,而道德一般不具有强制性。但是,在我国会计职业道德和其他职业道德不一样,许多内容都直接纳入了会计法律制度。因此,会计职业道德和法律一样具有一定的强制性。

(二)较多关注公众利益

因为会计职业的特殊性,反以对会计职业道德提出了更高要求,要求会计人员客观公正。在日常会计职业活动中,当发生道德冲突时,要坚持准则,把社会公众利益放在第一位。

三、会计职业道德的功能

会计职业道德的功能主要包括以下三方面。

(一)指导功能

会计职业道德的指导功能主要是指会计职业道德具有指导会计人员正确认识善恶、美丑和辨别是非的职能作用。它对会计人员的动机和行为提出了相应的要求,引导、规范和约束会计从业人员要树立正确的职业观念,遵循职业道德要求,从而达到规范会计行为的目的。

(二)评价功能

会计职业道德的评价功能主要是指会计职业道德标准对会计从业人员行为进行评判和考量。会计职业道德的评价功能又可分为褒扬功能和谴责功能。褒扬功能主要是通过对会计人员的检查与奖惩,倡导、赞扬和鼓励自觉遵守会计职业道德的人员和行为。谴责功能则是指对会计人员的不良行为进行谴责和查处,对会计从业人员产生引导和威慑的作用。

(三)教化功能

会计职业道德的教化功能主要是指会计职业道德具有教育会计从业人员正确认识自己对他人、对社会和国家应尽义务的作用。教化功能的特点是要劝善戒恶,加之社会舆论的褒扬或谴责,作用于会计人员的道德良心和情感,提高会计从业人员的道德品质和道德修养。

第四节 会计职业道德规范的主要内容

会计职业道德作为职业道德体系的一个组成部分,其主要内容包括爱岗敬业、诚实守信、廉洁自律、客观公正、坚持准则、提高技能、参与管理和强化服务。以下从含义和基本要求两方面对会计职业道德规范进行简单的介绍。

一、爱岗敬业

爱岗敬业指的是忠于职守的事业精神,这是会计职业道德的基础。爱岗就是会计人员要热爱自己的本职工作,安心于本职岗位,恪尽职守地做好本职工作。敬业就是会计人员要充分认识到本职工作在社会经济活动中的地位和作用,认真地对待本职工作,将身心与本职工作融为一体。爱岗和敬业互为前提,相互支持、相辅相成。"爱岗"是"敬业"的基石,"敬业"是"爱岗"的升华。不爱岗很难做到敬业,不敬业也很难说是爱岗。爱岗敬业是会计从业人员做好本职工作的基础和前提,是会计从业人员应具备的基本道德素质。

爱岗敬业的基本要求是:热爱会计工作,敬重会计职业;严肃认真,一丝不苟;忠于职守,尽职尽责。

二、诚实守信

诚实是指言行思想一致,不弄虚作假、不欺上瞒下,做老实人,说老实话,办老实事。守信就是遵守自己所作出的承诺,讲信用,重信用,信守诺言,保守秘密。诚实守信是做人的基本准则,是人们在交往中最根本的道德规范,也是会计职业道德的精髓。

诚实守信的基本要求是做老实人,说老实话,办老实事,不搞虚假;实事求是,如实反映;保守秘密,不为利益所诱惑;执业谨慎,信誉至上。

三、廉洁自律

廉洁指的是不贪污,不受贿,保持清白。自律指的是自律主体按照一定标准,自己约束自己、自己控制自己的言行和思想的过程。廉洁自律要求会计人员公私分明、不贪不占、遵纪守法,清正廉洁。廉洁自律是会计职业道德的前提,也是会计职业道德的内在要求。会计工作的特点决定廉洁自律是会计职业道德的内在要求,是会计人员的行为准则。

廉洁自律的基本要求是:树立正确的人生观和价值观;公私分明,不贪不占;遵纪守法,一身正气。

四、客观公正

客观是指按照事物的本来面目去反映,不掺杂个人的主观意愿,也不为他人意见所左右。公正就是平等、公平、正直,没有偏失。客观公正是会计职业道德所追求的理想目标。客观在会计职业道德规范中主要包括两层含义:一是真实性,即在会计工作中以实际发生的经济和社会活动为依据，对涉及的会计实务进行确认、计量、记录和报告；二是可靠性，即会计工作要准确，尽可能做到精确，记录要可靠，凭证要合法。公正要求各企业事业单位的会计人员不仅要具备诚实的品质，而且应公正地开展会计核算和会计监督工作。

  客观公正的基本要求是：依法办事；实事求是，不偏不倚；保持独立。

五、坚持准则

  坚持准则是指会计人员在处理会计业务的过程中，必须严格按照会计法律制度办事，不为主观或他人意志所左右。这里"准则"不仅是指会计准则，而且还包括会计法律、会计行政法规、国家统一的会计制度以及与会计工作相关的法律制度。坚持准则是会计职业道德的核心。会计人员在进行核算和监督的过程中，只有坚持准则，才能以准则作为自己的行动指南；在发生道德冲突时，只有坚持准则，才能维护国家利益、社会公众利益和正常的经济秩序。

  坚持准则的基本要求是：熟悉准则；遵循准则；敢于同违法行为做斗争。

六、提高技能

  提高技能是指会计人员通过学习、培训和实践等途径，持续提高会计职业技能，以达到和维持足够的专业胜任能力的活动。作为一名会计从业人员要不断提高自己的职业技能，这既是会计人员的义务，也是在从业活动中做到客观公正、坚持准则的基础，还是参与管理的前提。

  提高技能的基本要求是：要具有不断提高会计专业技能的意识和愿望；要具有勤学苦练的精神和科学的学习方法。

七、参与管理

  参与管理是指间接参加管理活动，为管理者当参谋，为管理活动服务。参与管理要求会计人员在做好本职工作的基础上，参与本单位的经营活动或业务活动，利用会计工作的优势为本单位的经营活动或业务活动出谋划策。通过发挥会计的职能作用，会计人员可以间接地从事管理活动或者参与管理活动。

  参与管理的基本要求是：努力钻研业务，熟悉财经法规和相关制度，提高业务技能，为参与管理打下坚实的基础；熟悉服务对象的经营活动和业务流程，使管理活动更具针对性和有效性。

八、强化服务

  强化服务是指会计人员具有文明的服务态度、强烈的服务意识和优良的服务质量。强化服务要求会计人员树立服务意识，提高服务质量，努力维护和提升会计职业的良好社会形象。

  强化服务的基本要求是：强化服务意识；提高服务质量。

第五节 会计职业道德课程思政案例分析

一、思政案例——体现"爱岗敬业"

会计"小白"和老会计的心声

一位会计小白的"告白书"

一朵花,需要根茎的无私奉献,才能开出艳压群芳的花朵。而一个单位,同样需要每一位工作人员脚踏实地,真抓实干,需要每一位工作人员爱岗敬业,无私奉献,需要每一位工作人员的忠诚。虽然我只是一名财务工作者,但我从内心深处热爱着这份工作,在实践工作中不断体会到爱岗敬业是一种精神,一种态度,一种境界。

爱岗敬业不是简单的口头禅,而是一种精神。每一个人都有追求荣誉的天性,并且希望能够最大限度地实现自我价值。靠什么让这种追求实现自我价的愿望成真呢?靠的就是这种在平凡岗位上的爱岗敬业。

日复一日,我与数字相伴,与票据为友,但我无怨无悔。既然扎根于财务工作,确保数字核算的准确无误是我们的责任,按时、顺利、高效地完成财务工作,为领导及时提供准确数据是我们每个财务人员最大的心愿!如何使一条直线变短?最简单的方法就是在这条直线的下方划一条比它更长的直线!爱岗敬业是一种精神,是一种态度,更是一种境界。

对于毕业后的工作我有着美好的憧憬,我抱着毕业后就能得到高薪优职的想法。然而毕业后进入到社会中,面对金融危机带来的高失业率和高校毕业生数量不断增加的压力,我深刻地认识到,不是我们选择工作,而是工作选择我们。如今的我在这个职位上,已经渐渐褪去了当初的浮躁和高傲,更深刻地了解到现实的社会和自身的层次。作为一个财务人员,书本上的知识远远不够应付实际工作,虽然我进入这个单位并不久,经验丰富的前辈们,教会我很多财务工作的技巧和知识。这些珍贵的、书本上无从记载的知识,装订、翻查凭证,核对、统计数据,开出、收回单据,这些是每一个财务工作人员都应该且必须经历的,我感谢有能够从事这份工作的机会,能让我投身到平凡岗位中,在未来的日子里,我会把爱岗敬业的精神深植于心,不断努力,在平凡的岗位上造就不平凡的自己。

有句广告说得好:思想有多远,我们就能走多远。当我们把爱岗敬业当作人生追求的一种境界时,我们就会在工作上少一些计较,多一些奉献,少一些抱怨,多一些责任,少一些懒惰,多一些上进心。

一位老会计的苦与乐

重复的工作、枯燥的数字、繁杂的报表、精确的结论;没有惊天动地的大事,只有默默无闻、踏踏实实的埋头苦干——这就是财务人员的工作:有苦有乐,当然也可以苦中作乐。

财务人员每天都会接触大量的数据和枯燥的报表,过于细致过于繁杂的工作量,往往让人不胜其烦,但也磨炼了人的耐力和意志。而且财务工作是一种政策性、原则性很强的工作。审核、报账乃至记账都必须严格按照规定来办。做财务工作的人,都养成了非常认真细致的习惯,做事严谨,遵守时间,自己的个人时间压缩到最少,加班加点,也得完成工作任务。财务知识能让人切实体会到人生学无止境的道理。只有不断地学习,才能与时俱进地适应财务工作的新形势、新要求；才能应对财务工作中出现的新情况、新问题。总之，必须不断地更新知识，才能使自己步上更高一层台阶。

如近期开展的清产核资工作，需要全单位的配合，尤其是财务人员工作甚是辛苦，企业越大、业务内容越复杂，资产负债表的内容越多，越是紧张繁忙，虽然有时也会感到疲惫，甚至烦躁，但大家以苦为乐，工作照样干得有声有色，每当看到自己做完的工作，那真的是满足而快乐的！

我希望我的同行们能够坦然面对"苦"，苦中追求"乐"。

(资料来源：https://wenku.baidu.com/view/d5129d760408763231126edb6f1aff00bfd5700f.html，百度文库.)

思考：
1. 同学们，面对岗位和职业你有什么想法？
2. 同学们，你考虑好在财会岗位上干一辈子吗？
3. 从上面故事中，你认为作为一名财会人员怎么体现爱岗敬业精神？
4. 同学们，你对你的职业做好规划了吗？

思政要点：

本文案例分析，更多是对新老会计自白书的品读，了解他们的心声。借助于他们的心声，启发学生去思考职业素养、职业道德、岗位要求等问题，让学生参与讨论。然后让学生对自己的职业进行规划，尤其是那些准备从事财会工作的人，怎么做到爱岗敬业。

通过新会计和老会计对爱岗敬业的各自理解，启发学生去思考到底什么是岗位？什么是职业？你想从事什么职业？你想从事什么样的岗位？你有没有打算从事一份职业一辈子？……通过新老会计的心声，希望能引起学生的共鸣与思考，无论你是否从事财会工作，无论将来你从事什么职业，爱岗敬业是每一种职业，每一种岗位的要求，也是你的职业素养的要求。学生在学校更多想的是自己学业，作为老师希望案例分析，由学业引导职业，多考虑将来从事的职业需要我们是什么样的人才，我们应该具备什么样的素质。

二、思政教学案例 ——体现"诚实守信"

何为诚实守信？

视频链接网址：www.iskill.org.cn/weiview.php?id=108

视频内容介绍：

视频中首先对诚实守信含义和要求进行讲解，然后以五个具体的动漫故事告诉学生在财会工作中怎么做才是诚实守信。

故事1：单位负责人要求会计虚增应收账款，并许诺工资翻倍，但会计拒绝。

故事2：会计师事务所到上市公司审计，发现问题，上市公司负责人要求审计人员出具虚假审计报告，并以钱款诱惑，审计师断然拒绝。

故事3：亲戚朋友希望向某会计师事务所注册会计师打听其审核某上市公司的内部信息，以获取股票收益，注册会计师严词拒绝。

故事4：某公司财务经理和采购经理合谋，虚开发票，二人分赃。

故事5：某公司财务经理把本公司商业秘密泄露给其他公司。

思考：

1. 案例中故事1、故事2和故事3如何体现财会人员的诚实守信精神？

2. 在故事4和故事5中，财会人员违反了诚实守信的哪些要求？

3. 假如有一天工作中面临威逼利诱，作为财会人员我们应该怎么做？

思政要点：

以会计职业道德规范之诚实守信为切入点，通过5分钟视频学习，视频中有诚实守信含义及要求讲解，里面有5个动漫故事。看完5个动漫故事后，要求学生思考如何体现诚实守信精神。启发学生思考，然后采取课堂讨论的方式。通过理论加视频讲解，让学生明白何为诚实守信，以及对于财会人员诚实守信的要求是什么？通过5个比较浅显易懂有趣的动漫故事说明财会人员怎么做才能坚持诚实守信原则。

三、课程思政教学案例——体现"廉洁自律"

忘了初心，丢了使命

在2020年9月，在浙江省××县发生一起引起社会广泛关注的新闻。故事中女主人公周某，是某对外贸易企业财务部的一名财务经理，因挪用公款事发，被逮捕。她的家人和熟悉她的朋友都不敢相信，平时生活朴实，工作认真的周某会违法犯罪。周某从2010年从浙江某财经大学毕业后，就在该企业任职，10年来工作兢兢业业、任劳任怨。领导和同事都给予了她很高评价和认可。在领导的介绍下，与本单位采购部门的李某结婚成家，婚后有一个活泼可爱的女儿，生活得很幸福。他们两夫妻在当地买了房屋和车辆，日子过得平淡而幸福。

有一次参加了同学聚会，发现班级里原来学习不如她的同学日子过得很富裕，出手很阔绰，背着名牌包，穿着名牌衣服。她心里感到愤愤不平。有一次闲谈中，她得知班级里有几位同学投资买房。她认为××县紧靠上海，房价还有很大上涨空间，可是手里存款有限。看到企业购货单位转来货款，她想着暂时用一下，等房价涨了，会很快把这笔钱还回去，毕竟领导一直很相信自己。谁料想，房子买了后，政府颁布一系列稳定房价政策，加之今年突发疫情，房子转卖不出。受到疫情影响，这家企业出口贸易受到很大影响，企业资金紧张，急需资金周转。公司领导发现周某挪用公款200多万元，于是报警了。周某被立案侦查，最后锒铛入狱。

思政要点：

洁，是指不收受贿赂、不贪污钱财，保持清白。自律，是指自我约束、自我控制、自觉地抵制自己的不良欲望。廉洁是自律的基础，自律是廉洁的保证。会计活动直接涉及和影响国家、单位、投资者、债权人等各方的经济利益。如果会计人员不能做到清正廉洁，客观公正，其职业活动必然会损害或影响第三者的利益；如果会计人员在职业活动中不能严格自律、自我约束、抵制不正当思想和行为的侵袭，就难以做到客观公正、清正廉洁。廉洁自律是会计职业道德的前提，这既是会计职业道德的内在要求，也是会计职业声誉的"试金石"。

四、思政教学案例——体现客观公正

报销无小事，金钱无多少

会计小王是北京某高校财务处一名会计人员，她的日常工作是负责学校老师的科研报销，具体来说就是审核老师们报销的发票。刚开始到这个岗位的时候，她受到了很多人的误解和冷眼。因为很多老师认为她审核发票过严，有时显得不近人情，好像是"鸡蛋里挑骨头"，所以平时很多老师都对她避而远之。小王背后也哭过几次鼻子。她向学校提出换岗要求，学校的总会计师知道后，找她谈了一次话，对她的审核工作给予了很高评价，并告诉她，我们会计立足在岗，自己的岗位都不能坚守，何谈坚守自己的职业呢？

在这一次谈话后，小王分析了同事为什么不理解她的工作。她对自身进行了反思和检讨。因为很多老师所学专业不是经济管理类，之前没有接触会计报销实务，他们不知道开发票应该注意什么，会遗漏很多，也会填错一些内容。所以小王把老师们经常会犯的错误整理出来，形成了一本报销指南，通过微信等渠道发给学校的老师们。老师们拿到报销指南后，果然上交的发票错误少了很多，大家对小王的误会逐渐解除了。在一次学校聚会上，小王公开向大家表示自己之前工作服务不到位，并告诉各位老师之所以自己把关严，是因为学校科研项目审核是上级审计重点内容之一。作为一名会计，她要坚守自己的岗位，就像教师要坚守自己的三尺讲台一样。她需要做到的是报销无小事，金钱无多少，每一元每一角要付之有据，出之有理。各位同事纷纷表示，他们理解小王的工作，并对她的辛勤付出表示感谢和肯定。

思政要点：

案例中小王会计虽然工作中遇到冷眼和误解，但是她没有放弃。在案例中，她在会计岗位上做到了客观公正，她是对会计实际发生的经济活动为依据，对涉及会计的业务进行确认和计量，她要求上交来的发票要准确、精确、正确，凭证要合法。她没有因为别人的误解而放弃，而是积极想办法解决问题。她告诉前来报销的同事她之所以这么做的原因，得到了大家理解和肯定。"报销无小事，金钱无多少"，说得多好啊，你尊重自己的岗位，尊重自己的职业，也必将迎来别人的尊重。

五、思政教学案例——体现"坚持准则"

"都是利润惹的祸"

2004年1月2日，南方证券因"违法违规经营、管理混乱、内控不力、经营不当，财务、资金状况继续恶化"，被中国证监会、深圳市政府会同人民银行、公安部等四方行政接管。在接管调查中发现委托其管理的十几家上市公司中有两家上市公司财务报表中存在虚增利润和虚减利润的行为。其中一家××家电上市公司，连续几年虚增利润，采用手段是不遵循谨慎性原则，无端少计或不计提资产减值，调查其背后原因是家电行业竞争激烈，该公司虽为行业老大，但是销售量和营业利润逐年下滑，因此违规操作虚增利润，诱导投资者。另一家是××汽车工业集团公司，连续多年虚减利润，采用手段主要是不遵循可靠性原则和谨慎性原则，任意多计提固定资产减值，调查其背后原因是该行业属于新型产业，销售量和营业额增加非常快，高管人员为了降低任期内业绩压力，授意财务人员违规操作。

思考：

1. 两家企业违规操作手段有何不同？目的有何不同？背后的动机说明了什么？
2. 在两起违规操作的案例中，财会人员违规操作可能带来什么后果？
3. 假如有一天工作中面临威逼利诱，财会人员应该怎么做？

思政要点：

以第一章第二节会计信息质量八个要求为具体切入点，讲解会计信息质量每一个要求的含义，尤其是可靠性原则、谨慎性原则，告诫学生如果不按照会计信息质量要求操作，不但违反了会计职业道德，更可能会触犯法律法规。让学生深刻认识到违规操作可能带来严重后果，会计人员的每一步操作对相关利益者都会产生巨大影响，更会给企业的发展带来灭顶之灾。

案例中违规操作在当年属于比较轰动一时的案件。在课堂上把经典案例再与学生探讨，非常有必要。案例中两家公司违规操作具有非常典型的对比性，启发学生他们违规操作背后的目的是什么？结合案例发生的时代背景，告诉学生我们不仅仅要看到表面，还要看到背后隐藏的东西。作为财务人员每一步操作影响的不仅仅是一家公司，还影响到很多相关利益者的利益，影响到国家利益。我们会计人员要坚守的是会计准则，遵守职业操守，不得违规操作。

六、思政教学案例——体现"提高技能"

"会计人"的职业生涯三部曲

第一个三年：会计职场小白到普通会计

从学生到职业人——前三年刚走出校门，一切都是新鲜的，一切又都是陌生的，学生时的豪情和对美好未来的憧憬与现实对比会带来很大的失落感。毕竟，一个真正的职业人需要更全面的打造，需要重新认识社会、认识职业、认识工作。

这也是一个很重要的时期，前三年的工作，是基础，是认识社会的第一步，正确的心态、务实的学习总结、良好的习惯是这一时期需要注意的，是很重要的。有很多人因为第一个职业选择不恰当，造成心理的阴影，从而造成了对工作的偏见和失望，不能以积极的心态面对工作。而有的组织则提供了一个很好的成长环境，积极、合作、上进，这样的一个氛围给了每个人温暖的感觉，而且会对工作、对生涯充满信心，养成一个积极的心态。很多人都是从出纳做起的，从管理货币资金、票据、有价证券等的进进出出、填制和审核许多原始凭证做起，这些都是会计的基础工作。

做好出纳工作并不是一件很容易的事，它要求出纳员要有全面精通的政策水平，熟练高超的业务技能，严谨细致的工作作风，以及良好的职业道德修养。很快，都会做到会计的岗位，此时，对自己的知识特点就应该及时进行调整，从原先的基础工作调整到会计核算和会计监督的职能上，学习职业素养的完善、人脉关系的理解、团队协作的意识等。

一个职业人，最基本的职业素养就是职业化、职业诚信以及职业口碑。前三年的时间，应着重放在基础工作的夯实上。全面、扎实地做好本职工作，认真研究本行业的特点，养成良好的学习、工作、生活的习惯，培养自己的人脉意识，学会有效地沟通，培养自己的职业人意识，这些基础知识都是对以后进一步发展具有决定性作用的，这也是实现从一个学生到职业人转变的重要条件。

第二个三年：从普通会计到财务经理

第一个三年过去之后，基础工作已经基本熟悉，基本的职业素养也已养成，就会面临第二次改变，也是自己职业生涯的第二部分。这三年，应该逐步地从普通会计的角色转变到管理者的角色。也就是从普通会计到财务经理的转变，前三年的修炼，基本的业务知识已经熟练，可以胜任自己的岗位工作。

但是从自己提升的路线来看，要想获得进一步的发展，必须调整自己的知识结构，补充下一步发展所需的知识。财务经理是专业性较强的工作，一般会计师事务所都需要这样的人才，但现代企业对财务管理的要求越来越高，财务经理不但要有丰富的专业知识，还要懂得代理记账的业务，熟悉企业全面的经营管理工作，并积极介入企业各项决策，这样的角色使很多习惯于传统会计角色的财务人员不太适应。

所以做一个现代企业的财务经理必须掌握更加全面的知识。基本的理财能力、沟通能力、领导能力、财务决策能力、协作能力、时间管理能力、创新能力、学习总结能力等构筑一个优秀的财务经理的能力结构。首先就是管理意识的培养，站在一个管理者的角度上看财务，角度的不同，侧重点也相应不同。

如何协调上下级的关系，如何打造培养团队，如何辅助CEO决策当好参谋，都是这一时期重点要锻炼和培养的。在自身的学习总结上，及时地总结成功的经验和吸取失败的教训，不停地改进工作中的问题，不停地进步。第二个三年的时间，专业知识仍然很重要，但是综合素质的提升更是起到决定性因素的原因，一个优秀的财务经理首先是此领域的专家，其次是一个优秀的管理者。

第三个三年：从财务经理到财务总监

财务总监是财务人员在职业生涯上成功的一种象征，不仅意味着高职位高待遇，而且一直是人才市场上的"抢手货"。许多从事财会工作的人员都将财务总监作为自己的职业发展目标。国际上通常把企业财务部门一把手称为财务总监。财务总监要全面管理和领导企业财务工作，为企业赢利提供理性的决策依据，对企业的财务工作承担主要责任。

财务总监作为财务领域的高层人才，必须具备哪些综合素质呢？管理和领导财务工作的能力、社会资源优势和敬业精神是财务总监必备的综合素质。财务总监必须擅长11种管理能力，即：财务组织建设能力、企业内控建设能力、筹措资金能力、投资分析决策和管理能力、税务筹划能力、财务预算能力、成本费用控制能力、分析能力、财务外事能力、财务预警能力和社会资源能力。

在这一时期，综合素质往往对职业生涯的进一步发展起到决定性的作用，一个优秀的财务总监，必须具备较高的综合管理能力以及资源整合能力。这也是实现从财务主管到财务总监这一飞跃的必备条件。财务总监扮演的不仅仅是企业财务负责人的角色，而是一个企业决策者的角色。

或许9年的时间太短，从一个学生到CFO，或许也是一段遥远的路，但是认清自己的知识结构，制定好适合自己的发展规划和奋斗目标，加上每一天不懈地努力，每个人都会经历从优秀到卓越的过程，每个人都会收获累累硕果！

（资料来源：会计人的生涯三部曲. http://www.360doc.com/content/07/0622/02/32483_572588.shtml）

思政要点：

一旦你选择做一名财会人员，那你注定必须一辈子修炼。这种修炼不仅包括学习知识，更新知识，还有自己各方面能力的提高。所以，财会职业是一个做到老，学到老的职业。在财会职业生涯中，每一个阶段你只有不断提升自己，这样才能从普通到优秀，从优秀到卓越。

七、思政教学案例 ——体现"参与管理"

"专业"对"江湖"

浙江××动能设备有限公司后勤保障部门负责人张经理，找到财务部门经理王经理并告诉他一个秘密。他发现后勤部门有三辆重型卡车最近两年来柴油的费用越来越多，他觉得事有蹊跷，但是又不知道问题出现在哪里。王经理要求成本核算会计陆会计核算一下每辆卡车近两年来每个月油耗费用，然后再去其他公司与同类型的卡车油耗进行对比，果然发现××动能设备有限公司卡车油耗是其他公司同类型卡车油耗的3倍以上。后勤保障部负责人希望财务部门一起参与调查。在调查中发现3位卡车司机监守自盗，经常把卡车油箱中的柴油抽出贩卖。有人建议把三位卡车司机开除，再招聘卡车司机。但是后勤部门负责人反映重型卡车司机对驾驶技术要求非常高，一时难以招聘。再加之目前三位司机一直表现都是不错的，三位卡车司机工作确实非常辛苦，建议首先应了解背后他们监守自盗的原因，三位司机已经为该公司服务都长达10年有余，陪公司度过很多艰难日子，简单开除处理，可能会伤害很多老员工的感情。

面对此难题，几位财务会计建议：第一，告知3位卡车司机，目前公司已经知道其违法违规的行为，但是给他们改过机会；第二，必须对油耗进行控制。三位司机反映之所以私下卖柴油，是因为工资三年没有上涨，与市场上卡车司机工资相比，他们的工资水平偏低，希望能增加工资，并制定激励政策。财务部门和人事部门在一起讨论如何采取合理有效的政策满足卡车司机的合理的要求。成本会计陆会计认为油耗的管控可以采用"费用限额卡"的方式解决，通过测算卡车每公里油耗，结合历史数据测算卡车每月行驶公里数，得出大致卡车月油耗量；设定每月最高油耗量，要求卡车司机每次加油时在"费用限额卡"上登记加油量，每月加油量不能超过最高油耗量。为了鼓励3位卡车司机工作积极性，到了年底测算卡车标准油耗量与实际油耗量，如果卡车司机节约了油耗，要按照节约量比例给予奖励。这件风波终于通过财会人员参与得到了比较圆满的解决。

思考：
1. 面对案例中后勤部门所遇难题，你还有什么解决的办法？
2. 关于卡车油耗管控问题，你认为"费用限额卡"办法是否可行？
3. 你认为在案例中财会人员发挥了哪些作用？
4. 通过此案例，你是否认为财会人员就是完成账务处理工作？

思政要点：

故事中会计人员配合其他部门一起解决难题，同学们，你遇到这个问题，你会怎么处理？以及为什么要这么处理。你会在工作中发现会计人员的工作真的不是简单记账、算账和报账这么简单。

有人的地方就有"江湖"，财会人员如何利用专业知识闯荡江湖。作为财务会计人员头疼的不是账务怎么做，而是账务背后反映出来的问题。有些问题已经超出了会计人员的专业范畴，只能和很多部门一起讨论，商量可行解决办法。同时其他部门管理也需要借助于财会人员的专业知识，作为财会工作者要有主动参与管理的意识。

八、思政教学案例——体现"强化服务"

你是我们的贴心人

2020年初,会计小刘收到很多人从微信发来的感谢信,"小刘,感谢你指导我们如何提交个人信息,和各专项附加扣除,我们已经收到个人所得税退税钱了"。你真是我们工友的贴心人。

事情是这样的:

2018年12月31日,由国家税务总局开发的个人所得税App软件的专项附加扣除信息填报功能正式上线使用。该系统的互联网WEB端、扣缴客户端和税务大厅端的专项附加扣除信息填报功能也同时向社会开放。从2019年起,所有个人所得税申报的纳税人都可以下载手机版APP,核实自己信息和身份后,在任何地方任何时候完成自己的税务申报义务。

可是小刘所在的企业中有很多职工文化程度不高,对填什么内容,怎么填写和申报,很多人都不知道。财务经理把这个指导大家填写个人所得税扣除任务交给了小刘。小刘先是到税务局,咨询国家政策,虚心请教税务工作人员怎么操作,她还把税务局人员请到工厂,向工友宣讲这项政策。小刘还把工友按照车间分成了小组,指导每个小组组长如何填报,再由组长告诉下面组员。这样企业里所有职工都掌握个人所得税App软件使用知识。厂里的职工也都顺利拿到了个人所得税退税的部分。虽然退税金额大小不等,但是大家都认为在今年疫情特殊年代,这笔钱还是起到了很大作用。

思政要点:

我们会计人员不是高高在上的,当然并不永远都是一张扑克脸。案例中小刘解决工友们个人所得税App使用难题,使他们顺利领到退税的钱,温暖了人心,也得到了人心。作为一名财会工作者,要记得我们并不仅仅是记账算账报账的工具人,我们是一名有血有肉的管理者。只有强化自己的服务意识,提高自己的服务质量,在财会职业岗位上才能走得更远更稳。

▶▶ 本章小结 ◀◀

在会计从业资格考试中,会计法律制度主要包括支付结算法律制度、税收法律制度和财政法律制度。在支付结算法律制度中要求掌握现金结算、银行结算、票据结算等主要结算方式。在税收法律制度中要求掌握增值税、消费税、营业税、企业所得税等主要税种的含义、征收范围、税目、税率以及应纳税额的计算方法。在财政法律制度中要求掌握预算法律制度、政府采购法律制度和国家集中收付法律制度各自的内容和构成。在会计职业道德的内容中主要掌握会计职业道德的含义、功能和特征,以及会计职业道德规范中的爱岗敬业、诚实守信、廉洁自律、客观公正、坚持准则、提高技能、参与管理和强化服务八项内容的含义及基本要求。

同步测试题

一、单项选择题

1. 下列关于临时存款账户的说法中,不正确的是( )。
   A. 为了管理和使用基本建设资金,企业应开立临时存款账户
   B. 临时存款账户只收不付
   C. 注册资金账户属于临时存款账户
   D. 临时存款账户的有效期最长不得超过一年

2. 我国银行本票分为定额银行本票和不定额银行本票,定额银行本票的面额有4种,最低为1 000元,最高为( )万元。
   A. 1   B. 3   C. 5   D. 10

3. 上海市杉达有限责任公司每天的零星现金支付额为6 000元,根据银行规定,该单位库存现金的最高限额为( )元。
   A. 6 000   B. 12 000   C. 24 000   D. 30 000

4. 企业的下列各项所得中,不可以免征或减征企业所得税的是( )。
   A. 从事农、林、牧、渔业项目所得
   B. 从事国家重点扶持的公共基础设施投资经营所得
   C. 从事符合条件的环境保护、节能节水项目所得
   D. 资产转让所得

5. 我国消费税税率的形式不包括( )。
   A. 不定额税率   B. 定额税率   C. 比例税率   D. 复合税率

6. 下列选项中,不适用于按照13%低税率计征增值税的是( )。
   A. 销售或者进口图书、报纸和杂志
   B. 销售或者进口农药、农机和农膜
   C. 销售或者进口石油液化气、天然气和煤气
   D. 提供加工、修理修配劳务

7. ( )是以我国境内提供应税劳务、转让无形资产或者销售不动产所取得的营业额为课税对象而征收的一种商品劳务税。
   A. 增值税   B. 消费税   C. 营业税   D. 企业所得税

8. ( )是政府采购的主要采购方式。
   A. 竞争性谈判   B. 询价
   C. 公开招标   D. 单一来源采购

9. 用于财政直接支付和与国库单一账户清算的账户是( )。
   A. 国库单一账户   B. 财政部门零余额账户
   C. 特殊账户   D. 预算单位零余额账户

10. 职业道德的出发点和归宿是( )。
    A. 奉献社会   B. 爱岗敬业   C. 服务群众   D. 诚实守信

11. "常在河边走,就是不湿鞋"这句话体现的会计职业道德是( )。

A. 爱岗敬业　　　B. 客观公正　　　C. 廉洁自律　　　D. 强化服务

12. "不做假账"是对会计人员最基本的要求，最能体现这项要求的会计职业道德规范的是(　　)。

　　A. 爱岗敬业　　　B. 客观公正　　　C. 廉洁自律　　　D. 提高技能

13. 关于我国会计职业道德规范中的"坚持准则"，说法正确的是(　　)。

　　A. 这里所说的"准则"就是指会计准则
　　B. "熟悉准则"是其基本要求
　　C. 自觉抵制拜金主义的错误思想，是会计工作中做到坚持准则的思想基础
　　D. "坚持准则"要求会计人员树立"常在河边走，就是不湿鞋"的道德品质

14. 会计职业道德修养的最高境界是(　　)。

　　A. 慎言　　　B. 慎微　　　C. 慎欲　　　D. 慎独

15. 会计人员强化服务的关键是(　　)。

　　A. 增强服务意识　　　　　　B. 提高服务质量
　　C. 提高业务水平　　　　　　D. 端正服务态度

16. 下列不属于诚实守信基本要求的是(　　)。

　　A. 做老实人，说老实话，办老实事，不搞虚假
　　B. 公私分明，不贪不占
　　C. 执业谨慎，信誉至上
　　D. 保守秘密，不为利益所诱惑

17. 下列征收消费税的是(　　)。

　　A. 零售环节销售的镀金首饰　　　B. 高档护肤化妆品
　　C. 高尔夫车　　　　　　　　　　D. 售价9 900元的手表

18. (　　)作为财政分配和宏观调控的主要手段，具有分配、调控和监督职能。

　　A. 地方预算　　　　　　　　　　B. 总预算
　　C. 部门单位预算　　　　　　　　D. 国家预算

19. 杉达公司为获得一项工程合同，拟向工程发包的有关人员支付好处费10万元。公司市场部持公司董事长的批示到财务部领取该笔款项。财务部负责人张经理认为该项支出不符合相关规定，但考虑到公司主要领导人已经做了同意批示，于是同意拨付了该款项。下列对张经理做法的认定中，正确的是(　　)。

　　A. 张经理违反了爱岗敬业的会计职业道德要求
　　B. 张经理违反了参与管理的会计职业道德要求
　　C. 张经理违反了客观公正的会计职业道德要求
　　D. 张经理违反了坚持准则的会计职业道德要求

20. 会计人员在工作中应主动就单位经营管理中存在的问题提出合理化建议，协助领导决策，这是会计职业道德中的(　　)所要求的。

　　A. 提高技能　　　B. 参与管理　　　C. 坚持准则　　　D. 爱岗敬业

二、多项选择题

1. 根据我国《现金管理暂行条例》的规定，下列经济事项可以使用现金的是(　　)。

　　A. 职工工资、津贴　　　　　　B. 2 000元的零星支出

C. 出差人员必须随身携带的差旅费 D. 向个人收购农副产品和其他物资的货款
2. 一般存款账户可以办理(   )。
   A. 存款人借款转存、借款归还   B. 现金缴存
   C. 现金支取   D. 其他结算的资金收付
3. 新《增值税暂行条例》规定，属于下列(   )情形之一的，不得开具增值税专用发票。
   A. 一般纳税人销售货物或者应税劳务的
   B. 向消费者个人销售货物或者应税劳务的
   C. 销售货物或者应税劳务适用免税规定的
   D. 小规模纳税人销售货物或者应税劳务的
4. 下列税种中，属于流转税的有(   )。
   A. 增值税   B. 个人所得税   C. 企业所得税   D. 营业税
5. 下列税种中，不属于行为税的税种有(   )。
   A. 增值税   B. 印花税   C. 关税   D. 资源税
6. 国库单一账户体系不包括(   )。
   A. 预算外资金专户   B. 预算单位零余额账户
   C. 财政部门零余额账户   D. 国库单一账户
7. 财政支出支付方式包括(   )。
   A. 财政统一支付   B. 财政直接支付
   C. 财政授权支付   D. 财政分级支付
8. 下列符合会计职业道德中的"提高技能"要求的有(   )。
   A. 出纳人员向银行工作人员请教辨别假钞的技术
   B. 会计主管与单位其他会计人员交流隐瞒业务收入的做法
   C. 会计人员积极参加会计职称培训
   D. 总会计师通过自学提高会计职业判断能力
9. (   )不得办理托收承付结算。
   A. 因商品交易而产生的劳务供应的款项
   B. 赊销商品的款项
   C. 寄销商品的款项
   D. 代销商品的款项
10. 银行结算账户一般可分为(   )。
    A. 基本存款账户   B. 临时存款账户
    C. 特殊存款账户   D. 专用存款账户

三、判断题

1. 根据规定，临时存款账户的有效期最长不得超过一年。   (   )
2. 会计人员每年接受培训(面授)的时间累计不得少于48小时。   (   )
3. 在我国，票据包括汇票、本票、发票和支票。   (   )
4. 根据有关规定，商业汇票的付款期限最长不得超过3个月。   (   )
5. 个人银行结算账户仅限于办理现金存取业务，不得办理转账结算业务。   (   )
6. 《会计职业道德规范》规范着会计人员的职业行为，是实现会计目标的重要保证。(   )

7. 会计职业道德与会计法律制度实质上是一回事，两者在性质、表现形式上都一样。会计人员遵纪守法就是遵守职业道德。（　　）

8. 会计法律制度要求的是"必须"，评价范畴是"是"和"否"；会计职业道德要求的是"应该"，评价范畴是"对"和"错"。（　　）

9. 违反《中华人民共和国会计法》的行为，也一定是违反了会计职业道德要求的行为。（　　）

10. "吃人家的嘴软，拿人家的手短"从反面说明了会计职业道德中客观公正的重要性。（　　）

四、名词解释

1. 支付结算
2. 现金结算
3. 银行结算
4. 票据结算
5. 汇兑
6. 托收承付
7. 税收
8. 增值税
9. 消费税
10. 营业税
11. 企业所得税
12. 预算
13. 决算
14. 政府采购
15. 国家集中收付制度
16. 国库单一账户体系
17. 会计职业道德
18. 坚持准则

五、思考题

1. 试述开户单位可以在哪些范围内使用现金。
2. 试述银行结算账户按照用途不同分为哪几类。
3. 简述票据结算方式。
4. 流转税包括哪些税种？
5. 国家预算分为哪五级预算？
6. 简述预算组织程序。
7. 简述政府采购执行模式有哪些。
8. 简述政府采购方式有哪些。
9. 简述我国国库单一账户体系。
10. 简述财政收入收缴方式。
11. 简述会计职业道德的功能。
12. 简述会计职业道德的特征。
13. 简述爱岗敬业的含义和基本要求。
14. 简述诚实守信的含义和基本要求。
15. 简述廉洁自律的含义和基本要求。
16. 简述客观公正的含义和基本要求。
17. 简述坚持准则的含义和基本要求。
18. 简述提高技能的含义和基本要求。
19. 简述参与管理的含义和基本要求。
20. 简述强化服务的含义和基本要求。

六、业务题

业务 11-1

【资料】

2020 年甲、乙、丙三方协议共同出资设立杉达有限责任公司。6 月甲按规定手续在当地建设银行开立了临时存款账户,出资人甲、乙、丙分别存入 40 万元、30 万元、10 万元。在验资期间,鉴于设立公司需活动经费,甲欲在临时存款账户取出 5 万元现金。8 月 10 日杉达有限公司成立,按规定在建设银行开立基本存款账户(临时存款账户转为基本存款账户)存入 70 万元,并要求银行于开户当日以转账方式支付给光标公司 30 万元用于购置某设备。9 月中旬,杉达公司又在农行、中行开立两个一般存款账户,并决定今后公司职工工资、奖金统一从农行的一般存款账户中支取。

【要求】根据上述材料,回答第 1~5 题。

(1) 下列情形中,可以开立临时存款账户的有( )。
　　A. 设立临时机构　　　　　　B. 异地临时经营活动
　　C. 注册验资　　　　　　　　D. 基本建设资金的管理与使用

(2) 甲欲在临时存款账户取出 5 万元现金,对此,下列表述正确的有( )。
　　A. 甲不能在临时存款账户取出 5 万元现金
　　B. 甲可以在临时存款账户取出 5 万元现金
　　C. 注册验资的临时存款账户在验资期间只收不付
　　D. 注册验资的临时存款账户在验资期间只付不收

(3) 存款人开立单位银行结算账户,自正式开立之日起( )个工作日后,方可使用该账户办理付款业务。
　　A. 1　　　　B. 2　　　　C. 3　　　　D. 5

(4) 杉达有限责任公司可以开立( )个一般存款账户。
　　A. 1　　　　B. 3　　　　C. 10　　　D. 没有数量限制

(5) 杉达有限责任公司"职工工资、奖金统一从农行的一般存款账户中支取",对此,下列表述正确的是( )。
　　A. 这一行为符合规定
　　B. 这一行为不符合规定
　　C. 支取工资、奖金和现金只能通过基本存款账户办理
　　D. 支取工资、奖金和现金可以通过一般存款账户办理

业务 11-2

【资料】

光标公司是一家木业公司,有 5 位会计人员,分别为李红、王亮、张芳、赵燕和吴明。李红为财务经理。为维护公司"良好"的业绩形象、扭转公司亏损,李红指示会计人员张芳粉饰会计报表、虚增利润。张芳依照李红的指示予以执行。会计王亮在审核公司一行政人员来报销的发票中,发现有些发票手续不完整,王亮把发票退回,要求经办人员补充完整。赵燕作为会计人员工作非常努力,并且利用业余时间参加会计职称培训。吴明是一位刚大学毕业的会计从业人员,他认为会计工作容易同其他部门和人员发生利益冲突或者意见分歧,要保持独立性,因此不用有服务意识。

【要求】根据上述材料,回答第 1~5 题。

(1) 张芳粉饰会计报表、虚增利润的行为，违反了(　　)。
　　A. 客观公正　　　B. 诚实守信　　　C. 廉洁自律　　　D. 坚持准则
(2) 关于李红作为财务经理指使张芳编制虚假会计报表，下面说法正确的是(　　)。
　　A. 根据有关规定，李红的行为属于指使他人编制虚假会计报表，要承担刑事责任
　　B. 由县级以上人民政府财政部门对李红处以 5 000 元以上 5 万元以下的罚款
　　C. 由县级以上人民政府财政部门对李红处以 3 000 元以上 2 万元以下的罚款
　　D. 吊销张芳的会计从业资格证书
(3) 对于会计王亮在审核公司一行政人员来报销的发票中，发现有些发票手续不完整，退回并要求其补充完整的做法，下列说法正确的是(　　)。
　　A. 王亮做法是正确的，他是依照会计制度规定对原始凭证进行审核，对不真实、不合法的原始凭证有权不予接受
　　B. 王亮做法是正确的，他是依照对记载不准确、不完整的原始凭证予以退回，并要求按照国家统一会计制度的规定更正、补充
　　C. 王亮做法是正确的，如果原始凭证有错误，应当由出具单位重开或者更正，更正处应该加盖接收单位印章
　　D. 王亮做法不正确，没有体现会计"强化服务"的会计职业道德要求
(4) 对于赵燕利用业余时间参加会计职称培训，体现了(　　)的会计职业道德要求。
　　A. 诚实守信　　　B. 参与管理　　　C. 提高技能　　　D. 强化服务
(5) 关于吴明认为"会计工作容易同其他部门和人员发生利益冲突或者意见分歧，要保持独立性，因此不用有服务意识。"下面说法正确的是(　　)。
　　A. 吴明认为会计要保持独立性，不用有服务意识，这种想法是正确的
　　B. 吴明认为会计要保持独立性，不用有服务意识，这种想法是不正确的
　　C. 保持独立性是"客观公正"的要求，与"强化服务"不矛盾
　　D. 要做到"客观公正"就很难做到"强化服务"，二者是矛盾的

附 录

附录A 原始凭证

图 A-1 转账支票

图 A-2 进账单

××市增值税专用发票

发 票 联   No.000103

开票日期：　　年　月　日

购买方	名　　　称：			密码区			
	纳税人识别号：						
	地　址、电　话：						
	开户行及账号：						

货物或应税劳务、服务名称	规格型号	单位	数量	单价	金　额	税率	税　额
价税合计(大写)					(小写)		

销售方	名　　　称：			备注			
	纳税人识别号：						
	地　址、电　话：						
	开户行及账号：						

收款人：　　　　复核：　　　　开票人：　　　　销货单位：

第二联　发票联　购买方记账凭证

图 A-3　发票的参考格式

收　料　单

供货单位：　　　　　　　　　　　　　　　　　　　凭证编号：

发票号码：　　　　　　　　年　月　日　　　　　　收料仓库：

材料编号	材料规格及名称	计量单位	数　量		价　格	
			应　收	实　收	单　价	金　额
备注：					合　计	

仓库负责人：　　　　记账：　　　　仓库保管：　　　　收料人：

图 A-4　收料单的格式

附录 B　收款凭证

收 款 凭 证

年　月　日　　　　　总字第_____号
　　　　　　　　　　　收字第_____号

借方科目		记账	摘要	贷方科目		金额										记账
一级科目	二级科目			总账科目	二级或明细科目	千	百	十	万	千	百	十	元	角	分	
合　计(大写)																

主管：　　　审核：　　　出纳：　　　制单：　　　记账：

图 B-1　收款凭证(1)

付 款 凭 证

年　月　日　　　　　总字第_____号
　　　　　　　　　　　付字第_____号

贷方科目		记账	摘要	借方科目		金额										记账
一级科目	二级科目			总账科目	二级或明细科目	千	百	十	万	千	百	十	元	角	分	
合　计(大写)																

主管：　　　审核：　　　出纳：　　　制单：　　　记账：

图 B-2　付款凭证(1)

转 账 凭 证

总字第 _____ 号
转字第 _____ 号

年　月　日

摘要	借方		贷方		记账	金　　额									
	一级科目	二级科目	一级科目	二级科目		千	百	十	万	千	百	十	元	角	分
合　计(大写)															

会计主管：　　　　审核：　　　　记账：　　　　制单：

附件　张

图 B-3　转账凭证(1)

收 款 凭 证

借方科目		记账
一级科目	二级科目	

总字第_____号
收字第_____号

年　月　日

摘要	贷方科目		金　　额									记账
	总账科目	二级或明细科目	千	百	十	万	千	百	十	元	角	分	
合　计(大写)													

主管：　　审核：　　出纳：　　制单：　　记账：

附件　张

图 B-4　收款凭证(2)

付 款 凭 证

贷方科目		记账
一级科目	二级科目	

年　月　日　　　　　　　总字第_____号
　　　　　　　　　　　　付字第_____号

摘要	借方科目		金　　额									记账
	总账科目	二级或明细科目	千	百	十	万	千	百	十	元	角	分	
合　计(大写)													

主管：　　　审核：　　　出纳：　　　制单：　　　记账：

图 B-5　付款凭证(2)

转 账 凭 证

年　月　日　　　　　　总字第_____号
　　　　　　　　　　　转字第_____号

摘要	借　方		贷　方		记账	金　　额									
	一级科目	二级科目	一级科目	二级科目		千	百	十	万	千	百	十	元	角	分
合　计(大写)															

会计主管：　　　审核：　　　记账：　　　制单：

图 B-6　转账凭证(2)

附录 C 总分类账

总分类账

会计科目：　　　　　　　　　　　　　　　　　　　　　　　　　编号：
　　　　　　　　　　　　　　　　　　　　　　　　　　　　　　　页次：

年		凭证号数	摘要	对方科目	√	借方金额 十万千百十元角分	贷方金额 十万千百十元角分	借或贷	余额 十万千百十元角分
月	日								

附录 D 库存现金日记账

库存现金日记账

年		凭证号数	对方科目	摘要	√	借方(收入)									贷方(付出)									借或贷	结存								
月	日					百	十	万	千	百	十	元	角	分	百	十	万	千	百	十	元	角	分		百	十	万	千	百	十	元	角	分

附录 E 银行存款日记账

银行存款日记账

页次：

年		凭证号数	支票号数	对方科目	摘要	√	借方(收入) 百十万千百十元角分	贷方(付出) 百十万千百十元角分	借或贷	结存 百十万千百十元角分
月	日									

附录 F 原材料明细账(数量金额式)

原材料明细账(数量金额式)

存储地点：　　　　　　　　　　　　　货　　名：　　　　　　　　　　　编　号：
最高存量：　　　　　　　　　　　　　计量单位：　　　　　　　　　　　页　次：
最低存量：　　　　　　　　　　　　　规　　格：
　　　　　　　　　　　　　　　　　　类　　别：　　　　　　　　　　　总　页：

年		凭证		摘要	借方(收入)											贷方(付出)											结　存										
月	日	种类	号数		数量	单价	金　额									数量	单价	金　额									数量	单价	金　额								
							百	十	万	千	百	十	元	角	分			百	十	万	千	百	十	元	角	分			百	十	万	千	百	十	元	角	分

附录 G 生产成本明细账

生产成本明细账

投产日期：
完工日期：
数量：

计划工时：
实际工时：
产品规格：

生产批号：
生产车间：
产品名称：

科目名称：
页次：
总页：

年	月日	凭证号数	摘要	借方发生额 百十万千百十元角分	成本项目		
					直接材料 百十万千百十元角分	直接人工 百十万千百十元角分	制造费用 百十万千百十元角分

参 考 文 献

[1] 财政部. 企业会计准则讲解——2006[M]. 北京：人民出版社，2007.
[2] 财政部. 企业会计准则应用指南——2006[M]. 北京：中国财政经济出版社，2006.
[3] 王文华，潘裕文. 会计学[M]. 上海：立信会计出版社，2007.
[4] 朱学义，杨玉凤. 基础会计学(第二版)[M]. 北京：机械工业出版社，2010.
[5] 李占国. 基础会计学[M]. 北京：高等教育出版社，2010.
[6] 李海波. 新编会计学原理——基础会计[M]. 14版. 上海：立信会计出版社，2008.
[7] 孙铮. 基础会计[M]. 上海：上海财经大学出版社，2007.
[8] 刘永泽. 会计学概论[M]. 北京：高等教育出版社，2007.
[9] 罗其安. 基础会计学[M]. 广州：暨南大学出版社，2011.
[10] 朱小平，徐泓. 初级会计学[M]. 北京：人民大学出版社，2011.
[11] 瞿山鑫，王珏. 基础会计学[M]. 上海：复旦大学出版社，2007.